Small and Medium Enterprise : Administration and Diagnosis

中小企業管理與診斷實務

吳松齡、陳俊碩、楊金源◎著

葉 序

　　中小企業在我國的經濟發展歷程中扮演了相當重的比重，由於中小企業網絡之綿密分工，使得台灣的經濟奇蹟成為舉世聞名的經濟體，在這個國際化、自由化的時勢潮流中，台灣的產業發展將朝兩極化的大型企業與中小型企業之方向傾斜，無可否認的，未來中小企業在台灣的經濟舞台中將持續扮演著舉足輕重的角色，換句話說，中小企業將會是21世紀重要的企業組織。

　　企業組織之優勢產業競爭力與市場地位，乃取決於組織之經營體質、服務品質、顧客之體驗價值、商品／服務／活動之創新與創意、顧客要求之快速回應、安全舒適的作業環境與基礎設施，以及紮實穩健的財務管理績效等優勢產業特質，企業組織若能掌握或領先同業某些特質，就能夠吸引住顧客關注焦點與擁有顧客源源不絕購買之商機，以及健康的經營體質，更可達成企業組織之共同願景，維持企業組織之永續發展之競爭優勢。

　　數位時代的企業組織，遭遇到前所未有的激烈競爭與國際化、全球化的挑戰，舉凡科技產業、通信產業、生技醫療、傳統製造產業、電子商業、傳統商業、休閒遊憩……等產業均首當其衝遭受重大衝擊，此一經營艱困時間中組織除了應作充分的策略規劃與管理、與經營診斷與經營再造轉型之外，更應向前看思考數位化與多變性時代下之企業組織的經營管理之調整、改變與轉型策略，及時就好有利的市場與經營位置，準備著邁向高績效組織與高績效員工的工作團隊，快速在產業市場中展開另一波的競爭優勢戰術與戰略行動方案，及時掌握市場並創造標竿企業之契機。

　　本書將數位時代之企業管理精神引入中小企業組織之創業、規劃功能、財務操作、行銷策略發展、產品的促銷與流通、人力資源管理、作業規劃、採購存貨及品質管制、利潤規劃預算與作業控制、電腦科技的應用、風險管理、企業責任、經營診斷領域中，同時並將之運用於創業管理、經營分析與經營診斷等管理系統，以形塑永續經營與永續發展之競爭優勢。本書架構嚴謹層次分明、理論紮實、實務性高，頗為契合中小企業組織之需求，實為坊間不可多得

的佳作,值得有志於中小企業經營管理與研究者研讀。

　　作者吳松齡、陳俊碩與楊金源老師,具有豐富的中小企業實際輔導與創業經營經驗,且在大葉大學與修平技術學院企業管理學系講授相關課程,乃爲實務與理論兼具之經營輔導專家。其以實際輔導與經營管理之經驗並結合學理知識來撰寫本書,當可引領讀者藉由本書瞭解中小企業經營與管理之精義,並可藉由本書精華將之導入於中小企業組織經營管理中,得以建立優質之組織文化與達成爲業界標竿之競爭優勢。

　　本書編寫採取理論與實務並重方式,全書由創業經營相關之經營環境發展爲企業組織的經營管理與經營分析診斷,以確立永續發展競爭優勢之利基,其引領讀者由理論研究到實質運用之意圖甚明,且在各章節均提出個案或與章節主題攸關之議題,更爲強化讀者學習績效與易讀易懂之助力,頗爲適合中小企業經營管理階層與從業人員、相關科系的大學部與研究所學生,及有志投入創業人士之學習與參考,於本書出版之際樂爲之序,並藉此鄭重推薦本書給各位先進女士與先生研讀。

經濟部中小企業處副處長

黃雲龍

劉　序

　　企業管理教育之目的在於培育各個業種的事業經營管理之專業人才，期能帶給各個產業嶄新的經營管理新氣象，並爲企業組織服務與貢獻其所學習到的經營管理知識與智慧。21世紀乃是多變化的數位時代，中小企業本來就是高度競爭性的產業，在本世紀初的經濟不景氣與2003年遭到世紀大災難SARS的重擊，致使中小企業深陷經營管理之困境，然而此時的中小企業組織之經營管理階層，不但不能逃避，反而更應進行組織的全面大盤點，找出轉型、再造、重組與改進的Key-point與Gap，而後進行組織之整合與蛻變，以增強優勢競爭力。

　　環視21世紀的企業經營信念已呈現不一樣的發展，此世代乃是全球化與地球村的時代，企業組織從苦幹時幹觀念已悄悄的轉變爲講究經營分析診斷與經營績效利益績效，已經爲企業經營管理定調爲優勢競爭力、高績效企業組織與高績效員工、企業責任與企業公民、永續經營與持續改進……等等新世紀標竿企業之指標，中小企業組織的經營管理團隊要如何滿足相關的內部與外部利益關係人的需要與期望，及中小企業組織如何積極培植組織永續發展相關的專業人才，乃是當前最爲迫切需要的課題。

　　吳松齡、陳俊碩與楊金源老師，乃是工商產業與休閒產業的老兵，素以經營輔導專家之身分爲業界把脈與協助經營管理升級或轉型，同時又任職於本校企業管理學系，可謂是一位學理與實務俱佳的專家，由他們撰寫《中小企業管理與診斷實務》，自是中小企業全體從業人員和相關科系的大學生與研究生值得研讀的好書，期望藉由本書的拋磚引玉，得以帶動我國的中小企業組織的經營管理團隊，積極培養和造就具有遠見的中小企業經營管理人才與服務人員，從而提昇中小企業之經營與管理水準，創造永續經營與發展的競爭優勢。

　　此書不但可以當作社會人士進修與中小企業從業人員參酌與研究用書，也

可以作爲相關課程之教科書，相信對於整個中小企業之經營管理人才的培育與
提昇中小企業組織競爭力大有助益，欣逢此書出版，我相當樂於爲此書撰序，
並鄭重推薦給各位女士先生參考研閱。

大葉大學校長

自　序

　　大型企業通常擁有充分的資源，足以吸引管理人才或具有學習管理能力的人才，反之中小企業的業主，由於本身資源的不足，故往往不能以高薪、優渥的福利或其他條件來羅致有經驗的經理人。因此，中小企業的創辦者，唯一可行的路徑就是靠自身來吸收知識與培養其所需的管理技能。但實際上我們常見到的中小企業創業者，往往因為太忙，沒有時間學習，更沒有時間教導他人。但為求得企業的成功又不能不抽出時間來力求技術的精進與管理的成長。

　　本書的編寫架構即針對中小企業主及經理人而寫，未來在全球化的競爭趨勢下，經營環境愈來愈複雜，惟中小企業可以創造台灣的新希望。本書的重點即提供創業者從創意及行業的選擇開始之步驟與思維模式，及針對事業經營的管理知識加以闡述，以補足中小企業管理人才的不足為主軸。

　　本書撰寫的目的為：以積極的立場研究中小企業應如何經營才能成功、闡述中小企業主惟有靠自身的學習才可能跳脫經營困境、經營中小企業獲得成功的創業者所應具有的特質等議題，以深入淺出方式呈現給中小企業業主或經理人創業經營之參酌與建議。

　　中小企業創業者或經理人所應具有的特質，通常包括以下特點：

1. 動機：經營一項新事業之所以力排眾議毅然開始及持續生存，創業者當以對新事業殷切的期望為基礎，若只是憑一時的衝動或不甘「為人作嫁」的原因，其企業經營成功的機會當屬不大。

2. 期望：即切合實際期望，方能轉為前進的動力。期望絕不是自己的主觀想法，而是對未來的市場、成本、成長機會以合理為基礎加以分析，才是「期望」。

3. 彈性：即預見未來變化，能夠掌握未來變化，具有足夠的管理知識，足以因應變化而採行必要的矯正或變動的行動者。

4. 管理知識：即是企業經營的基礎，但具備管理知識並不代表可以獲致成功。若能加上經營管理的實際經驗，且自己省思與驗證，那經營成功的

機會就可以加大。

5.堅毅不拔的精神：當決定投身中小企業的經營，就要堅守崗位，遇到任何困難必力求解決之道，不輕言放棄。這樣的精神也是企業經營成功的重要條件。除精神以外，經營者個人的體力條件也是重要因素。

6.個人的性格：每個人都有不同的人格特質，並因而影響所從事行業的選擇，所以事業的創辦者必須積極的自我分析，自己的人格特質是否合適（可以透過專業人員的協助）。

7.足夠的資金：企業經營非賭博，有多少錢方可做多少事，有足夠的資金來源，企業主或經理人才有踏實的營運基礎。例如，購買材料、吸引人才及購買設備之現金折扣利益等，皆有賴足夠資金來源始能濟事。

8.經營團隊：單打獨鬥的時代已經過去了，成功的中小企業創業者通常都有綿密的人際網絡，畢竟成功的特質與技能對經營者而言是無法樣樣俱全，惟透過實體組織或虛擬的社群組織分工合作互補優劣，方能對應多變的現代經營環境。

　　當讀者對以上所述皆能認同，開始創業或服務於中小企業，本書將可提供讀者與經營者在創業及經營過程中實用的方法與步驟。本書的編排分四個部分，第一篇探討中小企業的時代意義；第二篇闡述中小企業創業過程及注意事項；第三篇的重點則關注於實體經營的技巧與效率提昇方面；第四篇則探究企業經營的社會責任及企業經營過程的診斷以提供實質經營矯正的參考。

　　本書撰寫之目的乃在於整合中小企業經營管理有關的各項議題，期盼讀者們能夠因本書所刻意編寫之方式，而能夠瞭解中小企業之經營管理與企業診斷的系統性與價值性，進而得以應用本書所提出之議題在學理研究與實務運作上。本書可以說是著者多年的產業實務工作與教學經驗所累積的結果，在文字撰寫方面力求深入淺出，避免使用艱澀難懂之語詞，以利讀者閱讀，同時各章節均列有相關個案研究或專題研究，以提供讀者精進閱讀效能與效益，其目的乃在於冀求在探求學理之餘，能更進一步求得理論與實務的配合，及在探討中小企業之經營管理與企業診斷的發展空間，期使讀者能有更為深切的認識與瞭解，這正是本書所殷殷期盼之目標。

吳松齡、陳俊碩、楊金源　謹識

目 錄 Contents

第一篇

中小企業的時代意義

第一章

Chapter 1

中小企業活力的角色探究

在台灣每年有2萬家新企業成立，從員工人數或營業額來看，其中大部分屬於「中小企業」。但因為有許多經營者無法克服經營困難，所以在開始經營的前五年內約有半數會倒閉。本章開始我們要探討中小企業為何吸引這麼多創業經營者，並提供相關的統計資訊及研習中小企業管理的動機，也探討現代中小企業所面臨的問題與挑戰等。

研習中小企業管理之動機

每年都有無數渴望成功的創業者試圖成為企業的經營者，對大多數人而言，這是影響一生的決定，他們可能要投入畢生的儲蓄，並挑戰各種不確定的環境因素與個人愚蠢的決策。儘管經常出現的經濟衰退、通貨膨脹、基礎建設缺乏、經濟環境的不確定性，以及相當高的失敗率，仍有成千上萬的新企業成立。因為這意味著他們要承擔財務、精神和社會的巨大風險。對於如何創立一項中小企業與教育研習的關聯愈來愈多人重視與感到興趣。為何會重視的原因包括：中小企業對經濟發展的影響愈來愈大、大眾媒體對創業成功的中小企業報導增多、多數大型企業的組織再造、婦女就業的趨勢等，分別敘述如下。

一、中小企業家數成長快速

從表1-1得知，中小企業家數從1992年的87萬多家增加至2001年的100多萬家，所占全部企業比率由96.77%增加到98.18%，可見中小企業家數成長速度相當快，雖然2001年全球經濟不景氣導致中小企業家數成長率從5.59%降到0.73%，但大體上來說，中小企業成長率至今都是正向成長，再加上全球經濟不景氣的關係，2001年還有7,852家中小企業成立，仍算成長快速。

二、中小企業提供更多的僱用空間

由表1-2可得知，全國受僱員工人數統計上，從1996年至2001年中小企業占全部企業比例高達六成以上，將近七成，可見中小企業比大企業及政府提供更多的僱用空間。以下將分別以行業別及平均受僱員工人數來觀察中小企業受僱員工人數現況，使其更瞭解中小企業僱用空間的寬廣性。

表1-1 1992年至2001年中小企業家數

規模別 年分	全部企業	中小企業	中小企業占全部 企業比率（%）	中小企業成長 家數	中小企業家數 成長率（%）
1992	900,801	871,726	96.77	46,170	5.59
1993	934,588	901,768	96.49	30,042	3.54
1994	969,094	932,852	96.26	31,084	3.54
1995	1,012,212	991,615	97.97	58,763	6.30
1996	1,024,360	1,003,325	97.95	11,710	1.18
1997	1,043,286	1,020,435	97.81	17,110	1.71
1998	1,069,116	1,045,117	97.76	24,682	2.42
1999	1,085,430	1,060,738	97.73	15,621	1.49
2000	1,091,245	1,070,310	98.08	9,572	0.90
2001	1,098,185	1,078,162	98.18	7,852	0.73

資料來源：財政部財稅資料中心，歷年營業稅徵收統計資料運算而得。

表1-2 1996年至2001年受僱員工人數

規模別 年分	合計	政府僱用	大企業	中小企業	中小企業占全部企業 比率（%）
1996	6,287	1,027	907	4,353	69.24
1997	6,423	1,024	950	4,449	69.27
1998	6,555	975	1,044	4,536	69.19
1999	6,625	961	1,076	4,587	69.25
2000	6,741	956	1,121	4,664	69.19
2001	6,727	961	1,129	4,636	68.93

資料來源：經濟部中小企業處，《中小企業白皮書》（2002年）。

（一）行業別中小企業受僱員工人數

2001年中小企業僱用員工人數，就行業別而言，以製造業的1,765,440人最多，占38.08%，但比2000年負成長1.69%，商業僱用956,062人（占20.62%，成長1.99%）居次，社會服務及個人服務業僱用637,755人（占13.76%，成長5.82%）居第三。製造業的員工人數雖然減少，但其所占全體中小企業比率仍明顯高出其他行業。（參見圖1-1）

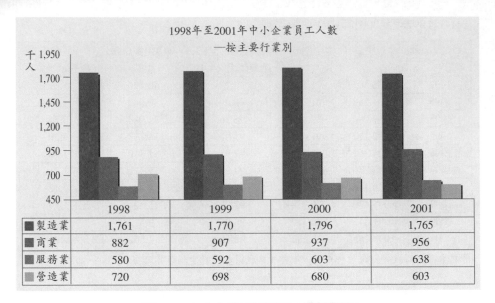

1998年至2001年中小企業員工人數 —按主要行業別				
千人	1998	1999	2000	2001
■ 製造業	1,761	1,770	1,796	1,765
■ 商業	882	907	937	956
■ 服務業	580	592	603	638
■ 營造業	720	698	680	603

圖1-1　中小企業員工受僱人數統計表

資料來源：經濟部中小企業處，《中小企業白皮書》（2002年）。

　　近年來，中小型製造業受僱員工人數逐年穩定成長，不過，在2001年家數減幅較大，其員工也同時呈負成長；而商業雖有近2個百分點的成長，但其員工人數及比率與製造業差距仍大。而營造業受僱員工人數持續逐年減少，所占比率在1996年由第二位退居第三位，2001年又被社會服務及個人服務業超過，退居第四位。

（二）平均受僱員工人數

　　2001年平均每家僱用4.30名員工，比2000年4.36人微降。主要行業的平均每家僱用員工人數依序為：中小型製造業12.83人，營造業7.87人，社會服務及個人服務業6.77人，而商業平均每家只僱用1.47名員工。若以主要行業別來看，中小型製造業平均每家僱用員工人數，逐年穩定增加。中小型營造業僱用員工人數則逐年減少，由1995年平均13.67名降為2001年7.87人，相差5.8人；顯見其平均規模已大幅縮小。中小型商業近幾年雖微幅增加，但每家平均僱用人數仍相當少，變化不大。（參見圖1-2）

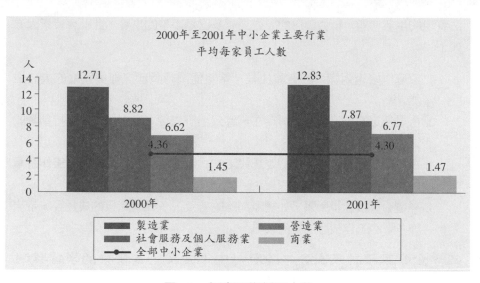

圖1-2 每家平均僱用人數

資料來源：經濟部中小企業處，《中小企業白皮書》（2002年）。

三、中小企業受普遍的認同

　　台灣中小企業具彈性靈活、效率高及順應國際市場變動等特性，故能在有限資源下，創造他們生存與獲利的空間，也帶領我國走向經濟蓬勃的現在，是我國經濟發展歷程中不可或缺的一分子，另外，中小企業提供大量就業機會，對國民生活品質的提昇、社會安定的維護，貢獻良多，因此中小企業在我國占有舉足輕重的地位。

　　我國中小企業占全國企業總數高達98.18%，受僱員工則高達全國總受僱員工之68.93%，由此可看出中小企業在我國之貢獻除了對經濟力之影響外，同時也影響到整體社會、經濟環境與國家競爭力，由此即可看出我國中小企業受國人認同度極高。

四、自我聘僱傾向的增長

　　21世紀新世代的工作型態與意識產生很大的變化，愈來愈多SOHO族[1]期望自由工作，隨著自己的生活步調和方式做事，這是過去朝九暮五上班族所無

法實現的生活型態。自我聘僱的人愈來愈多已是不爭的事實，此社會背景因素如下：

1. 家庭主婦重返職場的意願提昇，希望能同時兼顧工作與家庭的人口增加。
2. 企業穩定的僱用制度不再存在，導致上班族獨立意志提高，抱持創業的人口增加。
3. 企業再造與重整開始採行委託代工方式，使得小型企業與個人工作有承包的機會。
4. 拜電腦科技進步所賜，如網際網路的普及、多媒體產業的成長等，帶來許多新的工作機會與新的業種。

五、企業家精神吸引各年齡層對中小企業創業精神的學習興趣

中小企業具高度的企業家興業精神，冒險犯難及不屈不撓的特質使中小企業充滿活力，因此能吸引各年齡層的人勇於創業，並提昇高中與大專院校莘莘學子對中小企業創業精神的學習興趣。以下即針對中小企業所具有的「企業家精神」做詳細說明以瞭解其吸引國人學習之處。

（一）隨機應變的性格

中小企業主擁有充分的自主權，並負有經營成敗完全之責，因為企業規模小、資金不多，故對於環境及市場的變化極具靈活性與應變能力。例如，中小企業對產業的選擇、設廠、投資經營策略皆優於大型企業。

（二）冒險犯難的精神

中小企業之所以具備勇於冒險犯難的精神，乃因為其無足夠的資源可支持，深知所具有的優勢較少，因此得於大型企業競爭的縫隙中努力向外尋求生存的空間，如他們的足跡遍布世界各個角落，儘管他們對當地的環境、語言不瞭解，但是憑著一股不服輸的勇氣和冒險的精神，在陌生的地方開拓賺取利潤的機會，創造台灣經濟奇蹟的美名。

（三）不屈不撓的性格

中小企業在成長過程中，遭遇無數的困難，但他們始終跌倒了再爬起來，

有些優秀的企業，甚至從小型企業而到中型企業，再由中型企業而到大型企業，憑藉著不屈不撓的性格而蓬勃發展，在中小企業遭遇的困難中，其中經歷過數次環境惡劣，以經濟環境來說，他們經歷過二次的能源危機，一次泡沫經濟的破滅，一次東亞金融風暴的洗禮；以政治環境來說，他們經歷過中華民國退出聯合國、中美斷交、社會動亂、台海危機等，中小企業不僅安然度過，甚至屹立不搖的堅持著，不因環境的惡劣而失敗潰散。

中小企業的定義

一、什麼是中小企業？

中小企業係指經營規模相對於大企業為小之企業，大企業擁有規模經濟的有利條件，而為數眾多的中小企業卻是經濟發展的活力所在，本節要說明世界各國對中小企業的特性定義與我國中小企業的定義加以比較。

世界各國對於中小企業之定義不同，Broom & Longenecker認為「中小企業」係指經營規模相對於大企業為小之企業。由於企業之經營規模的衡量標準是多重的，可透過總產出、銷售總值、總資產、總資本投入及僱用員工人數等不同的經濟指標來衡量企業規模之大小，而且通常因政府政策目的之不同，定義亦不同，所以中小企業的定義並非絕對的，可能因國情差異、產業特性及政策需要而有所不同。

Peter Drucker認為衡量企業的大小，必須綜合考慮下列因素：員工人數、銷售額、附加價值、技術複雜性、生產範圍複雜性及多角化程度、目前依存的行業結構、本身的市場占有率，以及其他。根據Drucker的說法，本書將這些衡量的構面分為兩類：定性及定量。

1.定性的定義

以定性的定義作為中小企業的標準，是一種採取較為主觀的判斷方式，只以「相對」的觀念作為中小企業的認定標準，唯此一標準可能會因人而異，無一定的準則。英國學者Bolton（1971）曾對英國的中小企業進行調查，提出一份名為*Small Firms: Report of the Committee of Inquiry on Small Firms*的報告。其

中，Bolton為中小企業定義如下：

．經營市場上占有率相對較小。
．在管理上業主多採事必躬親的作風，而不隨意假手於專業管理人員。
．在決策上業主可以不受限制而獨斷獨行。

美國的經濟發展委員會（Committee for Economic Development）則認為中小企業是具有下列一項或多項標準：

．經營管理是獨立的，通常業主即是經理人。
．由個人或某一小團體提供資金來源，且資金提供者掌握公司所有權。
．經營範圍多限於地方性，員工與所有者居於同一區域內，但市場則不限於同區域。

茲將英美兩國對中小企業之定性定義彙整如表1-3。

2.定量的定義

相對於「定性」的定義，「定量」的定義較有一確定的準則可循，定量的定義也較常為各國使用。通常各國依其國情及經濟發展程度的不同，而分別訂定符合自己國家的定義。

一般定量的定義大約可包括企業的總資產、全年銷售額、全年生產值或企業僱用員工數等標準，本書整理相關文獻與各國中小企業定義，將各國對中小企業定量定義彙整如表1-4。

表1-3　英美兩國對中小企業之定性定義彙整表

國家	定義
英國	．在經營市場上占有率相對較小。 ．在管理上業主多採事必躬親的作風，而不隨意假手於專業管理人員。 ．在決策上業主可以不受限制而獨斷獨行。
美國	．經營管理是獨立的，通常業主即是經理人。 ．由個人或某一小團體提供資金來源，且資金提供者掌握公司所有權。 ．經營範圍多限於地方性，員工與所有者居於同一區域內，但市場則不限於同區域。

資料來源：經濟部中小企業處。

表1-4 各國之中小企業定量定義彙整表

國家別	定義
英國	通常以從業人員不滿25人或資產淨額爲2萬5千英磅至10萬英磅者爲小型企業。從業人員在100人以上，或資產淨值在50萬英磅以上者爲大企業。兩者之間則爲中型企業。
美國	・製造業：每年營業額在350萬美元以下者，經常僱用從業人員數在500人以上，1,000人以下者。 ・礦業：每年營業額在350萬美元至1,250萬美元者，經常僱用從業人員數在500人以下者。 ・運輸業：每年營業額在350萬美元以上，1,250萬美元以下，經常僱用從業人員數在500人以上，1,500人以下者。 ・建設業：每年營業額在700萬美元以下者。 ・零售業：每年營業額在350萬美元以上，1,350萬美元以下者。 ・批發業：經常僱用從業人員數在500人以下者。 ・服務業：每年營業額在350萬美元以上，1,450萬美元以下。
日本	・工業、礦業、運輸業及其他業資本額（出資總額）在一億日圓以下，而其經常僱用從業人員數在300人以下者。 ・零售業、服務業資本額（出資總額）在1,000萬日圓以下而其經常僱用從業人員數在50人以下者。 ・批發業資本額（出資總額）在3,000萬日圓以下，僱用從業人員在100人以下者。
韓國	・工業及其他製造業、礦業、運輸業其經常僱用從業人員數，小企業爲20人以下，中企業爲21人以上，300人以下者。資產總額無限制，但作爲中小企業者，超過其行業資產總額的規模基準者除外。 ・建設業：小企業爲20人以下，中企業爲21人以上，200人以下者。 ・商業及服務業：小企業爲5人以下，中企業爲6人以上，20人以下者。
義大利	中小企業係資本性投資不超過15億里拉（Lira），其員工人數在10人以下者爲小企業，不超過500人者爲中企業。
荷蘭	對中小企業無固定定義，一般而言，雇工在10人以下者爲小企業，100人以下者爲中企業。
德國	無官方定義，一般以雇工在300人以下者爲小企業。
法國	雇工50人以下者爲小企業，51至100人爲中型企業，其餘皆大型企業。
比利時	雇工10人以下者爲小企業，50人以下者爲中型企業。商業以雇工20人以下者爲小企業，工業以50人以下者爲小企業。
盧森堡	雇工50人以下者爲小企業，50至200人爲中型企業，200人以上者爲大型企業。
西班牙	雇工100人以下者爲小企業，101至249人爲中型企業，250人以上者爲大型企業。

（續）表1-4　各國之中小企業定量定義彙整表

國家別	定義
丹麥	雇工不及20人者爲中小企業。
瑞典	雇工50人以下者爲中小企業。
挪威	雇工不及20人爲中小企業。
芬蘭	雇工100人以下者爲小企業，101至249人爲中型企業，250人以上者爲大型企業。
奧地利	雇工50人以下者爲中小企業。
瑞士	雇工50人以下者爲中小企業。

資料來源：經濟部中小企業處。

二、我國中小企業定義之演變

　　我國中小企業的定義自1967年以來，即以定量的定義爲基礎，產業別、資本額、資產總額與僱用員工的人數界定。其中，目前依據的中小企業定義爲2000年10月所公布之最新中小企業認定標準。爲能對我國中小企業有深入的探討，本書對我國中小企業定義的演變，將自1967年至2000年中小企業的定義加以整理，結果如表1-5所示。

　　根據表1-5可以發現：我國中小企業的定義在資本額、僱用員工數上隨著時間的演變而有著明顯的不同。製造業的資本額由1967年的500萬元至1977年改爲2,000萬元；1982年改爲4,000萬元；1995年爲6,000萬元，至最近的8,000萬元。而礦業、土石採取業至1977年才列入標準。商業運輸及其他服務業的資本額與僱用員工數一般均較製造業、礦業、土石採取業數目爲小。至1995年則將製造業、營造業、礦業及土石採取業統整爲同一認定標準，農林漁牧、水電燃氣業、商業、股務業採同一認定標準。最新的中小企業的定義更將中小企業的認定標準分爲中小企業與小企業，中小企業的界定標準更爲清楚。

表1-5 我國中小企業定義演變過程彙整表

行業別 公布時間別	製造業	礦業、土石採取業	商業運輸業 其他服務業
1967年9月	・資本額新台幣500萬元以下。 ・常僱員工在100人以下。		全年營業額在新台幣500萬元以下。常僱員工在50人以下者。
1973年3月	登記資本額在新台幣500萬元以下，資產總額不超過新台幣2,000萬元。或登記資本額在新台幣500萬元以下，常僱員工人數符合下列標準： ・製衣、製鞋、電子業在300人以下者。 ・食品業在200人以下者。 ・其他各業在100人以下者。		同上。
1977年8月	・實收資本額在新台幣2,000萬以下，資產總額不超過新台幣6,000萬者。 ・常僱員工不超過300人。	實收資本額在新台幣2,000萬元以下，常僱員工在500人以下者。	每年營業額在新台幣2,000萬元以下，常僱員工在50人以下者。
1979年2月	・實收資本額在新台幣2,000萬以下，資產總額不超過新台幣6,000萬者。 ・常僱員工不超過300人。	實收資本額在新台幣4,000萬元以下者。	每年營業額在新台幣2,000萬元以下，常僱員工在50人以下者。
1982年7月	實收資本額新台幣4,000萬以下，資產總額不超過新台幣1億2,000萬。	同上。	每年營業額在新台幣4,000萬元以下者。
1991年11月	同上，但行業別改為製造業、營造業。	同上。	同上。
1995年11月	・行業別包括：製造業、營造業、礦業及土石採取業。 ・實收資本額在新台幣6,000萬元以下者，或常僱員工不超過200人者。		行業別包括：農林漁牧、水電燃氣業、商業、服務業。 每年營業額在新台幣8,000萬元以下，或常僱員工未滿50人者。

（續）表1-5　我國中小企業定義演變過程彙整表

行業別 公布時間別	製造業	商業運輸業 其他服務業
2000年10月經濟部中小企業處網站最新公告	中小企業： 行業別包括製造業、營造業、礦業及土石採取業，實收資本額在新台幣8,000萬元以下者，或常僱員工不超過200人者。	中小企業： 農林漁牧業、水電燃氣業、商業、運輸、倉儲及通信業、金融保險不動產業、工商服務業、社會服務業、社會服務及個人服務業前一年營業額在新台幣1億元以下者，或常僱員工未滿50人者。
	小企業： 製造業、營造業、礦業及土石採取業，經常僱用員工數未滿20人者。	小企業： 農林漁牧業、水電燃氣業、商業、運輸、倉儲及通信業、金融保險不動產業、工商服務業、社會服務業、社會服務及個人服務業經常僱用員工數未滿5人者。

資料來源：經濟部中小企業處。

中小企業獨特貢獻

　　本節乃是以大型企業為比較對象，所產生之較獨特的貢獻，分述如下：

一、技術研發與創新

　　自2001年代以來，許多人都認為經濟發展之重要關鍵在於冒險與創新之企業家精神。缺乏此種特質之廠商，勢必逐漸淘汰。事實證明，代表創新效率與彈性之中小企業，已為各國經濟發展帶來卓越貢獻，儼然成為20世紀末經濟成

長之重要推手。邁向知識經濟時代，光憑勞力、土地等傳統資本，難在波濤洶湧的環境中取得競爭優勢，與國際接軌的大企業尚有調適不及的問題，遑論資源與條件更為缺乏的中小企業，在夾縫中求生存，更是備感辛苦，必須以「創意」來驅動產業新模式。在加入WTO後，面對全球化的競爭，身為創造台灣經濟奇蹟的原動力——中小企業，為提昇企業競爭力，創造更高的產值，需以創新研發技術作為標的，努力升級轉型朝產業高附加價值方向發展。「科技」已成為世界各國經濟發展之根本與競爭力的所在。因此，加強對科技研發的投入與重視，以新思維、新觀念，將科技研發的重要成果廣泛地應用到各個領域，是當前國家提昇產業競爭力為下一階段的國家發展奠定長遠根基的重要關鍵。我國在各個產業領域，創新技術研發成績優異的中小企業廠商，期望他們自身更加茁壯外，更希望成為模範，帶領其他上百萬的中小企業者，落實技術創新與研發，更是提昇產業的競爭力且確實紮根在台灣，使台灣成為世界重要的新興科技研發中心的夢想早日實現。

二、獨特彈性組合模式與大型企業相輔相成

大企業透過策略聯盟與長期的合約，與中小企業建立良好的合作關係，中小企業為大企業分擔製造或經銷工作，也因此獲得大企業的管理經驗，相輔相成的模式即是創造台灣經濟發展的主動力。以中小製造業所具有之生產組合之「彈性化」表現說明之，此模式運作和企業主在社會中的人際關係之累積情形有關，協力廠彼此間的合作關係，有些原來就是朋友，有些是因為合作而成為朋友，關係相當密切，而在日常生產工作的搭配，也因為人際的作用而更為密切的結合，即在產品的生產型態之變動與生產時機的掌握上，我們也會見到它有來自「人際關係」此種社會特質之運作下的彈性，不但使得彼此的生產搭配更緊密，並且提供產品製造量與成本的降低上，具有隨市場情境而彈性化因應的可能性。

三、持續維持更大的國家競爭力

台灣中小企業近107萬家，產業家數占總產業家數98%，以「螞蟻雄兵」的力量，扮演台灣經濟發展過程中的重要推手。但在此波電子化的新知識經濟時代考驗下，資本、技術、人才與觀念等資源相對弱勢下，中小企業如何邁入

下個經濟轉型與提昇競爭力,強化企業競爭優勢是未來重點工作。

　　企業要提昇競爭力,就要透過不斷地學習,來改善體質與增加效率。從增加生產力、提昇品質到技術升級、產品開發、人才培育、經營管理,都有可以學習改進的方法。在提昇國家競爭力的過程中,全國106萬餘家中小企業的努力及貢獻不容忽視,中小企業在提昇國家競爭力的整體架構中,增強企業本身的生產力與競爭力,並推動全國中小企業轉型與升級,增加產品附加價值及交貨速度,以加速完成我國競爭力的全面提昇。

四、提供人力資源密集的教育訓練

　　人員是組織的重要資產,人力資源發展中的教育訓練執行,更是以組織未來的發展為目標,而組織亦透過教育訓練的有效執行,來提昇員工的能力以及工作績效。過去四十年來,我國中小企業伴隨著國家經濟發展而萌芽茁壯,中小企業已是我國經濟得以持續發展的重要基石,經驗的獲取與教育訓練是知識管理重要一環,而中小企業經營智慧的獲得,往往需要不斷地試誤與一人多角的扮演,因而付出相當高的學費。以國家人力資源整體競爭力的提昇而言,中小企業提供一項重要的管道。

五、產生新的僱用職缺穩定基層社會

　　四十餘年來,我國中小企業貢獻近六成的外銷實績,提供近八成就業機會,顯示中小企業在台灣的總體環境扮演重要角色。我國中小企業具有勤奮的人力資源和靈活因應市場變化的能力,經常憑藉著本身的力量,在世界各地尋求資源與市場,擔任我國外貿的先鋒。行政院主計處指出,中小企業在創造國內就業機會方面貢獻相當大,2002年中小企業就業人數即達741萬人,占全國就業人數比重高達78.1%,較1989年增加97萬人,十多年來每年占總就業人口比重均接近八成。近年來由於國內產業結構變遷,再加上大陸及東南亞地區的產品競銷,部分轉往海外發展,致國內中小企業出口成長趨緩。而中小企業的發展對於創造國內就業機會貢獻相當大。

現代中小企業所面對的問題

一、財務不佳、缺乏資金

財務狀況不健全是影響中小企業經營最主要因素，中小企業大多是白手起家或小本經營，故財務結構較不健全，導致中小企業經營上的困難。台灣中小企業典型上較依賴舉債融資，而非股票資本，且被迫於求助非正式部門提供融資，並非是向金融機構提出融資，他們多半是向同業或是親人朋友來舉債融資，有的甚至是向地下錢莊等不合法單位融資，所產生的負面影響如下：

（一）利息較高

由表1-6我們可以得知，民間借貸市場之利率水準比起金融機構的放款利率高出許多，然而中小企業卻因為向銀行融資不易，而去向非正式金融機構來融資，這對中小企業來說是一個很大的負擔，如果公司的投資報酬率低於利息，恐將惡性循環愈借愈多導致公司倒閉。

（二）銀行資金的融通困難

雖然大部分的中小企業希望獲得銀行資金的融通，但是，他們所能夠獲得

表1-6　歷年民間借貸利率與金融機構放款利率之比較

年度	銀行業利率（%）					民間借貸利率（%）					
	短期放款		長期放款		外銷	遠期支票借款		信用拆借		存放廠商	
	最高	最低	最高	最低	貸款	最高	最低	最高	最低	最高	最低
1981	18.00	13.00	18.00	13.50	11.60	44.40	19.92	39.60	21.36	39.24	14.16
1982	14.75	9.00	15.50	9.50	9.45	38.40	19.68	39.60	20.88	36.84	14.16
1983	10.25	8.50	11.00	9.00	8.00	39.96	18.36	38.76	20.88	33.96	13.20
1984	10.00	8.00	10.75	8.50	7.75	36.00	16.80	36.00	20.04	32.40	8.40
1985	10.00	6.25	10.75	6.75	7.00	36.00	13.68	36.00	17.28	32.40	8.04
1986	9.50	5.00	10.25	5.50	5.75	29.76	12.48	32.40	16.68	29.16	6.84
1987	9.50	5.00	10.25	5.50	5.75	28.56	11.88	30.24	14.04	25.68	6.48
1988	9.00	5.00	10.25	5.50	5.75	30.48	12.48	30.00	14.16	25.68	6.84
1989	12.00	6.50	13.00	7.25	6.50	40.44	10.32	41.16	11.52	35.16	6.00

資料來源：中央銀行經濟研究處，《中華民國台灣地區金融統計月報》（1990年）。

的只占銀行放款總數的29%；影響融資的主要因素又有下列原因：

1. 貸款筆數多、金額小、成本高：對於講求規模經濟的銀行業而言，多筆數、金額小的融資申請案件，往往必須投入較高的單位融資成本，因此使得中小企業融資未獲得對等的重視。
2. 徵信困難，授信風險高：中小企業的會計制度多不夠健全，從財務報表不易分析其實際的財務結構與獲利能力，導致授信風險提高，銀行融資決策亦相對趨於保守。
3. 企業自有資金不足，影響還款能力，或無適當還款計畫。
4. 銀行難以掌握授信資金流向，徒增授信風險與管理成本。
5. 企業營業額下降，獲利能力衰退，影響新貸、續貸案件。
6. 中小企業多屬家族式經營，缺乏專職財務人員，面對經營環境的變化，財務應變能力相對較差。
7. 中小企業多屬勞力密集、技術層次偏低的企業，較不易提昇企業競爭力。

因此，在銀行保守的經營心態下，若正值景氣低迷、銀根緊縮的經營環境，更將全面性地影響中小企業取得融資的機會。

二、缺乏專業人才、組織結構不健全

（一）專業人員取得不易

中小企業人員的流動性偏高，也較不易吸引具專業知識的高素質人力，在快速變化的競爭環境中，已突顯許多力不從心的經營窘境。

（二）組織結構不健全

台灣的中小企業在結構上非常不健全，普遍有下列幾個缺點：

1. 帶有濃厚的家族色彩，無法吸收外來的人才。
2. 業者對政府法規及公司法規認識不夠。
3. 資金不夠雄厚與融資不易。
4. 缺乏現代化的經營管理知識。
5. 對國際商情資訊取得困難。

6.對產品的品質要求不夠嚴格。

7.對商譽的維護不重視。

三、政府法令與行政效率的束縛

由於企業相關法規通常是一體適用，中小企業的特性及經營需求經常受到忽略，因而容易身陷不公平的競爭環境。以下針對勞基法的定期契約、工時及退休金制度、智慧財產權的新型與新式樣專利、商標法、營業秘密法以及環境保護法，說明中小企業適法的困難。

（一）勞基法

1.定期契約

根據勞基法第九條，只有臨時性、短期性、季節性及特定性等非繼續性工作得訂定定期契約，其餘應訂定不定期契約，其目的在防止雇主任意以定期契約取代不定期契約，藉以規避勞基法中有關資遣的規定。又根據同法第十一、十六、十七條，雇主在資遣員工時，必須有法定的正當理由，並要事先告知員工並發給資遣費。這些相關規定都會減少雇主對人力調度的彈性，並增加勞動成本，雇主自然選擇以訂定定期契約或其他方式來規避。我國現行勞基法對定期契約使用範圍的限制嚴格許多。政府致力維持勞資契約的穩定，立意不錯，但穩定的契約關係，應是透過長期的試誤過程所培養而得，以法律形式強加在雇主身上，對勞資雙方並無好處。

2.工時

自1984年勞基法公布以來，工時的規範一直是勞資雙方爭論的焦點。在彈性工時方面，除了對女工、童工夜間工作仍有若干限制之外，現行勞基法對彈性工時幾乎沒有任何干預，但對變形工時則是嚴格規定。在1996年12月27日以前納入該法的非農林漁牧產業，變形工時以一週為限；而在其後才納入的產業，在經中央主管機關指定之後，可將變形工時延長為四週。不論變形工時多長，雇主在實施變形工時之前，都必須獲得工會或勞工半數以上同意。

目前勞基法規定正常工時每日不得超過八小時，每兩週工作總時數不得超過八十四小時，已於2001年1月1日實施。然而，政府的強制立法，也對企業調派人力的彈性有所破壞，尤其是中小企業，其生產的比較利益原本比較靈活調度，勞基法的一體適用，對中小企業的影響很大。

3.退休金制度

　　爲了照顧退休勞工的經濟安全，勞基法規定凡是適用該法的企業，必須提供職業退休金。然而，由於退休年資條件過高，或是雇主不願支付退休金而採取提早資遣員工的手法規避退休金給付，致眞正受惠的勞工並不多。爲解決這些問題，政府提出「勞工退休金條例草案」，將勞基法退休金制度由現行的確定給付制，改爲確定提撥制，由雇主按月提撥一定比率至勞工個人退休金帳戶。因此，當勞工轉換工作時，其帳戶所累積的退休金準備可隨個人移轉，勞工的退休金不會因離職而有損失。

　　雖然上述的修法似乎增進勞工退休金的權益，但這必須建立在雇主遵守勞基法提撥退休金的規定。自勞基法施行以來，有關退休金的規定，一直是雇主最關心的問題。退休金其實是薪資的延後給付，如果要求由雇主提撥，那麼勞工的現行工資勢必降低。因此，最理想的狀況是由勞資雙方自行協調勞動條件，例如，有些人只要提撥3%的薪資，即可接受該工作；而有些人非得要求提撥6%的條件，才願意接受。勞雇雙方在經過試誤之後，已知道針對不同類型的勞工，必須提供不同的勞動條件，這才是最有效率的狀態。因此未來在提撥費率的制度上，特別是對廣大的中小企業而言，應儘量保持各業別、各規模別的適用彈性，才能營造一個公平的經營環境。

(二) 智慧財產權相關法規

1.新型與新式樣專利

　　目前我國對於新型與新式樣專利，仍維持實體審查制度；亦即就保護之實體要件，於賦予權利之前，由主管機關詳細逐一審查，審查通過之後才授予權利。因此，從申請到取得權利需要較長時間，大約一年左右。這對於技術層次較低、生命週期較短的產品而言，可能因此未能掌握最高經濟價值的時效，實屬可惜。尤其對中小企業而言，迅速掌握創新的經濟時效是其最大特點，新型與新式樣專利的申請規定，反而是其市場推展潛力的障礙。

2.商標法

　　商標法亦有同樣的問題。現行商標法採用「商標註冊保護主義」，通常必須經過冗長的商標申請、審查及註冊程序，才能開始使用商標，對中小企業而言，同樣無法快速掌握時效。

（三）營業秘密法

　　所謂營業秘密，係指方法、技術、製程、配方、程式、設計或其他可用於生產、銷售或經營之資訊，本質上屬於智慧財產權的一環。對中小企業而言，由於企業之間的技術與商業資訊容易重疊，較常見的例子是員工離職後，自行創業或從事相同或類似工作，常與原來事業進行營業競爭。而這種行為是否涉及營業秘密的侵害，並不容易判斷。

　　為了顧及營業秘密被破壞的可能性，雇主或可選擇與員工簽訂契約之約束方式，包括離職之若干年間不得從事相同或類似營業秘密的行為；然而，雇主亦可能因此無法找到合適的員工。不過，立法強制規範離職員工的行為，除了侵害員工工作選擇的自由，亦是一種對自由競爭環境的戕害。

（四）環境保護法

　　「綠色行銷」的課題已成為現代事業經營焦點，基於環境保護的議題影響考量上包括：綠色產品、工業安全、產品責任、製程減廢、能源效率、產品開發、綠色包裝、消費者權益等，對中小企業而言非直接關係營運的成本因而增加，應及早採取因應措施。

中小企業主當前所面臨的挑戰

一、技術爆炸的時代

　　未來由於電子商務的盛行，企業只要利用網際網路進行交易，就同時具有國內交易以及國際交易的雙重意義。再加上兩岸三通的可能性逐漸增高，以及加入WTO後，兩岸企業的分工模式可能將重新調整，中小企業國際化市場競爭的壓力將更加趨重。但根據統計，台灣中小企業因為組織營運模式不適合、欠缺技術人才、欠缺導入策略及資訊應用程度低，或上下游廠商配合度意願低等等，國內尚有62%的小型企業及28%的中型企業不願意導入電子商務，此一調查也顯示出中小企業主雖然想e化，但卻遲遲不敢踏出企業轉型的第一步，為持續提昇台灣國際競爭力，政府鼓勵中小企業e化已是刻不容緩的事情。

二、職業與產業的變遷

　　台灣中小企業是台灣經濟發展與社會安定的原動力，但由於全球產業的不斷變遷，造成中小企業也必須跟著轉型。目前台灣中小企業正遭逢經濟轉型期，許多傳統企業正因全球經濟環境的劇烈改變，而面臨倒閉或轉型的危機，電子商務為許多企業帶來希望，也對傳統銷售通路及產業結構產生巨大衝擊。

　　另外，全球企業產業的結構勢必造成中小企業經營環境變化且須改善經營體質，因此政府施政的重點包括：排除適法障礙、協助取得生產要素、暢通資金管道、降低經營成本（如振興傳統產業優惠貸款）、擴大競爭能力（如互助合作專案貸款）、提高投資意願、協助中小企業資本形成、提昇中小企業人力素質等等，積極協助並解決中小企業所面臨的困境。

三、全球化的挑戰

　　台灣的產業以中小企業為主，全球化對具有此類產業組織的經濟體產生何種衝擊？在全球化市場擴大的作用下，廠商可能需要更大的生產規模才能達到規模經濟。換言之，較大規模的生產在全球化下應為較有效率的生產。其次，由於小廠作國際性擴張時所遇到的障礙可能要比大廠為高，因此小廠較無法有效擴張國際市場，因而也較無能力享受市場擴張的利益。在全球化下，小廠不但較無能力取得新市場，同時也極可能喪失舊有市場。眾所皆知，小廠比較喜歡進入規模較小的市場，因為這些市場對大廠不具吸引力。然而，全球化將使這些市場規模擴大而提供大廠加入競爭的動機。

　　另外，隨著總體經濟朝向全球化、自由化、數位化發展，網際網路發展形成一股新興的潮流，帶來數位經濟革命，但相對地也對這些工商界的百萬雄兵帶來前所未見的經濟風暴。網路科技掀起產業革命，也帶來相對的經營壓力，包括：資訊科技引起企業營運方式的改變、地球村概念的興起及高倍速競爭時代的來臨，因此企業e化勢必成為中小企業發展市場的重要利基。

四、團隊績效與授權

　　中小企業的經營發展過程，通常是由小規模逐漸增長為較大規模，在資本的結構上則由獨資變成合夥，再由合夥變成股份公司，然後將公司股票上市上櫃。若以企業主的經營層面上，則由個人的完全參與所有企業機能，再發展到

團隊運作（teamwork）模式。不可否認的，很多中小企業主不喜歡找夥伴，乃因為一個人決策較單純，人多嘴雜易形成衝突。再加上人的控制欲望本性所致，當然希望自己完全掌握事業；若一項事業僅由個人或其他家族成員所組成，則事業的價值與成就可能受到限制。團隊的合作行為力量大、績效較佳，故對於中小企業主而言，如何組成、發展、凝具團隊共識將是一項必要的管理能力。

註：

① SOHO 是Small Office Home Office的縮寫，英文直譯的意思，是指在家工作（包含個體戶或小型企業），屬於一種新興行業，只要在小型辦公室或自宅內，有效使用電話、傳真機、電腦或網路工作的人就稱為SOHO族，台灣近年來此行業逐漸被注意，原本SOHO族的意思係指擁有專業技能的人脫離企業後，轉向於小規模辦公室或自宅工作稱之，因此不論何種業務性質或工作內容，只要將自宅視為工作場所統稱SOHO族，也是網路時代新工作型態的代名詞。另外，大企業積極採用的「衛星辦公室Satellite Office」，或利用資訊科技讓員工在家執勤或不限場所的工作型態也有增加趨勢，SARS（非典型肺炎症候群）流行時間，許多高科技公司也採行此種遠距離的工作型態，以減少員工被感染的風險，保持公司的競爭實力。當然SOHO的興起，也會促使有些採取地區性或區域性分公司／辦事處的模式，改變其管理模式，進而撤消地區或區域性分公司／辦公室之組織，而以資訊科技讓其員工在家執勤，定時回報總公司有關其業務動態，此方式可縮減分公司／辦事處之固定營運費用，更可保持其公司之競爭力。

個 案 研 討　鴻海精密

　　台灣光復初期並沒有所謂民營大企業，到60年代，逐漸崛起的大企業都是由 40 年代之中小型企業發展而來，台塑企業就是一個典型的例子。

　　例如，1974年郭台銘創立鴻海精密，初期資本額新台幣30萬元。當時鴻海一年營業額還不到100萬台幣，只有15位員工。1981年開發連接器產品，2001年全球員工5萬人，以1,500億登上台灣民營製造業的龍頭，2002年繼續蟬連，鴻海的資本額已成長到180億，市值直逼3千億。鴻海精密是做黑白電視機旋鈕起家的中小企業，從位於台北縣的一家精密模具小廠，成為全球級的企業集團，現在是全球最大電腦連接器供應商；其成功的關鍵要素如下：早期就有正確的目標，以掌握產品品質的上游模具著手，投入研發作業發展模具技術，奠定了未來發展基礎；領導者旺盛的企圖心是中小企業主學習重點，郭台銘先生帶領鴻海朝世界第一之國際化願景發展，其敢做敢衝，身先士卒，擅策略分析，霸氣領導正與中小企業主們一氣相通；成功的市場定位亦是重要策略關鍵，「大廠不願意生產，小廠無法生產」，生產相當便宜的產品，市場占有率高，讓對手無法與其競爭。並以自創品牌"FOXCONN"征戰國際，重視客戶聲音，以技術當後盾和客戶共同研發一起成長，如設工廠在客戶旁邊，讓客戶擁有虛擬庫存，減少客戶庫存成本與壓力，又能快速出貨。並獨創的CMM（Component Module Move）代工模式鍛鍊出強烈的生存能力，他說：「我不知道什麼是成功，但是我知道怎樣『求生存』！」。

　　近年來透過併購及策略聯盟增大鴻海事業版圖，從生產連接器到跨入準系統，提供整體服務來增加接單能力，以準系統而言和光碟機、鋁鎂合金、PCB軟板、液晶顯示器等廠商合作，爭取更大市場。未來核心競爭力則以掌握核心技術的知識管理為主，鴻海乃為傳統產業升級模範，很多廠商都有相同的技術，但真正落實貫徹運用只有鴻海，其最強的核心競爭力就是「現場應用＋知識理論＋技術人員＋專利權＋客戶共同研發＋未來發展技術＝實務專業知識管理」，除了模具外並廣泛接觸材料、光學、通信、檢驗等相關技術，用自行研發、合作開發、併購及策略聯盟來為未來鋪路，預約下個十年成長原動力。專利權擁有將是進可攻、退可守的重要核心競爭力，早期鴻海常被高科技廠商控告侵犯專利權吃足苦頭，鴻海設有龐大法務部門將投入研發成果申請專利，保護辛苦研發技術成果，去年就拿了八百項專利權。鴻海由傳統工業轉型成功變成高科技企業，黑手工業也能出頭天，其成功因素相當多，以知識管理和專利權申請維護是主要條件，值得傳統產業學習。

問題討論一

1. 鴻海如何由傳統產業轉型成為高科技產業，其核心競爭力如何？
2. 面對全球性的景氣低迷，鴻海為什麼還能逆勢成長，成為外資的最愛？
3. 郭台銘如何帶領鴻海？如何顛覆專業代工製造市場的遊戲規則？
4. 郭台銘創業一路走來鍛鍊出強烈的生存能力，他的求生存意志和經驗，給中小企業帶來什麼啟示？
5. 知識管理和專利權申請維護是鴻海成功因素主要條件，傳統產業如何學習？

問題討論二

1. 何種力量會帶來企業的繁榮並跨越全球？
2. 何謂企業家？請簡單敘述。
3. 中小企業最主要的優點何在？
4. 哪一種潛在的缺點對於中小企業影響最大？
5. 中小企業對台灣經濟有何貢獻？
6. 討論中小企業失敗要因與機率因素。
7. 中小企業如何避免失敗的一般問題討論。
8. 每個人對中小企業都有自我的看法，例如，創業者、員工、親朋好友等，請你說說任何聽過的看法。
9. 當你思考中小企業相關議題時，你會想到什麼？與本章節所敘述有何種不同？
10. 你如何解釋年輕人在中小企業中所得到的成長利益？依你的經驗說明之。
11. 中小企業的獨特貢獻為何？舉例說明之。
12. 中小企業所面臨的問題為何？

第二章

Chapter 2

中小企業的機會與挑戰

- ● 為何要成立中小企業？
- ● 成功創業家的特質
- ● 經營中小企業成功因素
- ● 個人的自我省察
- ● 中小企業的機會在哪裡？
- ● 女性創業的趨勢與問題

　　台灣經濟活力主要來自於中小企業，若要持續保持得賴更多的創業者的加入，當前台灣中小企業所面臨的創業問題，包括：資金取得不易、人才短缺、代理權等問題。有人說創業很容易，但成功不容易，做大守成更不簡單。當代許多國內外創業成功的人物，如宏碁電腦施振榮先生的創業歷程、美國雅虎（YAHOO）楊致遠先生創業有成等，激發許多人「有爲者，當如是也」的豪情。

　　近年來，台灣經濟不斷惡化及衰退，面臨許多結構性的改變、產業外移及嚴重的失業潮、房地產及股票的價值縮水，景氣的幅度陷入三十五年循環中的最谷底，或許經濟衰退仍繼續，加上經濟結構的改變，你可能成爲下一波裁員名單，與其坐以待斃，不如儘早培養創業技巧，以及人際關係的培養，以抗景氣低迷。

　　台灣經濟的盛衰繫於企業人士的創業精神與「創新」能力。即在一定程度的風險下，以創造性思維藉由新的組合方式，落實在各種程序轉變上，以利創造個人財富或組織利益。

　　本章盼能及早建立讀者的創業精神，並探析台灣中小企業經營的機會與挑戰，首先探討爲何要成立中小企業，並分析一位成功創業家的特質與經營中小企業的成功因素，最後省察個人能力、尋找中小企業的機會，以及女性創業的趨勢與問題。

爲何要成立中小企業？

　　很多人在人生的某個階段都有過創業的念頭，但大多數人都未能實現這個夢想，最大的原因就是不敢冒險及面對不確定的未來，要克服這些阻礙需有強力的動機，通常爲何要成立企業原因很多，如被裁員、無法找到理想的工作，但這些原因也談不上是創業的驅使動機，由於創業動機是影響能否成立中小企業的重要因素，故將創業的原因分述如下：

1. 滿足個人目標：權力、追求安定、高收入、名望得利、挑戰、實現個人夢想。

2. 取得獨立性：亦即不喜歡爲別人工作，個人想向上成長，希望擁有更多的自由，發揮個人專業知識與經驗的機會或將擁有的專長發展一項新事業。

3. 得到額外收入，相信創業是致富的唯一條件。

4. 幫助家庭或承襲家庭創業的傳統。

5. 提供別處無法提供的產品，或將已完成的新產品開發，且相信此項產品可以在市場找到新的利基。

6. 達成企業目標：企業目標的達成得靠個人的知識、技能、人際特質等整合效率，有時因爲企業目標的需要而成立小型企業，欲達成的目標如下：

（1）服務目標：顧客滿意是主要的考量，如客制化、小量多樣等。

（2）利潤目標：在容許的經營風險之報酬與經濟性回報。

（3）社會目標：相關利益關係者之共同體營造，包括：顧客、員工、供應商、政府、股東等。

（4）成長目標：在大型企業的縫隙中生存，利潤增加或市場的占有。

成功創業家的特質

在企業管理領域中創業管理是一門重要課程，教導如何撰寫經營計畫書、如何研擬行銷計畫、如何取得資金、如何開發新產品、如何調度財務、如何領導與激勵……等等相關知識，但具備這些創業管理專業知識並不代表具有創業條件，這與研習專業工程就可擔任工程師不同，也是創業管理的教授並沒有從事創業的實際行動之原因，因爲創業具備條件中還需有創業者本身的性格價值觀能力。一個成功的創業者須具備的特質條件包含如下：

1. 精力充沛與渴望獨立的高成就導向需求，他們是追求自己想法的行動家，亦即傾向有自信個人主義。

2. 對市場環境具高度的創意敏感度與直覺，或非理性的創新能力。

3. 有獨特面對壓力緊張的能力，不畏懼風險並能掌握問題的重點。

4. 受個人及家庭考慮因素的激勵。

5. 期望得到迅速及實質的成果，能將不同資源充分整合，達成目標與積極
行動導向者。

6. 對模糊、非結構性情境有能力作迅速的反應與分析能力。

7. 有遠大的眼光。

　　事業的興衰與人的因素有關，實際創業過程中將面臨艱辛的學習歷程，唯保有堅持不放棄、不斷嘗試新方法的毅力，方可享受目標達成的甜美果實。因此，承受市場挫敗的耐力，亦是成功創業的重要條件。此種毅力除來自創業者人格特質外，另一方面則來自於創業者的信念，創業的過程絕不是輕鬆、優雅或機緣巧合可以完成，而是艱苦不堪的差事，古云：「天將降大任於斯人也，必先勞其筋骨，苦其心智」就是最佳座右銘，因此創業者必須有事前的心理準備，堅持的毅力自然也是創業成功的重要條件之一。另外還有許多創業成功的關鍵要素，如財務報表的閱讀能力與數字觀念、經營策略的擬定能力、風險分析與管理能力、做中學持續的學習能力等，在以下幾個章節我們將會討論。

經營中小企業成功因素

　　中小企業在我國經濟體系中一向扮演極為重要之角色，中小企業經營上之靈活、機動、努力，以及策略上之創意，也常為大家所稱道。但中小企業由於規模上的限制，往往在營運上存在不少先天上的缺點，例如，缺乏生產上的規模經濟，造成生產成本無法降低；資金不足，無法從事大量投資；整體資源不足，無法進行研究發展與人才培訓的工作；管理能力薄弱，缺乏長期規劃與市場資料處理與蒐集之能力等等，中小企業成功的經營因素包括以下幾點：

　　一、最適的產品對應最適的市場：中小企業對市場的需求及顧客之反應較大企業更迅速適應市場之需求。

　　二、獲得充分的資金：財務資料不易取得銀行信賴，故融資貸款不易是中小企業的通病，俗云：「有錢才能好辦事」、「多少錢做多少事」，創建新事業初期獲得充分的資金即成功的最大保證。

　　三、有效率的人力資源：在知識經濟的時代裡，經營者所面臨的是比過去更嚴苛的挑戰，「作對事前要先找對人」，人找對了，所有的問題當迎刃而

解，所以人才是企業的重要資本，俗云：「有能者可以用金錢聘來，但能獲經營者信任的人才卻只能花時間培養。」，隨著企業的演進，需藉由組織的有效訓練、公正選才、人盡其才等經營理念，方不至於忽略員工的教育，導致企業經營產生不合理現象。

四、獲得及使用即時資訊：中小企業由於規模小，在市場資訊與技術資訊之取得方面，亦常處於不利之地位，因此在決策上產生「不如意十常八九的遺憾」。如何運用科技方法快速連結顧客端與生產端的訊息，可為提高中小企業競爭優勢可行的方法。

五、符合政府法令規章：由於國際自由化貿易、消費者意識及環境保護意識抬頭，政府監理單位需透過立法確保，因此，原本先天體質不佳的中小企業，經營的過程就必須遵守法令規章進行，否則會因許多經營附加的隱藏成本未計算而造成嚴重的虧損。

六、中小企業主及員工是該領域的專家：「做自己最熟悉的領域」是經營成功的保證。主要原因乃是駕輕就熟，可以節省掉相當多的摸索與學習時間與成本，同時也是最有把握成功的。

七、有效率的管理：經營效率檢驗唯一標準，就是達成顧客需求與滿意，而符合顧客需求的關鍵要素，在於企業所能提供的「速度、品質、科技服務、彈性、成本」，有效率的管理即是圍繞在這幾個基本的活動上。

個人的自我省察

在認定自己所追求的目標之前，必須先瞭解什麼是你最關心的事。生命中你追求的是什麼？是適當的工作、職位、賺錢、家庭和樂、工作成就等等，因為每個人有不同的價值觀與需要，人生目標因此不相同。以下我們就先花一點時間探索自己需要與關心的事，再衡量自己的特質與經驗，最後評估自己的技術與能力。

一、分析個人的價值觀

價值觀（values）是一種持續性的信念。此種信念乃以個人或社會的觀

點，認為某種行為模式優於另一種行為模式，例如，「寧為雞首，不為牛後」便是一種社會價值觀。個人價值觀（personal values）不但會影響創業的信心同時也是成功的重要因素之一，個人價值觀係指個人所擁有的特有價值，反映出個人對行業類別價值的篩選，根據學者Schwartz對價值的研究，將每個人的普遍性價值分為十種價值類型，而這十種價值類型又可分為四個高階價值領域，見表2-1。追求某特定價值可能會和其他追求的價值相衝突產生矛盾，例如，追求個人最大成就的同時，可能會犧牲與家人相處的時間，對於自己享受

表2-1　Schwartz的十種價值類型與高階價值領域關係

價值類型	高階價值	定義	典型價值
權力（Power）		社會地位與威望，對於人們和資源具有控制力或主宰力量。	社會權力、職權、財富。
成就（Achievement）	自我提昇	根據社會標準來證明能力已取得個人的成功。	成功的、有能力的、野心的。
享樂主義（Hedonism）		為了自己本身而獲得的歡愉和感官的滿足。	歡樂、享受生命。
刺激（Stimulation）	接受變革	生命的興奮，新奇、挑戰。	敢於冒險、變化的人生以及令人興奮的人生。
自我指引（Self-direction）		獨立思考與行動，抉擇、創新與探索。	創造力、好奇、自由。
公益主義（Universalism）	自我超越	以全人類及大自然的福祉為目的的理解。	心胸廣大的、社會公益、公平、環境保護。
慈善（Benevolence）		維護與強化一個人經常進行個人接觸的人們之福祉。	救助、誠實、原諒。
傳統（Tradition）		尊重承諾與接受傳統文化或宗教所提出的風俗習慣與觀念。	謙恭、虔誠、認命。
服從（Conformity）	保守	對於可能違反或損害其他人或違背社會預期或規範的一些行動傾向以及衝動的克制。	有禮、順從、尊敬父母或老者。
安全（Security）		安全和諧與社會的穩定，關係的穩定與自我的穩定。	社會秩序、乾淨。

資料來源：本研究整理自Shalom H. Schwartz (1994). "Are There Universal Aspects in the Structure and Contents of Human Value?" *Journal of Issues,* 50, 4, pp. 19-45.

的歡愉價值也必須有所取捨。

俗云：「錢非萬能，沒錢萬萬不能」，雖然，我們並不主張創業累積財富是唯一目的，但是也不能否認每個人汲汲營營一輩子的時光，大都花費在賺錢這件事。松下幸之助曾說：「經營企業賺錢是一種責任，不賺錢是一種罪過」。公司法第一條也清楚明示「公司是以營利為目的」，一個人運用自己的聰明才智，努力工作，賺錢致富是正當的，但如何將這些利潤回饋社會，是創業者投入前應有的心願，因此，如何培養正確的金錢價值觀，如何使賺錢成為一件有意義的事情，如何使金錢增益人生的價值，將是所有創業家都必須加以思索的重要功課。

創業除賺錢創造利潤及增進股東權益外，還要有更高理想的目標支持走過艱辛的創業路程，缺乏追求企業願景的動機與毅力，當碰到挫折或未能如預期的發展，就容易退卻或無法讓事業永續經營。因此，創業的過程就是給企業新生命的過程，如父母養育教導一般，所以塑造願景是新創企業最重要的工作，能否激發創業者的動機與對願景的承諾，也是創業計畫成功的重要因素。

二、分析個人的心智能力

可藉由分析自己的心智能力以決定事業的型態及自身達成的目標。創立事業過程是艱辛、孤獨、充滿危險與不確定性，創業者為了達到創業目標，不眠不休認真工作是必須的，同時過去創業者威風也已不在，成就一項事業是必須靠自己的個人心智能力、群策群力與合宜的時機，對創業者的自我省察的第二項工作就是在心智上的能力評價，但人們通常對自己的特質、性格為何最不清楚，往往認為自己的想法是最好的而自鳴得意目空一切，有為者當對自己有正確的理解，對自己有更高的自覺能力，且要依照進程定期作自我分析的確認工作。不管環境與時代如何轉變，人類對於提昇自我和致力於事業發展的期待感，是任何人都具備的。人生的意義，也就是不願自己的期望被中斷，創業者應經常確認自身的能力，尤其在堅定自己的價值觀、責任感、創新的信念及管理能力上，更需修習精進之。接著我們可以做一個簡單的測驗如表2-2，試試看是否具備創業家的潛力。

對於自己的特質、信念與管理能力要切實自我認識做評估，若有90%以上皆答是者，深具創業成功的潛力，50-90%可能創業成功，若未達50%則需要努

表2-2　自我檢查表

NO	檢查項目	分類	評分 (○/×)
1	確實確立自己的人生觀，做事總不忘最終目標。		
2	擁有明確的職業價值觀，從事某一行業已經有五年以上。		
3	已具備價值判斷的基準，天下沒有不勞而獲的事。		
4	充分具備對變化的應變能力，因時勢而修正目標。		
5	始終不忘記進行自我檢討、察覺自己的錯誤與學習精進。		
6	自己應負的責任絕不逃避，且喜歡爭取多負擔責任。		
7	我能承受壓力而不感到沮喪，喜歡解決問題的挑戰。		
8	我自認為是一個很好的聽眾，也曾與人談過創業的想法。		
9	我相信「有志者事竟成」，天性樂觀，我的朋友也是這樣認為。		
10	我是一位責任感重的人，做事情一向有始有終。	心智信念	
11	對任何事皆能積極進取與熱心，不待別人開口主動提供協助。		
12	我是待人寬容、嚴以律己的人，可以承認自己的錯誤與改進。		
13	隨時充滿信心，富想像力、好奇心，腳步輕盈。		
14	喜歡自己下決定，不喜歡聽從別人的指示。		
15	可以犧牲睡眠時間工作，甚至廢寢忘食，長時間工作而不累。		
16	個人的禮儀與個人品味得宜出眾，喜歡看到人生光明面。		
17	我遵守約定、時間、正義、正念、不疑、不忘恩、不怕生。		
18	向銀行借錢並不會不自在，我需要錢時總會想辦法籌到。		
19	我很容易與別人攀談且自在，很容易交到朋友。		
20	我運動、注意健康，一旦決定減肥就能持之以恆。		
21	做事是屬於有計畫、組織力、判斷力強的人。		
22	具有打破現狀、創意及創新的能力，我喜歡發掘新的作法。		
23	能和各種人協力完成事情，討論問題時我會考慮對方的立場。		
24	具有蒐集、分類、應用知識情報的能力。		
25	具有領導能力能激勵部屬。		
26	具有豐厚人際關係、一同工作的夥伴、提意見的專家。	一般管理能力	
27	能預見問題發生而事先預防，能分析問題並籌劃解決之道。		
28	處理問題能周延、系統性考慮細節，並快速解決問題。		
29	能訂定實際可行的計畫，及達成目標的細部計畫。		
30	能認清達成目標可能遇見的阻礙，並預先籌劃克服障礙的策略。		
31	即使目標看似遙遙無期，我也不輕易放棄。		
32	決策明快不拖泥帶水，即使手上的資料不足也能根據分析下決定且充滿信心。		
33	能以書面、口頭、演講等技巧方式與公眾、下屬、同事溝通。		

（續）表2-2　自我檢查表

NO	檢查項目	分類	評分 （○／×）
34	能制定薪資、福利、僱用、選才、訓練等人事制度。	一般管理能力	
35	具備協商談判之得失衡量所需的技巧與能力。		
36	認識時間管理技巧與運用，能有效的安排與抓緊時間。		
37	我計畫在創業以前先修習一些企管課程及訂閱商業雜誌。		
38	有機會接觸生意人，我總會問很多關於他工作的情形。		
39	由於我有多方面的才能，常會被派去做各種工作。		
40	我認為學歷與事業成功與否無關。		
41	瞭解生產程序及生產所需的勞力、空間、設備、經驗。	企業機能管理能力	
42	熟悉存貨控制技巧及採購技巧，如找出理想供應商爭取優惠價格，與供應商協商，追蹤管理進貨與存貨。		
43	能區分長程與近程的研究發展計畫並取得均衡。		
44	現有的技術知識能真正地投入研發工作。		
45	落實研發管理，能規劃產品設計方向及新產品的測試。		
46	財務管理：決定籌集資金的最佳途徑、預算資金需求、長短期資金來源確定、具備融資與投資人協商經驗。		
47	熟悉會計與審計的控管系統等能力，如成本控制系統、政府稅法、管理會計人員。		
48	具備財務管理能力：企業經營分析診斷、授信與催收管理。		
49	行銷管理能力：市場調查與評估、銷售策略規劃、銷售管理、直接銷售、客戶服務、行銷技巧、與其他企業功能部門的配合。		
50	熟悉國家法令規章：公司法、勞基法、智慧財產權法、稅務稽徵法、環境保護法等。		

力及學習。表2-3是簡單的自我測試表，提供給有心創業者評估自己的潛在能力。世界上很少有完美各方面皆優越的人，有些能力本身不具備，當然可以藉助他人的能力或學習與經驗來彌補，但先決的重要條件就是要有自知之明，瞭解自己到底缺乏哪些能力。

三、分析個人的態度

態度是對某一個特定對象的人、事、物的一種較為持久普遍的正向或負向

的感覺,與信念及行為意向關係密切。態度是社會心理學上一個非常重要的概念,與我們的行為息息相關,態度主要包括:認知(cognition)、情感(affection)、行為(behavior)之成分。認知成分是指對態度對象所持有的信念或知識,如「相信創業可以致富」;情感成分是只對態度對象的感覺或喜好,如「喜歡某創業成功者」;行為成分是指對態度對象的行動傾向,如「學習創業

表 2-3 創業家潛力測試表

在自己的事業中是否能夠成功,表2-3所列出20種特質,請仔細考慮每一項因素確認自己的分數,從0分到7分,將所有分數加總對照結語,以瞭解自己的能力	0	1	2	3	4	5	6	7
我有能力去協調與溝通　　　　(溝通協調能力)								
我有能力去激發他人潛力　　　(激勵部屬能力)								
我有能力去組織　　　　　　　(周詳的組織力)								
我可以接受責任的賦予　　　　(奉獻與負責任)								
我可以簡單的適應改變(使命概念與環境應變能力)								
我有下決策的能力　　　　　　(決策果斷能力)								
我有動力及執行能量　　　　　(學習與分享能力)								
我有很好的健康　　　　　　　　(身心健康)								
我有人際關係技能　　　　　　(人際關係能力)								
我富有進取心　　　　　　　　(熱愛工作的態度)								
我對人們交往有興趣　　　　　　(社交能力)								
我有很好的判斷力　　　　　　　(判斷能力)								
我可以打開心胸接受新的創意與點子　(創新能力)								
我有計畫的能力　　　　　　(有理想及計畫能力)								
我可以堅持的　　　(持續堅持的毅力與成功的決心)								
我是機智的　　　　　　　　　　(執行力)								
我是充滿自信的　　　　　　　　(自信心)								
我可以自動自發　　　　　　　　(自律能力)								
我是一個好的聽眾　　　　　　　(聆聽能力)								
我願當一個冒險家　　　　　(勇於冒險能力)								

結語:
110-140　具有強的潛力
85-109　有潛力
55-84　可能失敗
54以下　機會不大

資料來源:本研究整理。

成功者的意志與行為」，三個成分之間有相當密切的關係。分析個人對於創業的態度，將有利於創業成功。旅美創投家林富元發現創業成功且心境快樂的人，通常都有「積極正面的人生態度」，而且態度主宰一切，而「人生只有經驗，沒有失敗」。

景氣不好，工作難找，創業最好嗎？創業不是被辭退找不到工作的避難所，如果沒有做好心理準備與建設，創業不一定是最好了。有心創業者必須瞭解創業相關的社會資源並善加利用，包括：網路免費資源、學校創業育成中心、政府監管輔導單位等，如果不清楚自己是否有能力創業，可以直接與學校或政府相關單位洽詢，這些輔導創業的相關主管機關與團體機構如下：

- 經濟部中小企業處：馬上解決問題中心免費電話：0800-056476。
- 經濟部商業司：電話：02-23967333，網址：www.moea.gov.tw。
- 經濟部工業局：免費電話：0800-000256，網址：www.moeaidb. gov.tw。
- 中華民國青年創業協會總會與各縣市青年創業協會，總會電話：02-23328558。

對於喜歡的事，我們就會起得早，而且會抱著愉快的心情去做
——莎士比亞（William Shakespeare）
回想一下早上起床的情形，是睜開眼後馬上跳起來呢？還是三個鬧鐘也叫不起呢？

中小企業的機會在哪裡？

前面我們已經談過要成為企業家的要求與成功必要條件，接著我們來談談「機會」，中小企業在台灣的經濟發展過程中是一種不可或缺的經營型態，其蓬勃發展是有特殊的經濟背景，例如，社會價值觀、自我意識提昇、教育普及、政府的鼓勵、供應商制度完善等。充沛的創業精神與充滿活力的台灣中小企業一直是我國引以為傲的，過去的研究發現這些中小企業主多半是在一家企業任

職，學習到一技之長後出來自己創業，初期業務皆與老東家相同，容易形成惡性競爭。中小企業也只有「不斷尋找創新機會」才能擺脫這惡性循環，而創新乃在於創造企業獨特的價值，並且符合產業趨勢的核心競爭力，才能夠創造出與眾不同的企業價值，這是中小企業的機會所在。從以下觀點探討中小企業的機會：

一、哪個產業最能快速成長？

俗話說「十年河東，十年河西」，即所謂「風水輪流轉」。時代潮流的變化實在快速，加上許多影響個人消費意識抬頭因素的增多，如所得增加、休閒時間增多、高齡化及婦女投入就業市場等。因為人的需求開始產生變化，零售業、服務業經營模式也跟著創新。創業者是否也認為「有新的商機可以做做看」呢？是否還在摸索新的創業機會？還是有具體的計畫等著去執行發展？實際上，理想與現實相比較還是有很大的差異。但從以下三個指標得知，服務化社會已經來臨：第一，國家的生產毛額中服務所占的比例在50%以上；第二，與服務業有關的勞動者工作比例提高，達到60%以上；第三，隨著資訊化的進展，生產產品的企業增加許多與服務有關的工作。這些趨勢值得有心創業者密切注意其隱藏的創業機會。

二、影響產業或企業未來發展的因素

影響工商業未來發展趨勢的因素，這些因素的改變將帶來危機，但也可能潛藏更多的機會，因此中小企業主必須敏銳快速判讀改變的意義，瞭解自己的創業構想是否吻合未來的趨勢。產業或企業未來趨勢的因素簡單說明如表2-4：

表 2-4　產業或企業未來趨勢的因素

因素	例子
經濟因素	國民生產毛額（gross national product, GNP）、人力素質、企業規模、市場機會。
技術因素	智慧機器、生物科技、資訊技術。
生活型態、政治法令	實體服務的需求、健康需求、就業、移居、環保規章、賦稅。
人口統計	人口成長率、年齡、家計數、生活習慣、老年化社會、教育程度、婦女就業、地理區域。

三、未來炙手可熱的行業與小型企業創業新點子

（一）未來趨勢行業

1. 商業服務：員工訓練、人員派遣、行銷服務業、辦公事務外包服務。
2. 創意服務業：教學產品和材料、手工藝教師、攝影師、藝術與音樂服務。
3. 電腦業：醫療服務、網際網路服務業、法律顧問、抄寫服務、軟體開發、資料庫設計。
4. 個人與家庭服務：財務計畫、保全產品、兒童與老人的照顧、家庭配送服務、私人購物服務、仲介經紀服務、清潔服務。
5. 食品業：特製品（健康點心、佐料）、新鮮蔬果配送服務、健康食品、私人專用廚師、外燴服務。
6. 健康相關事業：個人健康教練、按摩治療師、芳香療法、居家健康照護、草藥商。
7. 綠色／環保事業：花園相關產品、藥草、特殊環境美化、回收資源、無化學產品。
8. 銀髮族服務：退休理財計畫顧問、事業生涯規劃和工作諮詢、旅遊計畫、保險計畫、寶石古董鑑定。
9. 其他：出口業務（中國大陸、中南美洲、印度）、郵購服務、自助出版業、冒險旅遊、新運動。

（二）創業新點子

1. 兒童事業：現代父母幾乎都有工作，加上單親家庭的增加，兒童娛樂、補充教育、電腦技術、健身計畫等相關事業皆有所成長。有利潤的兒童相關行業包括：兒童安全服務、保母服務業、兒童照顧、產後照顧和兒童接送服務。
2. 創意事業：創意是任何年齡層都有的特質之一，如藝術品、手工藝產品。
3. 環境和綠色事業：現代人生活愈來愈富裕，許多人把園藝活動視為美化家園和社區的興趣，未來園藝會是一個成長的行業。如果你是一個園藝

專家，對於綠色無污染、有機的蔬果有概念，這是不錯的選擇。

4.日本熱門的賺錢行業：單一價格特價商店、郊外型書店、中古雜貨店、多樣化健身中心、機車快遞業……等。

5.SOHO族創業點子：

（1）電腦相關行業：資料輸入、文書處理、網頁製作、資料庫設計、多媒體製作、技術資料撰寫、意見調查統計分析、製作錄影帶、目錄。

（2）銷售業務：代理、企劃宣傳、銷售化妝品、特產、海外新產品。

（3）專業相關行業：財務分析師、媒體策劃、電腦繪圖、庭園設計、市場調查與行銷企劃、網頁設計、撰稿、中小企業診斷顧問、製圖師、翻譯、作家。

（4）教學相關行業：電腦教室、工藝、美術、聲樂、玻璃工藝。

（5）工作坊：木製玩具、植物染、雕刻、影雕、石雕、攝影、廣告、編劇。

（6）網路郵購：名牌商品、手製蛋糕、寶石飾品、自製陶藝品。

從自己的興趣嗜好激發出創業的動機，再從創業的過程中滿足個人成就感，這種生涯漸漸受到現代人喜愛，而行業別有千百種，上述所列出未來可能的趨勢供讀者參考。創業前的自我認識是很重要，先瞭解自己的興趣是什麼？自己的興趣是否具將來性？現在創業時機是否適當？創業後的自己的樂趣是否與顧客的價值相吻合？能否以顧客的喜好為中心，儘量符合顧客的需求？自己可以籌集的資金比例是多少？最重要的是創業過程的「心」要腳踏實地，例如，不要太重視學歷與頭銜、創業初期得失心不要太重、接受別人意見、認清辛苦的代價、注意壓力的放鬆及以「喜悅、歡喜」的心迎接未來的挑戰。創業成功靠自己，如果沒有充分的準備接受挑戰，在創業初期常遇見的困難與障礙衝擊之下，很多創業者就此放棄逃之夭夭，即使本書所提的計畫程序再完美，再高的學歷與技術也絕對無法成功。知道等待機會與製造機會是兩件不同的事，創業前要再三考慮是否已經準備完備？尤其顧客需求、專業技術、資訊情報、人力、設備、資金、企業機能管理能力等成功條件是否具備，以下幾個章節我們將逐一探討說明之。

女性創業的趨勢與問題

女性創業風潮已經是本世紀之趨勢，女性創業者所面臨的困難，其實與男性在創業時所面臨的問題類似，但根據相關研究指出，女性創業者面臨著與男性不一樣的問題，分述如下：

一、創業初期問題

1.銀行、供應商、客戶對女性創業者可能比男性創業者缺乏信心。
2.在台灣，先生不喜歡另一半創業的原因，主要是太太可能因工作而疏忽了家庭，另外一個原因是，當面臨成功時的壓力，擔心另一半比自己強，而產生家庭關係的衝突。

二、創業經營問題

同樣是女性當主管的問題延伸，有不少的男性員工不願意為女性老闆工作，甚至女性創業者只好全部聘請女性員工。

三、家庭和事業衝突

家庭和事業衝突造成女性創業者因無法妥善照顧子女而自責，甚至忽略家庭而離婚。

四、缺乏學習模仿的對象

由於女性能學習模仿的對象較少，但近年來女性創業家有明顯的增多趨勢，有不少成功的女性創業家出現，例如，亞歷山大企業集團董事長唐雅君女士、自然美集團公司蔡燕萍女士、美容事業唐安琪女士等皆是當代創業成功的女企業家。

五、與合夥人或同事相處的問題

受社會文化的影響，一般人認為女性創業者具有情緒化、喜歡獨攬事權、較主觀等之刻板印象，當然對女性創業者是不公平的。

個 案 研 討 一　　主管應變能力最受企業主重視

為提高企業競爭力,主管領導統御能力備受關注。人力業者調查,百大企業最重視主管的職能分別為決策能力、創新求變、危機處理能力。其中科技業最重視主管的危機處理能力,服務業則重視主管是否具備凝聚團隊向心力的能力。就業情報公布100大企業調查顯示,國內企業面臨轉型變局,因此與應變能力相關的職能,愈來愈受到企業關注。

調查顯示,企業主最重視的主管職能,依序為決策能力、創新求變、危機處理、前瞻性的策略思考能力等。就業情報雜誌社總編輯臧聲遠分析,從911恐怖攻擊事件、SARS風暴後,隨著國內外危機事件頻傳,迫使企業開始注重危機處理能力,使得這項職能首度名列第三大主管核心職能。

若從產業別分析,由於高科技業最重視效率,加上產業景氣波動較為迅速,最重視危機處理能力;面臨轉型階段的傳統產業,則最重視創新求變能力;需要團隊作戰的服務業則重視主管是否能夠凝聚員工向心力,激勵士氣。

調查顯示,企業主在選拔不同層級主管時,看重的特質也不同。選拔基層主管時最重要的是專業能力,以及主動積極的工作態度;選拔中階主管時,最重視跨部門溝通協調能力;而在選拔高層主管,企業主最重視的是決策能力、策略規劃能力及領導力。臧聲遠分析,除了危機處理能力之外,創新求變能力也是近年來企業主看重的職能之一。隨著企業競爭日趨激烈,無論是產品設計或行銷手法,都需不斷翻新,與競爭對手區隔,才能走出自己的一條路,尤其身為主管更需具備這類特質,才能帶領團隊創造佳績。這份調查是針對天下雜誌1000大製造業、服務業、金融業排名,分層抽樣選取133家知名企業,有效問卷為70份,調查時間為2003年7月7日至7月25日。

(資料來源:記者林燕翎,2003╱09╱05 《經濟日報》,第六版)

個 案 研 討 二　　主管信任授權最受上班族歡迎

　　什麼類型的主管最受歡迎？根據就業情報調查顯示，專業能力強、對員工信任授權、願意教導部屬、願意扛責任、能容忍不同意見分別為最受歡迎的主管特質；至於決策反覆的主管，則是上班族最無法容忍的。

　　調查顯示，從年齡別分析，年輕的上班族喜歡的主管特質為人性化管理、願意教導部屬、能接受不同意見。至於四年級生由於面臨公司裁員壓力，最欣賞能創造卓越績效的主管，希望主管能領導團隊，創造佳績。

　　在最討厭的主管特質方面，最引起眾怒的分別是決策反覆、推諉搶功、公私不分、專業無能、欺上瞞下的主管類型。從年齡來看，愈年輕的上班族愈討厭死不認錯、愛挑剔、嘮叨愛說教型的主管，明顯流露反抗權威的心態；愈年長的上班族則愈討厭決策反覆、欺上瞞下的主管。

　　無論如何，受訪者對於直屬長官的表現，還是肯定居多。有27.26%給自己的主管打80至89分，25.2%打70至79分，只有13.88%給了不及格的評價。

　　其中五年級生給直屬主管打的分數最低，顯示台灣的五年級世代，認為主管能力無法勝任，自己已經到了接棒掌權的時候。另一個有趣的現象則是11.66%的女性上班族，對於愛開黃腔的主管深惡痛絕，但僅有1.61%的男性受訪者討厭這類主管。這份調查是由就業情報與新浪網合作進行調查，總計有效樣本共1,016份，調查時間為2003年8月15日至8月24日。

（資料來源：記者林燕翎，2003╱09╱05《經濟日報》，第六版）

問題討論

1. 討論成立中小企業所要追求的個人目標及企業目標。

2. 成功的企業家特質為何？解釋其價值與重要性。

3. 中小企業成功要素？請舉例說明之。

4. 當你不熟悉一個產業時，你如何決定其價值？

5. 為何許多企業買入一個現有公司後，會掉入問題的深淵中？

6. 當一家存在的公司要出售，創業家要考慮到哪些方面？

7. 買主如何來評估公司的商譽？

8. 估價公司最好的方法是什麼？

9. 交易時為何買賣雙方很難在價格上達成協議呢？

10. 在台灣創業機會對婦女有何價值？請敘述說明之。

第一篇

中小企業的創設

第
三
章

Chapter 3

企業所有權的法定形式

　　中小企業經營業主基本上應考慮的工作之一，就是組織結構的類型。中小企業經營業主在決定組織型態結構後，就須公布一些基本的管理規則，因為此等基本規定是確立責任及權力的基石。

選擇正確的法定形式

　　雖然組織的型態很多，不過對中小企業而言，適用的組織型態大約有三種，即獨資、合夥及公司型態等。

一、所考慮的因素

　　選取個別的組織型態，通常牽涉的因素非常多，但一般考慮的問題不外以下幾個：

1. 家庭所給予的持續性之物質與精神上的支持，如期望與祝願。
2. 你的家庭所能承受的財務風險的程度，包括自己的損失與信用。
3. 製作政策的資訊，包括自己的經濟狀況、所選擇型態所需的收入、利潤與成本等。
4. 如何簡單地開始經營，如何將作業轉化到其他利益相關的事。
5. 所需資金的數量。
6. 經營業主的能力與經驗。
7. 組織作為的難易。
8. 營運上的控制程度。
9. 組織的稅務類別。
10. 組織債務的限度。
11. 股權轉移的方法。
12. 組織的法律地位。

二、每一種形式的相對重要性

　　當你決定自己當老闆之同時，就必須想到可能會有愉快或一場惡夢兩種結

果。當一位創業者或領導者在所需的行事準則，就是將人、事、地、物等做一平衡分析後擬定最合適的決策，當筆者在創業失意的那一段日子裡，收拾失敗行囊重新回到學校尋找可能原因，經劉原超博士所示「管理天秤」觀念後茅塞頓開，在「盡信書不如不看書」棒喝下恍然大悟，原來書中所談的皆是極端，方便於代表性的歸類，現實生活裡極少能用這些極端的古理論而可以成功的，這是在研究所修習過程中的最大領悟。天底下沒有最佳且放諸四海皆準的組織型式。因此，中小企業必須依據公司的個別需求，來選擇一個最適宜的組織結構，利用表3-1，簡單評估組織法定形式。一家企業在其成長的生命週期裡可以做多種形式的型態改變，有許多改變可以影響其決策，表3-1即可提供公司所有者在改變前的參考指標。

獨資形式企業與優缺點

所謂獨資企業，就是由一個人出資以某一名稱單獨經營的商業形式。這是一種開設業務最簡單的方法，獨資經營者要為業務的順利運作而擔任所有角色，包括：取得資本、建立及經營業務、承擔所有風險、承受所有利潤及損失，以及繳付所有稅款。因此獨資經營者又稱為自我聘僱。如果您有設備、資

表3-1　組織法定形式檢核表

NO	評估要素	說明
1	現在組織是何種型態運作？	
2	主要的經營風險是什麼？	
3	組織可以抵抗風險嗎？	
4	有公開的責任風險嗎？	
5	有限的責任？	
6	目前有財務的限制嗎？	
7	相關風險的影響？	
8	稅務優勢？	
9	管理的優勢？	
10	公司的核心能力特點？利益在哪裡？	
11	有無利用目前組織的各項優勢？	

金和客戶，您可以以自己的名義立即開辦一家獨資企業。如果您註冊企業沒有稅收方面的麻煩，您可以不必保留歷史紀錄，不必將您的企業財務信息在工商部門備案。但如果您需要向稅收部門提供您的收入，沒有良好的紀錄，您就可能會陷入稅務糾紛。並且獨資經營者要為其業務的所有負債負責，所以債權人通常有權對獨資經營者全部的資產（無論屬於個人或企業）作為還款的對象，遂稱之為無限責任。

獨資經營並具有以下的特質：在法律上，個人跟公司被視為一個個體；公司的資產被視為經營者的個人資產；經營者是不會被視為公司的雇員，經營者從公司拿取的收入並不屬於薪金。因此，當公司倒閉後，經營者並不可以領取失業保險金。

一、優點

1. 容易組成、組織、運作與解散：創業者只須向經濟部商業司申領商業牌照及各地方政府申請營利事業登記許可後，便可開業。
2. 管控主動性高：獨資企業的東主自己有完全的支配權，無需與合夥人或股東商討決策，可以迅速地落實執行業務上的決定，因此會有較高的經營效率。
3. 獲利獨享：作為企業的唯一持有人，創業者自然會全心全意地積極發展業務。而事實上他們亦必須這樣做，因為他需對企業負有無限債務責任。
4. 隱私性高：創業者如屬首次開設公司，可能希望經營一門容易管理的生意，不想為繁瑣複雜的事務費神。簡單正是獨資形式的優點。

二、缺點

1. 對負債需承擔無限的償債責任：獨資者必須獨自承擔企業的所有債務，而這債務責任是無限的，嚴重情況可導致獨資者破產收場。
2. 有限的資本：獨資者須獨力提供創業的經營資本，不能倚賴別人分擔創業所需的資金。
3. 由於所有事務都要由獨資者決定，無人代勞，日久難免感到疲累，甚至抱病亦需照常處理業務。雖然可以請職員分擔工作，或授權他人代為決

策，但獨資者本人仍需負起公司的所有法律責任。

4. 有限的企業壽命。

三、選擇獨資企業形式考慮要素

1. 容易建立：您可以從小規模開始，甚至可以從自己家庭開始。

2. 手續最簡單。

3. 創立成本很少。

4. 您自己當老闆：您可以按照自己的步伐和方式來經營企業。

5. 沒有外部審計的要求和審計費用支出。

6. 不會洩露您的商業機密。

7. 您可以合理避開一些稅收方面的支出。

8. 風險小。

9. 本身享有全部利潤。

四、成立獨資企業可能會面臨的麻煩

1. 您需要獨自對企業的一切債務負責，您要對企業承擔無限責任。如果企業破產，您可能還要出售自己的財產去償債，債權人有權變賣您的一切財產，包括您的個人財產。

2. 您不能利用權益資本，不能夠藉助股權來分散經營風險，您只能依靠銀行或個人貸款以及其他非股權融資等方式。

3. 您的社會公眾地位可能比較低。

4. 創業者存亡可能影響公司的存續。

獨資經營的好處是經營者可以做自己的老闆，可以按照自己的心意為公司的運作、管理及前途作決定，而無需受到他人的影響。經營者可以隨時從公司中提取金錢作為己用，也可以隨時結束公司。此外，公司並無需另外報稅，經營者及公司只需申報一份稅表。不過，凡事有利也有弊，由於經營者及公司被視為一體，也代表兩者的關係是「有福同享，有難同當」。當公司涉及訴訟時，也等同於經營者需為公司的訴訟負個人在財政及法律上的責任。當公司欠債時，也等同於經營者個人欠債。如公司未能清還債務，經營者必須負全部責任，甚至需要變賣私人資產來償還債務。如個人資產也不能抵償債務時，經營

表3-2　獨資經營的優點和缺點比較表

優點	缺點
・創設成本低	・無限責任
・所受管制最少	・經營者不在時，作業便須停頓
・經營者直接控制決策	・集資困難
・所需的營運資金最少	
・對經營者有稅務優惠	
・所有利潤均歸經營者所有	

者便有可能要宣布破產。而當經營者離世時，公司也可能會隨之結束，除非經營者於生前把公司的經營權轉賣給他人。在開設獨資經營公司之前，清楚瞭解有關的稅務責任是必須的。經營者及公司不但在公司法律上是被視為一體，在稅務法律上也是如此。

　　經營者必須在個人報稅中申報公司的利潤。相反來說，當公司有虧損時，經營者也可以在個人報稅中申報，減少所交的稅款。因此，如經營者打算在經營生意數年後返回「打工仔」行列，獨資經營是一個合適的經營方式。

　　開設公司時採用哪一種形式經營主要是取決於生意的性質。如生意涉及的投資及金錢的交易數額及運作程序是龐大及繁複；或在生意遇上困境時，個人需要承擔繁重的法律及金錢責任，獨資經營都是不合適的。在一般的情況下，獨資經營是合適於利潤不高，而責任較輕的生意。

合夥企業形式與優缺點

　　合夥經營是兩名或以上人士將他們的資源集中在同一業務的協定，從而為達到賺錢的目的。為因應意見不合或解散合夥的情況，故此應擬定一份合夥協議，以訂立合夥的條款及保障合夥人。合夥業務賺取的利潤，須按協議條款分配。

　　在一般合夥經營（general partnership），兩名或以上的經營者分擔業務的管理，每一名合夥人均須對業務的所有的負債負責，也就是說，每名合夥人有責任及必須承擔因其他合夥人造成的後果。

另一類合夥模式稱為有限合夥經營（limited partnership），有限合夥人只不過將提供的資本集合起來。他們並不涉及管理業務，也毋須對超過獻出資本的部分有債務的責任。因此稱之為有限責任。有限合夥亦可以牽涉有參與管理的一般合夥人。他們須對業務所有負債負責，但可能有權分享更多利潤。以下將介紹合夥的優、缺點，並請參考表3-3所示。

一、優點

1. 創業者無需獨力出資經營業務。
2. 較容易集資，例如，向合夥人借貸、由合夥人作個人擔保向銀行取得融資。
3. 企業的工作和財務責任由各合夥人分擔。相比於獨資企業的東主，合夥商號的合夥人承受的壓力較少。
4. 匯聚合夥人的力量、專長及知識，可以作出更明智的業務決策。

二、缺點

1. 每位合夥人都需承擔無限債務和法律責任。
2. 合夥關係容易因公事上的歧見或財務問題而發生摩擦，甚至可導致合夥企業結束。所以一份合夥經營協定勢必不可少的，合夥經營協定明訂企業經營的成立和解散條件，以及各合夥人在企業財務及管理方面的權利及責任。
3. 每位合夥人都是公司的代理人。換言之，任何合夥人在公司日常業務運

表3-3　合夥經營的優點和缺點比較表

優點	缺點
・業務組成容易	・無限責任
・創設成本低	・分權
・有額外的投資資本源	・集資困難
・有可能的稅務優惠	・難以找到合適的合夥人
・管制有限	・合夥人之間可能出現衝突
・有較廣的管理基礎	・合夥人之間可以不須得到核准而在法律上相互制約
	・欠缺延續性

作過程中作出的行為，其他合夥人都要為其行為負責。

4. 法律對投資者與其他人合夥建立企業的限制很少，合夥制可僅由兩個或兩個以上的人達成協議成立，雙方共同投資於一個企業，共享利潤。

三、選擇合夥企業形式考慮因素

1. 您不願有審計方面的要求，雖然您的合夥人可能堅持要審計。您沒有義務向公眾公開帳目，接受審查。
2. 您可以通過合夥人投入資金來增加開辦資本。
3. 您不會洩露商業機密。
4. 您完全靠自己創辦企業也許信心不足，合夥機制正可以使您與別人一起共同分擔責任。
5. 合夥企業可使您在能力和資金等方面優勢互補——有人出技術，有人出錢，有人出管理。

四、成立合夥企業可能會面臨的麻煩

1. 您的合夥人很難選擇，合夥人之間很容易因性格、利益等方面的原因而發生衝突。
2. 您的合同複雜，準備所需花費很大。
3. 您利用資本市場受到限制。
4. 一個合夥人的去世常使合夥企業解體。
5. 您與您的合夥人都要對合夥企業的債務負責，即使這筆債務只是由其中的一個合夥人的經營不善或舞弊造成的，而其他合夥人對此一無所知。甚至死亡也不能免除一個合夥人的義務，某些情形下他的財產要償還債務。除非您通過修改公司合同宣布您已經離開合夥企業，否則您都要負無限責任。（注意：您在進入合夥企業之前，您必須對您的合作夥伴要有絕對的把握，而且還要起草正式的合夥企業合同。）

五、合夥企業合同之內容

1. 合夥事業的名稱、宗旨與地點。
2. 合夥人的名字、財務貢獻及管理上的角色。

3. 利潤分配、義務和期限。

4. 損益分配：您要清楚說明如何分享利潤和分擔損失，誰承擔哪項任務。您不應對每個合夥人每月的開支予以限制，以及約定合夥企業維持多長時間。

5. 投票權和決策權：除另有規定，所有的合夥人都有同等投票權。您要在合同中規定什麼是投票權或決策權，以及如何作出這些決策，您還要決定怎樣排斥或接受一個機關的合夥人。

6. 誰負責支票簽名。

7. 薪資與休假。

8. 合夥人退出：每個合夥人即使生病或休假也應有權分享利潤，您的合同要規定假期的長短以及間隔時間，以及某合夥人因別的原因長期缺席，其他人該如何應對。

9. 撤回資本，合夥關係結束後互不競爭。

10. 合夥人權益讓售：您的合同要規定在合夥人要離開合夥企業或合夥企業解體時，如何決定每個合夥人資本份額，如何估價。

11. 會計程序與方式。

12. 員工的管理。

13. 爭議的解決與仲裁。

14. 債務清償問題。

15. 進行金融機構資金融通，抵押與背書保證時有關之程序與方式。

　　您可以不必自己記帳或讓別人審計報表，但您要遵守會計準則，讓可靠的會計人員從事這一項工作。不參加實際業務的合夥人一般都堅持這一點（不參加實際業務的合夥人是指那些投入資本但不打算積極參與企業經營活動的合夥人。合夥人可以通過把合夥企業註冊為有限的合夥企業來迴避風險。）

公司法定形式與優缺點

　　公司是由會員或股東獨立組成的法定實體，每一名股東都只負有限責任。

一名債權人可以對公司的資產有索求權,但通常不能對股東索求。成立公司應尋求法律意見,國內區域化與國際化企業有不同的法令限制。

公司內的股東權益通常易於變更,股份也可以在不用影響公司的存續或繼續運作下轉移,並請參考表3-4與表3-5所示。

成立公司與合夥和獨資經營最大的不同是有限責任和公司永久存續。

一、優點

1. 在法律上,公司是一個獨立的法人,可以用本身的名義擁有財產、與人訂約,就算股東有變也不受影響。
2. 公司的組織其實分為兩個層次:股東有公司的擁有權,董事則負責管理。因此股東可以任命有才能的管理人員替他們經營和管理生意。而股東亦可隨意賣出手上的股票轉讓他人,並不會影響公司的運作。
3. 股東對公司的責任只限於所投資的金額。一旦公司未能清償債務,可以由股東、債權人或法庭提出清盤,變賣公司所有資產以清償公司債務;就算資產不足以清償債項,公司股東亦無責任以私人財產還債。
4. 較容易集資,例如,由董事作個人擔保向銀行取得資金。

二、缺點

1. 公司必須向公眾披露某些資料。例如,公司的資本結構、股東及管理層的個人資料等。
2. 成立公司的程序比較繁複。此外,由於公司受到《公司法》規範,故在

表3-4 成立有限公司的優點和缺點比較表

優點	缺點
·有限責任	·受密切監管
·有可能的稅務優惠(如小型生意)	·成立的成本最昂貴
·專門的管理層	·有營業牌照的限制
·擁有權可以轉移	·有必要持有廣泛的紀錄
·有存續性	·股息雙重徵稅
·獨立的法定實體	·股東可能在某些情況下有法律責任
·較易集資	·個人保證損害有限責任的好處

表3-5　公司、合夥、獨資比較分析表

	公司	合夥	獨資
組成人數	至少二人	至少二人	僅有一人
法人人格	具法人人格（以公司名義進行訴訟，於有限公司、股份有限公司之場合，公司敗訴時，除非公司負責人須負連帶賠償責任，否則公司負責人或股東均不負責）。	無法人人格（但在訴訟上被認為是非法人團體，有當事人能力，可以合夥名義起訴被訴）。	無法人人格（於訴訟程序中，是以獨資當事人自己名義起訴被訴）。
適用法律	公司法	商業登記法	商業登記法
申辦登記	公司登記、營利事業登記	商業登記（營業事業登記）	商業登記（營業事業登記）
登記機關	公司登記 資本總額在新台幣一億元以上者→經濟部商業司 資本總額未滿新台幣一億元者→台北市政府建設局、經濟部中部辦公室、高雄市政府建設局。	直轄市政府建設局、各縣市政府工商課。	直轄市政府建設局、各縣市政府工商課。
規模大小	通常規模較大。如資本總額達四億元以上，符合公開發行之要件者，公司的股票須公開上市發行。	規模較小。	規模較小。
負責人	在有限公司、股份有限公司為董事，且股份有限公司設有董事會，為公司執行業務機關，並設有監察人，監督公司業務之執行，股東組成股東會，為公司最高階機關。經理人在執行業務範圍內亦視為公司的負責人。	除契約另有訂定或另有決議由一人或數人執行外，合夥人全體均有業務執行權。申辦登記時，以登記的經理人對外代表執行業務。	即為獨資者。
資本額	有限公司最低資本額限制為新台幣五十萬元；股份有限公司最低資本額限制為新台幣一百萬元。	無最低資本額之限制。	無最低資本額之限制。
組織成員的責任	有限公司、股份有限公司的股東僅對公司就其出資額或股份負其責任。	合夥人對合夥事業負連帶責任。	原則上獨資事業的財產與獨資者個人的財產本就無法區分，獨資者當然就其全部負責。

公司成立後，公司仍須向公司註冊處呈報指定的報表及資料。

3. 公司只可以清盤的形式結業。清盤時必須委託清盤人變賣公司的資產、將變賣所得分派給債權人和股東。清盤的程序本身既複雜又昂貴，亦需要委聘律師或會計師事務所辦理。

4. 有限公司是一個與所有者分離開來的法律主體。如果您是股東，您作為個人只需以您出資的數量為限承擔的公司債務。債權人的索取僅限於公司的全部財產。即使您既是持股人也是企業經理，也是這樣。

三、選擇有限公司考慮因素

1. 公司的創立簡便些。
2. 股東、經理一肩挑，又沒有法律的限制。
3. 籌集權益資本。
4. 有較高的公眾形象和社會地位。
5. 企業能長久存續下去，不受創立者的生存影響。
6. 管理制度明確、管理規範、結構簡單。
7. 股東的人數少些，便於溝通和協調。

四、成立有限公司可能面臨之困難

1. 股本轉讓不太方便，需要有所有股東的同意。
2. 公司的信用程度不是很高。

五、如何操控公司

公司籌組完成之後，透過各種權益結構的規劃，即使沒有投資大資本的小股東，一樣可以在企業中當家做主，其主要的重點在於規劃者的財務觀念與是否有志同道合的投資人。公司制度當然可以依據自己的互補需求找尋股東，但有時部分股東並不想參與實際經營，僅資金的投注，如何保障這些股東的權益也是重要的。以下討論的重點乃在於公司的組成三大結構——股東、董事會、公司幹部。

（一）公司組成架構

常見的公司組織圖，如圖3-1所示。

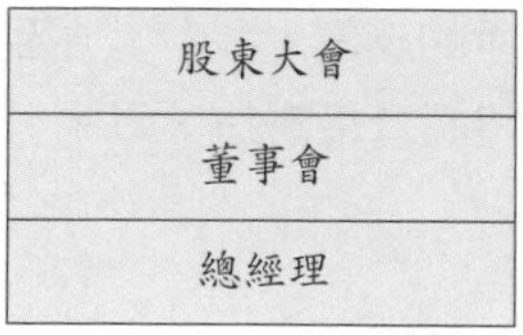

```
┌─────────────┐
│   股東大會   │
├─────────────┤
│   董事會     │
├─────────────┤
│   總經理     │
└─────────────┘
```

圖3-1　公司組織結構

　　股東大會中依據持股比例選任董事席次，席次多的掌握公司主導權，總經理當然由主導者派任，這是合資公司間重大的議題。如何選擇適當的股權比例在規劃階段就要想清楚，否則辛苦經營的果實最後可能雙手奉送給他人；公司成立前有幾項因素值得大家注意：

1.股權的最適比例分配的問題：比例太高可能趨向極權管理而易發生危險，但財務績效高、經營動機明顯，反之比例太低則對公司正面財務績效有影響，經營較不賣力，甚至做出傷害公司的行為。選擇合適股權比例考慮要素如下：

（1）所有權與經營權分離的問題：企業規模愈大此問題愈明顯。

（2）總體特性：法令、社會、文化對公司股權結構的限制。

（3）產業特性：當外在環境愈難預測時，經營者愈容易踰越不軌或消極應付。

（4）企業特性：公司規模愈來愈大，增資的結果使經營者的持股比例也相對被稀釋而下降。

（5）經營者的特質：品行良好的經營者，即使持股比例低也容易獲得支持。

2.經營權被稀釋的問題：這是執行過程最常見到的問題，尤其是自有資金不足的公司，經營者被迫對外募集資金，若處理不當經營權就可能易手。

3.董事會的關鍵少數影響經營決策的問題：在股東的組成並非來者不拒或是平均分配，因為股權太小而無法擬具向心力，或因為股權平均經營者無法全力拚博，所以本文主張，有能力的人還是占較高股權比例為佳，最好在50%以上比較能激發經營潛力與動機。

股權比例是值得細心思考的議題，我們常見到資金不足公司的例子，經營者被迫對外募集資金，因此將經營權斷送，以下分別探討之。

（二）股東

公司登記過程中公司章程是必備文件之一，通常是委託會計師事務所辦理，並使用其提供的簡單的制式公司章程，很快地就可將公司執照拿到，但此法日後常產生許多「經營上阻礙」，因此，我們建議事先將「共同遊戲規則」清清楚楚說明白，日後可以全心全力追求全體股東利益。公司章程的設計注意事項如下：

1. 組織的人事安排。
2. 股權保障項目。
3. 經營事項。
4. 管理措施。
5. 章程附帶決議。
6. 內控與內稽制度。
7. 預防條款。

股東協定所根據的原則不外是保障權益，與合夥協定大同小異，但在股東協定常見的條款如下：

1. 對股權轉移的限制。
2. 對公司內部股權買賣的規定。
3. 被迫出售公司或其他公司合併時的處理。
4. 個人保證遵守公司規定之義務。
5. 股東向公司貸款償還之規定。
6. 如果股東出任經理人一職或其他職位，應明文規定彼此的關係，以保障個人與公司的利益。內容應包括：義務與職責、薪資、佣金、紅利、任職期限、解僱的規定、離職後互不競爭條款等。尤其互不競爭條款最好是透過律師來簽訂，以確保互不競爭條款的公平性與可行性。這類條款通常規定離職者在一定的時間、一定的地區範圍不得從事與公司競爭的業務。

7.關於所有股東可列席董事會或選舉董事的規定。這是對小股東的一種保障措施，使其擁有董事會的投票權，或對公司的決策施行否決權，如果你想當大股東此條可以不列入。

很多股東以為公司內部或股東、董事、經理人之間的問題可以透過公司法解決，事實上並不盡然，絕大多數股東之間的爭議還是要靠股東協定來解決。組織公司形式前最好還是先請教律師方可保障自身的權益。中國人做事前先講求做人，但合夥做生意得先將醜話說在前面，事先講明一切遊戲規則，如此的合作才可能有善終，否則又將應驗中國俗諺「合字難寫」，好朋友變仇人的下場。

（三）董事會

董事會代表全體股東經營公司，但權力足以使人腐化，我們也發現一些上市公司董事會的權力過大後而變質，所以對中小企業而言更要小心，誠如鴻海郭台銘先生所說：「對第一代創業者來說，絕對的權力配合絕對的責任，而不是絕對的腐敗。」除自主性的遵守與自我期許外，我們建議透過管制結構，如公司的監察人利用不同董事會型態節制來牽制董事會的決策。常見節制方法如下：

1. 延請外部專業董事

延請外部專業董事使董事會的權力大為降低，經理人的權力相對提高，達到客觀、專業、效率的合理監督，在台灣的中小企業適用情況，就得看董事長是否要讓外部董事參與，因為通常是董事長一人領導的局面。

2.瞭解董事會才是公司負責人

少數人誤以為董事長是公司負責人，但實際上公司負責人是指董事，董事長只是公司對外的代表而已。公司法第二百零二條：「公司業務的執行，由董事會決定之。除本法或章程規定，應由股東會決定之事項外，均得由董事會決議行之。」可見董事會的權限相當大。所以如何運用董事的職權及決策的參與，也是掌握企業的重要管道。

3.精心規劃董事會組成

有些股東會擔心董事會出問題，因此採用總經理制，捨董事長制。如圖3-2，依據董事會與總經理間掌權的程度之大小將董事會分成法定型、參與型、

董事會權力

		低	高
總經理權力	高	法定型	參與型
	低	看管型	主動型

圖 3-2　董事會制與總經理制矩陣圖

資料來源：伍忠賢，《創業成眞》（台北：遠流出版，1997），頁171。

看管型、主動型等四種類型。

(1) 參與型董事會：由內部董事控制董事會，擁有實權。但也可放手給專業經理人。

(2) 主動型董事會：董事會大權獨攬，總經理成爲董事會的行政單位。

(3) 看管型董事會：主要由外部董事所控制，總經理的職權頗大。

(4) 法定型董事會：如同看管型董事會，總經理的決策權較大。

不管董事會與總經理間如何分權（如圖3-2所示），兩者之間乃有所有權與經營權的關係，因此，董事會至少要發揮監督功能，以免放任總經理而導致經營危機。

4.董事會規模與資格

公司法第一百九十一條規定，公司董事會設置董事不得少於三人。我們建議公司採取五至七名的董事席位，若擔心有人惡意收購股權，則可以採取董事分期改選制，至於小董事會的設計是爲求容易溝通取得共識，但又怕因人不夠導致決策的品質低落。至於董事資格，公司法第一百九十二條做了最寬的規定：公司董事不得少於三人，由股東就有行爲能力之股東選任之。對於董事適任與否，我們建議董事一職當具備該行業的專業資格（如學歷、證照等）。

5.避免監守自盜

中小企業基於降低人事成本、活用人力資源，常見董事長兼任總經理，屬於明顯的「裁判兼球員」，若董事長所持股份超過50%時，自己兼任總經理，不僅可以減少溝通的問題，而且更會發揮創業精神努力向前。若董事長股份不超過50%，董事長兼任總經理的結構設計，就無法發揮監督互相稽核之組織設計原則。另外一種情況則是董事任經理人，由於董事惟有在董事會上才有權

力的結構使然，若能有人兼任經理階層，就可以確保決策的可行性、降低成本，但董事經理應遵守體制倫理，依董事長、總經理的命令行事。

（四）公司幹部

許多公司為了確保決策的可行性、降低成本，常由董事兼任經理，但大部分公司經理一職還是以專業為取才標準。之前兼任經理已經簡單闡述，至於專業經理人的管理與績效得依據策略目標實際評估分析。中小企業的經理與大企業最大不同點在於其所參與業務的廣度，大型企業經理較專業且分工較細，小型企業體質通常較弱，無法提供專任的職務以發揮其專業能力與經驗，中小企業的開創緣起於創辦人的創意，再由一群可信任的追隨者支持，並經歷多變化的環境淬礪，進而成立企業，成長的過程每一位經理可以充分接受各種工作的挑戰，因而練就身經百戰的經驗，所以對企業經理人的選用、訓練目標、領導方式、績效評估，在初創時期與成長穩定時會有所差異，尤其創業期的工作夥伴更要慎選，知人善用是企業成功的一項重要關鍵要素。人才是企業的靈魂，企業是一個有機體，企業經營者的觀念關係著企業榮枯興衰，經營者從自身的前瞻理念出發，劍及履及的改革，充分授權、開誠布公以確保經營的永續。就如巨大機械董事長劉金標所說：「培養人才很難，也要有恆心、毅力。而企業經營最大的瓶頸還是在人才，公司有多少人才就有多少實力。」，人才培養是中小企業最易疏忽的工作，有計畫的培養教育，是企業因應產業變革、維持活力的保證，以下說明公司幹部掌控的觀念與技巧。

1.經營者的各項能力

（1）制訂經營計畫：有完美的計畫但無法順利執行，尤其因缺乏部門間溝通協調，所謂經營計畫，簡單地說，就是提出理想並加以實現的備忘錄，所以訂定計畫是企業高級主管的首要任務。

（2）站在經營的第一線：銷售不佳企業就無法永續。中小企業的經營者必須親自站在業務最前線，並充分掌握顧客需求等市場資訊。

（3）提高生產力：21世紀的產業競爭激烈，效率與成本是企業生存重要因素，因此，企業需要進行策略性的設備投資與提高生產力，如何提高、如何決策，是經營者必須時常思考的問題。

（4）提高從業人員的素質：企業的盛衰乃取決於員工的素質，企業想擁有一流的人才，最有效的方法就是盡一切所能招賢納士、網羅人

才，這方面大企業就具有優勢，是小企業望塵莫及的，所以中小企業必須以人員的培訓來提高員工的素質，這也是經營者重要的職責。

(5) 企業經營者觀念

‧企業的目的：除了追求利潤外，同時需對顧客、供應商、員工、債權人、股東、政府、利益團體等利害關係者負起責任。

‧領導意識：不把員工視為單純的生產工具，而能充分尊重其人格的領導風格。

‧切勿有少年得志的通病：少年得志事業有成的經營者，常見的通病有好大喜功忽視負面性資訊、自限於成功的意識中缺乏積極性、唯我獨尊不容其他聲音。為了使經營者抱持正確觀念，必須及早建立企業制度，能夠順應眾人意志而不斷發展的有機體，賦予企業豐沛的生機。

(6) 前瞻、計畫與決策能力：經營者最少應具備這三個條件，只有能洞燭機先才能培養對資訊情報的敏感度，應將蒐集到的資訊情報加以分析和研究，從中找出對企業發展有利的因子。

(7) 確保資金週轉通暢。

(8) 管理天秤正確的發展：所有的決策都必須放在企業發展的天秤上衡量。

2.人才管理技巧

(1) 「一言堂」之迷失覺醒：有些員工不敢與經營者的意見相違，更不敢爭論什麼問題而「為五斗米折腰」，卻把自己應盡的職責置之不顧，奇怪的事，這些人卻受到經營者的賞識，認為他們老實可信、好用。所以作為管理人員必須切實地意識到自己應盡的職責。

(2) 建立明確的經營方針：中小企業的員工感到最頭痛的事，就是經營者「朝令夕改」、「政策搖擺」、「多頭馬車」、「漫無目的」、「沒有計畫」等等問題，這些問題皆與無明確方針有關，但企業經營者常常不自覺，而以為是管理技巧不足，所以，往往不知不覺中過於重視行動與行為的改良，為了管理而管理，而忘記原來企業經營的目的。管理是一種「手段」而非「目的」，企業經營環境不斷地發生變化，根據明確的經營方針，管理技術才有其積極的意義。周密

的科學管理技巧，有時並不適用中小企業，有時過分的重視管理技巧而忽視經營策略方針，企業的永續生存得依賴正確的方針指引，持續的發展才能充分發揮管理技巧的效力。

（3）抱持尊重員工的態度：中小企業倒閉的原因，90%都歸咎於領導者人事管理不善所致，中小企業的經營現況存在著無組織紀律、無合理的規章制度、依賴經營者主觀意識經營，且規模小員工的人數較少，從客觀情勢上，經營者獨斷專行的作風是可以理解的，如今經濟趨勢不如以前樂觀，企業的成長速度下降，前景的能見度黯淡，這將使中小企業面臨更險惡的經營環境。因此企業若要生存下去，經營者必須能夠自覺的尊重員工。全球最大的自行車組車廠巨大集團企業董事長劉金標就說過：「人才的培育是重要的，但也是困難的，其培養人才的方法是『他情願讓自己的團隊、幹部犯一些小錯誤，從中學習』。」他舉了一個例子說，看到某一位同仁正進行的業務，雖然存有一些小問題，他往往還是「三緘其口」讓其繼續做，當完成後檢討時再指出先前作法可能存在的問題或錯誤，通常都會知道錯在哪裡，且快速改善。「讓員工從錯誤學習」、「原諒員工的過錯」都是不錯的尊重方法。如何真正的實踐相互尊重，其關鍵在於經營者的態度，首先必須做到廉潔，必須訂定明確的經營目標與方針，必須充滿信心與幹勁，必須虛懷若谷，一心致力於企業的工作上，相反地，如果經營者整日沉溺於酒色，把企業的經營寄託予神明或運氣，那麼，就會導致員工的士氣低落，尤其中小企業的經營者，每天的工作態度如何，都會直接影響到員工工作的積極性，而相互尊重的工作經營者必須時時刻刻關心員工，經常傾聽員工的期望、意見與要求。中小企業的現況，普遍存在生產力低落、薪資低、福利差等問題。所以經營者除了關心生產力的提昇之外，還要多關心員工的士氣問題，免得因員工對工作與薪資不滿，導致低生產力、資金周轉惡化等惡性循環，最後可能使公司走入倒閉的厄運。

（4）加強員工教育：企業經營的基礎是人，沒有人也就沒有企業。在企業的教育中，最主要的對象是經營者與各幹部，對一般員工的教

育，則融入於日常工作中較有效果。

· 對經營者的教育：中小企業的茁壯關鍵在於經營者的能力，所以要加強經營者教育與自我啓發。教育的重點在於如何把企業發展的理念和方針，明確地傳達給企業各階層中，使員工明瞭其工作的價值，並創造勞資和諧的工作環境與氣氛。

· 對幹部的教育：對幹部的基本教育在於使他們充分認識到自己所肩負爲企業創造利潤的責任，接著要針對幹部的應有工作態度、領導人的責任、企業發展幹部們的角色與任務等問題。

· 對員工的教育：教育的重點在於日常工作態度與習慣上，可以利用5S運動來落實，並讓員工意識到自己的福利與所得是與企業的命運緊密相關的，加強「企業如何獲得利潤」的問題上。

個案研討 大陸創業經驗談

一、台商經驗法則

1. 自己的薪水也要列入為公司的成本之內評估。

2. 不管在台灣如何，在大陸就要放下身段，千萬別當老大。

3. 如你想保持台灣原味，就只有開餐廳，否則就融入當地社會，徹底本土化以免受排擠。

4. 別虛度蹉跎，受到不一樣的社會與情境迷惑，要確實掌握每一分鐘。

5. 別忽視大陸人的品味、購買能力、文化素質水準⋯⋯等。

6. 台商在此要團結、要互相幫忙一起賺錢，千萬不可賺自己的台商友人的錢。

7. 不要貪小便宜亂用大陸人頭

（1）大陸法律若允許外資獨資時，最好就外資獨資不用大陸人頭。

（2）大陸若法律不准外資獨資時，可以採取股份100％台資股份，但與大陸簽訂合作協議，取得法律上的保障。

（3）萬一大陸法律規定務必是中外合資的行業時，此時最好設計一份合法的財務手段，讓公司所賺的錢可以流進自己的口袋，如此才有保障。

8. 要確實先瞭解大陸的法律規章，哪怕是多問、多聽、多看，而且不只是老台商或新台商一律如此進行訪調。

9. 要守法要把台灣的那套講關係、說門路、攀親引故⋯⋯等陋習，從心底中棄除，否則無異自討苦吃。

二、從事創業投資經費分配（《新新聞》，第796期，2002/6/18報導轉錄）

「如你帶著500萬到大陸創業，此時經費要如何分配？」

1. 先拿50萬做市場調查

（1）此50萬包括往來機票與食宿費用在內，如果可以的話儘可能在當地待一段時間，觀察環境再來下決定或作些調整。

（2）當然也可提撥20～30萬請顧問公司做市調以免瞎摸。

2. 提撥150萬作流動資金

作為緊急狀況時應急之用途。

3. 其他300萬投入生財設備與經營管理

（1）看你要開什麼公司各有不同之資本額規定，如在上海貿易公司要20萬美元，諮詢公司要14萬美元，因此看是何種公司而定。惟一定要有註冊地點（門牌號碼之租用費……）、申請營業執照費用（報紙公告、領發票、刻公章、驗資……）因此申請公司基本費用將是：

「資本額＋申請營業執照費用＋租門牌號碼費用」

其他才是真正的生產或服務用設備，當然包括開辦時之文具紙張、OA/e化/m化設備、裝潢、整修……等在內。

（2）經營管理費用，如行銷廣告、人事薪資、生產作業與服務作業管理、研究開發與創新管理、財務管理……等。

三、競爭定位

1. 儘量避免與當地業者競爭，以避免走入低價格無利可圖。（台商在大陸有能力和當地業者作價格競爭嗎？）
2. 以整合型與知識型為導向，與當地業者作差異化策略，不論與外商或與當地業者，均要有競爭利基。
3. 配合台商或外商西進大陸創業投資，延伸產業深度與寬度，藉以形成需求之激發，並以建構產業平台，擴大與掌握商機。

四、西進中國大陸的策略投資思維

1. 組織型態及外資持股比例

   外資進入大陸的投資組織型態分為獨資、中外合資及中外合作等三種，並將產業分成鼓勵、限制及禁止等三大類 （未在規定內屬准許類），及在組織型態上及外資持股比例上給予明確的規範，而部分產業甚至要求由中方控股。

2. 資本結構及出資種類

   投資總額係由註冊資本及負債構成，依法有金額或比例關係等規定，並隨註冊資本的高低也有不同期限的資金到位要求。

3. 設立地點及租稅獎勵

   除部分產業須依法於試點城市設立外，配合產業鏈及市場需求、特殊區域所能享受之稅率優惠、鼓勵產業西進所給予較寬鬆及獎勵性的政策等，均是選擇設立地點時的必要考量。

4.投資保障及租稅協定

依照法律位階而言，「台灣同胞投資保護法」係屬國內法規，可能因政治考量、稅制改革及法令修改等因素而影響其權益。在兩岸政治情勢當中，投資保障的風險評估是較常被忽視的。如果再適當運用與大陸簽署有租稅協定的地區或國家，透過投資架構及交易模式的規劃，或善用投資母國與被投資國的政策優惠，在降低租稅成本上將有加乘的效果。

5.更緊密經貿關係安排（CEPA）

CEPA為大陸挹注香港經濟，與香港簽署更甚於自由貿易協定（FTA）的經貿協定，意在逐步減少或取消大陸及香港間貨物貿易的關稅和非關稅壁壘，並促進貿易投資便利化。根據CEPA協議，273種稅目的香港產品進入大陸市場，可享零關稅待遇。到2006年，所有香港產品進入大陸，均可享零關稅待遇。同時，大陸將提前對香港實現WTO承諾，開放大陸服務業市場，並且減少投資限制。台商想搭乘「零關稅」便車，首先必須「先買票」，香港原產地證明就是「車票」。台商貨物必須符合CEPA原產地規則，才可申請享有零關稅優惠，方式包括在香港生產，或半成品在香港加工30%的附加價值後，改變稅號等。

6.對大陸投資的退出機制評估與設計

大陸自十六大之後，亦漸次開放外資介入國營企業，目前外商參與併購國企及內資企業是法律所允許的。但在決定併購國企前有下列重要策略性問題應予評估及釐清的：

（1）繼續原國營企業的產品。

（2）收購國有股及法人股的股權流通性，以及限制移轉期間。

（3）轉讓價格是採協議或進行公開競價。

（4）控股可能性以及經營管理階層的安置。

（5）收購股權比例是否觸發要約收購義務及是否符合豁免條件。

（6）退出機制。

（7）各項審批要求。

7.其他大陸投資常見的問題

（1）智慧財產權的管理。

（2）移轉計價的安排。

（3）外派台籍人員薪資處理。

問題討論

1. 選擇中小企業法定形式的決定要素之基本問題為何？
2. 說明獨資、合夥經營、公司的定義。
3. 分析獨資經營的優點與缺點。
4. 分析合夥經營的優點與缺點。
5. 分析公司的優點與缺點。
6. 將上述獨資、合夥、公司的差異分別說明之。

第四章

Chapter4

創業實務 ——
如何成為一位中小企業主

- 創業意識
- 創業前準備
- 創業前的自我認識
- 創業精神的意義
- 創業程序模型
- 如何建立自己的事業

　　眾所週知，20世紀的台灣已告別「勞力經濟」，而「知識經濟」的21世紀，「創新」是知識密集產業經營重要的環節。創造台灣經濟活力主要是來自百萬家中小企業，如何發展一套適合國際環境的生存策略是有志者的努力方向，就如Porter所言，企業找尋新的競爭優勢的行動就是「創新」。未來台灣經濟發展若要持續保持衝勁，則有賴更多創業者加入。管理大師彼得・杜拉克（Peter F. Drucker）認為創新是創業家的特殊工具，他們藉由創新將改變視為開創新事業的好機會，且創新是可以訓練、學習和實地運作的。所以創業家必須有目的尋找創新來源與徵兆，並瞭解改變帶來的機會與創新的運用原則。很多「創新」是來自平時的累積而非一夕之間衍生，是有賴經驗的沉澱而非技術的突破，創新的觀念也未必新穎鮮奇，當然創新的產生也離不開對知識與技術的投資，故「創新」從廣義的角度來看，包括：改善技術、改善做事方法、改善組織及尋求新市場、新知識。

創業意識

　　台灣創造多項世界經濟奇蹟，這些創就者就是106萬家中小企業，是什麼因素使得每年有1萬餘家新公司成立，即是創業者內心世界之創業意識醞釀。本節首先探討個人的創業決策影響因素，接著分析獨立創業的時代意義，及創業成功之信心強固，最後探析創業的實際行動。

一、影響個人創業決策因素

　　「寧為雞首，不為牛後」，很清楚地道盡中國人喜歡創業當老闆的思想，依據管理大師許士軍的研究結果，個人的冒險創業行為可能有多種因素造成的，如圖4-1，基本上至少包括：社會及政治環境因素（如不景氣引發失業被迫創業）、個人因素、經濟誘因。

二、獨立創業的時代意義

　　1990年代全世界性的經濟不景氣深深影響著工作者的心態，同時也徹底改變人們的工作態度，不再有所謂一輩子的工作了，即使是傳統鐵飯碗的公務

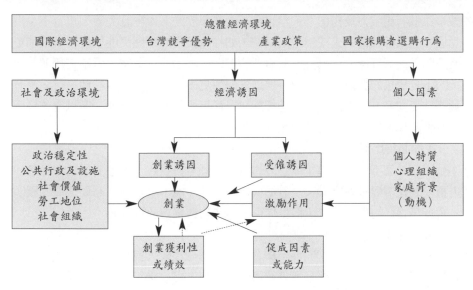

圖4-1　影響台灣創業家行為動力因素

員、軍人及銀行業近幾年也有大量裁員的情形。拿薪水過日子的人便得必須更加懂得自求多福，更別提即將進入職場的社會新鮮人，他們面臨的工作型態與過去有很大的不一樣，因此有很多年輕人興起自己創業的念頭，想將自己的命運交付在自己手上，由自己來掌握。

　　為何要創業當企業家？什麼是企業家？可定義為：「一個負責掌管生意或企業且自負盈虧的人」，但一個經營小吃店的創業者，也是個企業家？定義上說明或許是，但實際生活中並非那樣，我們認為企業家應該是一位永遠在找機會，而且知道如何把握機會冒險一試的人。創業即是用適當的人，在適當的時間，以適當的方法辦事而已。

（一）阻礙創業意識的原因

　　許多年輕人錯失創業成功的良機，乃因為其陷入「做生意很難」的迷失陷阱，而裏足不前，這些似是而非的論調整理如下：

1.你需要有良好的教育背景
如果你沒有高學歷又來自鄉下，你有多少成功機會？當然受過良好教育，

做事比較有說服力及自信心，但也有不少高學歷的人做生意失敗，也有不少沒受過什麼良好教育的人成為億萬富翁，如你有良好的學歷又能展現出績效那更能證明你的天資過人。另外一個重要的啓示，成功的企業家永遠都在學習，所指的不是學校的課程，他們會不停地去學習更多與銷售、顧客心理、行銷等有關的技能知識，幾乎無人可以把握對自己從事的行業無所不知。所以應該是說一直不斷學習的人成功的機會比別人多。

2.你必須比別人聰明

聰明才智不只有一種，或許智力測驗可以考得很好，但想要成功做生意，更重要的是需擁有能夠閱人及看準機會的特殊才能，所以你不需要很高的聰明才智或是很好的學業成就，但是你得有極佳的觀察力及警覺心。

3.你得有資本

資金可促使你業務的開展，機會空間的選擇性較大與順利，但大多數人在銀行並沒有充裕資金，那又該怎麼辦呢？或許你可以檢視你的能力從小資本的生意做起，當小生意賺錢後再做大生意，創業之初，如果你懂得變通就不需要非得有很多錢才能創業，如幫人記帳、親友互助會、個人服務等。

4.你得有好的構想

每一種生意都得靠創意構想開始，構想固然重要，但執行的可行性與執行中檢視修正的能耐是成功的重點，同時對成功的熱忱與堅持也是創意完成不二法門，正是所謂格物致知，窮至事務之理，欲其極處無不到也。

5.你得不擇手段

俗諺說：「無奸不成商」，或許這是我們口中的生意人，他們奮勇向前、擊敗對手、做生意肆無忌憚並闖出一片天，但實際上做生意也並非一定要如此，不斷地為達目的不擇手段是沒有必要的。

（二）堅持創業成功之信心

堅持是成功不可或缺的精神，我們都清楚成功者找機會，而失敗者找藉口。常見年輕人認為不該創業的理由如下：

1.創業家需要長時間工作，與較鬆散的學校生活是不同的，認為無法勝任。
2.自己創業與受僱生涯不同，必須承擔每月沒有固定收入的風險，以及繳

不完的帳單，壓力無法承受。

3.年紀輕輕做生意讓人有不信任的疑慮。可能有年紀大的生意人不理你、經驗不足的偏見。

4.因爲年紀輕，給人經驗不足之刻板印象，顧客容易討價還價。

5.自認經驗不足所以缺乏信心。

常見年輕人應該創業的理由：

1.小時候的志願就是想成爲一位企業家。

2.你沒有別的選擇，因爲工作場所的變遷，自己創業當老闆是一個不錯的選擇。

3.自己有一個理想且可能成功的好點子，或是有一個難得的好機會。

4.創業可以完全自己做決定不受他人指揮，自己想做的事有更大的自主權。

5.可以一顯身手。

6.自己命運自己掌控不怕被裁員，何況現代也沒有任何一種工作可以做一輩子。

7.身爲年輕人的你可以爲商界帶來更多新看法及構想。

8.新科技較老一輩懂得多，比較容易接受新科技，同時可以洞察那個領域的商機。

9.年輕就是本錢，就體力及健康而言，比年紀較大的人狀況佳。

10.年輕有失敗的本錢，願意接受新挑戰，更渴望成功。

相信每一位有心的創業者，對於將來都可以勾勒出成功的遠景，並已決心放手一搏，但全心全力投入之前，你必須眞的瞭解自己是否適合創業，否則就算有形的準備已萬全，但日後發現自己意識裡並不適合創業，那就後悔莫及，所以我們建議創業前要三思，重新考慮自己的想法、計畫是否妥當，是否合適自己的個性，如果你發現自己不具備承擔風險的精神，或是無法全心投入事業，只是想當老闆滿足自己的虛榮心，沒有創業的實際精神，或許你該再重新考慮自己的決定。

創業前準備

一、創業前必須嚴肅面對深思的問題

創業者與專業經理人有明顯的差異，從個性特質到經營處事策略方式皆無法相同。創業者很明顯地瞭解自己的期望目標，在創業中可以實現哪些？通常我們可以回答：

我要建立什麼樣的企業？
新事業的風險及必須付出的犧牲有多大？
我能接受這樣的風險與犧牲？

接著可以將學校所學的應用上去，如正確策略的制定，即指策略是否可以產生利潤或讓企業持續成長，正確策略可使企業形成競爭相對優勢。創業初期是艱難的，尤其財力是最大的限制，必須捨棄一些不該做的事情，集中資源將少數特定的事情做好，例如，以顧客導向為目標，快速回應顧客需求及價值的企業能力與文化。偉大的計畫或創意也未必保證事業一定成功，常見虎頭蛇尾的個案其失敗真正的原因就是執行不當，以下主要是告訴創業者要從資源、組織與能力三方面來評估及嚴肅面對，不要心存樂觀及僥倖，或說「時到時擔當（台）」，以下列兩個實例為例，當引以為鑑：

1. 某人集合家人資金開一家製造飼料添加劑的公司，經過六年慘澹經營，該公司雖然擁有一批老主顧，年營收卻不及新台幣2,000萬，毛利也不足支付經常開銷，創業者與家人的收入更是少得可憐，如要大幅度成長，讓公司轉虧為盈勢必要再設法籌募一大筆資金，然而投資者對少額獲利的投資並不熱衷，眼看這家人漸漸耗盡所有積蓄，就要走投無路。

2. 有一家新創立的公司，從歐洲進口一些新奇的產品賣給連鎖商店，利潤好、成長快速。創業者也漸漸受到矚目，甚至被提名為創業楷模，同時為應付快速的成長，不得不將大部分利潤再投入，因而增加存貨及應收帳款。以致於出現以下兩種可能情況：

   （1）因豐厚的利潤吸引新的競爭者進入市場。

（2）顧客也開始與歐洲廠商聯繫，若不加以補救，新事業也將成為泡影。

二、創業者與專業經理人的角色差異

我們常探討企業為何經營不善，是因為老闆不夠努力嗎？答案為「不」，相反地，大多數創業者皆非常努力投入，且請教許多專家的意見，如採用多角化經營vs.堅守本業、出售股權增資vs.不要冒險放棄對公司的控制權、學習授權vs.行事要果斷專權或聘請專業經理人。但這些建議皆為衝突，且無濟於事。主要衝突的原因是創業初期的決策並不像成熟企業一般，成熟企業的經理人關心的是：

我們從事何種事業？
我們應該開發哪些核心能力？

而創業者則必須持續問自己：

我們希望從事何種事業？
我們希望開發哪些能力？

因此，成熟企業的經理人與創業者所面對的問題不同，進言之，新創事業常見的缺欠及缺點，說明如下：
缺欠：

1.一貫性的策略。
2.競爭優勢。
3.優秀人才。
4.適切控制。
5.明確指揮系統。

缺點：
無法一次處理許多問題與機會。就如育嬰過程，學步階段父母應該著重學步技巧，而不期望嬰兒學會人際關係技巧一樣，故輕重緩急要清楚。
專心亦是人生成功的條件之一。如同老師請同學上台，要求右手畫圓，左

手畫方，結果兩個工作皆畫不好。

三、創業者面對決策的層級

創業者的個人目標與事業目標基本上很難分開，與上市公司的專業經理人相較也有明顯不一樣。其主要的職責無非是為股東創造最大價值。而創業者在其有必要時得向具有相同目標的投資人求助。很多創業者最初的目的是要實現獨立的人生目標與掌握自己的命運，其實這種願望太含糊主要經過深思熟慮後，皆可以列出更明確的目標。創業者要能回答下列三個問題：

（一）我要建立什麼樣的企業？

你想實現獨立的人生及穩定收入來源，那就不要創就太大的企業，只要能維持一定的生活方式（lifestyle）即可。企業規模太大創業者就很難享受個人生活，且較難參與全程。反之，許多創業者最終的目的就是將公司上市，此時就得認真的思考，建立一個永續經營的事業，即使沒有他也能正常運作的企業。尤其人員的訓練、顧客關係的管理、科技研發的發展、學習型的組織是企業建置的主要重點。

（二）新事業的風險及必須付出的犧牲有多大？

建立一個永續經營的企業，開始得依賴創業者個人的技能、人際關係及努力，對創業者而言必須承擔高風險的賭注。新事業投入的資源要考慮的項目：

1. 金錢關係：萬事起頭難，新事業對產品的廣告及企業知名度，皆必須持續投入資金，以建立顧客忠誠度。
2. 經驗不足的員工：當業務擴展後可能必須將權力下放給經驗不足的員工，由他們決定重大決策，同時具專長的優秀人才也不願到新事業服務。
3. 個人的時間與精神體力：企業能穩定經營，通常必須經過許多年，創業者的投入也才能漸漸回收投入的資源，進而達成損益平衡。但長時間所承受的精神壓力，常使創業者喘不過氣，同時，個人也必須投入較長的時間，甚至犧牲個人與家人生活相處的時間。這種小型的私人企業，很難持續經營，想脫手卻困難。若暫時歇業又沒有收入。就如一家中小企業老闆的抱怨：「我每天忙上忙下，一天工作14小時，已經忘了多久沒

有休假，我只想把公司賣掉，可是有誰願意買這樣的公司呢？既沒有制度，更沒有可供使喚的職員。」

（三）我能接受這樣的風險與犧牲？

創業者要考慮清楚，願意為夢想中的事業承擔所有必要的風險嗎？如先進軟體公司（Progress Software Corporation）創始人及總裁約瑟夫‧亞梭普（Joseph Alsop）之經驗，當1981年創立該公司，Alsop已三十歲出頭，已婚育三個孩子，Alsop自認養家活口的責任，不願意冒太大的風險，因此，不希望創立如微軟（Microsoft）那麼大的公司，所以與合夥人商量後，決定建立一個比個人服務公司還大的企業，於是找一個市場利基（market niche），足夠建立一個可以永續經營的企業，又不會大到招致領導企業的攻擊。他們投入個人的積蓄，及整整有兩年沒有支薪的工作。十年後先進公司順利上市，年營收額二億美元。所以創業之前就要想清楚自己是否願意承擔風險。如果創業者發現，就算創業成功但個人卻不滿足或大過於自己願意付出的最大限度時，就應該重新考慮設定新的目標。直到創業者將個人與事業目標調整到一致時，就可以制定正確策略。

四、策略制定

策略制定即所謂我們要如何完成目標？在創業者的眼中，機會可能稍縱即逝，所以就匆匆創業，也未充分考慮長期事業策略。但也有許多成功的企業家，雖缺乏長期策略，但其從短期策略導向，進而轉換長期策略導向，建立核心能力並累積重要能源。策略是企業經營的執行圭臬，雖然創業初期員工控制及管理制度很重要，但仍不及制定一套正確策略。如何檢討現行策略有四個途徑測試：

（一）現行策略經過明確的界定嗎？

若能明確策略，即使是能力差的領導者也無妨，因為員工可以遵循，業務仍可照常運作。一個公司若無法明確指出未來經營方針，就算有進步的組織結構與管控制度，公司也難存活。

一個永續經營之企業策略，方向要明確、清晰，針對公司想要滿足顧客需求、地理區域範圍、建立核心技術能力及其他策略方面的議題。同時，策略也

明確指示企業發展遠景與明確架構供經理人制定政策與決策之依據。但策略方向不宜太含糊籠統或太廣。好的策略說明其內容必須寫得簡明易懂，讓員工、投資者、顧客等利益關係人易於瞭解。如某公司宣稱從事休閒娛樂的帳棚製造公司，等於不排除經營旅館、賭場、拍電影的機會，其策略若能宣稱「製造高品質的戶外生活用具」將更明確。

（二）現行策略是否可以創造足夠利潤？讓事業持續成長嗎？

在策略擬定明確後，接著考慮這個議題，企業生存的目的在於營利，利潤是企業生存與否直接因子，因此，經營者要隨時檢討：

1. 目前資源是否提供足夠的競爭優勢？
2. 產品／服務是否優於競爭品牌？品質、服務、功能……等。
3. 產品／服務所定的價格是否合理？能否再提高價格？生產成本是否低於競爭者？
4. 現行市場經營是否達到經濟規模？市場利基在何處？

（三）現行策略能讓公司永續經營嗎？

競爭市場瞬時多變，新創事業在開始並無法充分吸收資源，有時雖然搶到先機也無法與同業競爭，當潮流衰退時就遭淘汰。創業者的智慧就是需要洞燭先機，與競爭者持不同觀點，在市場未飽和時持續強化競爭力量。創業者得讓公司可以掌握下一波熱潮，放棄模仿手法而積極創新之新模式。

當新事業快速成長的過程也得積極思維退路的問題，創業者通常過於樂觀，當熱潮退去才思考為時已晚。繁景當思退時淒。因此，當建立受歡迎的事業，設法提高現有競爭能力，將利潤投入不要急著回收報酬。

（四）所訂成長目標是否過於保守或急進？

創業者必須評估自己的資源、組織、能力這三個領域，是否真的有執行創業策略的本事。亦即新創事業要隨時依據各項因素變動取得平衡，尋找一項合適自己的成長速度。

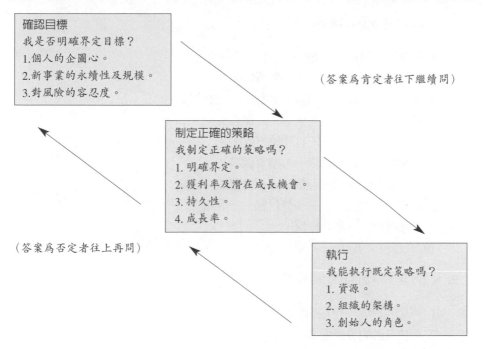

圖4-2　創業者面對決策的層級

創業前的自我認識

一、創業一點也不難

近年來由於全球不景氣，台灣經濟也面臨空前的考驗，製造業積極轉型或轉移生產基地或改變生產核心能力，若無法即時改進的企業不是營運不善就是休業關廠，過去上班族抱持天塌下有人頂的心態，勢必做一個革命性的調適，否則當有一天因為企業營運不順或其他原因，名列裁減員工之中，你是否可以調適或已作任何的準備？創業的思潮在本世紀將會更盛行，而且是發展於更精細的服務業，順著潮流當然不會迷失，但也不能漫無章法。創業其實也不難，但創業的機會不常有，創業歷程只要自己的目標設定好，按部就班逐步踏實，過程雖然艱辛但相信成功一定屬於你。

二、創業前的心理準備

1. 清楚瞭解自己的興趣——自我審查。
2. 抓住最佳創業時機——掌握時機。
3. 分享自己成就、加強成就動機——隨時歸零。
4. 將自己的店變成顧客的店——顧客導向。
5. 用自己的資金——不打腫臉充胖子。
6. 不要重視頭銜及外表——踏實做事。
7. 走入人群觀察產業發展——不自設限。
8. 認清辛苦的代價——一分耕耘一分收穫。
9. 輕鬆應對——壓力紓解。
10. 掌握將來脈動。

三、創業成功的四個條件

1. 將顧客的需求放在第一位。
2. 評估自己的專業能力。
3. 情報網絡與社群關係。
4. 人、物、錢三要素準備完備。

四、避免失敗的五種方法

1. 吸引顧客的注意商品如何表現：獲得顧客的信任需要的是時間，再優秀的產品若無法獲顧客青睞也是無益。
2. 意識到暢銷商品與自己產品及市場的差異：知己知彼才不至於流於自我世界裡，經營的基本假設除了利潤以外，最重要的假設就是永續經營，所以隨時留意競爭市場的變化，作最佳應對是企業永續最重要的事。
3. 自己是否已經有自信踏上創業的一步：創業的時間惟有自己可以判斷，優柔寡斷的個性有時會成為自己成功的絆腳石，只有計畫而未見實踐或對創業成功沒有信心皆無法走出第一步，俗諺：「人因為夢想而偉大」，正確的處事態度就是想自己成功的生活，且常常預想失敗的情形，預先做好心理準備，以便突然面臨失敗也可迎刃而解化險為夷。
4. 自己能否管理財務帳目：即使是獨資或是小店面也不可或缺，自己掌握

財務現況才能清楚經營盈虧,有興趣創業的人具有簿記、會計、財務管理等知識是不可缺少的。

5. 學習如何分散風險:風險的存在不能視而不見,許多人過度樂觀,當創業之初擴大借貸,忘卻自己的償債能力而陷入無法自拔的境界,總之,要在自己能力範圍內開始做好創業準備,不要焦慮、勉強盡自己所能去做,熟練商場技能與計畫,是創業者長期學習最重要的重點。

五、創業準備的步驟與評核分析

創業階段進行流程(如圖4-3所示):

```
┌─────────────────────────────┐
│         創業一年前           │
│  ★審慎思考創業的好處與壞處   │
│ ★獲得家族成員尤其是配偶的理解與協助 │
│  ★進一步取得專門知識及取得資格 │
│      ★自我評估創業能力       │
└─────────────────────────────┘
               │
               ▼
┌─────────────────────────────┐
│         創業前半年           │
│     ★儲備開始創業基金        │
│      ★事業情報的調查         │
│   ★檢討創業行業別的未來性     │
│       ★尋找合作夥伴          │
└─────────────────────────────┘
               │
               ▼
┌─────────────────────────────┐
│        創業前三個月          │
│  ★探討自己事業Know-how的獨特性 │
│  ★事業內容具體化及事業計畫書完成 │
│ ★核算創業開始必要的經費及資金制度 │
│ ★確保資金調度與再確認物品來源無障礙 │
│        ★尋找商機            │
└─────────────────────────────┘
               │
               ▼
┌─────────────────────────────┐
│        創業前一個月          │
│   ★決定辦公場所或店鋪地點     │
│   ★準備必要的文具用品及名片   │
│    ★各項事業登記與申請       │
│    ★人員職務與工作分配       │
└─────────────────────────────┘
```

圖4-3 創業階段進行流程

創業精神的意義

一、創業精神的定義

在美國，「創業家」通常指的是自行開創新而規模小的事業主，創業精神則是指「創造新的滿足和新的需求」。如一對小夫妻開一家新的小吃店雖然是創業但不夠資格被稱為具有創業精神；反觀，麥當勞運用管理觀念與技巧，將產品與作業流程標準化，大幅提昇資源的使用效率，同時創造出新的產品市場和消費群，其就符合創業精神的定義。隨著企業蓬勃發展，創業精神此一名詞儼然成為時代的流行字眼，常見坊間的譯名有創業精神、企業家精神、興業精神等，在此我們還是要將創業精神相關名詞加以定義：

（一）創業者

創業者是承擔風險並從事事業經營的理性決策者，並將資源的使用得更有效率，且不斷更新其企業的內外組合。亦即，創業者是個創新者，也因為其具備創造性，他才被稱為創業家。

（二）資本主義與其本質

創業精神又有人稱之為「資本主義精神」，其精髓就是無限制的營利欲望，也就是將資本主義中營利行為予以充分美化，資本主義發展至今帶給創業者追求利潤的理論基礎，創業者進一步將資本主義的精神加以實踐。

（三）時代價值觀

彼得‧杜拉克在其《創新與創業精神》一書中，認為創業時代的新價值就是「創業精神」，他的定義為：「探索顧客所重視的價值，應用管理的觀念與技術，將產品的設計作業流程與生產工作標準化，並設定各種標準，將經濟資源做最有效的利用，因而開創新的市場與新的顧客群體。」

陳明璋在《有魅力的創業家》一書中指出，創業精神的時代精髓有以下幾種內涵：

1. 求新、求變、求發展的心態。

2. 奧林匹克運動家的「競爭」精神。

3. 克服逆境，化不可能為可能的作為。

4. 一種新芽穿岩而生的銳氣，不受定制成規約束的拓荒精神。

綜合上述學者的論點，歸納所謂「創業精神」，就是一種求新求變求發展的心態，創業本是無中生有之歷程，但在有了之後並不代表一切已經完美，而應不斷尋找新的利益與新的機會。

（四）新時代「SOHO」族的創業精神

「Small Office Home Office」，在自己家中或小型辦公室裡從事商業行為，這就是一般「SOHO」的定義。美國人一生熱愛自由，所以在自己的事業上更希望享受自由，所以許多美國人從高中時代就開始思考如何創業，加上為了增加與家人相聚時間，因此產生在家工作的「SOHO」族群。如美國的大學生與台灣大學生一樣，會到餐廳或速食店裡打工賺零用錢。但對有些頭腦靈活的學生而言，餐廳的收入恐怕短時間無法滿足他們的需求，喜愛靠頭腦賺錢的學生更會想辦法創造自己的事業，雖然不像一般商業上一樣的規模或熱門，但大學生利用自己能力賺取金錢值得你我的注意。這些學生商業活動的例子如下：家教、創業計畫代工、校對、打字員、俱樂部籌備員、乾洗店的運送員等等。

「SOHO」族的自由工作環境當然讓人羨慕，但同時必須自己承擔義務與責任。義務指的當然就是認真在工作上，但是實務經營上不免有意外與困難的產生，沒有上司的監督與指導，難免會在不知不覺中漸漸怠慢鬆懈，個人與工作的金錢容易混淆，效率變差，營業績效變壞，承接一些無法完成的工作，更糟糕的是最後將身體搞垮了。

「SOHO」族就是自己管理自己，自己要求自己，盡力完成工作，若工作無法完成就不能稱為「SOHO」族了，以下介紹「SOHO」族邁向成功的守則：

1. 開業之前準備的時間要充裕

一般年輕人創業前總是滿懷希望，如工作馬上接的滿滿，賺的錢馬上進入你的荷包，但世界上哪有如此簡單的事，事前的準備工作很重要，想一想有哪些工作想做？什麼事不能做？需要什麼條件才可以做？需要具備哪些檢定資格？工作的道具是什麼？買材料的錢足夠嗎？工作從哪裡來？是自己在家工作

或租辦公室呢？這些問題事前若沒有考慮清楚是非常危險的，未來可能問題叢生，所以開業前之準備時間一定要充足，同時身體與心理也要做好萬全的準備。

2.認清「想做」與「能做」的工作

創業前只有創意點子或只有特殊技術是不足的，兩方面必須保持平衡發展，首先想自己要的目標是什麼？做什麼工作？能夠接受什麼事情的變化？全部的工作只靠自己是否可以勝任？若不能，哪一部分可以自己承擔？哪一部分委託別人完成？當然有些公司因為技術或「know-how」有所欠缺，便期望「SOHO」工作者來幫忙，也有些是工作者本身的提案或客戶希望全部由一個人完成承包工作。此時若自己無法獨立完成工作如何處理？所以事先量力而為，並確定自己是否能夠擁有創意及技術是絕對條件。

3.計算創業需要費用

計算自己的生活費用開支，是否需要添購辦公器材、電腦文具、通訊設備、電話費、郵寄費等。

4.確保工作正常穩定

亦即工作來源要穩定，當然就是不要被倒帳，否則對創業的信心會受到打擊，接著尋找是否有新的客戶或相關的更多工作機會，總之，業務之所以能順利的發展，當有賴良好的人際關係及良好產品。

5.利用「口碑效應」道理

小型企業不像大企業有許多預算，希望得到更多的顧客，得賴「口碑效應」，經親朋好友介紹客戶也是一種擴大營業的方法，所以廣結善緣也是創業者必須努力的修養。網路科技進步的今天，創業者也可利用網站，一方面可以增加營業額，另一方面能夠從網路認識新朋友，所以具備網頁設計及管理能力是最好的，若無法勝任也可以委託其他「SOHO」族承辦。

6.善用公司外的人才節省人事的浪費

每個人的時間都是有限的，時間的分配要堅守輕重緩急，當然事業的經營無法事必躬親，善用組織外的人力協助你處理一些雜物，如會計、稅務、機器維修保養檢查、辦公場所的清潔等，若什麼事皆自己動手，時間將不夠用，所以善用組織外的人才或請其他「SOHO」族代勞這些雜務，自己就可以全力以赴正業的工作。

7.衡量自己的資金

當自己夢寐以求的「SOHO」生涯終於來了，有獨立辦公室、高級的辦公設備，想一想眞的是有必要的花費嗎？或許一開始將自己的住屋當辦公室就足夠了。當然適當的工作環境可以帶動較佳的工作情緒，你或許會認爲許多都是必要的，那就以最低限度來自我滿足，如影印機可以有幾樣替代方案，即使沒有傳眞機也應該有其他聯絡方式。

儲蓄是犧牲享受的代價，富裕是享受節約的成果，積沙可以成塔，積小錢可以變大錢。

8.日益精進自己

不希望被淘汰就必須日日精進，開始接單做生意有一定的收入，但千萬不要滿足現狀，需及早未雨綢繆爲下一步工作作準備，切記時代不斷在改變，新的技術也隨著進步，如果不希望自己成爲時代的過客，就必須具有靈敏的嗅覺，以保持隨時隨地蒐集資訊情報的習慣，常常覺得技術不足而充實自己，技術的提昇是確保不被淘汰的先決條件，提昇自己還不夠，還要衡量自己的能力水準是否符合市場需要的價值。

9.確實做好會計及稅務的工作

「SOHO」工作者是一項勞動的工作，開始就有金錢的收入，接著就會產生各種義務，首先是稅金、勞健保等義務，其中以稅金相關事務最需要關切，合法的節稅是可以規劃的，以避免浪費金錢，所以理財與稅務的工作要知道，當然可以請會計師幫忙處理，計算實際月收入金額，收到的發票更要分類整理，而自己能夠做到的工作範圍儘量自己完成。爲了能事先規劃，最好能做好以下的幾項工作，如資金計畫書、消耗品費用、事務用品費、備用品費、通訊交通費等，將各項工作分別釐清費用，何時有收入？何時要支出？最好堅守先收入再支出；如果相反，就必須有三個月的預備資金以利周轉。

10.自我管理，公私分明

「SOHO」工作者對自我管理的要求應比他人更嚴格，只有能夠自我管理的人，才是成功的「SOHO」工作者。有別一般工作職場，從工作內容、進度、計畫、收支情形、自己的身體狀況、家庭狀況等，在自由的工作環境裡，以上這些管理工作應該是持續進行的。

二、創業家的特質

所有的人從事某種事皆必須具備某種精神力量,所以許多學者在創業家身上找到若干特質。

Ket 和 Manred(1985)認為創業家精神充沛、成就導向,有獨特面對壓力、緊張的方式,有非理性的創新能力,但這些特質在一般公司有負面的影響,如難與人合作、有控制他人的需求、不信任他人、喜歡被拍馬屁。

Niehouse(1986)提出創業家的特質包括:

1.追隨自己想法的觀念家。
2.能將不同資源組合達成目標。
3.積極行動導向者。
4.不畏懼接受風險。
5.有創造力、直覺。
6.能掌握問題的重點。
7.對自己有信心,對他人則無。
8.傾向於個人主義,獨立個性。

這些特質在公司環境中表現出無耐心、粗線條、缺少授權、與人衝突、是老闆的反對者。

Olson(1987)所研究歸納的創業家特質如下:高成就需求、眼光遠大、對模糊或非結構性情境具有高度處理才能、具有直覺與分析能力、適度風險接受者。

Henderson(1987)訪問年所得九萬美元的創業家歸納這些人的特質:

1.辭掉原有工作自行創業,因為覺得雇主虧待他們(老闆歧視女性、未給予適當報酬或對他們不夠賞識等)。
2.為了必須向上司證明自己的構想正確,因而感到不滿。
3.不怕失敗。
4.具有高度自信和強烈的競爭心理。
5.相信他們的事業是獨特的,沒人能真正瞭解他們。
6.不太願意尋求他人協助,部分原因是他們可以從親身解決問題上獲得很大的快樂。

7.堅守過去嚴格不變的行為模式，儘管他早已不需如此。

8.把事業當成娛樂，因此工作和樂趣可以融為一體。

9.都是喜歡刺激的人，他們會因為承擔風險而興致勃勃。

陳明璋（1989）認為創業家的特質是：

1.內控傾向的。

2.具親和力的。

3.具調和矛盾的能力。

4.雖不怕風險但卻精打細算。

5.往高處看、向遠處望。

許士軍（1990）認為中國人創業動機不是為了金錢或個人成就，而是來自中國人特有文化──家庭觀念。中國大部分創業家缺乏正式教育、出身寒貧、自力更生、意志堅強。

綜合上述的論點可知創業者的特質心理層面多於表象特質，克服困難、創新求變是共同的觀點。

創業程序模型

Martin（1984）提出創業模型（如圖4-4所示），他認為形成一個事業的過程主要起源於社會的疏離、示範效果及心理傾向，形成一個自由選擇的空間，並經由促進事件與家庭支持下，經過客觀有利事件（如財務支持、有利條件之環境）下所產生的。

Greenberger 和 Sexton（1988）綜合過去的文獻，發展一套創業理論模型（如圖4-5所示），此模型主要在描述創業決策乃是由一些因素交互作用而成，這些因素包括：人格特質、情境變數、自我知覺能力和社會支持等。

郁義紅、李志能、希斯瑞克等所著《創業管理》一書中，對一般創業的過程簡單分為四個階段，而每個階段所涉及的技術與知識不相同。創業者必須能夠發現、評估新的市場機會，進而發展成為一個新創企業，一般創業的程序包括以下四個程序（如表4-1所示）：

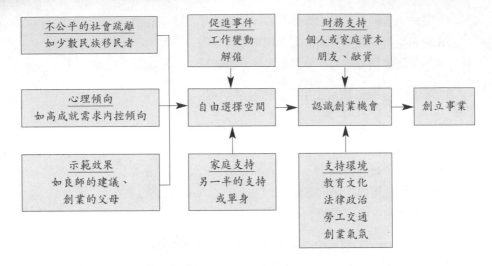

圖4-4 Martin新創事業的模型

資料來源：M. J. C., Martin, "Managing Technologycal Innovation and Entrepreneurship, Reston," V. A. : Reston Pubilishing, 1984.

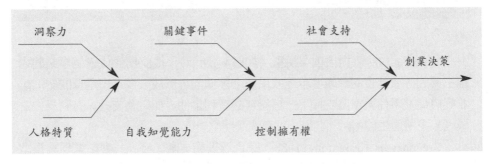

圖4-5 Greenberger 和 Sexton 創業理論模式

資料來源：Greenberger & Sexton, "An Interactive Model of New Venture Initiation," *Journal of Small Business Management,* Vol. 26, No. 3, July, pp. 1-7, 1998.

表4-1　創業的一般過程

第一階段 尋找、識別與評估市場機會	第二階段 準備並撰寫企業經營計畫	第三階段 確定並獲取創業資源	第四階段 管理新創企業
1.創新性與機會。 2.估計與實際的價值。 3.機會的風險與回報。 4.機會與個人技能。 5.競爭狀態。	大綱架構如下： 1.摘要。 2.商務活動描述。 3.產業描述。 4.行銷計畫。 5.財務計畫。 6.生產計畫。 7.組織計畫。 8.營運計畫。 9.總結。	1.創業者的現有資源。 2.資源缺口與目前可獲得的資源供給。 3.通過一定管道獲得其他所需資源。	1.管理方式。 2.成功關鍵因素。 3.當前問題與潛在問題的辨識。 4.控制系統的完備化。

資料來源：郁義鴻、李志能等著，《創業管理》（台北：五南圖書，2002），頁21。

1.尋找、識別與評估市場機會。
2.準備並撰寫企業經營計畫。
3.確定並獲取創業資源。
4.管理新創企業。

如何建立自己的事業

　　第二章我們探討創辦中小企業的許多理由及一些可行的機會，當你審視完各種要素後決定開始進入創業的行列，就必須有優異完善的計畫，它是夢想的藍圖、實現的方針，且足以應付任何內外在危機，並使創業者達到成功的機會，現在我們進一步來談談實踐的相關步驟。

一、尋求及確認被需求的產品或服務

　　許多新的商務認為已經充分掌握顧客所需要的產品，且運作容易，但多數

人失敗只有少數人成功，雖然有計畫，但計畫並不是成功的保證，只是有計畫可以增加成功的機率而已。我們在此要建議所有創業者，放下心去尋找好的產品與服務來銷售，要謹記顧客是營業額與利潤的來源，因此要知道顧客在哪裡，它們有哪些具體的需求，唯有創造顧客的價值與滿意度，新事業才可能成功。這一步驟非常重要，好的創業構想大部分來自對顧客需求的深入觀察與傾聽，找尋顧客所需要的產品或服務，找出可以創新改進的地方，並參考目前顧客的偏好與市場競爭的態勢，決定創業的最終目標市場，這就是所謂「市場利基」（niche marketing）。由確定的產品來尋找利潤，我們認為可以先列出可行的所有產品，再考慮何者適合，並不是所有的市場皆適合的。不過對於新的事業或產品則必須有賴創業者去開發。有許多成功的小型企業都是從找到一種適合的產品開始起步的，如麥當勞。

創業志向決定以後，除了以自己的體能、專才、興趣選擇之外，該行業的生存空間如何，也是一個不容忽視的重要課題。例如，被新產品所取代等。至於想投入哪一行業？可以從評估最具有吸引力的想法及專心選擇最有意願經營的事業觀點開始，表4-2是依據個人的事業目標進行分析，就所列的項目逐一回答每一個問題後，接著評估每一個問題的重要程度，這裡所表現的個人偏好，對入門的行業影響很大。給予每項因素1-5分的評價。5分表示非常重要，1分表示無關緊要。

接著我們來探討的是決定創業方向必須考慮的幾項要素：

1. 週轉金的幅度：各行各業的週轉金皆有明顯的差異。如飲食店每天都有現金收入，所以週轉金較少。製造業或買賣業，開業之初必須購買一些材料或商品，等商品賣出以後才可能有利潤回收。
2. 技術性問題：任何一種行業都有獨特的經營技巧與專業知識，高度技術性行業除了創業者本身已具備此專業知識、技術外，否則必須聘僱其他專業人員，此項費用也是一項負擔。因此考慮自身條件也是一項不可或缺的工作。
3. 安定性與風險度：風險性較高的行業獲利亦高。這點要看創業者是否對新創業市場的瞭解與接受風險的意願。否則我們建議選擇較安定性行業，等有了基礎後再求發展。
4. 市場規模與成長性：選擇一個有成長空間大的市場，通常較不具競爭性，獲利空間較大。

表4-2　入門行業選擇評估問項

事業篩選評估問項	重要程度
・該行業需要多少資本才能入門？	
・所需的年收入？多久時間的發展才能損益平衡？	
・自己偏好的行業？（零售、服務、製造、技術、研發）	
・三年內希望的投資報酬率是多少？	
・自己偏好的工作環境？	
・人際互動的比例？（如員工、供應商、顧客與零售商的互動）	
・這項事業的工作可否讓你樂在其中？長期投入的意願如何？	
・希望獲得的社會身分地位？	
・個人的收穫（學以致用、為社會貢獻、多認識人，把動機與價值觀列出）	
・如何在競爭環境中立足？	
・該事業所承受的風險程度多寡？	
・是否能夠獨資或必須合夥經營？希望自己管理的比重？	
・新事業的運轉所需要的作業程序與工作有多少？	
・你是希望新創事業或購買現成的企業？	
・這項事業的優勢與機會是什麼？獲利能力及發展前景。	
・是否有現成及很強能力的經營團隊？經營的競爭優勢？	
・自己致命的缺點？是否有克服的可能？	
・進入新事業的障礙？	

二、使用各種資訊分析產品市場的機會

市場的機會之創意與構想來源很多，如針對現有產品或服務重新改良設計、追隨新的趨勢潮流、機緣湊巧、透過有系統的研究等為主要來源。只要創業者懂得去尋找所需要的資訊，將會發現有無限的商機。

三、決定是否創辦新企業、買現成的企業或買經銷權

創辦一個屬於自己的事業是非常具有挑戰性及危險性的，但假如新經營業者能採取正確的創辦程序及考慮，那麼其成功的可能性亦將大為提高。其第一要件為尋求外界的幫助與支持，如法律、會計、保險及管理上之各種諮詢與指導等等。但事實上，很多中小企業在開創初期很少主動去洽詢，以致對其成功的機率大打折扣。

為瞭解創辦事業計畫之縝密性，經營業者必須將有關創辦企業之全盤狀況加以具體化，必須考慮到以下各種重要的細節。

（一）創辦新事業具體思維

1.企業的型態。
2.組織結構的型態。
3.經營計畫的特性。
4.開辦資金的來源。
5.行銷技術的使用。
6.人才需求的發展。
7.經營時間的控制。
8.本身的經驗。

若忽略了以上各項的考慮，將使事業的開創初期顯得不順遂，因此，一個有遠見的經營者應同時判斷以下各種狀況的利弊得失：

1.企業是屬於零售業、服務業或製造業？
2.是否衡量過三種型態的利弊？
3.開辦此一事業需要多少資金？
4.自有及外來資金各有多少？
5.外來資金的來源如何？
6.對經營計畫的時間控制是否有信心達成？
7.是否可聘僱本身所欠缺之經驗的人才？

然而因開辦新企業應考慮的因素相當的多，且又很難列出其先後緩急順序。但至少下列幾項是值得參考的基本要素：

1.資本額的決定。
2.法律支持的獲得。
3.市場需求的探討。
4.企業地點的選定。
5.人才的聘僱。
6.實體設備的來源。

7.利潤計畫的擬定。

8.會計制度的建立。

9.保險及風險的計畫。

10.資訊情報需求的決策。

(二) 發展自己企業之優點

一般來說，創立一項事業所花費的成本表面上看要比買一家花費的的少，而你可以利用自己的天賦與創造力，發展獨家商品，可以自由選擇企業的位置，與發揮你獨有的管理的風格及策略，你也就不會買一家現成的企業之後連帶買了他的問題與缺點。要做什麼類型的生意？以你的個性以及所擁有的技能，來決定哪一種生意會比較適合你。思考要素如下：

1.你要做的是回收快的生意還是回收慢的生意？回收快的生意能很快地幫你賺錢，但是那種生意可能只能短暫地做一做。你得動作快，下決定快，而且得面臨強大的競爭。回收快的生意得視消費市場的技術、潮流及變化而定。回收慢的生意賺錢沒那麼快，但是生意的壽命較長，也比較沒有即刻的競爭。傳統大街上的生意便是屬於回收慢的生意。你想要製造東西還是想為人提供服務？做服務業的成本通常會比做製造業要來得低。

2.你想薄利多銷還是想走高價位精品的路線？

3.你想要以原創的新構想來做生意嗎？你周遭是否有原創性的構想。

4.你想一連串趕潮流，做些壽命大概只有半年或一年的流行生意，之後再另謀別的生意來做嗎？有季節性或節慶性（如聖誕節）的生意就屬於這個範疇。

5.你想一直不斷地尋求獨特的生意來做，還是你要的是比較穩定的生活型態？

6.你想將舊有的生意構想加以改造，或者你實際上想自創一種新的產品或服務？

7.你想做的是要將傳統類型的生意加以改良以不同的方式經營使其出色嗎？

8.你喜歡做勞力工作或者你喜歡做文書工作？

9.你只想經營足以溫飽的一般生意，還是你想做全球性的大生意，或者你想做介於兩者之間的生意？

10.你要做是是創立後可轉手脫售的生意，或者你要建立的是王朝式的家族企業？

11.你要做的是可以朝多元性發展的生意，還是專注於某專業領域裡的生意？

（三）購買現成的企業

購買現成的企業當然有好處。也許在想要做生意的地區只有這樣才能找到好的地點，而且在事業初創階段可以節省你的時間、勞力和金錢。通常也能運用讓售人的投資基金，很多讓受人會為這筆交易提供大部分的財務協助，其利率要比放款機關低得多。現成的企業原來已有組織計畫及經營制度，也有固定的顧客群眾。讓受人通常會就公司的管理和購買人交換意見。

有幾種方法可以找到待售的企業。貿易協會及鄰近的商業團體通常會最先知道哪家企業要出售，也知道該一企業的業績與信譽。關於可供取得的財產、地點、市場及財務方面，仲介商人是個良好的專業性消息來源，他們可以代表賣方或買方，而且在售價中抽取一定佣金。報紙上「貿易機會」廣告欄刊載有當地的商號名單。銀行、商會以及該社區中的專業人士通常也會知道有人正在或準備頂讓企業。

當找到了非常感興趣的企業時，應該判斷一下問為什麼要出售。也許有嚴重的商務困難諸如新出現競爭者、主要消費群眾的流失、生產線老舊、或現金流量有問題等促成急於轉售的原因。此時應謹慎研究該企業及市場。研究這一特定產業的趨勢、瞭解競爭的情形、鄰近四周的環境、當地的商業團體以及現在的消費群眾。

有經營和獨立自主的會計師可以幫助分析賣方的財務報告表及繳稅紀錄，定能決定其獲利性及購買的價格。不可輕言相信賣方的會計師的話。評估賣方對將來成長和業績所作的推測。遇有急於出售之情形時，賣方可能作出與事實不符的聲明。如果不能取得所需要的財務資料，則嘗試另一個機會是比較明智的作法。

要買下一家企業時也買了一些有形與無形的財產。在決定價格與完成交易之前一定要明白所買下的是什麼和它的價值。最好聘請一位鑑定師評定待賣資

產的價值。這些項目包括：

1.應付帳款及其他債務。

2.應收帳款。

3.房屋。

4.企業名稱。

5.交易客戶及雇主名單。

6.賣方的諮詢合約。

7.不作競銷的公約。

8.信用關係。

9.設備。

10.家具與附屬設備。

11.存款。

12.租賃合約。

13.債務及留置權。

14.人事。

15.商標、版權、專利。

16.未付稅金。

（四）購買經銷權

　　小型企業投資於經銷業時，務必使風險至最低限度。經銷業乃是個人擁有的企業在大型連鎖企業中經營時所採行的供銷制度，其產品及所提供的服務都已標準化。公司（經銷商）授權個別代銷商將經銷商的商品在市場上銷售，並使用經銷商的商號名稱、商標、信譽及經銷方式。經銷合約通常是會給予代銷商在某一地區內獨家銷售的權利，而代銷商則以支付經銷商一定金額與（或）銷售毛額的一定成數相回報。

　　企業也希望發揮這種方式取得企業所有權的好處，並在大眾早已接受的名稱及商標之下創立自己的事業。也許能從同型企業中的過來人那裡接受訓練與管理方面的協助，也可以從經銷商處獲得財務支援。通常設備與供應品必須向經銷商購置。向經銷商大量採購產品、設備、供應品及廣告題材，你還可以享受價格優待。有些經銷商會指導企業日常的作業直到可以得心應手為止。經銷

商通常也會繼續不斷地提供你經營方面的顧問指導，這也包括帳務作業上的協助。經銷商所作的全國性及地區性的促銷行為，對企業本身也會有幫助。

對於一些壞處也應該觀察一下。由於是規定的標準化經營，企業不可以自定很多的規則。即使當了老闆也不能為所欲為自作主張。經銷商通常在銷售毛額中抽取一定成數作為專利權的使用費，而此一專利權使用費最後必將出自企業的盈餘。但在另一方面，經銷商通常不會負擔你的虧損。在訂定售價，介紹新的產品或是提供特別的服務，與在取消無利可圖的項目等方面，企業會受到限制因而削弱了企業對外的競爭力。經銷商要求提出特定的報告，而對企業來說，耗費時間與精力去準備這些報告，卻是一項累贅的工作。

> 夢想建構在潛意識裡，激發你想成功的動機。
>
> 好的計畫書對你百益而無一害。
>
> 擁有它，90%的困難都迎刃而解；而10%的變數也將在你的掌控之中。
>
> ——Marc Allen

四、完善的創業經營計畫書撰寫

完善的計畫與管理技巧是企業成敗的二大要素。西諺云：「知識就是力量」，知道如何達成目標便是事業成功的最重要力量，毫無計畫冒然投入的事業失敗機會最大。創業經營計畫書就是以書面表達事業的目標及預備達到目標的方法，使經營過程就有明確的指引，也有衡量進度的標準。創業經營計畫書的內容，包括：使命、策略目標及戰略的策略規劃，內外部環境分析及競爭策略研擬，戰略政策、預算、作業程序標準及產品企劃的經營規劃，收入與支出預估、初期投資預估及確定的資金來源財務規劃，新事業各企業機能的短、中、長期發展計畫及詳細的事物性規劃。以下僅就創業經營計畫書的撰寫原則、內容重點與架構、訂定經營計畫注意事項等，提供創業者一份確實可行完整妥善的創業經營計畫書撰寫之參考。

（一）創業經營計畫書的撰寫原則

如何撰寫一份確實可行，並獲得投資人與銀行認可的計畫書，對創業行動中是一項關鍵作業，因為創業者想吸引投資者的青睞，就必須利用此計畫書來

顯示這項投資不但可以成功，而且還有很高的報酬。所以，計畫撰寫者必須很明確地說出事業經營的構想與策略、產品市場需求的規模與成長潛力、財務規劃及投資報酬回收年限，當然這些不能空口幻想，需要證明對市場與財務分析預測是有具體事實根據的。

一份好的經營計畫書必須要能呈現競爭態勢、強調事業遠景與投資者的利基，且撰寫者必須用更多的時間來建立一個獨特的趨勢觀點，同時也要具體可行，及可供佐證的客觀數據。我們以劉常勇教授所歸納的經營計畫書的原則說明如下：

1.呈現競爭優勢與投資利基

也就是計畫書內容要詳細說明SWOT分析上的各項問題，並呈現企業具體的競爭優勢，明確指出投資者的利基所在。

2.呈現經營能力

儘量展現經營團隊的事業經營能力與豐富的經驗背景，並顯示對於該產業的市場、產品、技術及未來的發展願景與策略已完全有準備，並且願意隨時審時度勢調整這個願景。

3.市場導向

事業經營的利潤乃是來自於顧客滿意的市場需求，沒有詳細的市場需求分析作為依據，所撰寫的計畫書是空泛無物的，因此，經營計畫書應以市場導向的觀點來撰寫，並充分顯示對市場現況掌握與未來發展預測的能力。

4.一致性

整份計畫書前後的基本假設或預估標準要互相對應，意即要符合思考邏輯。例如，財務的預估就必須根據市場分析與技術分析所得的結果，所呈現的報表才有意義。

5.實際性

一切數字要儘量客觀、實際，切勿憑主觀意志估計。常見創業者容易高估市場潛在規模或報酬，而低估經營的成本與風險。計畫書中應儘量陳列出客觀、可供參考的數據與文獻資料。

6.明確性

要明確指出企業的市場機會與競爭威脅，並儘量以具體資料佐證。同時分析可能的解決方法。另外，要明確說明採用任何假設、財務預估方法與會計方

法，同時也應說明市場需求分析所依據的調查方法與事實證據。

7.完整性

應完整包含事業經營的各機能要項，儘量提供投資者評估所需的各項資訊，並附上其他參考的佐證資料。但也要注意不要太冗長繁瑣，以簡單明瞭為原則。

（二）經營計畫書的內容重點與架構

綜合性且體恤人的經營策略，是企業穩健發展所不可欠缺的要素。讓該策略符合現代化就是所謂的經營計畫。經營計畫的內容如下：

1.讓全體員工共享經營理念或經營方針等基本策略。

2.為了維持與提昇收益能力，就要明確出改革經營體質或事業構造的策施。

3.執行各部門負責人能接納的調整部門活動。

4.確立出各部門的責任與權限，讓部門的職掌與達成計畫息息相關。

5.訂定出短／中／長期之經營計畫：如果沒有長期性的展望，只訂定短期計畫，一味地追求眼前的目標，就無法達成經營願景，而漏失觀察環境變化的時機。反之，沒有確立短期計畫（年度計畫），則員工就不知道該如何行動。於是，先透析三～五年的經營計畫，訂定出中、長期計畫之後，還必須訂定短期計畫。

（三）應該訂定何種經營計畫？

訂定經營計畫時的注意事項如下：

1.訂定策略性的經營計畫：在企業經營上引進策略性，重視經營計畫。因此要站在長期性的視野角度，分析企業環境或企業能力，決定企業應行進的方向。

2.訂定參與型經營計畫：就算訂定出再好的經營計畫，如果無法讓全體員工共享同樣會遭受失敗，因此公司整體的基本計畫，最重要的是由全體幹部共同參與。

3.宏觀視野與計畫的一體化：經營體制的變革或事業構造的革新，都無法從部門的累進計畫或眼前的執行計畫誕生。必須在訂定中、長期視野的

同時與短期執行計畫相輔相成，再從中尋找革新的方向性。

4.訂定出解決課題的手法：經營計畫不單只是用數值予以表示，而是應該明確指出經營課題，找出解決的方向。

五、人事

忽略謹慎挑選、訓練及監督員工之工作的重要性，在中小企業中是司空見慣的事。許多中小企業經營業者常抱著「又要馬兒長得肥，又要馬兒不吃草」的心理，此種認知的失調因此成為經營業主成功的絆腳石。在中小企業中，現在仍流行著一句話：「對員工不苛刻，便不能成功」，但事實上，若任何經營業主不能掌握員工、影響員工、與員工同甘苦，那他便逐漸向失敗邁進。

大多數的中小企業業主常自認為是最好的老闆，但事實上，若能自問以下各種問題，或許對其聘僱政策有所幫助。

1.對欲僱用的空缺瞭解的程度如何？假如經營業主不瞭解這職位所需的特別條件，那他便不能與應徵者在職位的需要上溝通。例如，需要一位處理固執客戶的人才，那就需要一位圓滑且感情穩定的人才。

2.是否要讓新進人員有時間去瞭解公司的作業方式及問題？公司內各職位或有不同的作業方式，惟若經營業主能有效地訓練員工，加深其對公司作業的認識，則該公司將能融合各種不同聘僱方式招募進來的員工專長，以提高員工績效。

3.督導員工之縝密性如何？許多成功的中小企業用獎勵與讚揚員工的成就來建立其與員工間的良好關係。業主應果斷處事及在各人事階層中發展自由溝通的方式。同時，對各員工之績效應有一套正式的評估考核計畫。

4.能否授權與分責？因業主投入自己的資本與血汗，且承擔初期營運的一切風險。所以，要分責授權予職員來經營，常會感到有所不願。然而，對適任者授權仍是非常必須的，且有益公司的營運。

六、行銷策略

發展行銷策略包括兩個相關的步驟，一是目標市場的選擇，二是行銷組合

的發展。選擇目標市場即是找尋顧客的過程,而此目的可由分析潛在性顧客、確定公司目標及行銷組合等因素而得,至於行銷組合策略即包括公司所使用以滿足其目標市場的各種策略,如產品決策、定價決策、推廣決策及銷貨通路決策等等。中小企業在決定推出適於公司的產品前,必須選取其目標市場,但切忌將目標市場選擇與行銷組合決策分開分析計畫,因其具有非常密切的關聯。

　　大部分的中小企業不知道如何去獲取市場的情報。若要將特定市場作研究分析,則有賴於公司的經營型態,因為中小企業囿於其自身人力及能力,故通常都需要外來的市場專家支援。中小企業只要先行考慮某些影響或決定市場的大前提即可。如消費者態度、購買力、競爭者利益、社會狀況、人口變遷及潛在市場狀況等等即可。

　　要決定哪一個市場因素最為重要是非常困難的。然而中小企業卻常嘗試去分析對企業成功最具有貢獻的因素。若要從事一種似乎是超越其經營能力的分析工作,中小企業必須維持觀念的客觀性,否則便會造成其與外界請來助陣的市場專家,在計畫觀點的不協調。

　　有關此方面的外界援助,包括:費用極高的顧問、企管公司、經濟部的中小企業榮譽指導員與服務志工,與免費服務的機構或官方人民團體,中小企業可依其需要加以選取。一般來說,能提供服務的機構,大致有以下數種:

1.貿易協會:其有完整的企業調查資料,包括:雜誌報章、宣傳品及各種訓練設施等。
2.廣告公司:瞭解客戶之購買欲望、新行銷技術及產品的最新動態。
3.郵購公司:其擁有從事調查與各階層的客戶反應資料等等。
4.政府機構:能提供各方面的商業情報,若能整合起來,則可為非常良好的行銷概念。主要的機構視個別中小企業的業務而定,如戶政、勞工、教育及社會福利等部門。
5.圖書館:圖書館內有很多有關經營的新近雜誌,是免費參考的最佳場所。

　　當經營業主計畫出能創造利潤的目標市場及行銷組合後,其便向成功邁進一大步。而後,其必須再以潛在市場能量來預測銷售量的增長,而此預測便是利潤計畫的一部分;同時,其亦為銷售、推廣、宣傳、廣告及各種販賣活動計

畫的根據。

七、研究產品市場

(一) 市場的概論

所謂市場，是一個蠻抽象的字眼，其概念實質上是關於有買賣意向的買者及賣者在其中相互作用的體制，對於不同的產品有不同的市場，消費者可能重複在好幾個市場裡，在同一個市場中，消費者都是有相似的需求及特性才組成的。市場活動包括範圍很廣大的大量交易，從向顧客出售一個企業的產品到買進（賣出）初級產品、提供資金和僱用勞動力，因此，市場的種類有各種商品市場、資本市場、勞動力市場。實際市場的正規化程度差別很大，高度正規化的市場包括那些全部交易都在一定特定地點（證券交易所）進行的市場。但是，是否有一個特定地點或聚集場所，並非不可少的要素。例如，在外匯市場上，相識的買賣雙方是通過電話進行交易的。因此，「市場」這個術語並不侷限於任何明確的機構形式，而是只有意願且自願的買方和賣方爲了相互滿足進行交易所做出的任何安排。市場的種類分述如下：

1.完全競爭性市場

此特點爲市場尚有許多的買者和賣者參加同類、同質量商品的市場交易，買、賣雙方參加市場交易活動都有完全的自由，他們各自的交易額占某種產品銷售總額的比重是微不足道的，不能影響產品的價格，因此，在完全競爭的市場中，價值規律得到充分的發揮，價格自發地調節著商品的供求。

2.完全壟斷性市場

在完全壟斷性市場中，參加市場活動的只有獨一無二的買方或賣方，商品的專用性特別強，沒有很相似的代用品，交易的價格和數量由壟斷一方決定，其他買方和賣方不可能參加競爭，因此，在這種市場中，價值規律和供求規律的作用已受到很大的限制。現在，除了一些公營的民生事業如水電、鐵路等，由國家政府經營壟斷外，已經不再多見。

3.壟斷性競爭市場

這是一種不完全競爭性市場，最少有兩個以上的買方和賣方參加活動，在競爭中不排除某些方面的壟斷，少數買方和賣方由於同時存在劇烈的競爭，在

企業可在某種程度上控制自己產品的售價，也就是在這種壟斷性競爭條件下，價值規律選擇有很大作用，並用剩餘價值規律的支配很大，企業只可能在短時間內獲得超額利潤。

4.寡頭壟斷性市場

這也是一種不完全競爭市場，是少數企業生產的某種產品的產量占了這種產品總量的絕大部分，只要一個企業改變某產品價格，另一些企業就會隨即反映，因此，企業的產量——價格決策式相互依存的。

（二）市場區隔細分

從企業的角度來看，市場是由用戶構成的。根據用戶的不同特點，把企業的總體市場細分為不同市場，是為瞭解用戶和市場分布狀況，分析不同市場有利無利條件及擴展的可能程度，弄清主要、次要、經常和零星用戶，擴大服務面，鞏固老顧客、開闢新用戶的可能，掌握不同用戶的消費特點、潛力，分析開發潛在市場的方向和可能的程度。

區隔細分市場是根據消費者購買行為和習慣的差異，把市場劃分為兩個或更多的消費群體，是現代市場營銷理論的重大發展，是企業認識及分析市場，確定營銷方向、選擇目標市場的有效工具，使企業更能滿足消費者的需求，研究和開發潛在需求，對於企業分析和比較市場機會擴展新領域、合理使用資源、提高營銷管理水準及效益、提高競爭和應變能力，及科學地制定營銷計畫及策略，都有莫大幫助。

（三）市場區隔細分化和產品差別化的計畫

行銷活動中能深刻地影響產品壽命的有市場區隔細分化和產品差別化的計畫活動。表4-3能夠說明此兩者間的關係。

市場區隔細分有三種可選擇的策略：

1.無差異性市場策略

無差異性市場策略係指整個市場上所有用戶對某種產品的需要都是一致的，無明顯差異，因此在產品的包裝、價格、推銷方法上不須和生產同種產品的其他企業有所不同。

2.差異性市場策略

差異性市場策略係指各細分市場對產品有不同的需要，因此，針對不同的

表4-3　市場細分化和產品差別化的關係

項目　　　　　戰略	市場區隔細分化	產品差別化
經營理念	消費導向	生產、產品導向
主要因素	產品企劃	廣告、銷售促進
產品壽命階段	成熟期	試銷期、成長期
目的	增加附加價值確保特定市場	規模的經濟性擴大占有率
市場對象	垂直的	水平的
需要	選擇性需要	第一次需要

需要再設計和生產不同的產品，即使同一產品也應採取不同的規格、包裝與價格，以便迎合各細分市場上不同用途的規格、包裝與價格，以便迎合不同用戶群。

3.集中市場策略

集中市場策略指企業不以整個市場為占領目標，而是集中力量在一個或幾個區隔細分市場上，以便在這些細分市場上達到最高的占有率。

（四）瞭解業別的動向

欲瞭解產業或業界的動向，可由三個方向來著手。

第一，從所謂同行業界相關者得來的情報。

第二，從業界刊物、雜誌等的業界專門刊物得來的情報。

第三，政府機關發行的統計類或業界預測等的情報。

對於這些情報，絕對不可抱著不在乎的態度來蒐集，必須要親自付出努力加以取得。現代已進入了情報化的時代，情報的蒐集占有舉足輕重的地位，但是我們仍可經常發現有些商店，往往不知所必須去蒐集的情報為何，或不知身處何處。

對於情報不僅要努力蒐集，自己對其評估，加以取捨選擇，也是相當重要的工作。雖然乍看之下顯得很矛盾，但是對某人而言，可能是貴重的情報，而對其他人而言，卻是全然毫無價值的東西，這就是情報的特徵。

1.得自業界相關的情報

業界相關者，是指在業界當中生存的人們，所以可以從中得到非常多的新情報。

　　但是其反面效果，就是由於自己太沉溺於業界之中，導致缺乏客觀性，這點需要多注意。

　　在整理業界相關者得來的情報時，有以下重點。

(1) 得自同行、同事的情報：這是相同等級，較難獲得利害關係相對立的情報。

(2) 得自批發商、廠商等的情報：雖然有許多可掌握最新情報的時機，但往往偏向於自己公司的產品、商品。

(3) 得自業界團體的情報：共同組織、事業共同組織，或是協會等皆稱為業界團體，但是該單位的規模小，人數較少時，意外的情報量也少。

　　這些是最靠近自身的情報源，所以若要順利取得情報，平時就要多花點心思在人際關係上，開闢出一條容易獲得情報的管道。

　　而得自批發商的情報，自己必須親自前往探望實物，並且趁機蒐集情報。

2.得自業界刊物等的專門刊物情報

　　相對的，這是屬於客觀的情報。不過其範圍稍嫌過大，所以必須留心取捨選擇其中的情報。

(1) 得自一般報紙、專業報紙的情報：一般報紙都會在經濟欄上，報導出當時的業況。同時流通報紙、經濟報紙，則是以客觀的觀點整理出完整的情報，所表現的是業界的大局勢，所以應將重點放在瞭解整體的大趨勢上。

(2) 得自業界專門刊物的情報：此處所指的情報，是指零售商業報紙、五金報紙這些業界刊物中的情報。從這些刊物當中，可以迅速得知詳細的業界動態，告訴我們許多新產品或新技術等切身有關的消息。同時裡面也刊載有地方性團體完成的「產地評估」等的情報，最好能多留意。

(3) 得自專業雜誌的情報：這個範圍也很大，不過常會依業別而舉出事例作詳細說明，在經營上也會提出值得參考的觀念。自己可以和其中所舉的事例比較看看，尋求最適合自己的方法。

3.得自政府機關的統計類情報

　　政府機關所製作的統計類資料，事實上是非常有用的情報。由於難以接近

取得，所以導致許多經營者不知道有這項用處多的統計類資料。不過以客觀性來說，還是可以安心使用的。因為是屬於專業的資料，在詮釋的方法上需多注意。

政府機關的情報因各管轄範圍的不同，而有以下區分。

（1）財政單位：包括作為稅務單位對象的業別，如關於酒、煙的統計。

（2）經濟單位：對於產業問題有廣泛、通盤的調查、統計，特別是具有振興中小企業目的之中小企業單位，更準備有詳細的資料。如《中小企業白皮書》等資料，有一讀之必要。

（3）農林單位：特別在所轄的糧食單位全盤調查食品，以預測將來。

（4）衛生單位：進行醫藥、化妝品、保健有關的調查。

（5）交通單位：路政、路況、觀光、旅遊等方面的研究或統計報告。

4.地方公共團體的情報

這是屬於地域性的資料，由縣市來展開各種調查。在各縣市必定也有相關「資料中心」，可以任君閱覽、購買。有時也擺置著政府刊物。

同時在各縣市，也設置有工商服務處、工商諮詢台，主要服務範圍的工商、經濟方面。其他的綜合指導中心、工商指導單位等，也都有提供情報的服務。

（五）市場需求環境的研究

市場需求的研究，主要是研究本企業的總體市場和各種不同市場在需求上的特點及其影響因素。市場對某種產品的需求受多種因素的影響，包括：政治、經濟、技術、文化、社會、自然、心理和產品本身狀況等。

1.購買力的調查

購買力的高低決定著市場需求狀況，而購買力的高低又是許多因素決定的。影響消費原料和生產原料購買力的因素是不同的。

（1）影響消費原料

‧用戶的收入：用戶的收入包含個人和家庭平均收入，調查時主要是查清楚城鄉住戶的家庭平均收入，因為家庭平均收入才是決定購買力大小的真正因素。

‧人口數量：在同等收入水準下，人口數量多的地區，市場規模

大，購買力高。人口少的地區，市場規模小，購買力也低。

· 人口結構：人口結構是由人口性別、年齡、職業、教育程度等所組成。不同的結構對某種產品的購買力是不同的。例如，城鄉生活水準差異漸大，教育程度也不同，其消費結構自然也相異。

（2）影響生產原料

· 國家基本建設的投資規模與重點：基本建設的投資量大，對生產原料的購買力就會提高。投資重點不同，對不同生產原料需要量也就不同。

· 生產單位的盈利：生產企業盈利多，用於發展生產的預算就會多，對生產原料的購買就多。不同企業生產盈利就不同，自然對生產原料的購買就不同。

· 生產單位的規模：規模大的企業，其購買力強，生產原料的總需求量的比重大；反之，則否。

· 地理位置：生產原料的需求受地理位置的影響，生產單位往往就近購買生產原料，便於聯繫，瞭解情況，節約運費。

2.購買動機、行為的調查

消費者的購買動機可以分為兩類，一為產品動機，另一為惠顧動機。產品動機可分為感情動機和理智動機。感情動機是由消費者的情緒和情感所引起的購買動機，是由求新、求美、求名等心理引起的購買力，它具有衝動性、即景性及不穩定性等特點，往往受到外界因素的影響。理性動機是消費者對商品進行認識、分析之後所產生的購買動機，其有客觀性、周密性、控制性等特點。在理智動機驅使下的購買者，要求商品的可靠實用、節省方便、價格適宜、提供輔助服務、使用效率高等，在購買時，往往十分謹慎，精心挑選，注意商品品質，亦受到外界的影響。惠顧動機是消費者基於感情與理智的經驗，對特定的商店、廠牌或商品，有特殊的信任或偏好，習慣重複地購買，其中大多是由於信譽、服務周到、品牌齊全、物廉價美、交通方便、迅速。

3.潛在需要的調查

市場需求有兩種：

（1）現實需要：消費者對某些商品或服務的購買欲望已表現出來，購買能力可以得到現實的一種需求型態，為企業營銷活動的立足點和基

礎。現實需要的大小取決於購買力的大小，其取決於貨幣收入及商品價格的高低。

（2）潛在需要：消費者對於某些商品或服務的購買欲望未表現出來，購買力未得到實現的一種需求型態。有兩種形式：其一為消費者有需求但市場上無法滿足需求的產品或服務；另一為市場上已有某些產品或服務，但還有一部分潛在的購買力沒有實現。其原因主要為新產品開發不及時，廣告宣傳不力，分銷渠道配置不合理，消費者商品知識有限等。企業可用開發性營銷策略，積極地化潛在為現實。

（六）獲得市場資訊方式

當企業從事生產或商店在銷售商品之前，都必須先蒐集相關產業的資料、消費者動態，以瞭解市場變化狀況而掌握企業的行動，隨時準備應變。但因為市場情報不容易取得，即使偶然地獲得了某些情報，也往往是不完全的，甚至為有偏差的情報。所以必須以有組織的方式去努力取得。

市場變化太快了，最近由於大眾傳播、交通、通訊等快速發展，這種變化更有加速的傾向。所以，一度蒐集過的資料，並不能長期做為判斷市場的依據，必須隨時不斷地蒐集最新的情報，以察覺市場變化的方向，而商店或企業成敗的關鍵在於行銷活動的成敗，受到市場狀況的影響很大。而且，市場狀況並不是企業可一意地加以控制的，必須採取隨時準備應變的態度。因此，市場變化狀況的掌握和企業的行動及其成果有非常密切的關係。

1.依情報的類型

（1）資料分析：利用現有的資料，即為資料分析法，而資料可分為企業內部資料及外界資料。近來由於電腦科技的發達，透過電腦將很容易得到我們所需的資料，而透過內部資料的分析可獲得多種情報，如銷售資料等內部資料，且從過去資料可以預測哪些產品在何處賣得最好，哪些產品最受消費者喜愛，及消費者的傾向就可以推算出來，做為產品開發路線的參考，所以，內部資料可以說是最好的資料。外界資料可由公家機關所發布的統計資料取得，或是業界和團體資料，從新聞、雜誌上取得之及時資料最大、最為有用，經過仔細地整理、分類，才能得到我們所需的資料，如能善加選擇，同時

配合本身之內部資料和實際調查所得結果，將可提高情報的正確性。

（2）實地調查法：直接從市場上蒐集的情報，即為實地調查法。當我們所需的資料無法從內部資料和外界資料取得時，就要透過實際的從事市場調查工作，大致可以分為：

　・問卷調查。

　・觀察法。

　・試驗法。

2.依商圈的結構

（1）人口組成：依消費年齡階段、人口成長率的推算、人口聚集的地點、受教育的高低及從事的職業等加以分類。

（2）家庭結構：從家庭的成員及數量來統計分析，是最基本的資料之一，藉此可以瞭解以後膨脹或緊縮的程度，推斷以後市場潛力的大小。

（3）所得高低：從最新的資料來看人們所得薪資的金額，就可以知道可能去消費的人數、比例，再與別的鄰近區域相比，得到進一步的資訊。

（4）消費能力：從消費能力來看，可以直接知道這個地區消費活動的熱絡與否，再細分他們對商品種類挑選上的比例，知道他們的選擇之後，可以作為我們推出產品前重要的依據。

（5）購買力：對於消費者習慣性地到哪一類商店或哪一類產品的購買，就可以瞭解他們的眼光及願意跑去購物的範圍大小。

（七）市場分配

中小企業要介入競爭劇烈的商品市場中，首先需要瞭解現行的市場分配情形，其必須計算可獲取的部分數量，亦即，其介入後，市場占有率如何。或許這對中小企業能力是不容易達成的，但其可依以下幾個步驟進行：

1.計算總合市場需求金額：對製造業來說，若產品單位價格高，且具標準化，則亦可用單位來表示。

2.描繪出市場地理區域：購買路程的遠近對顧客之購買態度有很大的影

響。依據所描繪的草圖分析其人口、可支用所得、購買性能、行銷策略及工具等。

3.根據特定的商品銷售金額估計公司銷售額：在此步驟進行之同時，須作人口增長的預測。

4.估計市場分配：對一中小企業而言，常因估計錯誤而沒有勇氣再計算。此項估計之基礎為人口成長及銷售成長。

（八）市場占有率預測

市場占有率是指企業某產品銷售量（額）與市場上該種產品全部銷售量之間的比例。任何一種產品，都有可能是若干生產企業向市場供貨，無論哪一個企業都不可能獨占市場，而只能占有市場銷售量的一定份額。因此，市場占有率反映企業之間的力量對比關係，反映著企業的競爭能力和市場地位，市場占有率實際主要是競爭能力的預測。競爭是企業決策中必須認真考慮的問題，也是不確定性因素最集中的領域，在預測時就應考慮到本企業的產品與同行業相比，在質量名次、價格高低、推銷努力程度等方面處於什麼狀態、要如何改進，所以正確預測對於企業規劃發展策略、制定經營對策，是十分重要的。

1.市場供給能力

瞭解同類產品生產廠家數量、規模大小、成本高低、管理水準、技術水準的現狀和發展趨勢。

2.本企業發展能力預測

包括：企業生產規模、技術條件、資源供應、服務能力等發展趨勢預測。

3.市場占有率預測

確定市場供給能力和本企業發展能力，就可以做出本企業及競爭對手市場占有率的現狀及發展趨勢的預測。

（九）競爭

直接競爭是指一家企業在同一市場上推出同樣的產品或服務。間接競爭是指一家公司在不同的市場上推出同樣的產品或服務。兩家公司可能製造同樣的產品，但是另一家公司是用郵購的方式推銷產品，而你的產品只有在零售店才能買到。你的服務可能是以流動方式提供的，而對手是在店舖提供同樣的服

務。

找出競爭對手的長處與弱點，認清他們的形象。他們訴求的市場為何？你能否以一個更好的方式吸引同樣的市場？或是你能否發現一個尚未開發的市場。

商會可以提供一般性的商業資料，特別是想要調查的區域內屬於你的經營範圍的有關資料。國家的貿易資料與職業社團也出版簡訊及雜誌，不僅可以預測企業的動向，亦公告現行的商務活動。將所有競爭對手編列名單，應安排逐一訪問。評鑑競爭服務業最有效的方法是喬裝顧客。以電話聯絡並查詢服務費率、送貨時間、付款條件、折扣政策以及服務保證等。參觀競爭對手的營業場所，對他們的員工加以評估。服務是否迅速有效？也要利用對手的服務，對競爭者作所有的分析會有利於新的企業進入市場。在評估競爭對手時即可以看出他們的長處與弱點，把競爭對手的長處做為自己企業的借鑑，從他們的弱點記取教訓。這些弱點是你成功的障礙，卻也是突顯企業與眾不同，有助於達成嘉惠顧客的目標。

八、讓你的美夢成真

成功企業家需要具備什麼特質？

1.心想事成的意志力

身為企業家，你身邊所有的事全都兜著你轉，如果你不採取行動，什麼事也成不了。光說不練是沒有用的。所以一旦你有什麼想法的話，你得採取所有可能的做法來支持這個想法好將它實現。另外，做事的意志力也包含做無趣且令你難過的事，那些你不情願做卻不得不做的事。

2.精力及幹勁

這一點跟上面提到的那一點很有關聯性。如果你因為無法引發自己的幹勁而在做某件事不久之後就輕易放棄的話，那你就會老是輸給能引發自己做事衝勁的人。很顯然如果你健康良好的話，你就會有較多的精力及幹勁，尤其是你所要做的是很耗費勞力的生意的話，你更需要精力及幹勁。意志力加上精力及幹勁的話就會產生所有企業家所必須的百折不撓的毅力。

3.自信

你得有相當外向的個性才行。身為企業家，你在現實生活中做事，得對自

己的能力有信心才行（如果你自認事情做不好的話，那你是不會成功的）；你得對自己做事的決斷力有信心才行（如果你對你自己每次所做的決定都認為是錯的，那樣是很不好的）；還有你得有接受失敗的信心才行。

4.洞察商機的能力

當然你也可以因循傳統做個老式的生意就此日復一日地過日子，但那稱不上是個事業，那樣只不過能糊口度日而已，你必須靠洞察先機及掌握時機來發展出種種別的賺錢方法。今日世界變化多端，如果你不找別的賺錢良機的話，將會發現你從前原本以為穩當的生意如今卻是老舊而且過時的生意了。

5.掌握商機的能力

光是能看得出商場上的良機而不採取行動的話是沒有用的。就有撐到就快領到公職退休金的人四處去告訴別人，說他早在相當暢銷的百能工具組（the Blackand Decker Workmate）被發展出來的五年以前他就有想到過這個商品了。你可千萬別像那種人一樣，企業家才不會那樣；一個企業家如果想到了什麼好主意的話，他可不會坐失良機，他會好好把握。

6.勇於冒險的膽識

如果你想要更上一層，做生意有的時候也得賭一賭運氣；當然你會儘可能避免掉不必要的風險，但有些風險是無可避免的；你得具備區分值不值得冒這個風險的能力才行。

7.統整資源的能力

給兩個不同的人一模一樣的資金、設備及構想，結果是不同，其中一個比另一個要來得成功。在你年輕的時候，你所擁有的經濟資源及其他資源愈少，你就愈能善加利用你所僅有的一切。

8.向「錢」看的想法

並非每個生意人工作的出發點都是為了賺錢；有些人做生意是為了為自己創造一份工作機會而已。然而如果你想增進自己事業成功的機會的話，那你得向「錢」看才行。並不是說你忽然就變成一個很面目可憎或是貪得無厭的人，事情並非如此，就像足球球員以他進球多少為得分多少一樣，每個成功的生意人也該把賺多少錢視做是衡量他有多成功的分數來看待。

9.說明力

無論是哪種行業都很需要具備使別人去做你所要他做的事的能力，做生意尤其需要具備這種能力，因為這種說服力在銷售及協商時是相當重要，它可以

決定勝敗。所以具備良好的社交技巧會是你相當重要的本錢，如果你沒有良好的社交技巧的話，你得多加把勁去學習才行。

10.溝通能力

跟上述說服力相當有關聯的是與別人溝通的能力，不管是口頭上的或是書面上的溝通能力都很重要。良好的書面溝通能力常受到忽略及輕視，但是在商場上它卻是不可或缺的。

11.崇高的個人目標

理想上來說，不光只是在做生意方面，你所做的每一件事你都該為自己訂立很高的目標；你所訂的目標愈高，你就愈有可能成功。訂立崇高的目標意味者你會激勵自己更加努力以達成你自己所想要達到的目標。

12.積極的人生態度

擁有積極的人生態度就是即使是在山窮水盡的時候，你也還能鼓起勇氣勇往直前。當然你一直都想追求成功，但是擁有積極的態度指的是你永遠都會認為不妨試一試看看。

13.做決定的技巧

人生充滿了選擇，如果你想要成為一位成功的企業家的話，你必須學會如何做選擇。做決定相當不容易，當你做好決定以後，你必須有能力評估你所做的決定成不成功，你所做的決定到底是對還是錯的。

14.學習的意願

誠如前面所提到過的，如果你不願學習或是不想努力的話，那麼在這多變的世界裡，你就會落伍了。我們每一個人都有辦法改善我們的應世之道以及知識；學習的重要方法之一就是從錯誤之中學習。從錯誤中學習通常非常痛苦，但卻可以學得最寶貴的教訓；如果你不能從錯誤中學習的話，那你除了帶給自己痛苦之外將一無所獲。

15.遠見

能夠展望未來、洞察出先機及看出不對勁之處，那是一種很可貴的能力，因為它可以幫助你訂出長程的計畫來。要瞭解企業的整體目標，決定每一個步驟時能以系統觀點明確務實訂定整體目標，雖一時的挫折與延誤皆能忍受，這種遠見如果能跟下面的這個特點結合的話就更倍加珍貴了。

16.因應能力

你永遠都無法預料你做生意會面臨到什麼樣的難題。如在平靜的日子忽然冒出做生意很狠的競爭對手，消費者似乎不再購買你的產品了，批發商也不跟你訂貨了，這時你需要具備因應能力來改變你平時的做事方法以順應潮流。

17.全力以赴

如果你做生意只給它一半的機會而生意失敗的話，那你將永遠不會明白如果你全力以赴的話，是有可能成功的。優良的企業家即使在漫長難熬、只有寂寞為伴的時候對生意仍舊是全力以赴。

18.創造力

你無須像大藝術家畢卡索一樣有創造力，但是要能想到好構想是很重要的，你需要創造力，不光只是用來想做生意的新點子而已，你還得能善加利用現實環境中的改變來改造舊點子才行。

19.壓力的排解能力

當你在做生意的時候，你通常得孤軍奮鬥、自食其力、全靠自己來做決定，不管決定是對是錯，你都只能靠你自己；還有生意好的時候你忙得喘不過氣來，生意差的時候你又擔心錢要怎麼去賺才有，這些都會時常為你帶來壓力。

20.良好的組織及執行能力

你或許有世上最佳的好構想、極為充足的資金以及前景看好的市場，但是如果你不能有組織地經營生意的話，那你很快就會遭遇到困難的。將你的時間組織起來好好加以計畫，確定一切的事都在預定時間內完成，以及做處理文書的工作這些全都是企業家的部分職責所在。

21.注意細節

它或許不是身為企業家最具決定性的一項特質，但卻是相當重要的一點，它可以助你確定計畫或方案有無缺漏之處。如果你能巨細靡遺的話，那你或許能發掘出未來可能會產生問題的地方。

22.經營知識

對事業成敗的基本原理應有深刻的認識，清楚管理者與經營者，員工各應擔任的角色，雖然企業家必須能掌握整體目標，但也不可能事必躬親，因此對企業機能產、銷、人、發、財、企劃、稅務、管理等協調應有所瞭解。

23.專業知識與工作經驗

對於相關產品或服務要全盤瞭解,必要時要找比自己知識更豐富的人以彌補不足。工作經驗是許多人必須經歷的,通常極富創業特質的人皆有的不愉快經驗,如個人創意受壓抑、受別人指揮的挫折感、覺得工作單調、厭惡僵化的官僚體系,所以很容易激發創業的傾向,但冒然投入不熟悉的行業是有極大的風險的。

24.資金籌措的管道

知道必要時能在何處籌措資金及籌措方式。

以上所列出的特點相當多,要想集以上所有的特質於一身,恐怕只有企業界的超級英雄才辦得到。以上的特質你具備得愈多,你就愈棒,但是如果你有弱點的話也不必擔心,重要的是把你的弱點找出來並加以補強。

個 案 研 討 一　主管職務加給不好領

一、要有理想與抱負：要有信心為企業創造利益，諸如：若干時間後「營業額要成長多少」、「對顧客服務品質要提昇多少」、「工作效益要提高多少」……等。

二、要有犧牲奉獻的精神：主管需能早到遲歸，巡頭看尾、克服困難，而且不報加班費。

三、勇於承擔責任過失：自己部門的工作績效之優劣，主管當然要負起絕大部分責任。

四、要專精於本身經營的事務：專心投入所負責的業務，精益求精，戮力以赴，創造績效。

五、要認清自己的職責：輔佐上司接待顧客協調工作培育部屬達成目標。

六、要作好工作規劃：高層主管訂定目標與策略基層及中層主管訂定行銷計畫、生產計畫、財務計畫、品質計畫、研發計畫、人力資源計畫。

七、要擅長於工作督導、考核、追蹤。

八、要建構良好工作關係：具備協調溝通能力，保持良好人際關係以推進工作目標。

九、需有健全身心與良好品德以為部屬表率。

十、需能爭取時間、把握時間以提高生產與作業效率。

十一、能能推動管理制度以進行工作改善。

十二、需能開源、減少浪費與控制成本。

十三、必須不斷學習、磨練、追求知識、建構管理技能。

個 案 研 討 二　以技術股激勵員工的規劃

一個沒有受激勵的人，僅能發揮其能力的20%-30%，而當他受到激勵時，其能力可以發揮至80%-90%。

——哈佛大學心理學家威廉‧詹姆士

一、前言

　　依據公司法規定，股東的出資除現金外，得以對公司所有的貨幣債權，或公司所需技術、商譽抵充。而以技術作價出資取得股票，相對於保留發行新股讓公司員工承購、員工分紅配股或員工認股權憑證認購，其取得的代價最低且時程最快（毋須等到公司獲有盈餘時），故其網羅優秀技術人才的誘因也最大。不過，技術作價出資的辦理程序，技術人的資格及條件及技術人員離職的處理，仍應妥善規劃並執行。

二、技術股發行作業

　　股東以公司所需的技術作價出資時，其抵充的數額需經董事會以三分之二以上董事出席，出席董事過半數通過後行之，不受公司法第272條限制。不過，依公司法第267條規定，公司發行新股時，除保留由公司員工承購者外，應公告及通知原有股東，按照原有股份比例優先分認，須留意的是，股東以專門技術作價出資並不得排除員工及原股東的法定認股權益，因此會增加技術股發行作業的困難度。

三、技術人的資格及條件

　　依現行公司法及其相關法令規定，法人或自然人皆得以公司所需的財產出資抵繳股款，專門技術作價出資即屬於公司所需財產其中一項。但應注意股份有限公司發起設立時，依公司法第128條規定，法人為發起人者，以公司為限。因此，財團法人組織等非公司組織的法人（如工業技術研究院等）不得擔任公司的發起人，其如擬以專門技術作價出資抵繳股款，應安排於公司辦理增資時申請。

　　雖然現今法令對技術人的資格及條件並無明文規定，但在實務上，公司登記主管機關於審核技術股申請案件時，仍大多認為技術股的持有者必須為公司產品核心技術提供者。技術的提供者如為法人，則以該公司的營業項目、所擁有的智慧財產權或專利權做為其以技術出資是否妥適的判斷依據。如為自然人，一般則是以其學歷及經歷做為判斷是否與公司產品核心技術相關依據。簡言之，技術出資人如是公司員工，則應為公司內與產品發展相關部門人員，方有資格取得技術股份。

　　另依公司法第274條規定，以專門技術作價出資實行後，董事會應送請監察人就其出資股東姓名或名稱及其財產種類、數量、價格或估價標準，及公司核給之股數查

核加具意見，報請主管機關核定之。而其所提供技術的價值，則由公正的機關團體或專家以客觀立場作合理鑑定，並出具審查意見書作為判斷依據。必須釐清的問題是，技術提供者並不必然為公司員工，且股東係以其所擁有的公司所需的技術出資抵繳股款，至勞務及信用均不得為出資標的。如持有特殊技術的人提供其技術上勞務為出資者，或者公司自行研發的技術充作員工出資者，均非法令所允許。

四、技術人員離職的處理

實務上，以專門技術作價出資的個人，通常為公司員工，故公司於該等員工就職時，應先行與其簽訂保密約定書，訂明任職及離職後一定期間內，相關的保密及競業禁止事項、損害賠償責任及發生爭執時的處理方式。

公司股東以技術出資抵繳股款，如技術無法分割成多筆而分開估價時，該技術為整體價值認定後，得分次發行。惟以專門技術出資第一次發行股份時，出資標的、技術出資人及技術出資整體價值均已衡量確定，公司並同時取得技術的使用權及收益權，嗣後不得調整各技術出資人員名單或其出資比例。

故技術作價人員離職時，不得逕行由其他技術人員填補其尚未發行股份，其已取得發行的技術作價股票部分，也不得單獨辦理減資註銷，這些都是必須事先釐清的要點，以免事後發生始料未及的憾事。作為強力的員工激勵工具，技術股的發行應予妥善規劃，俾能真正有效領導員工群策群力，創造營運績效，增進股東權益。

【資料來源：〈以技術股激勵員工的規劃〉，作者林玉寬（資誠會計師事務所執業會計師），刊載於《經濟日報》，2003/04/08，第六版──資誠企業智識園地專欄】。

問題討論

1. 為何創業家需要創業經營計畫書？

2. 簡單敘述企業經營計畫主要內容？

3. 選擇進入何種企業有那些考慮的重點？

4. 如何描述你想要的企業？成功的特點為何？

5. 如何決定產品與市場？配銷？

6. 應該考慮的市場特性因素為何？

7. 加盟的形式有那幾種？請說明。

8. 加盟的創業方式為何愈來愈受重視？

9. 加盟方式未來的趨勢與國際成長性為何？

Chapter 5

中小企業管理的規劃功能

規劃在中小企業組織與管理的角色

一、 為什麼中小企業主需要做「規劃」？

　　或許有人認為在這變化劇烈的經營環境裡，根本不需制定任何計畫，因為「計畫趕不上變化」，即使有計畫也不一定實現。正因環境變化快速才需要計畫，朝著既定的計畫與目標努力不懈，這是事業經營的本質。完善的規劃是企業經營最重要的也是最被疏忽的因素，大型企業擁有周全的管理制度，有各種專業人員分擔各式各樣的機能，共同為企業目標奮鬥。而中小企業一樣需要完整的管理制度，不一樣的是規模較小，基於經營成本的考量，可能就必須一人兼任好幾個職務，或一兩人就可以擁有全部的經理頭銜承擔所有的管理。所有企業經營過程都會面臨經營環境多變與不確定性，惟中小企業面對重大決策時，不像大企業可以以開高階層管理會議來討論，專家們齊聚一堂共同研究問題，探尋和分析解決的方案，而中小企業經理人就得一肩挑，經營的過程也是一項艱苦的挑戰，若你身心還未準備妥善或未受完整訓練，不要輕易嘗試，許多中小企業不幸倒閉探究其原因，可歸因為缺少健全的「規劃」，例如，忽略了利潤、行銷業務、財務稅務、作業、人力資源發展等基本規劃工作。總之，企業在成立之初，需經過適當規劃，否則成功的機會是很渺茫的。何況沒有規劃，哪來的組織？又那來的溝通與協調？又從何控制？事業經營的方向目標又在哪？遇到障礙困難又該如何應付？即使一位非常有決心的中小企業經理人，如果沒有技術方面及實質可行規劃之承諾與支持，那企業就像在汪洋中無動力、無航海圖、無舵的孤舟。因此，如果沒有一套企業規劃書，請千萬不要開始你的創業生涯。規劃是一項重要作業，是企業前進的導航工具，也是企業從出發點走向目的地的邏輯性進度表。

(一) 規劃的原則

　　規劃其實就是做「決策」的另外一種形式，對於不確定性的未來要如何掌握，經營者當由以下幾個問題著手，試著問自己為何要置身此事業？預備生產何種產品或服務？產品的市場何在？競爭者是誰？行銷策略應該為何？需要多少營運資金？如何完成工作？使用那些控制方法？可以在何處得到應有的協

助？在規劃的每個步驟都需要做決策，可行的方案皆要逐一思考選擇，才能確保產出一個最佳的計畫。規劃是管理的第一個功能，其他的功能都以此爲基礎。以下幾點爲規劃作業過程的重要原則：

1. 相互配合原則

規劃策訂應配合各方面的因素，低層次計畫應配合高層次計畫，短程計畫應配合長中程計畫，不同單位間的計畫應相互配合，務期所有計畫均能做到上下一體、前後一貫、左右一致的整體配合。

2. 彈性開放原則

計畫應由專家與富有行政經驗的人員協同合作，在集思廣義的情況下，透過合理的決策過程而訂定；所訂定的計畫亦須因應環境情勢的變遷，作適當彈性的修改，以確保計畫的有效性。

3. 掌握預測原則

計畫作業過程中，儘可能確實掌握有關的事實資料及可運用的資源。對未來的發展趨勢，作事先的預測評估，等確立目標後，再擬定合理可行的步驟與程序，循序予以實現。

4. 考核評估原則

計畫訂定應涵蓋評估的方式與標準，方便計畫於執行期中及終了時得據以與實際的執行績效作比較，以供管制計畫執行及再計畫的參考。

（二）規劃的作用

一項妥善的計畫，可以協助你掌握未來可能出現的問題，協助經營者研議如何減低風險及利用機會的方法。規劃可以提供我們多項好處，其中重要的歸納如下：

1. 提供組織努力的方向

一項計畫必須包括目標、目的、基準、時程表、策略與執行戰略、方案與方法。透過規劃所決定的目標，可幫助組織成員瞭解組織之未來發展方向，及其本身在組織達成目標的過程中所擔任的角色，因而有利於促進組織中的協調、合作及團隊努力。

2. 降低不確定程度

規劃雖無法消除環境的變動，但在規劃的過程中，管理者必須預期未來的

可能變動，考慮各種變動對組織的衝擊，並發展出對變動的適當反應。且尚可進一步評估各種反應的可能結果，因此能降低不確定的程度。

3. 減少重複及多餘的行動

計畫可作爲一項確定的溝通工具，提供客戶、員工及供應商接觸的環境，可討論企業的作業、目標志向，透過規劃能事先瞭解各種反應所必須的行動爲何，並加以協調配合，因此可避免重複及多餘的行動發生。

4. 做爲控制的基礎

規劃決定組織的的目標或標準後，組織成員可據以比較、衡量實際成效，並據之採取改進措施。

5. 讓其他利益關係者清楚

計畫可使往來的銀行、投資者更瞭解企業成功的潛力，當他們詳閱計畫的內容對組織將更瞭解，也更願意提供實際需要的協助。

（三）規劃的重要性

1. 引導正確方向

規劃活動使企業的發展方向得以確定，計畫嚴密周詳，使組織當局知道未來幾年內要做什麼，才能順應環境變遷及經濟發展，並配以適當之執行人員，以促進整體目標之達成。

2. 預先洞察未來機會及潛在威脅

美國管理學家彼得‧杜拉克曾指出，規劃雖不是意味著風險的完全消除，但卻有助於對未來機會及潛在威脅之體認，至少可降低風險。規劃迫使人們由被動變爲主動，針對各種狀況，擬定對策，並把握良機，扭轉乾坤，創造有利之契機。

3. 確保經濟的營運

規劃乃在強調有效的營運與統一性，經由計畫的制定，使成本降低至最小。

4. 提供績效評核之標準

規劃乃組織、任用、指導、控制等功能的基石，計畫一經付諸實施，即進入控制階段。在組織中，評核他人或被人評核，爲管理者所難免，且易流於主觀之弊病，而計畫則可提供一客觀尺度。

5. 組織運用員工及資源的依據

　　沒有規劃，可能不知該如何組織員工和資源，甚至不知道什麼是需要被組織的。有了計畫，管理者於運用員工和資源時將有所依據，增加達成目標的機會。

（四）「好的計畫」之本質

　　好的計畫是重要的，因為其對成功有著深切的影響，而且其可以使你對不確定的未來有些許的控制。我們認為一項好的計畫內涵必須包括以下幾項本質：

1. 彈性

　　「計畫永遠趕不上變化」這句話不是戲語。彈性是在規劃中可做某種程度改變的空間，而此具備應付環境變化的「彈性」，是好計畫的基本條件，有許多中小企業主堅持計畫的內容，而忽略計畫的彈性精神，因此沒有定期檢核計畫與實際的差異，並做有效的修正，因此降低組織達成目標的可能，所以計畫中是允許一些彈性來應變無法預期的事件發生。

2. 目標性

　　目標是一項在確定時間內，必須達成的特定結果。一項好的計畫就必須明確的擬定目標，才能聚焦所有資源以激發前進的動機。有了目標以後可以提供計畫任務明確度，可為組織行為之各可能方案提供評估的標準，及在計畫執行過程實際進展與計畫的評估標準，進而為修正計畫處置差異（action）的依據。

3. 系統性

　　規劃是一項複雜的過程，其包含重疊且互相關聯的許多因素，可說是環環相扣牽一髮而動全身，所以規劃的過程我們建議，將思考的對象作為一個整體來加以觀察，以平衡的觀念決策後提出適合的計畫。

4. 可行性

　　創意雖然可以天馬行空恣意創作，但規劃是其他管理功能發展的依據，企業裡所有的活動都得等到規劃後，建立組織架構、人員安置、領導、控制等機制才有意義。因為其具有優先的性質使然，計畫是必須有執行的可能，至少要有成功的機會，例如，企業內的資源、時間是否允許、法律規定、技術支援等因素。

5. 預算性

我們常講「有錢好辦事」、「多少錢做多少事」，完成一項計畫最重要的因素在於資金上的預算，計畫中對經濟上的考慮要確實評估，一份正式的預算可以清楚地指出在每一個行動方案裡有多少錢可以動用。例如，開設一家店所需的資金，開設後所需的支出（廣告費、租金、人事費、稅金等）都要編入預算中。有些行動方案是不需要花任何費用的，如利用政府的獎助方案、利用空閒所進行的市場調查行動等。

6. 未來性

對未來的趨勢若不能掌握就無法先占商機，所以要常常觀察市場的動向，從顧客需求導向著手，例如，本世紀開始「健康」、「綠色」、「實惠」等皆是新時代的價值趨勢，好的計畫一定可以掌握趨勢的蛛絲馬跡。

7.時間性

計畫若缺乏時間因子，可以說仍在夢想階段還未進入規劃程序，亦即任何的理想加上時間的壓力才有成功之時，人類的進步就是因為有理想，要實現理想就得依賴完善的計畫，而時間則是檢驗實際進度與理想最佳的衡量標準，總之，計畫可能不會在短期間內完成，但總有完成的時間。

二、為什麼中小企業主忽視做「規劃」？

從中小企業管理者一天的工作內容時間分配上看，大部分的時間是花費在作業問題上，再加上特殊的方案與緊急事件又使得工作更加繁忙。所以，反正工作也做不完，就把規劃的工作放在最後處理，大多數管理人認為規劃不是「正經工作（real work）」，從事規劃根本不切實際、毫無益處、浪費時間。以下歸納中小企業主拒絕規劃常見的心理障礙：

（一）認為規劃過於費時

一天過一天、得過且過的心態，認為規劃是時間的浪費，究其原因可能是缺乏規劃技巧或無法掌握輕重。其實管理者做規劃的時間不需花太多時間，只要將理想化作行動的步驟，占一天的所有時間的5-10%就足夠了。

（二）害怕面對問題

一項計畫包括目的、達成目的之程序、進度時間表，並要列出任何可能會

影響到計畫的狀況，這些所涉及的問題大部分為假設性問題，或許中小企業主會認為「問題總是會解決的」，但我們相信經營者若未能事先未雨綢繆，經營過程所經歷的困難不會自然地迎刃而解，只可能更加嚴重而已。

（三）不知如何做規劃

管理者要做哪些規劃？也因為不同的企業而有差異，例如，製造業與服務業規劃所要做的事情就不同了，對未經過規劃技巧訓練與教育的管理者是有執行障礙的。但只要清楚規劃的目的在於解決問題，根據一般實務上方法就可逐步的規劃，步驟如下：

1. 明確的陳述問題。
2. 蒐集相關的情報資訊。
3. 分析情報並建立可行方案。
4. 選擇最適合的方案。
5. 執行決策。

有計畫總比沒計畫好，經驗是可以累積的，從創業計畫開始，用人、領導、控制等管理功能的計畫，要隨時反思計畫的目的、何人、方法可協助達到目標，執行過程也要隨時檢核方向的正確性，並做必要的修正計畫，然後再執行，這管理學上稱為管理循環，當進入此循環時，計畫、執行、檢核、處置等工作就沒有前後的順序關係，也就是管理的工作隨時都在進行「PDCA」。

（四）未來的不確定性過高

規劃許久所完成的計畫，執行後又與事實不合，可能來自顧客的需求壓力，員工的不確定性、臨時不可預期的問題等等，往往會使計畫泡湯。當然這不是反對規劃的理由。即使計畫建立在永遠不可能實現的假設上，也比沒有計畫要強。

策略規劃的角色

　　策略（strategy）是一個組織的計畫或整體規劃，用來達成組織的願景、使命及目標。在學術界，已用策略管理（strategic management）來取代策略規劃（strategic planning），主要是因為規劃本身意涵著固定時間點及過於正式沒彈性，亦即有窒礙難行的疑慮，因為環境變化很快且不易預測，固定時間及沒彈性容易導致經營問題。而策略管理則強調這是一種管理的程序及方法，任何時間的地點都在進行。正如前述所談及一項好的計畫，彈性是最重要，我們也擔心中小企業主將計畫看成不變的原則，而形成執行過程與管理的障礙，還好「彈性」本來就是中小企業競爭的優勢，所以本節我們並不想在策略理論上著墨，而是要探討策略規劃在中小企業經營過程所擔當的角色及實際應用技巧。成功的公司遵行不同的策略，某些策略是根據彼得・杜拉克的「創新與創業家精神」所述，經營者應仔細研究要採用何種策略最有利，隨著策略形式的不同而存在不同的風險。所以，當經營者發現策略不如預期有效時，就必須面對缺點修正計畫。哈佛商學院教授麥可波特擅長於競爭策略的思考，他建議不管經營何種事業都應該有策略計畫，不論使用什麼策略技巧，一個好的策略計畫必須包含以下幾個因素：

1. 公司所面臨的競爭產業分析。
2. 競爭優勢的來源。
3. 可能會影響到公司生存的現有及潛在競爭者分析。
4. 公司競爭地位的評估。
5. 建立在競爭優勢上的策略選擇以及如何持續。

　　但我們回顧一下台灣企業競爭的歷史。50年代是一個以製造為主的產業，誰能做，誰就賺錢；60年代發展到以成本為主的產業，「會做」已經不夠，成本必須更低；70年代進入到講究品質的年代；80年代則除了會做、成本低、高品質，同時還要速度快；90年代演變到以能力為主的競爭；現在進入2000年知識管理的時代，強調的是程序組織的觀念。這樣的演變，讓許多策略管理的典範，例如，SWOT分析、BCG分析、五力分析與關鍵成功因素等，在今天都不那麼管用，台大國際企業系教授湯明哲認為新的策略管理典範強調的是核心能

力、策略創新及知識管理。

　　什麼是核心能力？核心能力就是一條共通的線，貫穿企業不同事業部門，讓企業具備競爭力。中小企業主要思考一下本身的核心技能在哪裡？競爭環境中的優勢是否屬實？是以技術能力為主或機會為主之成長策略思考？企業為什麼需要策略？策略就是定位與差異化。產品沒有差異化就只能打價格戰，最後兩敗俱傷。所以企業如何建立與運用核心能力，達到產品差異化與定位的目標，就是策略。策略創新，係指你能不能重新界定遊戲規則，建立新的商業模式、新的做法，在產業間重新洗牌，制定新的遊戲規則。

　　在知識經濟時代，知識等於財富。進入知識管理的時代之後須用知識提昇競爭力。在策略的觀點上，知識是新的核心能力。企業如果能夠建立及運用核心能力，就代表能夠建立與運用知識。在程序運作上的觀點，也就是最佳實務的分享，讓企業運作更有效率。知識為什麼需要管理？知識沒有經過管理，就不會有價值。辦公室的知識存在個人的腦袋裡，不會講出來。其次，個人的知識都屬於主觀判斷，無法變成客觀的事實，所以必須經過管理的過程，產生客觀有用的知識。最後，個人來來去去，組織長長久久，所以要把個人的經驗與知識留在組織內部，否則人走了，知識就不見了。簡單地說，知識管理就是要把你會的東西，加上別人會的東西合起來，成為一個制度。知識管理的程序是創造、編碼、分享、應用與再造。首先，組織必須是一個以流程為基礎的環境。企業最基礎的流程就是作業流程。另外還有一個流程是功能性流程，如產品的發展過程。最好的新產品點子都是來自行銷人員，所以流程不能從研發開始，而要從行銷開始。企業必須要有一個流程，讓員工願意把新想法說出來。

　　組織必須是以流程為基礎的環境，此外，它的企業文化、資訊科技、管理階層、人事部門與控制中心都要支持這個過程。如此一來，企業才會瞭解它所需的知識有哪些，接著才能找出所要知識，創造、保存、分散與應用知識，這就是過程。企業透過這些過程，企業的資源才能重新組合，變成一種能力。這個能力才是企業的競爭優勢，有了優勢再來談策略才有意義。企業沒有過程，策略都是空談。因此，關鍵因素在於文化，文化主導組織的過程。

　　持續性的競爭優勢本身並不是最終的目標，而是到達終點的方法。公司經營的目的不是要打敗競爭者，而是要為股東創造最大利益，因此，會造成持續競爭優勢，卻無法創造股東利益的行動，也許是好的競爭優勢，對公司來說卻是壞策略。中小企業經營者在策略擬定與決策時當思考企業目標與目的所在。

> 為什麼傳統的策略管理思維，例如，五力分析、SWOT有其窒礙難行的地
> 方？新的策略管理典範，強調的是核心能力、策略創新和知識管理……。
>
> ──湯明哲

一、策略規劃範例

企業的策略是從規劃中發展出來的，策略規劃包含了目標及目的的說明，以及達到目標、目的之可能策略。策略規劃最終表現出的樣子是陳述願景、使命、策略及政策。規劃本身是無法創造出策略。影響策略還包括公司的價值觀、主要決策者、擁有的核心能力等。現在的企業都利用規劃模式來形成策略。規劃過程模式主要目的是建立一組邏輯思考過程。上述說明了策略與規劃的關係，接著我們以創辦新事業的策略規劃範例說明如下。

1.選擇希望進行的企業類別：中小企業的創辦也是希望能順利成長茁壯，所謂「好的開始就是成功的一半」，策略規劃要如何進行才能減少失敗的風險呢？歸納以下幾點供讀者參考：

 （1）瞭解個人：首先考量自己創業的動機與決心，身心是否可以承受？個人創業的目標？衡量創業機會成本（付出代價）？自有資金？最後才依據個人的專業能力、價值觀及各項情境因素選擇創辦行業類別，而成功創業的首要在於策略。影響創辦事業成功的因素很多，如果事前沒有策略規劃，失敗的機率是很高的。例如，近年來加盟創業方興未艾，如何選擇加盟體系呢？經濟部商業司調查研究認為包括：加盟體系的知名度、完整的管理制度和經營策略、加盟金與知識、市場前景皆是考慮的重點。

 （2）合作夥伴：除了自己獨資以外，大多數的事業都有合作夥伴，合作夥伴包含股東、共同經營者、員工，所以有好的合作夥伴，事業成功的機率會增大。

 （3）減少自我的壓力：創業過程所遇見的狀況多數無法預測與不確定性，根據許多的研究指出，成功創業前多數的創業家皆經歷至少三次的失敗，俗云「失敗為成功之母」正是最好的解釋，如何在創業過程保持學習、認真、謹慎及輕鬆愉快的心情，好好享受個中滋

味。我們常見創業者很容易緊張、大驚小怪、輕易發怒、長期工作等，對於很多棘手難題就更加困難或鑽入牛角尖。其實所有的問題都是可以解決的，主要注意自己情緒的控制與確實溝通能力即可。

(4) 學習精神：對各種企業經營的特質與成功要素要隨時注意，所謂「知己知彼，百戰不怠」，例如，對有興趣創業與經營的行業別、管理知識與技巧要加強學習的動機與行動。尤其「做生意」的經驗是屬無法言傳的「內隱知識」，得賴有心創業者多觀察、閱讀、會談、思考，才能順利進入企業家之列。

2.擬定公司使命。屬於長期的願景，希望企業如何演進。

3.決定是否建立新企業，買下現存企業或買個經銷權。

4.選擇所要銷售的產品與服務。

5.決定所要開拓的利基市場。

6.選擇組織的型態。

7.決定財務需求。

8.選定企業所在位置。

二、使命與目標

每一個組織都有其使命，使命乃確定組織的目的及經營的事業範圍，透過使命，管理者得以證明組織的產品或勞務的領域。

「目標」可能指的是一定時期的目標或各項具體目標，換句話說，是指活動所針對的最終目標，它們不僅代表計畫的終點，而且也代表組織、人事、領導和控制所要達到的最終目標。

(一) 目標的基本特性

1.書面化：以書面的方式呈現「目標」，可提昇組織成員對目標的瞭解與承諾。

2.衡量性：目標應儘量數量化，例如，目標為「提高銷售量10%」比目標為「提高銷售量」較明確具體，使組織人員之行為有所依據。

3.明確時間性：組織成員必須知道所要達成的目標，須於何時前完成。一個沒有時間限制的目標對組織成員而言，將不具控制績效的作用。

4.具挑戰性兼可達性：太容易達成的目標，即使完成目標，組織成員卻少

有滿足感。反之，面對不可能達成之目標，組織成員將產生挫折感。所以一般而言，成功機率達50%之目標較能兼顧挑戰性與可達性。

（二）目標的功能

1. 提供組織方向感：任何計畫不論如何詳盡，都難以一一列舉所有細則，所以目標之建立會使組織成員有共同之方向，行為亦將有所依歸。
2. 提供組織資源集中的重心：組織資源是有限的，目標的確立，可提供組織成員資源使用的方向及優劣順序，如此可使有限資源發揮最大之效用。
3. 提供組織內各決策者之協調基礎：目標之確定提供了組織內各決策行為的共同依據，如此，可化解各部門衝突性決策的產生。目標可被視為各部門決策的共同限制條件，提供了各決策者之協調基礎。
4. 可作為控制績效的基礎：控制員工績效必須有一個標準，以作為採取矯正行動、實施獎懲和升遷的依據。控制標準的選擇，往往頗費周章，此時如果早已設定目標，即可以目標作為衡量及控制績效的標準。
5. 有激勵員工的功效：有了目標可使一個人專心致志，為達成目標而努力，所以可為員工訂立目標，使其努力工作。

（三）外在環境

1. 一般環境

經營環境中的一些因素，如科技、社會、經濟、法律等，若變化的速度相當快，而且不確定性相當大時，為求管理者能於環境改變時，作必要的調整，規劃應以短期為主；相對地，若組織所面臨的環境較為穩定時，由於管理當局應較易正確地預測未來發展情況，因此便應採行長期的規劃。

2. 產業環境

（1）顧客面：假使企業要達到基本的銷售及利潤目標，必須使顧客產生購買的動機和行動。因此，對於顧客行為的瞭解是擬定策略的重要先決條件。

（2）供應面：供應者的議價能力對企業產品的成本有重大的影響力。因此，供應面中各供應者所具相對權力的變化狀況、供應者本身的經營狀況和新供應者的產生等等，對企業策略的擬定，均具有重大的

影響力。

（3）競爭面：對產業環境中的現有競爭者及潛在競爭者必須有所掌握，
方能推測出企業可能面臨的時機和危機，並擬定策略來因應。

（四）競爭態勢

1.產業內廠商競爭狀況

（1）廠商數：廠商數愈多，則產業內部的競爭愈激烈，反之則愈不激
烈。

（2）產業結構：產業結構是指產業中各個廠商市場占有率高低的相對分
布狀況，產業結構若趨向分散，則競爭愈激烈。

（3）產能利用率：產業中的競爭關係，一方面取決於同業廠商間之互動
關係，另一方面則取決於廠商與顧客之供需關係。一般而言，產業
之產能利用率低，表示該產業出現供過於求的情形，廠商間之競爭
情況自然激烈。反之則競爭較為緩和。

（4）產品差異程度：產業內產品差異性的大小可視為同類產品間替代程
度的高低，當同業間產品差異程度高時，代表各個廠商的產品有獨
特性，均分別擁有特定之消費者，則彼此間的競爭較緩和，反之則
較激烈。

2.潛在競爭者的加入

如果有很多潛在競爭者希望加入本產業，同時很容易加入時，則本產業的
競爭狀況必然激烈，反之則較緩和。一般而言，下列幾項因素將會提高本產業
之進入障礙：

（1）本產業具有明顯之經濟規模。

（2）本產業中的產品差異化程度高，顧客有強烈的忠誠度。

（3）本產業顧客轉購成本很高。

（4）進入本產業需要相當大的資本支出。

（5）本產業產品的配銷通路極為重要，同時已被少數廠商掌握。

（6）政府法令規定，限制其他廠商加入。

（五）策略

「策略」定義如下：

1.為了達到總體的目標而採取的行動和利用資源的總計畫。
2.一個組織的目標及這些目標的變化、為達到這些目標所使用的資源，以及指導獲得、運用和支配這些資源的政策方案。
3.企業基本的長期目標，以及為達到這些目標所需要採取的行動方針和資源分配。

策略的目的是經由一系列的主要目標和政策，來決定和傳達企業的願景。策略並不打算確切地概述這家企業怎樣去完成它的目標。因為這是無數主要的、次要的，及支持性計畫之任務，策略僅提供指導思想和行動的框架。

嚴格來說，策略形成應參照總公司、事業單位、功能層次的程序及其要件制定。企業經營首重策略與目標的制訂，當企業組織與企業宗旨有所確立，長期目標與近程目標以及經營策略就要進行展開。策略主要不在解決當前問題，而是引領企業走向未來更美好的經營環境。因此，策略的考量應著眼於將來，而不是為了現在。換一個角度看，策略決策的結果必然對企業的長期資源運用有所影響，其中尤以人力資源，更是影響深遠。從人力資源的運用與發展來看，應該在企業策略面加以探討，基於企業當前的行動方向必須有明確的涵義。因此，策略應該是對資源與行動的長期承諾。

一般人相信因為工作和努力而獲致報酬，但在企業中，負責經營管理的團隊，應集中精力，竭盡所能於成效與貢獻，為達到此一目的，制訂策略實為企業主持人責無旁貸的工作。但是所制訂的策略如何落實企業目標的達成，就屬於策略規劃作法的範疇了。從策略展延到工作計畫，並訂出每一工作項目能切實掌握其進展狀況的績效指標，是策略規劃的關鍵所在。

三、規劃的程序

一般而言，無論是何種規劃，其精神、步驟皆基於八大步驟：

1.界定經營使命（business mission）：企業在社會中應盡之責任與欲達成之目標，經營使命常由企業發展及經營者理念所形成。
2.設定目標：依企業使命設定企業在一定期間內，希望達到之進度。
3.環境偵測：企業應檢測其所處的基本環境和直接環境（如表5-1所示），此為分析企業所面臨的機會（opportunity）和威脅（threat）。

表5-1　企業組織在規劃時應考慮的情境變數

規劃的種類　　　　規劃情境變數		規劃種類及構面					
		範圍		時間		特定性	
		策略	作業	長期	短期	特定	方向
1.組織規模	大			*			
	小				*		
2.管理規模	高階	*		*			
	低階		*		*		
3.組織生命週期	設立期			*			*
	成長期				*	*	
	成熟期			*		*	
	衰退期				*		*
4.環境的不確定性	高				*		*
	低			*		*	
5.對未來的承諾	短期承諾				*		
	長期承諾			*			

4.本身資源之評估：企業須對本身資源加以評估，瞭解是否符合環境需要，此為分析企業本身之優勢（strength）及弱勢（weakness）。

5.發展可行方案：根據步驟3和步驟4評估的結果，發展各種可行的方案。

6.選定計畫方案：對各種方案加以詳細評估，再擇一為執行方案。

7.實施該項計畫：將計畫方案確實執行。

8.評估、修正：計畫實施後，不需蒐集資料，比較實際情況和期望間的差異，以採取修正，以備進行「再規劃」。

作業規劃的角色

一、設定政策、方式、程序及預算

讓企業本身的基本理念做立足點，建構出達成將來發展願景所推動的方向性藍圖（scenario）。

二、經營企業的規劃

（一）選擇企業所在地

在決定地點時，應以你的產品種類或所提供的服務，與你的目標市場爲考量，而非以你個人方便爲著眼。你選擇地點時最重要的考慮是你滿足目標市場的能力。你的顧客去你的商號時一定覺得方便、安全和愉快，其他考慮事項包括：競爭的區位、供應來源、勞力供應，以及每平方呎的成本等。地點評估要素如下：

1.地圖分析：評估地點最效方法之一就是地圖分析。把想要的位置所在的地區畫成一張地圖，再去複印幾份，並準備一份透明圖，在透明圖上標示所選的地點在目標區內的位置用顏色筆標示或對每一地點註以編號。再把透明圖覆在有暗號的地圖上，充分瞭解每一個地點的關係。

2.市場：在另一張複印圖上，對你的目標市場賴以生存，購物或運作的地區著以暗色，再覆上透明圖後看看你的顧客是否來去方便。

3.競爭：要找出競爭對手位在何地，並設法判斷他們的銷售量。

4.供應來源：生產公司理應設在供應商的附近，而且還得考慮運輸、勞工及電力成本、稅賦基準，和現場的區劃規則。

5.勞動力：另一個選擇地點的考量是員工的可用率。當企業成長時，能擁有一群合格而有潛力的員工就顯得愈來愈重要了。

6.成本：辦公室的租金低並不是選擇場地的最佳理由。會和外在條件相配合才是最好的。

（二）作業及實體設備規劃

有效布置你的工作空間並除去與工作無關的項目，這樣你在工作時間裡才不會使兩者混在一起。

（三）貨物與物料供應資源的開發

自從泡沫經濟以來，市場結構由「推」的型態（生產導向）轉向「拉」的型態（顧客導向），以往「推」的型態之所以盛行是因爲供不應求，只要製造

就能賣得出去，賣方強勢主導，因此擁有庫存相對重要。如今市場環境產生變化，消費能力降低，形成供過於求，因此市場型態由「推」型轉成「拉」型，過剩的庫存將不利企業的經營。庫存是現金轉換而成的產品，庫存增加時，現金的流動性相對降低，因此要改善現金流量管理，不降低庫存無以為功。如今企業日漸重視供應鏈管理，對現金流量管理產生很大的助益。

　　近年來藉由資訊科技的進步，企業皆能以較低的成本建構所需的資訊系統，舉凡資料庫（database）、網際網路（internet）等即時（real time）通訊技術正蓬勃發達，加上個人電腦的普及和資訊設備的低價化，在在促成企業電子化得以早日實現。

（四）人力資源需求規劃

　　可依圖5-1所示之步驟來進行：

　　中小企業的從業員人數30～40名，至多200名左右。可定期徵募人員，確保人員不會短少。

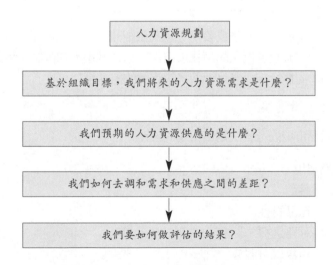

圖5-1　人力資源規劃

（五）設定組織架構

選擇何種合法組織型態應依據下列各項因素：

1. 需要的資金。
2. 企業種類。
3. 何時創業。
4. 為你的企業籌措資金的能力。
5. 參與企業的人數。
6. 願意承擔的責任與風險。
7. 個人的稅賦情形。
8. 從企業取得現金的計畫。
9. 如果發生情況，繼續經營的計畫。
10. 你的遠程經營計畫，可分為獨資經營、合夥經營、公司、有限責任公司。

由於管理幅度的限制，所以使部門化成為不可或缺的措施，如圖5-2所示之依管理功能劃分之企業組織。可以下列幾項再劃分出組織的架構為人數、功能、產品或市場區分、程序或設備，以及依矩陣加以組織等等。但可依其企業的特性依其上述五種部門化的模式或方法，以及其優點和限制，可以幫助經理人員建立基本的概念架構，以便做出決定性的組織選擇。

（六）決定市場通路

根據目標市場的分析決定出市場的通路。

1. 通路環境
  （1）供給面
    ‧產品特性。
    ‧通路選擇。
    ‧市場競爭態勢。
  （2）需求面
    ‧市場區隔。
    ‧零售點。

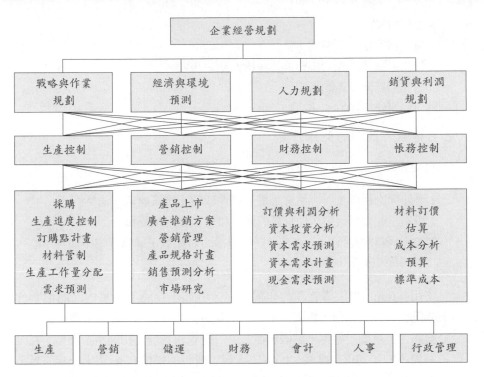

圖5-2 依管理功能劃分之企業組織

· 零售點服務水準之比較。

（3）一般趨勢。

2. 通路組合與溝通

（1）公司的行銷策略及產品的流通方式。

（2）通路成員間的溝通內容與方式。

　　· 公司與盤商之聯繫。

　　· 盤商與零售商之聯繫。

　　· 零售商與消費者之聯繫。

　　· 公司和個人工作室之聯繫。

　　· 公司和其他媒體之聯繫。

（3）評估通路間溝通的效果。

3. 整合通路

（1）通路中的領導者。

（2）通路成員間的相對權力與權力基礎來源。

（3）通路間可能的衝突。

（4）可能解決方式。

（七）建立有效率的紀錄系統

可用企業內部網路（Intranet），企業內部網路功用大致分為三類：

1. 網路間的通信，可容易使用電子郵件或電子檔案達成送信目的。
2. 以電子網頁為代表，使資訊的傳送和蒐集變得很簡單。
3. 如同網際網路（Internet）可進行通信販賣和電子購物（電子購物中心，俗稱電子商務。）

使用Intranet來架構合理化作業流程，例如，伴隨著企業內部的傳票作業，能夠建構作業流程，再配合全公司作業格式和資料庫化單一管理，提供給全公司使用；再如差旅單、請假單等人事、總務和管理的相關申請表格，甚至會議室使用的預約或日常發生的各項事務，皆可透過Intranet架構一套簡易系統。引進Intranet能夠達成速度化經營，管理部門更可實現無紙化（Paperless）的作業效果，資訊共有和資訊傳輸的快速化自不在話下，經營者也能輕輕鬆鬆地執行即時性決策。

（八）設定時間表

規劃所需的時間可能為數週至許多年不等。由於管理者必須使其規劃配合組織內的其他規劃，因此時間一向難以控制。承諾原則可以提供必要的指引，以擴大管理者對時間的支配自由。此原則主張規劃必須考慮較長時間內的執行問題，以滿足今天決策的需要。因此，在做投資支出的決策時，例如，其涉及了一間新廠的建造，管理者必須做長程的規劃，以估算合理投資花費之回收。通常短期以一年為期，中期以一年到三年為期，長期三年以上，但不同的行業有不同的期限。

財務規劃的角色

財務規劃即將推行管理目標、策略、特定計畫及政策結果加以量化。也就是將特定期間的企業目標、管理策略以財務的術語加以轉譯為各項金額數字。

一、評估收入與支出

(一) 營業收入規劃

營業收入的評估是企業經營規劃與控制不可或缺的一項程序,通常營業收入評估與銷售預測易於混淆,是因為兩者互有關聯,但最大的不同在於目的,預測不是計畫,而是根據一項或多項明顯的假設,對於某一個主題(如銷售收入)未來情況的陳述或數量的評估;而營業收入規劃與預測不同是銷售預測僅為收入規劃的一個步驟,通常預測是在規劃以前提出,同時往往都是有條件的假設。收入規劃還必須將其他的影響因素納入,例如,其他投入的要素及經營者的決策與判斷,而管理決策還包括廠房設備的擴充、價格調整、推廣計畫、生產進度控制、行銷活動及其他資源的投入等對銷售預測均有很大的影響。營業收入規劃主要包括長期的策略性規劃與短期的業務銷售計畫。

1.長期的策略性規劃

長期的策略性規劃通常都按全年整數編列,採用產品線的廣泛組合,對新產品或重要產品則作個別考量。長期的策略性規劃也要對未來市場的潛力作深入的分析,可以根據基本次級資料,如人口統計、經濟狀況、行業趨勢及公司目標等來進行分析。

2.短期的業務銷售計畫

短期的業務銷售計畫一般常見的方法就是為未來的十二個月份編製銷售計畫,開始先細分為四個季的金額數字,然後再將第一季再細分為各月份數字。每季執行後,銷售計畫應該要做季檢討及修正。短期的業務銷售計畫包含每項產品的明細計畫,通常都依產品單位(或工作時數)及銷售金額編製,同時為銷售責任控制與管理的需要必須一區域或個人加以劃分。

（二）各項成本支出

企業經營規劃要瞭解各項生產程序的成本，其考慮的要素包括直接原物料、直接人工及各項營業費用。

1.原物料成本預算

為確保需要的時間獲得需要數量的原物料，其成本的掌握包括：原物料取得成本、採購費用及預算、存貨成本及耗用預算等。

2.人工成本

部分的產業人工成本所占的比率極高，人工成本包含僱用人員所有的支出，例如，高級主管、中級管理人員、技術人員等，通常為了計畫與控制人工成本，僅考慮直接人工成本，亦即直接從事於某種生產的工作人員工資。而間接的人工成本通常於總預算或計算總損益時考量，否則當價格競爭激烈時，成本的計算就可能高估，因為間接成本計算太高而失真。

3.各項營業費用

營業費用規劃的重點不在於減少費用，而是在於將有限的資源做最適當的運用。因此，務實的費用規劃可能減少費用的支出，但也可能增加支出，要視產出的效率與投入的關係而定，例如，許多中小企業對於效益並未妥善規劃而削減費用，對於研發、訓練、資產或設備的維持未能投入足夠的費用，雖然短期間可能減少費用的支出，但可能很快的產生更大的成本或損失，如發生停工、機器不夠、機器不能按時保養、大量的修理成本、沒有新產品可以在市場競爭、員工的生產力及士氣降低等。費用的規劃亦即將各單位所發生的實際上可能的費用審慎合適的編列。除了上述兩項費用外還有共同費用、推廣費用、管理費用、雜項廠務費用、新產品研究發展費用等。

二、資金來源的建構

可供未來與正在擴張中的企業動用的資金來源，可分為兩大類：

（一）借貸資金

借貸資金（debt financing）其來源有二：一是得自非專業性來源如朋友、親戚、顧客或同事，再則為得自傳統的貸放機構如銀行、商業金融公司。

銀行是各個企業中最重要的角色，之所以選擇一家和你做生意的銀行必須

經過深思熟慮後才決定。下列是在決定選擇哪家銀行時加以思考的因素：

1.是否已與銀行建立私人關係？

假如你已經熟悉你這家銀行的主要經理人員及行員，則當你需要特別考慮時，有好的關係就是好的開始。

2.提供何種貸款計畫？

這家銀行是否提供商業貸款或銀行僅限於提供個人財務支援？是否參加小型企業管理當局保證的放款銀行？有沒有參與旨在幫助小型企業主的其他計畫？有沒有參與協助企業界購置機具設備貸款計畫？現在或是將來你可能需要額外的資金來經營或擴張你的事業，向你的銀行借錢要比向一位不熟悉的放款人借錢容易得多。

3.是否有商務信用卡服務？

你會發現如果你能為顧客提供VISA卡或Master Card卡服務，你的企業會獲利更多。

4.商業銀行帳務方面能提供什麼服務？

存款是否有管制期限？能否取消服務收費有多少？退票的政策為何？他們有何超額提款的防止辦法？這是否為付息的戶頭？如果是，你是否必須保留最低餘額？銀行是否還有其他帳戶可容許你將臨時資金轉往獲利更多的地方且仍為流動資金？

5.是否為國際或全國性銀行？

假如你的企業僱用員工並支付他們一定金額的薪水，你必須在另外一個存款帳戶內經常存入專款。如果你能在同一個地方處理銀行業務，那就更為方便。

6.還有什麼服務？

他們在其他地方是否設有分行？他們什麼時候開始營業？他們是否有二十四小時自動櫃員機服務？他們是否有保管箱？他們是否有公證服務？銀行是否還有其他你所需要的服務？

（二）自有資金——企業主注入企業的資金

自有資金（Equity Financing）從哪裡來？如同借貸資金一樣，這類資金可能來自朋友與親戚，或來自專業投資人通稱為「冒險資本家」。但來自朋友或親戚和企業混在一起不是一個很好的主意。創業者要特別注意的事情，創業的

過程所碰到的難題絕大部分皆與資金有關，創業前對資金的來源必須妥善規劃，未完備前不要輕易嘗試創業。尤其，在創業過程中資金的籌措千萬不要與地下錢莊扯上關係，否則得不償失。（汪承運，1992年）。

事業規劃在策略及作業規劃上的角色

一、規劃目的

編寫企業計畫書有兩個主要目的，分述如下：

（一）作為企業生存期間的一項指南

這是要寫作企業計畫書的最重要理由。編寫企業計畫書時將逼使你考慮足以影響企業成功的每一件事，也是幫助你對企業中發生的事務進行定期分析的一種方法，並提供你下決心與實施改革的真實依據。總之，企業計畫書是企業經營的藍本，並指導你在正途上發展經營。假如你能提前籌劃，很多缺陷可以避免，不必要的挫折也可以消除。

（二）符合爭取放款人與投資人的條件

假如你正在規劃取得貸款資金或冒險資金就必須提出一份企業計畫方式的具體文件。

二、規劃內容

1. 創業目的
2. 市場分析
   （1）目標顧客。
   （2）人口統計分析。
   （3）社會現況。
   （4）估計。
3. 成本收益評估

（1）每人消費額。

（2）材料成本。

（3）人力費用。

（4）房租。

（5）水電費。

（6）稅捐。

4.損益平衡點

5.達到目標目的的作業及方法

6.目標（利潤）時間表

規劃控制系統──目標管理

一、目標管理定義

目標管理（Management by Objectives, MBO）係指透過組織中各階層人員溝通與參與，而建立一共同認定的目標體系，並以此目標體系來訂定成員責任範圍，鼓勵自我評估及控制而達成預期目標的一種管理方式或制度。

二、MBO四項要素

1.目標特定性：目標在此一制度下應該相當明確，才能評估及衡量。

2.參與決策：上司及部屬必須共同參與目標設定，及衡量方法的決定。

3.明確的達成時間：不論是管理者或部屬，都應訂有明確的達成時間。

4.績效回饋：各單位及成員在執行過程中作持續回饋，使彼此能及時瞭解實際狀況，並作適當修正。

三、MBO程序

目標管理始於組織目標的設定，並轉換成各部門及成員目標後，進行行動計畫，此時應先確定達成目標所必須採取的行動，而自我控制則是指成員本身有責任主動去完成所擔負的行動計畫。完整程序如圖5-3所示。

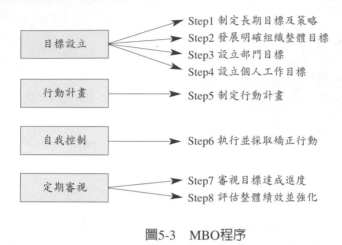

圖5-3　MBO程序

規劃準備

一、企業經營之規劃

目標選擇及執行方案之擬定，計畫著重於企業經營目標之選擇，各部門的目的、執行方法，步驟的擬定，都是計畫該做的事。為達到目的，用什麼方法和步驟，都要計畫，所以計畫著重的層面，第一是目標選擇，第二是執行方案的擬定。

二、策略規劃階段

(一) 目標規劃

在確定使用該戰略同時，識別與之相聯繫的營銷渠道和組織，提出改進目標和方法。

(二) 技術規劃

企業組織要有強大的技術投入和支援，因此資金投入和設備系統購買安裝，以及人員培訓都應統籌安排。

（三）組織規劃

公司的組織需進行調整以配合各策略的實施，如增加技術支援部門，資料獲取處理部門，同時調整原有的推銷部門等。

（四）管理規劃

組織變化後必然要求管理的變化，公司的管理必須適應各需要，如銷售人員在銷售產品同時，還應記錄顧客購買情況，個人推銷應嚴格控制以減少費用等。

三、計畫與控制同屬管理功能

管理功能有多種，最大重點在於，如何讓每一種可控制的資源發揮其最大功能。由於我們資源有限，所以需要計畫，無論是人事管理、財務管理、生產管理、行銷管理等功能，使所有的人力、物力、財力等有限資源的市場等，能夠發揮其最大的功能。因此，管理的功能可以說從計畫開始。

計畫也有激勵的功能，若目標訂得太高，達不到，也一樣沒用。公司的領導者，計畫目標一定要切合實際，千萬不要為了計畫而計畫，為控制而控制。計畫要為執行而計畫，控制是確保目標之達成及有限資源之有效分配與應用。就整個公司而言，計畫應是整合的，各部門的計畫一定要與公司的方針配合，所以說計畫與控制兩者息息相關，是一體的兩面。

四、由誰做規劃

從無到有，從一個階段到另一個階段，甚至遇有人事、業務或資本等的重組，凡是發生結構性的變動，都應重視企業的規劃。雖然每位管理者都在做規劃，卻不以相同的方式做規劃。規劃有二個基本研究取向：正式的和非正式的。非正式的規劃是單一個人或少數人認知過程的產物，而非源於一成文的規劃。它常常是出自直覺的，因為某些難以解釋的管理者的感情、經驗的混合，正因為如此，其方法難以傳授，創業家和小商人通常循此模式。由於內部的複雜性和外在環境逐漸增加的混亂，大部分成長中的組織不得不將規劃過程正式化。和非正式規劃相反，正式的規劃較傾向於遵循既定之步驟並涵蓋了其他人員。

五、組織規劃設計

1. 組織規劃是指根據項目的目標和任務，確定相應的組織結構，以及如何劃分和確定這些部門，這些部門又如何相互聯繫和相互協調，共同為實現項目目標而相互動作。

2. 規劃的目的，是為創造或幫助組織目標的達成。在組織的最高階層，管理者為達目標設定了總體目標和策略。在較低階層，管理者在較狹小的區域中形成目標與規劃，以便於全體目標之達成。

3. 參與規劃時，股東和利益集團的行為主要在如下範圍：

（1）與管理活動有關的監測系統的開發和評價。

（2）對管理中的問題、研究和監測結果加以評價。

中小企業主需要牢記的是，不管是什麼方式的參與機制，決策權總是掌握在負有決策職能的個人，股東和利益集團的參與終究是居於從屬地位的。

六、發展行動步驟

（一）組織流程設計

信息流程的設計，就是將項目系統內各工作單元和組織單元的信息渠道，其內部流動著的各種業務信息、目標信息和邏輯關係等作為對象，確定在項目組織內的信息流動的方向，交流渠道的組成和信息流動的層次。

（二）進行規劃的關鍵在於組織高層管理者之承諾

最重要的關鍵是高層管理者必須能夠確信目標管理的優點，及其對組織可能有的貢獻。他們也必須能夠透過言、行的努力，包括政策宣示、決定之執行及個人的投入，以推動目標管理計畫。第二項關鍵，是為高層目標之設定。為整個組織設定基本任務、政策、目標及規劃，將是設定基層目標的重要前提。最後的關鍵，任務在於將工作重點文字化，詳細說明工作範圍及目標，並取得管理者及其上司的同意進行。

七、有效的組織規劃之六個基本步驟

1. 將達成組織目標所需的整體運作，劃分為數個重要部分或專案。

2.決定上述不同部分間的關聯性，並瞭解其執行順序。

3.決定各重要部分的負責人。

4.決定各重要部分要如何達成及其所需要的資源。

5.估計執行各重要部分所需時間。

6.設立一時間表，以說明各部分規劃開始與終止時間。

八、規劃的構成

正式規劃是一種導向系統行動的一種智性過程。此過程遵循著一連串邏輯的步驟（如圖5-3）。對一個簡單的規劃問題而言，這些步驟可以由一個管理者來執行；但當複雜的問題出現時，便需要組織內成員的廣泛參與方可解決。一般而言，規劃的八個步驟為：

1. 開始的過程：組織的創設源由及歷史。

2. 建立目標：組織的設立目標及遠景。

3. 決定規劃的前提：評估利益及未來。

4. 確認可選擇的方案：蒐集資料及選擇幾種較可行的方案。

5. 評估各可能方案：經由諸種方法評估可能性及替代性。

6. 選擇最適切的方案：選擇評估最適合者出現。

7. 建立支援規劃：變化永遠趕不上規劃，應該要先設想好應變措施。

8. 執行規劃：決定了就認真去執行。

九、規劃的時間

規劃所需的時間可能自數週至許多年不等。由於管理者必須使其規劃配合組織內的其他規劃，因此時間向度難以控制。承諾原則可以提供必要的指引，以擴大管理者對時間的支配自由。此原則主張規劃必須考慮較長時間內的執行問題，以滿足今天決策的需要。

規劃簡報

簡報是現代企業最常用的溝通技巧，對內而言，投資企劃案、新產品規劃案、行銷企劃案、改善方案、組織改造案……等，都需要對相關單位做簡潔扼要的簡報；對外而言，推銷案、合作開發案、投標、產品公開說明會、上市上櫃說明會……等都是簡報。所謂簡報，其實就是以言語配合其他表現方式，分享重要訊息及資訊，讓大家瞭解或注意並被說服。

一、發表企劃的要點

1. 發表者，就是瞭解的人士對不瞭解的人作說明。
2. 以清晰的語調說明，聲音太大或太小都不適宜。
3. 若報告多份文件時，不要同時分發，以集中聽者注意。
4. 每個主題的時間，控制在三十分鐘之內為宜。
5. 受質疑時，應對應謹慎，不可敷衍。

二、簡報者規劃簡報之六個步驟

（一）訂定明確的簡報目標

1. 簡報目的是資訊式或說服式，需在規劃簡報之初即決定。
2. 如何使聽眾相信您是可靠且值得信服的，是規劃簡報前期即應掌握的方向。
3. 簡報重點需擺在聽眾認為重要的要素上。

（二）確定分析您的聽眾

1. 聽眾對主題瞭解多少？
2. 他們的態度如何？
3. 他們參加簡報的目的為何？
4. 聽眾的「語彙」程度如何？
5. 能夠完全明瞭您的用字遣詞嗎？
6. 出席者是否胸懷開放？

7.是否選擇聽眾需要及喜歡的資訊？

（三）準備簡報大綱

1.請就簡報的目的而決定簡報的長短。

2.明確界定所要敘述的內容。

3.化繁為簡。

4.敘述需有條理性。

（四）確定簡報內容及細節

訊息是簡報最重要的要素，聽眾無論是決策者或影響者，都希望聽到和他們切身相關的資訊。

（五）選擇／準備投影設備

1.可外接PC、錄影機、DVD或V8 的液晶投影機，因可成就整體的聲光效果，是最好的選擇。

2.投影機應有三年完全保固的售後服務，維修期間並應要求廠商提供備品以供使用。

3.解析度需達SVGA 800 × 600以上，投影機所投影的圖片、影像及字體才能清晰可辨。

4.投影機需附無線遙控器，遙控器更應結合滑鼠及雷射筆功能，才能配合目前多變化的簡報方式。

5.投影機最好能夠擁有多項功能，如無段式局部放大畫面及畫面凍結功能、Picture in Picture子母畫面功能。

（六）練習

1.不斷地練習能讓您臨場不怯場。

2.鏡前的演練，可瞭解自己動作是否合宜。

3.記取前幾次失敗，在練習時，針對前次失敗處，提醒自己不再犯錯。

執行規劃

規劃若未經執行，則毫無價值可言。規劃的執行通常涉及三大功能：組織、影響和控制。組織功能建立了人員的結構。在此架構中，決定了特定的工作分派和責任。而影響功能則與激勵、協助管理者和員工完成規劃有關。

當企劃付諸實行時，而結果逐漸出現時，仍應仔細地分析其過程與結果，加以檢討、查驗，以求獲得該反省之問題點和各種教訓，並將改良成果，反應於下次的規劃中。

一、企劃實行後應檢討、查驗的要點

1. 儘可能算出預測值與結果值之差距。
2. 分析差距發生的原因。
3. 反省、改善實施程序中之問題關鍵。
4. 整理有助於日後企劃立案與實施的教訓、暗示和構想等。

二、目標管理的益處

藉由適當的執行規劃，企業可以自目標管理規劃中獲得若干利益：

1. 正如先前所提到的，目標管理提供了一套體系，以整合組織內的各種規劃。
2. 目標管理規劃可充當一條重要的溝通管道。透過目標管理規劃的過程，高層管理者所設立的目標和方向，可以與組織中的所有部門進行溝通。管理者可以明瞭高層管理的期望，並且知道該如何貢獻所能。
3. 目標管理規劃是管理動機的重要來源。如果下列二個因素能與組織中的獎勵制度相配合，更易於激勵管理者的工作動機。
   （1）目標管理提供管理者定義明確的工作目標，而有利於其評估工作績效。
   （2）目標管理允許管理者參與目標設定與有關的行動規劃。
4. 目標管理也具有提高管理技巧的功能。除了個人的發展目標外，目標管理的過程也同時提供了管理者改善其規劃技術的機會，並對高階層目標

與活動有更進一步的瞭解。目標管理亦給管理者較多的責任與自由，以執行計畫，因此，也提供了管理者重要的管理經驗。

5.目標管理需要與績效有關的考核，這是與強調個人人格特質的傳統方法不一樣。大部分的管理者都認為績效取向的考核較客觀公正。

個 案 研 討　　從產品生命週期出發而有不同的財務策略

一、先鋒期

　　1.此一時期，產品還沒有形成，很可能只是個概念，而未來顧客是不是需要這種
　　　產品也不確定。

　　2.此一時期財務管理重點，就是在有限制的財務資源下，儘量讓產品有未來成長
　　　的空間。

　　3.此一時期財務主管應將過去已經投入成本不要列入產品決策的考量，要以現在
　　　的觀點來看，如市場已變化且差異大時，切莫捨不得以往的投資而繼續進行過
　　　去的計畫。

　　4.此時期的財務衡量要用不同的標準來評估產品，而不是著重現階段的報酬，而
　　　是策略性、長遠性眼光之評估方法。

　　5.至於資金來源不應只限內部資金，也可考量去外部資本市場尋找資金。

二、導入期

　　1.此一時期產品已經在市場進行行銷，此時的產品競爭者較少、客源較少、製造
　　　成本不高、利潤並不高。

　　2.此時期財務主管必須考量下述二者之間的平衡

　　　（1）新產品可能失敗。

　　　（2）新產品一旦成功立即需要更多的設備與原材料。

　　3.此時期財務管理重點，就是針對產品及市場的狀況，來更新財務預測

　　　（1）應付帳款方面儘量爭取延長帳款兌現的時間。

　　　（2）存款跟收款方面儘量簡單。

三、成長期

　　1.此一時期產品銷售量大幅成長、銷售增加、生產成本降低、利潤提高、產品的
　　　現金流量改善。

　　2.此時期財務管理重點，可以考量投資購買設備、節省人事成本、注意應收帳款
　　　回收速度、也應和供應廠商協商儘量爭取優惠的付款期限，同時考慮擴充研發
　　　新產品或國外投資。

3.此時期也須注意存量狀況，避免囤積太多存貨，造成資金堆積。

四、成熟期

1.此一時期，銷售量繼續成長，但是成長速度開始變慢，甚至出現銷售下滑的現象。此時產品已普及、競爭者眾多、產品售價降低、利潤減少。

2.此時期財務管理重點

（1）維持品質壓低成本、控制存貨。

（2）採取資本密集式生產、追求效率。

（3）預算衡量方式可採用傳統計算方式，投資報酬率太低，就予淘汰。

（4）考量用本時期之收入以平衡先鋒期的現金流動赤字及供應新產品在先鋒期的資金支出。

（5）追蹤競爭者財務狀況、瞭解本身的優勢與劣勢，協助公司制定策略。

3.此時期最好的產品組合是呈現均衡狀況，並且可考慮多角化、購併、垂直整合……等行動。

五、衰退期

1.此一時期，消費者對產品可能已失去興趣，產品銷售量下降、價格下跌、利潤微薄。

2.此時期財務管理重點

（1）存貨愈少愈好。

（2）可賣掉原有設備。

（3）將剩餘產量外包。

（4）撤掉促銷的支援。

（5）刪除該產品的研發預算。

3.此時期在規劃財務策略時要考慮的要素

（1）企業的整體目標。

（2）市動狀況的變動。

問題討論

1. 在政府積極推動企業自由化與國際化的今天，如何營造優質的企業體、高報酬的投資環境，並取代大陸與香港發展為亞洲運籌中心，企業體必須關注經營管理之規劃、執行、稽核與改進機能，乃是企業組織要努力的方向，請說明其於金融舞弊偵防方面之對策為何？

2. 對於一個創業家或經營者而言，平時要閱讀與蒐集報章雜誌、專業刊物與網路消息，請問其基本論點有何價值？

3. 對於一個創業家或經營者而言，於其經營事業過程中總是有相當多的規劃活動，而且並無法移植或複製他人的成功經驗，請說明其原因為何？

4. 對於e化時代的創業家或經營者而言，在進行創業或經營規劃時，除了瞭解法規與經營環境的變化之外，尚應該瞭解風險因素，以為多變化與多樣化時代的因應對策之選擇，其理由為何？

5. 經營者對於選擇專業經理人時，應該注意其道德、操守、規劃能力、執行力、稽核管控與改進的技術與能力，請說明其意義與注意焦點為哪些理由？

第三篇

經營管理與診斷

Chapter 6

中小企業正確的財務管理

　　財務管理就是依據各企業的性質與規模，配合生產與銷售等業務的發展過程，來預估所有活動所需的資金數量，並探討資金成本的變化對經營成本之影響，及資金的分配、運用與控制等項的問題，事先預見並審慎周密的規劃，且於事業經營執行過程對資金的調度分配狀況，隨時分析與檢討以發揮最大的經營績效（performance）。中小企業的經營失敗最大原因，就是缺乏管理財務相關問題，例如，資金不足、財務運用缺乏效率、會計制度不健全、資金成本高、資金調度週轉不佳、不受重視等。本章僅對中小企業較切確相關的問題加以說明，例如，新創期資金需求與籌措，營運資金管理、銀行往來與融資等。

評估財務需求

　　對中小企業主創業生涯裡，隨時瞭解銀行存款餘額、顧客應收帳款或供應商應付帳款等資料事實是很重要的，此外，對於公司的財務預算與計畫的執行也要有所瞭解。例如，一項簡單的現金交易商務狀態，企業主也要知道進貨與設備需花多少錢，且要預測銷貨收入，才能進行進貨與購買設備的決策，俗云：「生意人才難天成」，所指的就是對財務的敏銳度與決策判斷能力之擁有並非天生的，可以透過有系統的學習並付諸實驗就會有所得，眾所皆知，中小企業主對公司付出的代價是難以評估，例如，超時的工作、無止盡的憂慮、持續的創意與衝勁、犧牲與家人的生活、將個人資金挹注於風險中，這些辛勞的付出是否能獲得相當的報酬，是中小企業主要思考的重點之一；中小企業如何在不確定、高風險、充滿競爭的市場中永續成長，正確的財務操作程序與觀念是確保企業穩固發展的基石，接著我們從遵守的原則、財務穩固基本條件及現金預算來說明。

一、遵守原則

（一）成本效益原則

　　努力降低成本，提高經營效益是實現企業價值和利潤最大化的根本途徑。因此，成本效益原則是企業財務管理乃至整個企業管理必須遵循的最基本原

則。堅持成本效益原則，要求企業在財務管理工作中，對任何生產經營和財務活動都必須認眞進行成本效益分析，減少無謂的成本費用投入，獲取更多的效益產出，如固定資產、營運資金。

(二) 系統最佳化原則

要降低成本、提高效益。在財務管理工作中還必須貫徹系統最佳化原則。這裡有兩個涵義，一是在財務決策中，必須同時提出多個方案進行對比分析，從中選取較優方案；二是在評價方案優劣時，應當從系統全局的高度來考慮問題，而不能從局部來考慮。因爲財務管理是由資金籌集、資金投入、資金耗費、資金回收、資金分配等若干子系統所組成。根據系統理論的原理，局部最佳化並不一定能使整體達到最佳化。

(三) 時間效率原則

「時間就是金錢、效率就是生命」，這是市場經濟條件下被普遍認同的觀念，對企業財務管理同樣適用，而且表現的更直接更明顯。因爲資金是有時間價值的，資金的週轉使用是要講效率的。相同數量的資金其收入或支出的時間不同，則具有不同的價值。相同數量的資金其週轉度不同，所帶來的價值也不一樣，週轉速度愈快，價值愈高。因此在財務管理工作中，必須堅持時間效率原則，樹立時間和效率觀念。在資金的收支安排上，儘可能早收晚支；在資金的使用監管上，提高資金使用效率，防止資金的積壓、閒置和浪費。

二、財務穩固基本條件

中小企業的業態與業種包羅萬象無法以一概全，但不論是微型企業、家庭企業、SOHO工作室或各種服務業，財務、生產與行銷同列爲企業經營三大主要機能項目，而財務管理更擔負著指導產銷策略的任務，但一般中小企業主往往只重視生產技術和行銷，而忽視財務管理的必要性，尤其當經營景氣蓬勃時更甚。例如，盲目投資擴建廠房，將短期週轉金投入資產的購置等決策，若碰上不景氣或激烈的競爭常將企業帶入危險。如何穩當的操作財務，具有下列幾項基本條件：

（一）短期資金支付短期負債

　　由應收帳款和存貨中獲取現金，也是決定一家公司的現金是否充足的關鍵因素，所以經營者要努力把應收帳款與存貨這兩種營運資本資產轉換成現金。銷貨收入主要是用來償還營運的開銷、購買材料、勞務、所得稅等短期負債。

（二）長期資金支付未來負債

　　企業的發展可依其生命週期規劃資金需求，如由股東出資、銀行長期借貸等獲得購置設備、汽車、廠房等長期資產，主要是未來的不確定因素的影響，無法準確的掌握銷貨收入，若因將短期資金挪用長期資產的購置，而導致資金週轉不靈徒增的營運困難，這是中小企業常見的現象，其後果要有所警惕。

（三）運用自有資金滿足投資需求

　　許多成功的中小企業主張所謂「無負債經營」模式，亦即只運用盈餘資金購買資產或其他投資，但並不是將其全數用罄，這是一種保守的經營方式。若以自我所及的力量舉債補充自有資金當然也是一項好主意，不過這涉及到判斷能力與財務決策的問題。

（四）儲備應付偶發性的資金需求

　　企業的經營須平衡報酬與風險，風險通常都是來自於意外的威脅與機會，企業除上述的條件要滿足以外，還必須能輕鬆的擁有一筆資金以應不時之需，這觀念也不只是自己的資金，也可以向銀行貸款，若可能的話可以發行股票籌集更長期的資金。

三、使用現金預算

　　估算銷售回收前的所有現金，或沒錢花時的負債（當銷售回收前），現金是企業的血液，循環良好則順暢，中小企業常見的隱形殺手就是現金流量管理不當，所以，企業經營初期當以現金預算較為妥當。資本預算是企業規劃長期（長於一年）資本支出的過程。亦即，資本預算所規劃的投資案所產生的經濟效應長於一年，所支出的成本也長於一年。此資本支出的規劃，包括預測所牽涉期間之現金流量，以及評估所考慮之資本支出是否有利可圖？因此我們可利用一些評價技術，去衡量某一企劃案對公司是否具有正的淨現值，因而選出符

合將公司價值最大化之投資案。當企業進入經營過程中，現金仍然是經營者每天要注意的事，對此我們提供幾項重點：

1. 現金管理：是指為了避免在企業資金的收支方面，為防止不當的作法而設立的一種控制辦法。亦即加速現金的回收及銀行現金的安全。常見的作法如下：

   （1）每天將收入的現金存入銀行，或存夜間保管處。把大筆的現金放於店內是不當的作法。

   （2）不要用收到的現金來支付帳款，應用支票來支付帳單，並確定所有支票不論開出或作廢都要做好用途紀錄。

   （3）為了安全的緣故，所有收入要由一個人以上之專人經手，微型企業可由企業主親自處理現金的控制。

   （4）支票的簽發必須由專人按票據開立程序開立後，再簽名或蓋章。

   （5）零用金的數額要小而合理，即由銀行存款撥出一小部分，符合一定的小數額才可動用。

2. 應收帳款管理：應收帳款降到最低嗎？收款的品質要提高，力求不被倒帳及保護債權，即所謂「銷售是學徒，收款才是師父」。

3. 存貨管理：最低存量及關鍵性存貨的決策。

4. 設備投資管理：以最小的設備投資。

5. 應付帳款的管理：如何有效的延付帳款？如何以現金支付貨款以取得現金之折扣利益？

6. 費用支出的管理：營運、業務、購料等費用支出管理。

使用募股或舉債財務操作的理由

　　中小企業主不像大企業的財務人員一樣，可以有容易接觸的融資管道及取得低成本的資金供應來源，而大部分的中小企業的財務經理，經常都在為了如何滿足應付帳款及員工薪資等現金流量的需求，以及如何與債權人與股東維持穩固的財務關係而努力，而這些的作為主要是為企業的成長、控制與生存等相關議題。中小企業資金的來源不外乎舉債（如發行公司債、抵押借款或與銀行

簽訂循環信用額度貸款等）、發行股票或是保留盈餘等途徑。不同的資金來源其資金成本及償還期限條件也各不相同，因此，如何以最適合公司資金需求型態，取得最低成本資金，並能維持公司營運的穩定及成長，成為目前企業追求的目標。穩定的資金獲得是企業主有效掌控經營變數及成長的保證。

一、募股財務操作角色

　　創業需要創立資金、成長需要資金、企業營運資金更是不可或缺，當企業需要資金時，中小企業的作法則有別於上市的大企業，一般是從企業內部資源著手，內部資源的取得不同外部資金在於運用前須由專業人士評估資金投資價值。創業者在公司初創階段，大部分的資金還是來自創業者本身，例如，自己的存款、信用卡，和自己的傳真機、電腦、家具、汽車等資產，當自己資金開始運作後不足部分，則會向親戚、朋友和銀行尋求資助。一般企業家還是比較喜歡利用外部資金，因為這樣一來即使投資失敗，自己還有一點錢過生活。這一點值得全職初創者慎重考慮，例如，離職前工作收入的機會成本、起初投資所放棄的利息收入、如果理想未實現再回原來工作的困難、是否有償還債務的問題等，創業雖然是致富的一項活動，但是創立一項新事業的總成本與風險是很高的。在公司組織型態的企業，可以以發行股份的方式（普通股、特別股）吸收社會大眾的資金，做為自有資本的來源，如企業為獨資或合夥型態時，則主要來自業主的直接投資。募股亦可稱為上市上櫃公開發行募集資金的一種方式，而這種方式也是許多創業家的終極目標走向。中小型企業隨時都需要四種資金。此四者為正常的商業貸款、短期銀行貸款、定期借貸及投資資金。此處所要討論的是如何運用各種資金，指出使用資金的目的乃是決定需要何種資金的一個重要因素。還有重要的一點就是中小型企業界人士須於事前妥為計畫，俾在洽借資金時能有彈性。這種彈性有助於在某種情況下，運用適當種類的資金。

二、舉債財務操作角色

　　負債分為兩種：流動負債與長期負債。流動負債是指將於一年或一營業週期內（以較長者為準），以流動資產或其他流動負債償還的負債，譬如，應付帳款、應付票據、應付薪津……等。長期負債是指不需於一年或一營業週期內

（以較長者爲準）用流動資金以償付的負債，如應付公司債、長期應付票據……等。企業以舉債方式籌措資金的方法有許多種，如發行公司債、開立票據舉借資金等。台灣中小企業多爲家族經營型態，其創業資金大多籌自業主或其親友，由於規模小，自有資金有限，加以主觀上爲避免股權分散，不歡迎外來資本加入，又無法發行公司債自公開市場籌募基金，致使中小企業自有資本普遍低，財務結構脆弱，而爲因應營業及週轉的需要，唯有依賴銀行借款及股東或民間貸款，因此，中小企業負債比率相對偏高，在經濟景氣時期或許尚可應付，甚至有利可圖，但是一旦遇到經濟不景氣，極易發生週轉不靈的現象，導致企業經營的危機。舉債經營的良莠，往往成爲企業能否順應外在環境變動的重要因素。

三、無餘款可運用的事例

（一）供應商的協助

此例乃是利用交易的信用的作法，亦即不須立即將貨品或服務的帳款付給供應商，經營者與供應商協商延後付款也就是等於獲得供應商的融資，雖然是一種可行的方法，在此要提醒中小企業主注意的是隱藏成本（hidden cost）的代價付出，例如，商譽受損、供應商抬高價格及供應商降低信用評等。小型企業的開業資本雖然很小，但商業賒貸卻協助他得到了相當多的存貨，但隨著銷售量的增加，也開始發生了財務問題，此時存量必須在數月之內增加一倍。雖然其供應商繼續增加對其的商業賒貸，但企業若無法盡速收回應收的帳款以應付帳單，有時尚須籌借款項以發放薪資，在瞭解對資金方面的缺口後須採取進一步行動，爲了解決類似性質的問題，故須設法獲得短期銀行貸款，因而使其日常的業務有了更大的彈性。

（二）銀行借款

以短期銀行貸款應付需要（以定期借貸方式解決資金不足的情況）。例如，需要一批生產設備，通常可以利用十至十二個月的短期銀行貸款予以支付，並預估可以節省的開支以償還銀行貸款。但社會流行的一句俗語「蓋房子只能預算一半的材料」，生產問題常將預定節省的大部分費用都耗用了，直到貸款到期時，仍無法依預定計畫償還，只有延期。必須經過數次延期後，才能

將貸款償還了,這是中小企業經營實務的重要教訓,也就是不應將短期經營週轉金用來購買長期的生產設備,若能獲得銀行以定期借貸方式購買裝備,情況會好的多。

(三) 家人的支援

不管是創業之初或事業經營過程,家人資金與知識協助是很重要的,但在此我們要很慎重的建議,不管什麼事業的投資,考慮的首要因素就是不能影響到家人的生活,尤其是父母退休養老基金,因為經營中小企業是到處充滿危機且不容易預測。

(四) 租賃公司

這也是一種沒有方法時的方法,但常被忽略。一般公司的設備、家具、裝潢多可以租賃,租賃公司貸款的標準通常比銀行寬鬆,因為租賃公司對事業經營與設備的價值較瞭解,即使產生呆帳也能夠將抵押品售出或出租,相對的其所冒的風險就比銀行低,尤其有些租賃公司與設備商都有良好的關係。所以透過租賃購買設備可減輕資金積壓。以目前台灣租賃公司與銀行的業務內容比較,租賃公司的貸款利息較高,但條件並不如銀行那樣苛刻,尤其中小企業大部分無法取得合法的工廠登記或立案,租賃公司的資金籌集也是一種管道,但要特別注意利潤規劃與企業目標的評估。

(五) 加強應收帳款的回收

回收帳款是企業經營過程較艱難的工作之一,事實上,企業每月將逾期帳單寄給客戶,對客戶並沒有造成還款的壓力。所以收取逾期帳款有效的方法,就是開口去要且緊迫盯人,通常客戶很快就會把帳款還清。不過實務上操作也要求得平衡,積極的收款當然正確,但不要過分否則可能嚇跑客戶流向較寬厚的競爭者,以及在業界中產生因公司缺乏現金而有信用危機的謠言。延期支付供應商帳款與加強應收帳款的回收是一體兩面的事,大多數的企業都會嘗試將付款日期延後,同時也儘可能快速將客戶的欠款回收。經營者是希望利用這兩種方法,將公司的現金數量極大化,並設法不與供應商和客戶形成對立造成關係的傷害。

四、關於四種資金的正確觀念

企業對現金的需求永遠都不夠。企業資金結構下，企業尋找資金的原則是如何獲得最低的資金成本？如何確定公司在調度所需要的資金方面是否具有彈性與適時？如果中小企業融資的代價過高，就無法獲利而且阻礙企業邁向成功。所以，理想的資金結構至少應該提供包括足夠的營運資金、虧損準備金、變通性、控制等事項。例如，實務上如果面臨現金短缺的中小企業會先找公司的供應商和客戶幫忙。找供應商的原因，是因為供應商可以用擴張信用的方式提供貨品或服務，企業可因延後付款而獲得正常運轉。而顧客的方法則是加速回收顧客積欠的帳款以獲得現金的增加。

（一）正常的商業賒貸（短期的財務協助）

1. 商業融通：通常主要是憑藉企業本身所具的信譽給予賒貸，而且借貸雙方在事前所需要的安排也不多，商業賒貸乃是商場上彼此之間的一種慣例。例如，當企業機構向供應商購買原料或其他物品時，通常不至於在交貨時要求付款或提前付款，而企業又可出售產品給零售商，在台灣這是一項極流行的慣例，但90年代到大陸的台商因此慣例吃了許多悶虧。只要這個管道上有關的人到了應付錢的時候即行給付，商業賒貸便會很順利，麻煩在於人們有時總是想得寸進尺。

2. 顧客的票據：客戶所開立的票據，也是商場上另一種信用方式與商業資金的正常來源，銀行將購買你的顧客票據，或憑票據預行墊款。

3. 分期付款制度：分期付款盛行於高單價商品的銷售，製造業的採購也可以採用類似作法，通常由買方出具一項文件（合約書等），言明分期期數及各期應付金額，這也是商場上常見的信用方式，不管什麼行業，供應商為積極爭取客戶，樂於擴展信用額度，因此企業可以爭取延後或分期付款，有時供應商也願意資助新事業的發展，所以要注意資助的供應商是否可以因此而獲利，如此供應商才有充分的理由下決策。中小企業可應用產品的分期付款制度，顧客開立全部期票購買企業所生產的產品或服務。

4. 顧客或經銷商預收付款：顧客的訂金或經銷保證金的預收款，也是正常商業借貸的另一種可能來源。不過此來源通常是信譽卓著的企業或產品

才有可能。

（二）短期銀行貸款

1.無擔保貸款：乃是銀行常用的一種短期信用貸款方式。因為銀行信賴公司的信譽，故不必提出附帶擔保物即可貸款。

2.有擔保貸款：乃是針對公司的某些財產所給予的貸款。即使在成功機會很大的商業情況下，銀行也要求保證，用以保護存款人，以免被可能發生的危機所波及。

（三）定期借貸

定期借貸可提供須待較長時期始能償還的貸款。通常將此項貸款分為二類：一年以上五年以下之中期貸款，及五年以上之長期貸款。但為了達成調配資金較能符合公司需要的目的，可將定期借貸視作可在數年內分期償還的一種資金。

（四）投資資金

定期借貸與投資資金常令人混淆不清，因為中小企業常有向股東借款的情形，然而二者之間確有很大的差別，投資資金是不必償還的，股東借款是要如期償還。投資者通常是重視潛在的收入，而不想使投資立即獲得利潤。例如，企業計畫從事一項新的事業，而這項事業的冒險程度尚不明確，故銀行與其他金融機構在這種不穩定的情況下都不願貸款。或者是你將所有能夠借貸的都借了，你的擔保物都已抵押了，你已無法再向銀行或其他借貸機構提供擔保物了。此時，投資資金可以作為另一種資金來源，可將企業一部分股份售予一個樂於冒險的，且可以等待較長時間投資上獲利者。

五、使用何種資金？

所有的企業經營者都會試圖去用最低成本的短期資金，最低的資金成本通常是來自於多種方式的組合，例如，交易信用、有擔保品與無擔保品的銀行貸款（unsecured and secured bank loans）、票貼融資等，雖然實務上很難對每一種短期融資的組合加以評估，但經營者還是可以利用自己經驗和主觀的意見，去找出一個成本較為合理的融資組合。這時所要考慮的就是未來的需求，以及

使用某種融資來源對未來短期資金的可用性所造成的影響。在最佳的融資的選擇方面，企業經營者要考慮的因素包括以下的要素：

（一）資金來源用途定位

決定使用何種資金並非一件很容易的事。其有時所以複雜乃是因為在同一個時間可能會用到數種不同的資金。例如，你可能以正常的商業賒貸應付可收帳目，運用短期銀行貸款以建立存量的季節性高峰，以定期借貸購買某些設備，以及運用投資資金解決擴展的需求。

（二）資金使用目的與經驗

決定需要何種資金有二件事對決策者是有助益的。一是使用金錢的目的何在？另一為審查企業的財務紀錄，而這種審查可幫助決策者解答下列問題，如公司已經使用了何種資金？對這種資金的經驗如何？用了多少？何時用的？是否足夠解決企業所面對的問題？公司是否能按照計畫償還？或者是否有困難？是否有超過預定貸款額度的結果？

（三）分析過去貸款紀錄

分析過去貸款趨勢是否能顯示公司貸款經驗，皆依賴正常的商業借貸以解決短期的需要？公司能否積蓄金錢，且如使用短期銀行貸款時是否比較靈活？公司是否能積蓄金錢俾集中於一個時期償付所有的債務，以免每月因償付一些小額帳目而感到拮据。

（四）未來狀況的需求

當經營者計算未來的需要時，須以過去的紀錄作為指南，但不可為過去的事拘束，最好能運用過去的經驗以改善未來。儘量於事先決定所需要的資金並予以計畫，俾在洽商貸款時能有活動的餘地，當物色資金時，儘量使自己能有時間核對所有的可能性，有時可能無法正好找出所想的貸款，未雨綢繆平時多留意是有幫助的。

（五）決定使用何種資金

當企業已經決定需要何種資金以應付某種狀況時，企業可能想採取進一步的行動。將所有的資金來源都列出來。將可以借貸某種的機構名稱寫出來。

1.列出可以借貸九十天無擔保貸款的金融機構等。

2.列出可以洽商有擔保貸款的各銀行，譬如洽商十八個月以上的貸款等。

3.列出能提供定期貸款的保險公司以及其他的金融機構來。

4.審查諸如中小企業聯輔中心等政府機構，審視是否可以提供資金，查明他們提供何種資金以及在何種情況下始能供給？然後將你需要聯繫機構列出來。

5.檢討可用的剩餘資金來源。開始時，你可能想由經濟部（含各區服務中心及各單位）獲得一張在你所在地區內開設的中小型企業投資公司的名單。

6.要知道剩餘資金的洽商需要很多的時間，而且在可能需要作這種洽商以前，即應廣為蒐集有關這些來源的資料。

7.每年最少須有計畫的檢討你的資金來源名單，俾利於保持新借款的運用。

六、資金之獲得

開創新的企業，最大困難就是怎樣獲得資金。對創業者而言，選擇融資的管道的考慮應就其間之差異進行比較分析，例如，債務融資與權益融資、內部融資與外部融資等融資方式，選擇哪一種融資方式最好，關鍵因素在於獲得資金的可能性、企業的資產與當時的利率水準。

1.債務融資（debt financing）：是指利用須償付利息與本金的金融工具來籌措的資金，通常就是銀行貸款，常利用企業的銷貨收入與利潤來償還本息。典型的債務融資需要提供資產做為抵押，例如，房產、汽車、機器設備、客戶票據等。

2.權益融資（equity financing）：無須抵押資產，它附於投資者某種形式的股東地位，投資者分享企業利潤，並依規定獲得資產分配的權力。

3.內部融資（internal financing）：即由內部生成的資金，其資金的來源包括：經營的利潤、出售資產的收入、流動資產的削減、支付項目的減少、應收帳款的回收等等。短期的內部資金可以透過減少短期資產而獲得，例如，存貨及其他流動資產。

4.外部融資（outside financing）：是企業資金另外的一種來源，融資管道

主要評估要素須從以下三各方面：資金可用的長短、資金成本與企業控制權喪失的程度等。

我們認為在選擇最佳的融資管道時都應該從上述的三方面來進行評估，以下我們將從各種資金來源，如個人資金、家庭與朋友、銀行融資、中小企業信用保證基金、青年創業貸款、中小企業專案融資、發行股票等，分別進行討論分析。

（一）個人資金

從資金成本或企業經營控制權的角度來說，個人資金成本最低，尤其在試圖引入外部資金時，如創投公司、銀行、私人投資者，絕對必須擁有個人資本。我們都很清楚開創事業的風險，若經營者不具備發展與營運企業所必須的才幹與技能，就會刻意避免使用自己的資金。對外部資金提供者而言，如果創業者或經營者自己沒有資金投入，就可能對企業經營不會那麼盡心盡力。

（二）家庭或朋友

新創企業早期需要的資金具有高度的不確定性，而且需要的資金較少，對銀行和其他金融機構來說較缺乏吸引力，除了某些特殊情況以外，他們是很少貸款給新創事業的。因此，創業階段的融資管道除了創業者本人，家庭或朋友就是最常見的資金來源，由於他們與創業者之間的情誼關係及時常接觸的瞭解，有助於克服投資的不確定性，家庭或朋友能為企業提供少量的權益資金，有時家庭或朋友的幫助並不只限於資金的協助，而是提供擔保以幫助創業者獲得資金。儘管此種管道去得資金較為容易，但在接受家庭或朋友的資金前，我們還是要提醒創業者應該仔細考慮投資對他們的影響，不要以強迫或誤導的方式獲得資金，而是因為他們認為這是一個好的投資機會。

（三）銀行融資

創業需要投入較多資金，此時往往不是個人信用貸款所能支應，要是有房屋、機器設備、有價證券拿去質押貸款，有資產可供抵押的情況之下，銀行融資是企業短期資金最常用的融資管道。銀行資金乃以債務形式注入企業，同時，需要一些有型與價值的擔保或抵押資產。銀行抵押貸款的類型均以企業的資產或現金流量為基礎，貸款的資產基礎（asset base for loans）通常是應收帳

款、存貨、設備及不動產。銀行抵押貸款的類型分述如下：

1.應收帳款抵押貸款（accounts receivable loans）：應收帳款爲貸款提供良好的保證，當客戶知名度高又有好的信用更是如此。對值得信賴的客戶，銀行甚至可以貸放占其應收帳款總額80%的資金。

2.存貨抵押貸款（inventory loans）：當存貨的流動性很好，且容易賣出去，存貨也可以成爲貸款抵押。通常成品存貨可以用來籌集相當於其價值的50%資金。

3.設備抵押貸款（equipment loans）：設備可以用來充當長期融資的抵押，通常有三年到十年，設備融資有購置新設備、舊設備售出回租（sale-leaseback）、現有設備當抵押等形式。機器設備抵押貸款通常在添購新機器設備時，尤其購買進口機械設備時，符合資格規定者，可適用政府專案優惠貸款。若想進一步瞭解詳情，可洽詢各行庫或中小企業信用保證基金等機構。但是舊機器設備，目前並沒有任何一家銀行會把它當做合格抵押品。但有些租賃公司願意，貸款利率也會比新機器高一些，此項決策特別要深思利弊得失。

4.不動產抵押貸款（real estate loans）：這種抵押貸款較容易取得，企業在籌措擴充廠房或購買土地資金時可以使用，通常可獲得的資金一般可達其價值的70%。

5.支票貼現：對於信用良好的客戶票據，也可以拿出來貼現質押，大約六成到八成，且利率較高。

6.倉單或提單貸款：把貨放在獨立倉庫，憑著倉單也可以貸款，也就是以生產存貨爲抵押的貸款。或者國外進口貨物也可以提單貸款，至於貸款的成數則視各銀行而異。

7.訂單或合約貸款：接到顧客之訂單或銷售合約時，可憑訂單或合約到金融機構取得貸款，惟貸款額度端看各金融機構而有所不同。

（四）中小企業信用保證基金

中小企業因規模小、徵信不易、貸款風險較高，若沒有擔保品提供債權的確保，銀行不容易貸給適當的額度，在此狀況中小企業可向信保基金求助，但必須符合中小企業信用保證資格，才可透過信保基金對銀行提供信用保證，取

得金融機構的融資。實際上金融機構對合格的中小企業通常會主動送信保基金，以減低放款的風險。中小企業信用保證基金成立於1974年，是政府為協助中小企業發展而創設的專業信用保證機構，目的在對具有發展潛力但擔保品欠缺的中小企業提供信用保證，協助其獲得金融機構之資金融通，使其得以健全發展，同時分擔金融機構的融資風險，提高金融機構對中小企業提供信用融資的信心。申請信用保證的中小企業的基本條件與對象為：

1.生產事業
  （1）依法辦理營利事業登記、獨立經營，且領有營利事業登記證與工廠登記證的製造業，或領有營造業登記證或土木包工業登記證的營造業。
  （2）實收資本額在新台幣八千萬以下且連續營業半年以上，或常僱員工未滿二百人且連續營業一年以上。
  （3）連續營業達半年以上。
  （4）本國人資本超過50%。
2.一般事業
  （1）依法辦理營利事業登記、獨立經營的買賣業、服務業等，但不含金融保險業、煤礦開採業、土地開發業、房地產買賣租賃及經紀業、特許娛樂業（酒家、舞廳等）。
  （2）最近一年營業額在新台幣一億元以下，三百五十萬元以上。
  （3）連續營業一年以上。
  （4）本國人資本超過50%。
3.小規模商業：係指最近一年營業額未達新台幣三百五十萬元，符合一般事業其他要件的小規模企業，及符合第二項（1）、（3）、（4）款要件。
4.政府提供專案資金的信用保證對象
  （1）自創品牌企業：符合經濟部及財政部核頒「自創品牌貸款要點」及各項規定者（包含大型企業）。
  （2）創業青年：符合行政院青年輔導委員會所訂「青年創業輔導貸款要點」及各有關規定者。
  （3）微型創業貸款：雖是為了鼓勵民眾創業，資格仍有些限制，必須滿

45歲以上，65歲以下。申請者不得有經營其他事業或任職；已領取軍公教及公營企業退休金或依勞基法領取退休金者不能申請。

（五）青年創業貸款

　　青年創業貸款的取得，對新創中小企業來說是一項低成本的資金來源，而且有專業經營顧問的審核可以提高創業成功機會。

　　青年創業貸款是行政院青輔會為輔導青年開創事業、創造工作機會、促進國家經濟建設之發展而設立的。青創貸款主要的優點在於利率低，是政府對青年創業者的一種鼓勵政策，以減輕其創業初期資金的壓力。也是歷史最久申請件數最多的中小企業專案貸款。申請人填具創業計畫書，並檢附相關文件後，向青輔會提出申請，經審查准予輔導者，轉介相關行庫辦理。此項貸款的利率係按台灣銀行基本放款利率打九折計算，機動利率計息。詳細資料可以上創業協會的網站查詢。申請人的資格與貸款額度說明如下：

1.申請資格
　（1）中華民國國民在國內設有戶籍、年齡在23歲到45歲間、具有所擬創辦事業三年以上之相關工作經驗。
　（2）除原住民、殘障、更生青年外應具備下列相關資格之一：學歷高中（職）以上或五專修滿三年因故輟學者、高等檢定考試及格、普考及相當考試以上及格、乙等以上技能檢定合格、有發明取得專利權，並取得證書或證明、服役期滿或依法免役者。
　（3）須領有工廠、事業登記證或事業營利登記證，公司資本額五十萬元到六千萬元，公司證件在一年以內。
　（4）申請人應為所創事業的實際負責人或主要出資人，而且需要實際參與工作。
　（5）具夫妻關係者限一方提出申請。
2.貸款額度：從事農工生產者，每人最高貸款額為新台幣400萬元；從事服務業者，為新台幣200萬元。其中無擔保貸款最高新台幣60萬為限；2人以上共同經營一事業，申請人數最多以10人為限，貸款總金額最高新台幣1,200萬元，其中無擔保貸款部分每案不得高於新台幣600萬元。
3.申請程序：填妥青創貸款計畫書，經青輔會核可值得輔導後，即依創業

青年的意願，推介到承辦貸款行庫辦理融資。因爲青年創業資金有限，所以並不是每件案子皆能獲得通過，除了必須參加「創業說明會」以外，撰寫創業計畫書是非常重要的，讀者可以參考本書的附錄，自己嘗試完成計畫書的撰寫，或委託專業顧問撰寫皆可。

（六）中小企業專案融資

各銀行及基金針對中小企業提供各項優惠專案貸款，依其性質可分爲改善環境污染、降低勞動成本、協助取得建廠用地、擴展中小企業能力、提高投資意願及其他六大項，分別說明如下：

1. 改善環境污染：勞工安全衛生設施貸款、購置防治污染設備貸款等。
2. 降低勞動成本：輔導中小企業升級貸款、商業自動化貸款、購置國產自動化機器貸款、添置或更換自動化設備貸款等。
3. 協助取得建廠用地：經營現代化貸款、添置工業用的與興建廠房貸款、配合政府政策遷廠專案貸款等。
4. 擴展中小企業能力：中小型商業綜合型貸款、中心衛星工廠輔導貸款、自創品牌貸款、提高競爭能力專案貸款、主導性新產品開發輔導辦法等。
5. 提高投資意願：協助外銷及海外投資貸款、參與公共建設專案貸款等。
6. 其他：天然災害復建貸款、中小企業紮根貸款、重振創業精神、協助中高齡失業者創業等。例如，經濟部中小企業處特結合財政部各金融機構及中小企業信用保證基金，開辦「微型企業創業貸款」主要爲提供四十五至六十五歲的中高齡失業者年息3%，貸款期限最長六年之創貸計畫，實現創業理想，並可透過擴散效果將增加就業機會，微型創業貸款用途需以購置廠房、營業場所、機器設備或營運週轉金情事者爲主。

以上的專案式貸款，企業經營者可以依據現況的需求，並瞭解自身企業的資格，再尋求較熟悉相關融資單位的協助，這也是一項很好的融資管道，讀者如果有興趣可以參考經濟部中小企業處編印《中小企業專案低利貸款辦法》、《中小企業融資指南》。不過通常只是政府政策性的大餅，因爲中小企業先天體質的關係，使用到此專案型融資管道受到限制。

（七）往來銀行的選擇與打交道的技巧

　　隨著金融自由化、國際化及民營銀行的開放，各家銀行為鞏固自家的市場，有特色的金融產品與服務愈來愈多元化，面對林立的各類金融機構，企業該如何選擇適合自己的往來銀行呢？以及如何與往來銀行打交道呢？接著我們一起來探討這個話題。

　　1.往來銀行的選擇：企業選擇的條件如下：
　　（1）資金寬裕：信用條件良好、資金寬裕的銀行，由於其資金成本較低，當景氣全面信用緊縮時，其所受的影響較少。利率也較低，承擔風險的意願相對較高。
　　（2）作風積極且具開創性：銀行的作風不同，對承擔風險也不一樣，因為中小企業的經營風險與大企業相比是大了些，所以可以評估哪家銀行是採取比較積極且富有開創性的作法，如此也較合乎中小企業的性質。
　　（3）專業化：也就是說適合中小企業的銀行，針對企業的需求找性質較接近的銀行較易獲得貸款，例如，進出口的企業找外匯銀行、中小企業找中小企銀。企業如果能夠與各種業務性質較熟悉的銀行建立往來關係，可以獲得更多的合作與支持。
　　（4）提供較好的諮詢與輔導服務：有些銀行會積極提供建議給借款客戶，例如，其專業知識與經驗可以發掘到客戶潛在的問題，而發出警告使客戶可以及早因應，這種諮詢及輔導服務對中小企業而言是非常有價值的。
　　（5）選擇離公司近的與交通方便的銀行。
　　（6）對客戶支持度高的銀行：當企業經營發生問題時，其對客戶活動的支持程度，是否會「雨天收傘」迫使企業還款，或是站在同一陣線共度難關。
　　（7）選擇正派經營的銀行。
　　2.與銀行往來的技巧
　　中小企業遭到銀行拒絕貸款的原因，根據調查，除擔保品不足以外，還有往來實績不足、未能提供符合需要的相關資料、無適當的保證人、當時銀行資

金不足、公司或負責人曾有信用不良的紀錄、負債過多、營收減退、不利的謠言……等。這些因素大多數與企業的財務有關,因此企業向銀行融資以前,應先審視自身的財務結構是否健全,衡量信用紀錄與貸款條件,掌握銀行在意的訣竅則貸無不利。健全的財務管理和信用紀錄,是銀行決定核貸與否的關鍵要素。企業除了維護信用「視信用為第二生命」外,最好還要與銀行往來頻繁且存款匯兌等實績良好,如此對取得融資有相當大的助益。至於健全的財務管理方面,企業平常就要做好現金流量的預估,並建立會計制度、成本制度,同時做好企業自我的診斷與經營分析,各項財務比率和同業平均數相較差異不大,如有異常隨時加以改善。其他與銀行往來相關的技巧包括:

（1）提前備妥銀行所需要的相關資料:經營者要將公司經營的狀況、未來計畫、公司資源、技術發展、市場、財務等資料準備好,並能以坦承的態度向銀行分析、報告,銀行方面認為經營者對本身事業狀況能夠深入的瞭解,又能密切掌握資金的流動及市場、技術等趨勢發展,自然有良好印象。當然,有些企業為投其所好而刻意隱藏缺失,但此法對信譽是有傷害的。

（2）提早借錢:不要等到急需用錢時才「臨渴掘井」匆匆忙忙去找銀行。因為機會的不確定,企業為了掌握發展契機,平時就要向銀行申請額度備用,以應不時之需。

（3）多參與政府舉辦的活動並獲獎建立良好商譽:例如,小巨人、盤石獎、品質獎等代表中小企業傑出表現選拔,獲獎除了肯定與榮譽外,更能為企業帶來卓越的商譽,成為銀行主動爭取的對象。

（4）多利用往來銀行的服務:多建立良好的往來紀錄,讓銀行更瞭解公司,增進彼此的互信關係。

（5）按時還本息:對於往來合約上的承諾要信守與履行,與銀行建立長期互利的良好關係。

（6）給銀行安全感:與銀行往來最重要的態度就是「不卑不亢」,要隨時顯現經營的專業形象,及對借款用途明確告知,讓銀行瞭解、信任。

股票及債務權證的類型

一、股票

（一）特別股

　　特別股，又名優先股，在會計上之定義屬於業主投入股本之一種。其與業主權益中另一種股本，與普通股之最大之差別在於特別股股東對企業盈餘及財產清算時之求償權優先於普通股股東，故因此名為優先股。

　　特別股一般而言均定有一面值；在我國，面值大多定為10元。除此之外特別股發行公司均會明訂股利率；指定特別股發行公司，無論其營運結果如何，每年均會發放此一特定股利水準給特別股股東。

（二）普通股

　　普通股是一種權益證券，因此並沒到期日；就對現金流量評價的觀點而言，普通股價值之決定便是投資人先對其未來無限多期之股利作一預測，再以投資人自己所要求之報酬率作折現率。因此普通股之評價即是為這些未來預測之各期股利求取現值，再將其加總。

二、債務權證

　　一般而言，一企業以長期債權融資通常採兩種方式：一為分期付款型借款，另一為發行公司債。分期付款型借款每一期償還之款項中均包含該期利息以及部分本金之償還，而公司債與分期付款之最大之不同在於債務人在債務到期之前，僅支付利息，而在債務到期時，才支付所有之本金。因此我們可以正式的定義債券為政府、企業界或金融機構為籌措資金而發行之一種可轉讓的長期債權證書。

　　我國債券依發行主體可分：一、中央政府公債：由中央政府（財政部）發行；二、省（市）政府公債：由地方省市政府發行；三、金融債券：由銀行發行；四、公司債：由企業界發行。

　　我國債券依發行型態可分：一、付息債券：債券之票面上載有面值之一定

比率的利息，並定期付息；二、貼現債券：債權到期之前，不付利息，債權到期之時，一次償還面值所載金額；三、可轉換公司債：依債券發行人所定之轉換條件，債券持有人可將債券申請轉換為股票。

我國依保證有無可分為：一、政府保證債：由政府之財務擔保債券本息之償付；二、銀行保證債：由銀行資產擔保債券本息之償付之執行；三、附擔保債：債券發行人以不動產或動產擔保債券本息之償付；四、無擔保債券：債券發行人並不以任何資產擔保，僅以其本身之信用狀況擔保債券本息之償付。

新創事業募股的來源

1.自己出資

若企業主本身掌握有一筆資金時，可以出資來成立一間公司，也可以藉以取得所應得的股份，作為日後獲利分配的依據，現今中小企業公司多為此出資成立方式。

2.中小企業創投公司

在現今社會上，有一新型態的創投公司（venture capital company）自投資人或銀行吸收資金，再將資金集中、統籌貸放出去的公司，不只提供資金，還提供專業管理知識給投資對象公司參考，即是幫助未上市的公司進行輔導輔助，幫助使其公司得以上市或上櫃，以介入資金使其達成上市、櫃的標準。

3.創投資本家

對企業創業有信心且介入企業資助的個人稱之，在美國常被稱為「創業天使」，是資助企業創業的早期權益資本的主要來源，不包括非獲利為導向的資助者。

4.獨資金主

純粹支持公司上資金的來源者稱之，甚至對於公司的營運活動不是相當的瞭解。可能是當地有財力的人士。

5.員工

由員工入股來獲取公司的營運資金，可以讓員工與公司之間的營運相關度提昇，使公司未來發展有整體向上的趨勢。此法對於公司的長期營運有正面的

影響。

6.公司的客戶

舉例來說，客戶對於供應該資助資金來完成客戶所需的產品，例如，提供資金來製造模具等較大金額的營運設備。

7.一般民眾

即向一般的社會大眾募集資金，為常見的資金募集方式。

8.票據交換所

近年來由於電腦科技進步，新興電子支付工具迅速成長，相對使交換票據成長率逐漸降低，甚至呈現零成長或負成長。惟票據交換作業與經濟活動之配合，仍然密切重要。票據交換也是中小企業獲取資金的途徑之一。

舉債的來源

對於舉債作業除順利取得適當資金提供企業運用之外，企業對於債主的找尋還有幾點要注意，例如，資金網路的建立模式、技術與能力可增競爭優勢、尋找對你有興趣及友善者、可以長期支助者、不只是金錢上的財主等。當然這是經營者決策時的心智過程，各行各業的考慮重點不同，上述要素僅供讀者參考。一般的舉債來源如下：

一、信用交易

不同的市場有不同的信用交易型式。例如，一般進貨，在信用的支持下購買者可以延後付款的期限，延後付款可降低存貨成本或存貨資金的積壓，現實社會中，供應商往往給予零售商一段固定付款期限，即為信用交易期限，此時零售商無需貸款融資就可爭取市場。但是，當過了信用交易期限，零售商需擔負存貨資金積壓的利息成本。而供應商常以此延後付款策略來刺激零售商之需求，藉此增加其銷售量。因為存貨的金額占公司營運資金相當高的比例，所以如何協助企業訂定最佳存貨補充策略，做好存貨管理工作，就能間接增加公司的獲利能力。因此，存貨管理模式的發展也是中小企業經營重要課題之一。

二、金融機購

　　根據官方統計，中小企業資金的取得主要仰賴金融機構的借款與商業授信。對中小企業融資的金融機構，包括銀行、信託投資公司、信用合作社、農漁會信用部與票券金融公司等；其他如青輔會的青年創業貸款。同時中央銀行的中小企業中長期貸款亦提供資金，轉存銀行，由銀行直接辦理授信。但無論如何，中小企業的借款仍以銀行為主，尤其是本國銀行，包括了一般銀行與中小企業專業銀行，但是依現在社會趨勢銀行資金持續下降，中小企業融資問題日趨嚴重，並將危害到其競爭力的提昇。

三、中小企業專案貸款

　　中小企業專案貸款是各銀行或基金專為中小企業而訂定的優惠貸款方案，由於中小企業占我國企業總家數97%左右，是「台灣經濟奇蹟」發展的主要力量。然而，受先天規模的限制，經營上的弱點尤其以財務結構薄弱為著，融資較為困難。政府有鑑於此，為指導與協助中小企業改善財務結構及提供資金融通可說不遺餘力，依據「中小企業發展條例及中小企業輔導體系建立及輔導辦法」成立財務融通輔導體系，主管機關為經濟部中小企業處。主要輔導項目包括：協助融資與保證、輔導建立財務管理與會計制度、提供財務融通諮詢服務等業務。貸款的性質大概可區分為改善環境污染、降低勞動成本、協助取得廠地、擴展競爭力、提高投資意願及其他等六大類。

債主所關切事項

　　中小企業先天體質不良，自有資金不足，為籌措營運所需資金，只得以發行股票的方式招募資金或者是舉債方式為之，致使其負債比率偏高。中小企業的借款以用於短期性的週轉金占絕大部分，可見中小企業普遍缺乏長期財務規劃及資本預算，對資金較無法掌握，對於擴充及投資後所產生的現金流量也缺乏瞭解。在中小企業的借款來源中，仍以金融機構為主要融資對象，但由於對中小企業之放款金額少、筆數少、成本相對較高，風險也較大，銀行通常不願多貸，迫使中小企業不得不求助於民間私人貸款。然而，民間貸款利率遠高於

銀行放款利率，且期限又短，使得企業負責人常為了財務調度而疲於奔命，尤其在利率上升之際，更使企業背負沉重的財務負擔，影響其經營與管理。為了紓解日漸嚴重的財務壓力，在沒有足夠資本以為支應，又無法發行股票籌措資金的情下，只好「以債養債」、「挖東牆補西牆」、「卯吃寅糧」，造成債台高築，利息如滾雪球般愈來愈重，其最後的結果可能因週轉不靈而宣告倒閉。基於以上的述敘，債主所關切的事項應注意以下幾點：

1. 公司的負債比率是否偏高，財務結構是否不良。
2. 公司的融資是否良好。
3. 公司的短期償債能力是否薄弱。
4. 公司的長期借款的比重是否過低。
5. 公司本身資金成本是否過高。
6. 股利發放是否健全。
7. 對於經營者的要求事項：
   （1）是否可以共事？亦即合群性如何。
   （2）是否可靠？有無大志？
   （3）可接受任務並將精力投在事業上嗎？
   （4）可否接受批評？自省改善？並將處置狀況回饋。
   （5）是否有目標及計畫？一年、五年、十年？
8. 還款計畫如何？債主會在借錢前進行「信用徵信」，針對企業的主要收入及競爭能力進行評估。

中小企業財會方面診斷

一、一般中小企業財會方面問題

1. 老闆個人帳未獨立，常與公司帳混淆不清。
2. 老闆個人薪資，年終獎金常低報或不支領。
3. 僅有日記帳（流水帳），未做出損益表、資產負債表或財務分析表等。
4. 費用常採現金發生制而非採權責發生制。

5.未實施進料、領料、退料等庫存管理手續。

6.未辦理固定資產盤存、財產管理及折舊攤提。

7.未辦理存貨盤存（含永續盤存及實地盤存）。

8.原物料之耗用量，僅透過每月盤存，而推算出其當月耗用量，完全未考慮到期初與期末在製品的變動。

9.未設立「原料明細表」、「製成品明細表」。

10.未明確訂定公司使用會計科目及其範圍。

11.公司經常出現二套帳甚至三套帳。

12.未建立各項準備金之攤提，致使公司成本低估、利潤高估，誤導決策方向。

13.股東往來借貸未將之列為負債，卻將之當作股本。

14.未建立營業（收入）目標及費用目標（目標成本），致無績效考核追蹤依據。

15.應收帳款僅作帳齡（票齡）分析、未作及時反應營業人員加速應收帳款回收之機制。

16.公司有二個以上部門時，未建立利潤中心（或責任中心），致各部門間之貢獻不明確。

17.各生產部門（分為多廠時），雖有工作日報表，但未與各產品之人工成本結合，致未顯現出各產品之應分攤直接人工成本。

18.無損益平衡營業金額理念，將營業毛利誤為實際獲利。

19.財務報表結算日期拖延甚久，無時效性可言，無法及時反應問題，做為經營管理的有效改善工具。

20.未建立內部轉價制度及共同費用攤提基準，致使利潤中心（或成本中心）無法推動或不正確。

21.委外加工費用占成本之比率極高，而將之視為請款月分的「製造費用——加工費」，不符合會計之配合原則。

22.直接人工成本僅考量薪資與加班費。

23.無成本會計或成本估算不正確，致報價未能真實反應成本，喪失市場（或客戶或訂單）或喪失利潤。

24.不會做競爭市場（或區域或產品）之報價而喪失商機。

25.資金取得管道不正確，不善於應用銀行資金，偏向於高成本的民間借

　　貸。

26.資金運用錯誤，把短期資金用在長期投資或把長期資金用於短期投資。

27.未建立資金流量管制表（cash-flow chart），致使資金調度不靈活。

28.未建立及應用成本會計（或標準成本）做為管理手段，掌握可控制成本。

29.未建立及應用財務分析表，做為經營方針決策，調整正確經營方向。

30.經營者或高階主管普遍不瞭解（不懂）財務會計，甚而不學習、不接觸財務會計而疏忽財務會計重要性，甚至排斥財務會計。

31.未將個人提供公司使用之資產加上機會成本。

32.營運決策建議報告，未能考量機會成本與機會利潤之理念以致決策或有偏誤或誤失搶占市場之良機。

33.上市上櫃之理念未將之定位為資金籌措之方便與公開參與經營擴大營運規模，而短視以為經營者操作資本市場之便利性與獲利性。

二、經營困難原因

行政院主計處工商普查報告有關經營困難的原因如下：

1.同業間惡性競爭。

2.銷貨成本高無利可圖。

3.工資成本增加生產力無法提高。

4.資金短黜。

5.員工招募補充困難。

6.產品滯銷。

7.原料來源受限。

8.企業合理化難以進行。

9.設備不佳與稼動率不高。

三、經營失敗原因

行政院主計處工商普查報告有關經營失敗的原因如下：

1.負債過鉅、財務調度失敗。

2.生產管理不當。

3.訂貨銷貨減少。

4.受第三人（含客戶）拖累。

5.擴張過速、投資過多。

6.負責人發生事故。

7.天災人禍。

8.股東不和、人事糾紛。

9.其他原因。

四、財務報表的因果關係及觀察指標

資產負債表、損益表、現金流量表、股東權益變動表等財務報表之說明及觀察指標（如表6-1）：

表6-1　財務報表的因果關係及觀察指標表

財務報表	說明	觀察指標
資產負債表	係公司經營價值的長期累積成果。	
	流動資產 首重應收帳款（含關係人）及存貨之持續密切觀察。	1.應收帳款項目 （1）應收帳款大幅增加是否合理？ （2）營收是否成同比例增加？ （3）與關係人銷貨交易之真實性、合理性及帳務處理之正確性。 （4）備抵呆帳之提列是否一致？ （5）應收帳款週轉率有無異常變動？ （6）應收帳款占總資產比重過高，對公司營運週轉是否有不利影響？ 2.存貨項目 （1）存貨週轉率有無異常變動？ （2）存貨之入帳基礎及計價方法是否依規定辦理？ （3）存貨是否有瑕疵、損壞或呆滯情事，備抵存貨跌價損失之提列是否適當？
	長期投資 長期投資金額高低是財務透明度好壞與否的重要指標。	1.轉投資金額占總資產比重過高，其投資效益與核心事業是否顯得不相當？ 2.是否為轉投資公司背負過重之背書保證金額？

（續）表6-1　財務報表的因果關係及觀察指標表

財務報表	說明	觀察指標
資產負債表	**固定資產** 對於生產事業而言，是推動營運成長的重要資源。 固定資產占總資產之比重在不同產業，或是同一產業之上中下游分布皆有差異，一般而言，上游公司多屬資本密集與技術密集，其固定資產比重較重，而下游產業則應重行銷與通路之掌握，故其比重較低。	1.資產之取得或處分（特別是關係人交易），其中巨額交易是否有不當之損益安排？ 2.最近三年度固定資產巨額增加之資金來源？用途及管理效益是否顯現？ 3.資產折舊費用計算方法是否一致？ 4.資本支出與當期費用之認列是否合理？ 5.是否有閒置資產而無積極之處分計畫？
	長短期借款 長短期借款占總資產比率過高，絕對是公司安全性的天敵，但比重低也不意味投資安全性高，尚需配合現金存量及營運淨現金流量予以統合分析，方能論斷其財務結構之強弱。	1.負債比率是否經常性的高於50%？ 2.長短期借款是否偏高且集中在短期性流動負債？ 3.是否有負債之訴訟保證之情事？
	股東權益 投資人可以從股東權益項下瞭解公司股票流通在外數量、股利政策、大股東背景、董監事結構及持股或質押比率。	1.經營權有重大變更（如董事更動逾1／3），或實質負責人發生變動。 2.董監事大股東股票質設比例過高。
損益表	1.係企業當期營運成果之呈現，使得短線股價隨之起舞，在多頭市場扮演股價攻擊性角色。 2.公司之產業價值鏈所處位置與其營收盈餘變化及未來發展較為攸關，如電子產業上游屬於資本及技術密集，其進入門檻高，景氣波動較大，導致影響產品單價、產能狀況及營收之大幅變動。 3.公司之營運損益若來自於本業之經常性盈餘，表示財務透明度較高，亦較能享受較高之本益比。	1.主要產品營收下降且平均售價逐年下降，其競爭能力、產品週期、市場性及成長性是否具前景？ 2.經營業務是否受國際行情及匯率變動影響重大？ 3.主要營業項目有重大變更？ 4.銷貨毛利是否有異常變動？ 5.營業外損益占稅前損益比例經常性地較高。

（續）表6-1　財務報表的因果關係及觀察指標表

財務報表	說明	觀察指標
現金流量表	以現金流入和流出為編製基礎，透過現金流量表的當期變化，可以瞭解企業的營業、投資與融資等三大活動的狀況，進而偵測公司的安全能力、獲利能力及其股票真實價值。	1.公司營業淨現金流入（出）與當期損益之關連性。 2.應收款項及存貨之增減變化對營業淨現金流量的影響。 3.營業淨現金流入（出）經常性支應資本支出及現金股利之能力。
股東權益變動表	顯示企業在某一段期間內股東權益的增減變動情形，從資本成長、盈餘分配及淨值的變化，可以更清楚透視經營者在決策或執行上的誠信理念。	1.股利分派政策是否考量公司營運狀況及產業前景。 2.庫藏股實施目的與執行狀況。 3.現金增資案或其他募資案是否按預計進度執行並產生效益。 4.公司認列未實現長期股權投資跌價損失之原因及其執行情形。 5.如有併購其他公司，其原因、交易情形、換股比例、綜合效益與合併後之經營策略？

經營者財務狀況自我檢查事項

一、 財務狀況檢查表

（一）每日應處理事項

1. 公司保持足夠現金。
2. 公司收入存入銀行（個人與公司分開）。
3. 銷貨與現金收入每日摘要紀錄。
4. 更正應收帳款紀錄。
5. 現金或支票支出紀錄。

（二）每週應處理事項

1. 追蹤應收帳款（注意常拖延的客戶）。
2. 提前支付應付帳款（以取得提前付款之折扣優待）。
3. 薪資名冊紀錄。
4. 提報主管機構之營業稅紀錄。

（三）每月應處理事項

1. 依收支標準將日記簿中的登錄歸類後轉入總分類帳中。
2. 在月底後15天作出損益表，依此檢討盈虧原因作出改進方法。
3. 在損益表後作出該月資產負債表。
4. 核對銀行對帳單。
5. 結算並補足零用金。
6. 繳納營業稅、所得稅，以及其他稅金。
7. 核算應收帳款期限。
8. 檢討存貨管理，清除過時或失效之存貨以補齊新的存貨。

個 案 研 討　美國最近發生之會計醜聞

表6-2　美國最近發生之會計醜聞

日期	涉嫌公司	案例說明
2001/11/8	ENRON（美國安隆）	2001年11月8日向美國證管會提出更正財報的申請，表明溢列盈餘9.51億元、低估負債5.61到7.11億元。
2002/6/25	世界通訊	從2001年初，有38億美元的經常性費用被誤計成資本支出，藉此提高了現金流量和利潤，來達成分析師之獲利預期。
2002/6/28	全錄公司	透過轉移租賃設備的月費，使更多的收入提前認列，使得過去五年內，不當計入64億美元的營收。
2002/7/08	默克藥廠	旗下子公司把從未真正收到過的消費者自負額計入自己的收入，虛增營收124億美元。

資料來源：《會計研究月刊》，2002年8月號。

表6-3　以安隆案為例　　　　　　　　　　　　　　單位：百萬元

年度 項目	2000	1999	1998	1997
營業收入	100,789	40,112	31,260	20,273
營業利益	1,953	1,333	1,378	690
營業利益率	1.9%	3.33	4.40	3.4
利息費用	838	656	550	401
每股盈餘	1.12	1.10	1.01	0.16
來自營運淨現金流入	3,010	2,228	1,873	276
資本支出	3,314	2,228	1,873	2,092
年底股票收盤價	83	44	28	20
總負債	50,715	20,381	＊	＊
負債比率	77%	61%	＊	＊

資料來源：安隆公司年報，2002年。（註：＊表示不詳）

一、安隆案爆發前財務報表徵兆

　　1.營收逐年成長，營業利益率下滑快速，每股盈餘僅小額成長。

　　2.利息費用有增無減，侵蝕營業利益。

　　3.2001年8月執行長無預警去職。

二、說明

　　1.基本上營業額愈大，營運週轉金大幅增加，公司資金壓力與內部管理皆會更加沉重。

　　2.過度使用財務槓桿。

問題討論

1.何謂現金規劃？現金預測的程序為何？

2.何謂現金管理？

3.為何中小企業需要事先評估資本？

Chapter 7

中小企業行銷策略發展

　　台灣中小企業的特質，在於經營策略上的靈活與彈性，對於多變化的經濟環境能夠迅速對應，但過去台灣中小企業經營型態，因資本低、人才少、產品單一，多數以代工生產（OEM）方式接訂單，行銷活動較少，因此，中小企業給人的印象就是重生產與技術，而輕行銷。其實因為企業本身知識的累積與國際化的競爭下，中小企業的行銷活動更顯得重要，如何提昇競爭優勢、獲得訂單、取得利潤等，均有賴行銷策略的發展。本章欲探討目前中小企業所面臨的競爭態勢與行銷障礙，中小企業如何擬定行銷策略，確保企業的競爭優勢以達永續發展的經營目標。此外，行銷策略就是強調顧客價值和顧客關係的創造，如何為顧客創造價值，即是真實地將價值提供給顧客，並與顧客建立長期關係，這也是本章所要討論的主題。

行銷概念與定義

　　何謂行銷（marketing）？行銷是指商品從製造商流向消費者的過程中，能使消費者的需求獲得最大滿足的所有行動。行銷學，一個發展百年的學問，是一令人著迷的學門，原因乃是其無所不在，行銷學與企業經營、非營利事業的績效與人們的生活息息相關。

　　就企業經營來講，行銷是整個企業的價值傳送系統中不可或缺的一環，更是企業創造收入與利潤的重要功能，企業所生產的產品或服務必須經由有效的行銷提供給顧客，讓顧客滿意，才能轉換成收入，創造利潤。也因為行銷實在太重要，所以不只是行銷部門的責任，而是全體成員共同的責任，所有部門皆要認識行銷，瞭解行銷與互相協調配合，達到「全員行銷」的目的，方能贏得顧客的心，企業才得以永續發展。

　　行銷學是屬於高度動態的活動，即行銷的觀念隨時間的演進而不斷改變，所以行銷策略發展的過程中必須有高度敏銳與彈性，理論與個案只是提供我們思考上的依據及參考，別人成功與失敗的案例不是絕對，面對各種行銷環境與競爭情勢皆不斷的改變下，也唯有創新的思維與機動調整，方可確保企業競爭優勢。

　　行銷的定義，根據美國行銷協會（American Marketing Association, AMA）

的定義：「行銷是一種規劃與執行的程序，透過這個程序，針對創意、產品或服務的觀念之孕育、訂價、促銷與配送的規劃與執行，進而創造出一個能滿足個人和組織目標的交換（exchange）活動」。進一步解釋行銷的意義包含以下幾點內涵：

一、行銷是一種交換活動

行銷被視為一種交換的活動，也就是說讓雙方或多方都必須心甘情願的拿出某些有價值的事物來交換。然而交換並不一定是運用貨幣。如棒球卡、畫家們的畫作，也可以拿來交換，所以交換活動必須具備幾個狀況：

1.必須有交換的一方或多方。
2.必須有一方認知之需求或價值。
3.雙方或多方透過溝通（communication）及實現送達他方需求之產品或服務。
4.雙方或多方可拒絕或接受他方所提供的產品或服務。
5.雙方或多方需有進行交換的意願。

二、行銷是為了滿足個人或組織的目標

行銷不是漫無目的的活動，行銷可以促成交換。以社會層面來看，可以提高綜效與增進社會的生活水準；以交換的對象來看，行銷會造成交換的對象價值增加，也就是滿足交換對象的目標。所以，行銷是目標導向，它主要是再創造一種雙贏或多贏的交換關係。

三、行銷是一種管理程序

行銷活動是有一定步驟且可按部就班進行的，行銷的管理程序包括：企業內行銷活動的計畫、執行與控制。主要終極目標除了使顧客獲得需求滿足和達成組織目標外，就是要和顧客建立一種持續長期互利（顧客滿意，企業有利）的顧客關係（customer relationship），所涉及的策略擬定範圍包含：市場目標、定位、消費者研究等計畫。

四、行銷的工具是行銷組合

行銷人員用來促進其交換活動以及達成其行銷目標的工具是行銷組合（marketing mix），即指產品（Product）、價格（Price）、通路（Place）、推廣（Promotion）等四種行銷活動。行銷組合（4P）是行銷人員所能控制的變數。以上四種操作變數我們將以專節討論其策略的擬定方法與重要觀念，而策略就像一副用藥處方，每一種藥物皆有副作用，使用前要確認其影響是否能夠承擔應付。

五、以客戶滿意導向的哲學

行銷人員必須發展一個合適的行銷組合，即針對目標顧客的需要、個人特性、偏好及態度（消費者行為）等深入瞭解後擬定各個行動策略及執行計畫。為了落實顧客滿意的原則，策略基本概念如下：

（一）迎合顧客需求

行銷觀念源於顧客的需要和欲望，然後統合一切能影響滿足顧客需要的活動，藉不斷創造並維持能使顧客滿意的產品，來達成獲利之目標。行銷觀念是一種以顧客需要和欲望為導向的經營哲學，主要以整體行銷來滿足顧客的需要，而達成組織目標。在設計一項新的產品之前，不只是要考慮到使用者的需求，還要考慮到購買這些產品的商家，花小錢就能夠得到新的花樣，這是未來的潮流，再加上模組哪裡故障換哪裡，這些都是可以吸引顧客，公司得到永久的利益，而需事先想一想要如何滿足顧客最迫切的需求。

（二）顧客至上的體現

顧客服務是任何企業都不應該忽視的一個企業程序，因為不僅現有客戶必須依賴良好的顧客服務來維持，潛在的顧客也常因與顧客服務人員交談愉快、滿意而成為新的顧客。為了達到取悅顧客的目的，甚至讓顧客感到驚喜，企業必須將每一次與顧客的互動，都看成一項潛藏不少商機的事件來支援與管理。稍為具體一些來說，良好的顧客服務程序可以經由充分的資訊支援與人員的訓練達到三個效果。其一，無論顧客提出的問題多難回答，如果顧客服務人員能經由資訊系統連線與上司、企業內其他部門（如產品研發或製造），或甚至其中上游供應商聯繫，必定可以留給顧客一個專業的形象。其二，當顧客對已購

買過的商品滿意時，對其推銷的其他產品亦有好印象，而且根據多家公司的經驗，顧客向同一家公司購買的產品項目愈多，其忠誠度也愈高，這是良性循環的結果。其三，若能將產品維修資料妥為分析，常能發現可協助企業改善產品品質及製造程序的線索。另一方面，若能主動與顧客服務部門聯繫，常能在有意無意間提供不少主意，供新產品開發的參考。

（三）形象知覺

顧客在購買的決策過程中是相當複雜的，一般基本的模式包括：刺激、黑箱決策過程及影響因素等，故購買決策始自外界的某種刺激，可能就是來自於企業的行銷活動，但也可能來自於政治、經濟、科技、社會等因素。在這要談的是企業形象知覺對行銷的幫助，知覺（perception），是指顧客進行選擇、組織、解釋外界刺激，所給予有意義及完整圖像的一個過程。「形象知覺是完整圖像的」，就如同我們欣賞風景，會對整個風景中色彩的配置、形狀的比例、聲音的協調等作一種意象上的呼應。而不會去探究風景中樹木的種類或價錢；就美感知覺而言，應該是一種無所為而為的觀賞，我們觀賞的是景物的完整圖像，一種完整的美。由於知覺與真實的現象會有所差異，因此常會有認知偏誤產生。很多成功的台灣中小企業主常會怨嘆，台灣的技術與產品的新穎、品質皆不亞於先進歐美國家，但因為你的名字叫"Made in Taiwan"；雖售價只是歐美國家的三分之一，但仍無法獲得顧客的信任，為何如此？全是因長期的「優越民族」刻板印象累積，短期間是難突破的，或許有能力的話可以併購歐美的中小企業或設組裝廠，也許可以改變台灣企業的宿命。希望我們一起努力，為台灣產品提昇利益價值、品質、準時交貨率、價格合理，及服務。

（四）留意危險訊息隨時改善

就如大家所詳知的——所有的經營或行銷活動皆源於「預測」，我們必須預測可以接到多少訂單，因此才能據此決定生產能量、進多少材料、僱用多少員工、多少現金預算，最後也才能估算投資報酬率與損益。但「預測」之本質是不確定、不準確的，但它又是不可省略的一個過程。為了降低它的影響，經營管理程序的循環中，告訴我們執行計畫以後要隨時留意結果訊息，雖然這些訊息是屬於歷史資料，所謂「鑑古知今」，歷史資料不是我們的興趣與目的所在，而在於根據這些訊息以預測未來，提早準備好替代方案。對於行銷活動所

產生的歷史訊息包括：低再購率、高退貨率、客訴案件增多、市場生命週期減短、競爭態勢與占有率等的變化，都是行銷活動的危險訊息，企業主要隨時敏銳地留意，並迅速的提出對應方案。

六、尋求競爭優勢

由於市場上的競爭激烈，因此，企業更重視建立持久性競爭優勢（competitive advantage）對企業生存、成長及獲利的重要性。如果一個企業未比競爭者具有任何競爭優勢，則成功的機會將很渺小，競爭優勢的有無和企業經營績效有很重大的關係，對競爭優勢的整體或核心觀念應該是——競爭地位或績效的優越性是來自於企業在競爭定位（competitive positioning）、資源及技術上擁有相對的優越性。

中小企業的競爭相對於大企業，其經營上的劣勢在於規模小、資源少，所以中小企業競爭優勢的建構，應該是與規模無關的競爭策略，要從策略觀點利用小型組織彈性的優點，突破成長的障礙，提昇競爭地位。也就是說中小企業如何透過有限資源，構思優勢的建立，提昇競爭力。我們提供三個主要的經營原則：獲利與成長取捨、穩定成長不躁進、擅用聯盟等作為經營策略擬定的依據。中小企業策略導向主要的目的就是追求利基市場與專業化的優勢。可行的策略分別敘述如下：

（一）集中資源策略

在資源規模相對不足的情況下，經營領域或規模若擴大將會分散資源的運用效率，因此，企業在各個領域中皆得不到優勢而陷入經營困境，中小企業在資源弱勢下更應將所有資源集中在單一事業領域，而策略焦點應在於該領域中極可能產生競爭優勢的事項上。所以對於集中資源對企業利基、專業化的策略取向，可能建立的優勢歸納如下：

1. 單純的市場客戶可以深耕：使企業更有機會深入去瞭解區隔內顧客的偏好與改變，甚至去影響其行為。

2. 小市場的區隔容易發揮效果：即集所有資源在一個目標之上，取得領導優勢後再往下一個目標。

3. 集中在特定核心價值的技術與活動上：對資源較少的中小企業比較可能

　　針對製程、作業流程或產品等技術上取得獨特的優勢。

4.持續的改善生產程序：持續在各個流程上進行品質與效率的改善，中小
　企業則要專注於專業化的優勢上努力。

　　在企業獲利的原則之下，中小企業常陷入思考的弔詭中，很多研究指出，
高的市場占有率意涵著高的獲利率，但有些事實卻是相反的，一味的追求市場
占有率策略上的運用通常必須犧牲利潤，在此建議中小企業當利潤與市場占有
率兩者目標相衝突時，抉擇時應以企業獲利能力為優先考量。

（二）穩定成長及經營能力提昇策略

　　雖然我們強調企業體質與獲利能力對企業的重要性，但企業的成長也是有
其必要性的。穩定成長指的是企業必須界定出成長的階段，做較長期的策略部
署，每各階段站穩之後再向下一個目標前進。例如，台灣有很多企業因為擴充
不當而產生經營危機。當然，獲利優先與穩定成長的原則並不是適用於所有的
產業或新興產業，例如，現有產業所面臨市場生命週期的快速變化及經營者面
對激烈競爭生存上的問題等，或新興產業所面臨不確定的市場、技術及經營模
式等因素，策略上的抉擇也有不同。中小企業經營能力提昇的優勢建立，包
括：組織整合、創新與環境應變等。企業經營最重要的優勢是來自於品質、成
本、交貨期、服務的競爭力。而品質與成本則是供應面的因素，而服務與交貨
期則是滿足顧客需求基本因素，也是行銷策略發展的主要方向。中小企業可以
運用現有的供應體系上之虛擬組織整合，以達到高品質、交貨準時、低成本、
服務專業化的顧客需求的滿足。由於中小企業靈活的組織特性，實證研究結果
顯示中小企業的創新可能性高於大企業，針對屬於中小企業的創新課題包括：

1.如何尋找創新機會：由於中小企業採取專業化及利基策略，對市場和技
　術的知識內涵較為深化，因此較容易察覺於特定領域中的創新機會。

2.如何降低創新所帶來不確定風險：中小企業要避免這些不可預期的損失
　的主要作法包括：不能距現有營運領域太遠、以現有的知識技能及專業
　形象為基礎、確實分析進入創新市場的時機是否對企業有利。

3.尋找外部資源的協助：有許多組織機構有充足的研發設備與人力等資
　源，恰好可以彌補中小企業本身資源的不足。例如，公共研究機構、大
　學等。

（三）差異化策略

差異化策略是在為特定顧客群或利基市場的特殊需求而生產高度差異化能滿足其需求的產品或服務。基本上，中小企業的生產與營運成本均高於大企業，如在採購上通常就比較不利，無法由供應商處獲得數量上的折扣及技術上的援助。因此低成本策略是中小企業所要追求的目標，但不是最佳策略模式；若一味想用價格競爭策略，在無法降低成本的客觀因素下必定會犧牲寶貴的企業利潤，對資金較短缺的中小企業將傷其生存的基礎。中小企業想在市場賽局中獲得競爭優勢，差異化行銷策略是可以採用，一般常用的方式說明如下：

1. 產品差異化：包括：產品特性、耐用性、可靠性、可維修性、新穎性、共用性、可操作性、多功能等因素加以差異化。
2. 服務差異化：例如，在交貨期、安裝服務、顧客使用訓練、「一次購足的全套服務」、專業諮詢、時間彈性、售後維修服務等，可讓客戶驚喜的差異化服務。
3. 人員差異化：通常具規模的大型企業服務人員的素質為平均之上，但因客戶多元化的需求，中小企業可以在人員差異上努力，例如，多能知識、特殊技能的服務人員的投入。
4. 形象差異化：大型企業就像學校模範生一般，做好是應該的且進步的空間很少，中小企業只要在形象上能注意提昇，對行銷效益貢獻將較卓著。例如，運用企業識別系統（**CIS**）、影視媒體、公共關係等方法建立正面的形象。

（四）聯盟策略

當企業資源不足時，企業可針對價值鏈上所有價值創造活動重新評估其方式與重點，再將有限的資源投資到最能創造價值部分。所以對中小企業而言，資源的弱勢是主要策略上的限制，因此利用聯盟的方式來達到成長與優勢建立。這是一項互惠的行為，所以聯盟前還是要評估自身所能貢獻的資源，才可能有機會與適合的合作夥伴合作。

聯盟策略立意雖好，但因為聯盟夥伴在企業價值觀、經營者能力、企業利益目標等因素的差異，要各職所司各取其利，需要長時間及技術的磨合，方可取得長期合作的默契與利益。

利用行銷研究來落實行銷概念

　　近日商業環境的特色就是不斷的改變。傳統的市場由市中心遷到郊區的購物中心，造成蕭條的市區。顧客們也比以前更機動、更富裕、更不可預測；商品的配銷的方法與處理技巧更是一日千里；這些都是爲了滿足顧客對產品或服務不斷增加的需求。例如，24小時全年無休的營業模式、折扣商店與連鎖商店的出現，也使交易與經營的技巧革新了。廣告媒體的多元化也創造一個離不開行銷的現代生活。中小企業的經營者必須充分瞭解環境改變的事實，所以規劃的工作就更應具有彈性，必須隨時留心經營的新方法，並在有利的時機時改變經營方針。行銷研究可使經營者找出許多行銷方面問題的答案。本節討論行銷研究的基本目標、行銷研究的進行步驟、資訊蒐集和分析用途、電腦資料庫的利用。

　　何謂行銷研究？行銷研究是一種市場資訊的蒐集並分析評估有關購買或銷售等情報的一種方法。行銷研究爲制定、執行與評估各項行銷決策，行銷人員需要及時取得有關外部總體環境、競爭情勢、消費者行爲、內部產銷情形及市場銷售狀況等各種行銷資訊。行銷研究指的就是以科學方法蒐集、分析和提供行銷決策過程所需的資訊，以協助決策人員制定合適的行銷決策。行銷研究是一種管理工具，其任務在提供有關的行銷資訊，供決策人員制定行銷決策的參考。例如，經營者想知道目標市場中有多少的潛在客戶、是否應該在購物中心內開設書店、或消費者對企業的印象等，都得依賴行銷研究而獲得決策情報。對經營者而言行銷研究可以回答的基本問題有：

　　1.誰可能購買企業所提供的產品或服務？
　　2.經營地點和潛在客戶居住的地區有無關係？
　　3.顧客購買的數量與金額是多少？
　　4.顧客喜歡那種式樣、顏色與尺寸？

　　顧客可以自由地來決定接受或拒絕商品，決策的因素除了依據其需求（needs）、需要（wants）和偏好以外，還有其購買動機、習慣。所以廠商每年會編列大筆預算找出如何才能滿足顧客的需求。又因爲顧客的需求是不斷的變動，增加企業經營的風險，所以企業的行銷研究也要持續進行。經營者必須敏

銳的探求行銷、廣告和配銷通路方面的趨勢，才能在市場上增強企業的競爭力。行銷研究是一項重要工具，可以協助經營者跟上快速變化的購買習慣、配銷通路及顧客的偏好。

一、行銷研究如何輔助行銷作為

行銷研究可以持續提供大量資訊，但是在面臨許多特定問題時，持續性的資訊可能無法產生令人滿意的答案，因此仍有進行專案調查的必要。這類的專案調查稱為「行銷研究」，AMA將之定義如下：「藉由資訊而使消費者、顧客、及大眾與行銷者產生連結的功能，包括用以監視並界定行銷機會與問題，用以產生、修正評估行銷行動、用以監視行銷行動，及用以改善對行銷過程的瞭解等資料」。行銷研究指出處理這類事項時所需要資訊，設計出蒐集資料的方法，管理並執行資料蒐集過程，分析結果，並將其發現之涵義予以傳播給企業經營與管理階層。中小企業可以定期的蒐集行銷的基本資料，例如，計算出每位顧客、業務人員、訂單等所代表的銷貨額，蒐集競爭者的產品、定價與銷售手法等資料，大部分的中小企業都缺乏全職的專業行銷研究人員，所以重要關鍵性的行銷問題我們建議由經過訓練的行銷人員或外部顧問公司、行銷研究機構來執行。好的行銷研究需要成本，但差勁的研究則帶來更多的損失，因為它可能導致錯誤的決策。

二、如何進行行銷研究

如果決策中需要用到行銷研究，那麼就涉及一連串複雜的程序與方法，足以令人望之卻步，這也是「行銷研究」成為獨立的行銷課程，而且其後還有「實驗設計」、「多變量分析」等方法論課程的主要原因。按其行銷研究之程序如下：界定問題、研究設計、蒐集資料、分析資料、提出報告，我們分別敘述如圖7-1所示。

三、界定研究問題

清楚的界定研究的問題及研究目的動機，這就是行銷研究的第一步驟，也就是其他部分是否成功，端視問題是否清晰、明確的陳述出來，這點非常重要，因為問題的性質決定了研究的事項、該找出那些答案及何種形式的解答；

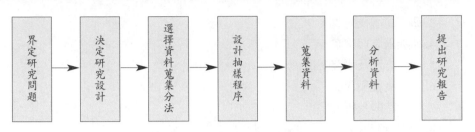

圖7-1 行銷研究的程序

目標方向錯誤會誤導決策人員，如可口可樂因一項市場研究將原來可樂變甜了，而引發舊口味顧客的不滿。在某些情況下，問題的發現與界定可以同時被完成，例如，百貨公司在舉辦「特惠」活動前，必須決定那些商品提供優惠以及提供何種優惠等事項，其問題很明顯。然而，在許多場合中，研究人員往往只能看見問題的「徵兆」，並不能確定問題何在，可能必須用探討性研究來澄清問題的本質，否則在後續的研究中可能因為走錯方向問錯問題而「作白工」，總之，「明確的陳述問題等於已解決了一半的問題」，一般中小企業常見的問題如表7-1所示。問題界定表現可由以下幾個的主題的描述產生：

    1. 研究動機。
    2. 研究目的。

表7-1 一般中小企業所面臨的行銷問題

1.主要的競爭對手的成本比我們低10%以上？應如何縮小成本差距？
2.企業目前的競爭優勢已逐漸流失。我們要追求哪些更新競爭優勢？
3.企業目前正經歷高度的顧客流失率。我們應採取哪些政策，以增加顧客的滿意度並且留住顧客。
4.雖然我們的顧客資料庫優於競爭者？但要維護顧客資料庫所花費的成本很高，要如何有效運用顧客的資料庫以增加更多價值？
5.經銷商要求更多的折扣，使企業近乎無利可圖。目前是要解除經銷制度或採直接銷售呢？
6.競爭者以低於成本的售價破壞市場，是否跟進或轉移新的利基市場或不變應變？
7.供應商不斷提高售價，使我們的利潤受到擠壓，是否改由自己製造或尋找新供應商？
8.對於決策的資訊來源較不足與缺乏行銷研究專業知識，是否要聘請企業經營顧問？

3. 研究範圍及定義。

4. 研究限制與困難。

5. 研究方法及研究架構。

6. 研究流程與步驟。

7. 研究時間及研究預算。

8. 預期研究成果。

四、研究設計

決定研究設計類型，一般分為探索性研究與結論性研究兩大類型，前者主要是在發掘初步見解，並提供進一步的研究空間，而後者是在幫助決策人員選擇合適的行動方案。如果研究的問題所知有限可使用前者，如果所知相當清楚需要更精確決策時則可使用後者。

1. 第一種探索性研究是文獻調查，也就是針對企業內部的歷史和外界的公開資料，來尋找可能的解釋或答案。這裡的文獻，包括報章雜誌、學術刊物、政府統計，以及企業內部資料等，因此有人稱之為次級資料調查。

2. 第二種結論性研究是經驗調查，也就是詢問某些對相關問題較為熟悉的人士，請他們就自己的知識與經驗來提出可能的解釋或答案。

3. 先導性研究泛指各種用到抽樣方式，其過程中最常見的是集體深度訪談，也是用簡單抽樣方法選出若干人，由一位主持人引導其自由討論相關議題，藉由幾乎無拘無束的的發言與討論，來發掘可能的解釋或答案。

4. 個人深度訪談，運用不限制的答案內容採用開收式問卷來取得類似的資料。

5. 個案研究，也就是針對少數幾個相關案例，仔細分析其中所涉及的事項，之後找出可能藉由「模仿其過程」來「複製其成功」。

五、蒐集資訊及評估訊息

(一) 選擇資料蒐集方法

資料一般可分初級資料及次級資料兩種，前者為原始資料，即為特定研究目的直接蒐集的資料，可用訪問法、觀察法、實驗法，後者為組織內外現有的資料，如產品結構及成本資料、政府統計資料等。

(二) 蒐集資訊

在進入實際資料蒐集的階段，也就是所謂的現場工作，或是實地作業，但國內社會與自然科學領域的學者專家普遍將之直譯為田野工作。就實際的作業過程而言，這個階段的重點在於減少非抽樣誤差。調查研究可能發生抽樣與非抽樣誤差，從而使其結論喪失可信度。抽樣誤差可以用抽樣設計和廣大樣本來降低甚或消除，但非抽樣誤差則有許多不同的來源，必須在資料蒐集與處理的階段中設法加以控制。簡單的說資料蒐集之前須有初步調查，其目的在於對問題發展出更明晰的定義，並期望能得到一套假定的答案。如此有助於研究人員訂出正式的研究進行方向，結果可提供研究人員瞭解那些事實是解決既定問題所需要的，及那些資料是需要的，並著手擬定蒐集資料的計畫。可使用的蒐集技巧包括：人員訪問、電話訪問、郵件詢問、市場試測、問卷等。至於有效的研究方法選擇或調查技巧非短期可以培訓完成，中小企業主可依據實際需要聘請專業行銷機構或管理顧問公司來做。中小企業主要做的任務就是確定行銷研究的資料提供，畢竟企業經營者才是成敗主要關係人，對所需資料的評估內容如下：

1.目前行銷決策上的問題？需要何種行銷資訊？
2.為了什麼目的做行銷研究？主要訊息是什麼？
3.何種資料必要的？有哪些是多餘的？
4.這項行銷研究的急迫性如何？可否有其他地方可以獲得及時的資料？
5.研究的背景假設是什麼？背景資料來源？

(三) 資料分析與評估

最後必須將蒐集的資料加以整理分析，否則無法產生有意義的資訊。資料

分析的工作包括檢查初級與次級資料，去除不合邏輯、可疑及顯然不正確的部分。在這個階段中必須注意辦公室誤差的存在，避免在編碼與歸類統計的過程中出現人為疏失。典型的作法包括由另一個人進行校對工作，提供編碼手冊以便隨時參考，以及對異常的數據進行原始資料檢視等，最後利用統計方法分析資料，並解釋結果。

（四）研究報告提出

　　書面研究報告的撰寫要針對閱讀者的需要與方便。研究報告可分為兩種：一是技術性報告（technical report），強調使用的研究方法和基本的假設，並詳細陳述研究發現；技術性報告主要是向研究部門或幕僚人員報告之用，內容較豐富，除了說明發現與結論以外，應詳細解釋研究方法，提供參考性的文件資料。另一是管理性報告（management report），此報告要儘量減少技術的細節，力求簡明扼要。管理報告主要是向經營者報告之用，應以生動的表達方式說明研究的重點及結論。

　　除了書面報告之外，如果時間許可最好能向決策人員做口頭報告。口頭報告應掌握重點及簡明扼要的訣竅，並做好充分的雙向溝通。

六、利用電腦資料庫

　　大部分的企業都會建立某些蒐集、整理、儲存資料的機制，以供各種用途所需，只要經過適當的整理，這些未必配合行銷部門所需的機制，大致都可以提供許多行銷決策所需的資訊。

　　除了行銷資訊外，行銷最重要的是內部次級資料，是與產品與顧客有關的檔案，許多公司將之以某種有系統的方法整理成資料庫，供相關人員檢索應用。

（一）產品資料庫方面

　　通常至少要包括：品名、代號、尺寸與技術規格、現有庫存等，有時還必須保留原始設計圖及相關的技術資料。除了供業務員洽談生意時使用之外，產品資料庫也在新產品開發的過程中扮演關鍵性的角色。

（二）顧客資料庫方面

　　如果主要顧客群是各類公民及機關，應該包括：機關名稱、地位與聯絡電

話、聯絡人、相關主管資料、過去採購品項與數量等資料。如果是直接面對消費者大眾，則應增加性別、年齡、職業、仍至於教育程度、資訊來源等資料。顧客資料庫不但可以顯示企業的定位是否與原訂的目標相符，也可以透露出行銷活動是否適當。

發展行銷策略

行銷策略乃是每一事業功能單位希望藉以達成行銷目標之順序，它包含有關目標市場、定位、行銷組合及行銷支出水準的特定策略。同時行銷策略界定事業單位採取的廣泛原則，事業單位根據這些原則，期望在目標市場達成行銷目的。行銷策略規劃為市場導向的企業經營重心，其基本要素包含目標市場及行銷組合的有效運用兩部分。有關行銷策略問題包括用於行銷組合的各種競爭智慧，亦即我們的產品如何定價？如何促銷？如何配銷？以及發展何種品質的特定生產線？因此，若沒有完善的行銷策略規劃，企業是無法放心地投入生產。

一、新事業或新產品市場的發展策略

由於產業結構調整中小企業均大力投入管理機能的提昇，以及生產技術的突破，期能藉由技術、生產、市場、人力、原料、制度等經營面的創新，提高附加價值及企業永續經營的競爭力。但在些企業的改革運動中，不管成功或失敗，企業勢必投入可觀的資源，而產生新的事業模式。新一代的經營者追求的是技術創新、成本結構的改善或調適新的消費者需求。

（一）新的事業具有之產業競爭結構性特質

1.技術的不確定性：即新事業的技術仍未確定，最終產品或最佳產品的內涵或組合仍不確定、最有效的生產技術也未獲得共通性的結論。

2.策略的不確定性：最佳的競爭策略到底為何？由於缺乏實際的經驗或舊有規範，因此不易選擇。企業對產品／市場定位、行銷、服務策略，所有的競爭廠商所採取的策略方案皆有不同。同時，競爭者之間與顧客的

資訊情報亦不是容易獲得的。

3.開辦成本高：可以運用學習經驗曲線及經濟規模擴大而獲利，企業在創業初期應積極改善生產規模、工廠布置、工作熟練度等以提高生產力，同時追求銷售量以降低單位成本。

4.新事業新的競爭者：大部分的競爭者皆同屬創新的企業，沒有豐富的管理經驗包袱是大家的共同特點，而大部分顧客則屬於第一次購買者，因此如何誘發替代性購買，為行銷策略的重心。

5.高科技技術的導入：新事業通常具有創新技術的高科技，較容易受政府與社會的關注，因此常可以獲得政府或公益法人的補貼。然而，補貼措施也賦予產業極端的不穩定性。筆者在九〇年代曾參與農業自動化的補助作業，就因為依靠政府政策對客戶補貼來發展事業，故容易因政策變動或修正而崩潰。

由於新事業具有技術獨占性，行銷通路與原物料不易取得，機會成本風險過大是最初創業最大的障礙，所以初創事業行銷策略在配銷通路與原物料來源乃是成功致勝的關鍵因素。當然對於新事業投入時機的抉擇也是非常重要的，太早風險高，但進入障礙小未來回收大。例如，企業若在知名度形象高、顧客忠誠度高、學習曲線效果高、掌握原物料來源與絕對成本優勢，則可以率先投入，否則「老二策略」對先天不足的中小企業也是一項不錯的策略模式。

（二）對新產品市場領域的決定之思考層面

1.生產與市場：策略領域在於：

（1）產品魅力。

（2）市場需求。

2.可控制能力

（1）技術。

（2）生產能力。

（3）販售市場。

（4）配銷系統。

（5）天然資源。

3.業績

（1）規模／成長的可能性。

（2）營業額／利益。

4. 影響行銷策略的要素：

（1）市場情況與產品的生命週期。

（2）競爭情況。

（3）環境力量：外在不可控制的因素。

（4）組織情況：企業規模、企業成長階段、企業的優劣勢。

由上述可瞭解，中小企業若想掌握新事業競爭的成功關鍵，就應在新事業的最初期介入，享有較充分策略自由度，可以獲取主控新產業結構的能力，由此來創造對企業有利的競爭地位。例如，對企業最具優勢的產品政策與價格策略。

二、追隨先進廠商策略

國際化與自由化市場競爭環境下的台灣中小企業，近幾年是企業體質調整的關鍵時期，若無法承擔經營成本急速上漲，而生產力又無法迅速提高，將會逐漸退出市場。而有許多有能力接受新競爭環境考驗的中小企業，在有效凝聚新的生產資源而進入市場。而這些新進市場的中小企業如何與具有豐富產業經驗的現有企業一較長短？或新進廠商如何在現有企業與現有市場中發揮競爭力？首先我們先分析在現有市場中的企業與新進企業在市場競爭條件上的差異，基本上，現有企業在勞工的學習效果、市場權力、規模經濟、專業分工、自動化的競爭中較新進企業具優勢。新進企業如何有效追趕現有企業策略，茲說明如下：

1. 借用現有競爭企業的新產品設計或經驗：例如，聘僱現有先進企業之專業人才，或蒐集產業的生產、產品設計情報加以改進。

2. 使用新技術科技的生產方式：亦即利用新技術的突破或更創新的生產技術來創造新的知識經驗。

3. 以較大的生產規模進入市場：擴大生產規模經濟效應，以降低單位生產成本。

4. 找尋具豐富經驗的供應商支援：運用上游供應商的經驗，來平衡與現有市場先進競爭企業的經驗優勢。等到本身經驗逐漸累積再進一步擴大生

產領域。

5.利用自己的競爭優勢：所謂競爭優勢就是競爭企業無法獲取或替代的市場競爭特質。例如，零售業的最佳店面、製造業原物料來源的掌握、掌握最廉價的勞力成本等。這也是追趕先進廠商優勢經驗競爭力的有力武器。

三、完全競爭市場的競爭策略

在完全競爭市場中，常會有某一產品陷入市場的艱苦競爭中。此競爭市場裡有數量龐大的中小企業加入戰爭，但沒有任何一家企業是市場的領導，或占有稍微顯著的市場占有率。因此，亦無企業有能力主導市場競爭型態與產業規範。所以在此競爭特質的市場環境，中小企業可採用的策略，基本上是根據差異化、低成本、集中化三項策略要素而發展：

1.標準化的生產與服務模式：建構一套標準化的生產或服務模式，以降低作業體系固定成本。

2.分權化的管理：採取充分授權及績效導向管理，以符合完全競爭市場的作業要件，包括：密集協調、現地緊密控制、高度人員服務管理取向的需要。

3.增加產品附加價值：由於技術與進入障礙較低，所以造成隨誰都可以進入或退出市場，因此若能增加產品附加價值或退出障礙，必可產生優勢差異效果以提高競爭的能力。例如，提供較多的銷售服務，為顧客做最後的加工或最後的組合裝配等。

4.降低產品成本：由於完全競爭的產品大多利潤低、高度競價品，若以減料的方式必會降低產品附加價值，所以降低成本應以間接費用或勞力成本的節省為主，如此可以獲得低價專業化效果，可能因銷售量的增加而獲利。

5.垂直整合策略：進行選擇性的向上或向下游整合以降低成本。造成不願跟進之競爭者的壓力。

6.專業化

（1）產品線集中策略，可以獲得規模經濟的採購利益及在顧客心中建立專業形象。

（2）顧客區隔集中策略。

（3）訂單形式專業化，例如，僅針對小量訂單，接單馬上交貨等。

（4）地理區隔：集中在特定區域內，集中所有資源及管理活動，強化銷售管理的經濟效益。

四、市場進入策略

進入市場時機掌握不正確的風險，如過早可能造成資源的浪費或閒置，及螳螂捕蟬、黃雀在後的威脅。若過遲進入則可能產生市場為敵所控，致勝先機盡失之憾。

1. 拓荒者策略：可制敵機先、經驗曲線效益、設遊戲規則，需有風險承擔意願與能力。

2. 早期進入策略：必須有足夠的資源、優越行銷策略，同時具備挑戰市場領袖的強烈意願與投入。（最佳時機）

3. 晚期進入策略：在產品生命週期（PLC）成長期末採模仿或改良。

> 製造業已經沒有什麼價值可言，唯有審慎市場研究、創新以及行銷手法才能夠為產品加值。
>
> ——耐吉創辦人菲爾‧耐特（Phil Knight）

五、中小企業的行銷策略發展規劃程序

中小企業的行銷是由目標市場的認定、資料蒐集及評估分析、市場潛在規模決定、達到市場目標的準備、溝通與配銷等企業活動所組成的。而行銷策略的發展規劃包括：資料蒐集、統計評估、市場分析及方案決策等階段。對策略規劃程序，學者們提出許多不同的架構模式，對於中小企業而言，由於市場環境的不確定因素影響甚鉅，好的策略規劃需富有彈性，因此環境多變掌握不容易，但企業使命、信念、目標與個人的態度應該要堅持，然後隨著市場競爭態勢的改變，持續修正自己事業的新市場、新通路、新的組合、新的遊戲規則，也唯有創新的思維才可能面對瞬息萬變的環境挑戰。所以我們對中小企業的行銷策略發展提供如**圖**7-2所示的規劃步驟：

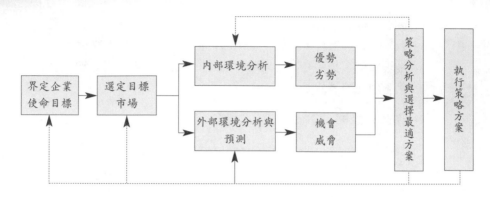

圖7-2　中小企業的行銷策略發展架構

（一）設定企業目標

　　對一個企業來說，有必要設定一系列的目標，這樣才能進一步草擬出策略以達到這些目標。管理大師杜拉克（Drucker,1954）認為企業有許多需要必須求得平衡，因此沒有一項單一目標可以代表一切，通常在經營績效與結果（performance and results）直接影響企業生存發展的項目，就是企業目標。Simon（1958）認為企業組織內外所有與組織有資源互動的成員，均會影響企業目標的決定，因此任何企業均無法達到最佳化，它只能追求一種「平衡」的狀況而已，此時的企業目標是一組維持組織成員資源持續互動的目標組合（objective set）。也就是企業需要同時有許多不同的目標。潘振雄（1999）對企業目標作簡單的定義：「未來想要達成狀態的敘述，企業透過各種活動，在未來促使其實現」，這些目標可以是經濟方面的事務，如投資報酬率或銷售目標（量化的）；或者這些目標也可以是非經濟方面的事務，如「愉快、士氣高昂」的工作人員（質化的）；當然，目標也可以是防範未然的工作，比如說改善現金流動狀況。但不論目標為何，一定要有十分明確清楚的陳述，否則策略的發展就失去其意義，因為如果連我們自己都不知道自己希望到哪裡去，那我們又如何能真正達到哪兒呢？我們可以歸納企業的目標功能包括：行動的指導方針、經營的限制、正當性的來源、績效評估的標準、激勵員工士氣的來源、組織發展規劃的基礎、決策者的「方向盤」等。因此，目標設定對中小企業來說非常重要，如果沒有目標，企業可能就無所適從，盲目經營，無法擬定適當策

略，當遇到經營困境時容易舉足無措，甚至喪失前進方向。

（二）選定目標市場

在發掘及評估市場機會的過程中，通常會產生許多新的構想。此時企業的真正任務，就是要從幾個好的構想中，選出一個能符合企業目標與資源的最適構想來。前面我們討論過行銷研究的用處，在目標市場的選定就可運用上，企業的經營必須具備顧客需求、偏好和欲望的知識，為了預測市場滲透的可能性以及是否能夠賺取利潤，必須預測顧客對擬推出的產品之反應。所以在策略擬定與大筆資金投入市場機會分析前，可以透過行銷研究提供市場大小和結構等有價值的訊息，例如，潛在顧客的人數、所得水準、職業種類、年齡與性別等資料，對決定在何處開設店面或工廠、哪一區塊之顧客群等有很大的幫助。

（三）SWOT分析與策略擬定關係

1. SWOT分析工具

藉由SWOT〔優勢（Strength）；劣勢（Weakness）；機會（Opportunity）；威脅（Treat）〕分析後研擬行銷策略，則需進一步瞭解其特性。SWOT是一個常用且有效的工具，經由專業人員的應用與發揮，可以運用於各種行業，藉由成員間的腦力激盪的過程，可使企業內各階層達成明確的共識，所以行銷策略的規劃將可順利展開。SWOT分析原理乃將企業內部優勢與劣勢與外部的機會與威脅，兩相比對分析產生具體化的策略方向。企業用其來瞭解情勢判斷實力的消長。它本身不是目的，而是作為研擬策略的工具。其中企業內的優勢是指企業所具備的成功要件及競爭力；而劣勢指的是企業不具競爭力且嚴重影響企業利基，需立即改善的地方。至於外部環境分析的機會所指的是可使公司獲得利益的行銷活動之新市場；威脅則是指環境中不利的趨勢或發展的挑戰，企業若缺乏因應對策將導致市場競爭受到侵蝕。企業的資源構成了其優勢與劣勢，包括人力資源、組織資源及實體資源，而將這三種資源統合後，可以提供企業一個持續性的競爭優勢，亦即是此項優勢是無法被競爭者完全複製，可為企業創造高財務報酬的經濟價值。我們將此三種資源分散於企業機能中，可以依表7-2優劣勢分析表進行評估，以提供經營者對行銷策略擬定之參考。

表7-2　優劣勢分析表

績效及重要性	績效					重要性		
企業功能	主要優勢	次要優勢	無	次要劣勢	主要劣勢	高	中	低
行銷								
公司形象								
市場占有率								
產品品質								
服務品質								
定價的效能								
配銷通路的效能								
促銷的效能								
銷售力的效能								
創新的效能								
地理涵蓋的範圍								
財務								
資本的成本								
資本的可利用性								
現金流量								
財務穩定性								
製造								
廠房								
設備								
規模經濟								
產能								
人員的能力及熱忱								
即時生產的能力								
製造技術								
採購／物料管理								
生產力								
組織與人力資源								
領導者的視野與能力								
員工的經驗與能力								
企業家精神導向								
彈性／反應力								
知識與技能								
公司制度								

2.策略研擬應用

SWOT分析是策略規劃的主要工具之一，該如何應用到策略擬定、規劃，我們做以下的建議：

（1）擬定一個經營目標：此SWOT分析的結果才具意義，它就像統計分析工具一樣，必須先確定其所要分析的具體內容。例如，中小企業不同的經營模式，例如，OEM、ODM、OBM（自有品牌）等，就有不同分析結果。

（2）注意環境的變遷：過去的成功經驗、優勢、機會，不能代表可為現在帶來競爭優勢，而現在的優勢、劣勢、機會與威脅，在未來也不再是。影響的因素包含許多，包括：產業內競爭者間的消長、企業本身能力的增進、競爭者的作法、新替代品出現等。

（3）所有的市場機會與威脅均眾所皆知；如果認真地在熟悉的行業裡，機會與威脅應該會很清楚，也就是說競爭者與你一樣獲得相同的資訊，其中是機會或威脅端視企業的解讀、因應策略而定。知道機會來了，與把機會變成自己的利益，基本上是不同的「兩回事」。例如，加入WTO的議題，中小企業未來是否會受影響？是機會或威脅我們認為不是重要因素，則要看各企業所採行的策略而定。

（4）策略著重在創新與主動：SWOT是一項分析工具與模式，在思考過程容易形成一種制式的思維程序，例如，2002年9月加油站所爆發「割喉式」價格戰，所有廠商的策略幾乎一致追隨，後進者就無法像先發廠商一樣獲得公共關係上的利益。現代策略思潮講究創新與先發主動，為企業創造有利的經營環境與地位。

（四）轉移目標市場

所謂「創業為艱，守成更難」，它的意思是說企業依據創業經營計畫按部就班就可以建立公司，但因為經營過程的影響變數太多，所以常使企業遇上永續經營的困難，我們認為市場變動是最嚴重的一項因素，在此，一起來探討經營者內心的建設，為了企業的永續經營目標，對於沒有利潤的市場或不具前瞻的市場區隔，要勇敢地面對目標市場的轉移，其實人們都是不喜歡改變，若是要改變的話也得等到「窮極」之時，當然不是錯失良機就是飲恨敗北，無法適時掌握改變的機會，想要「變則通」是不可能的，常常會有「時不我予」的感

嘆。中小企業主最大的經營危機在於「少時得志」，堅持一貫的經營模式與目標市場，總有一天客戶源是會枯竭的。如何進行轉移或尋找新的目標市場，提出下列建議：

1.目前沒有任何競爭者注意到的新市場，未來將有很大的發展潛力。

2.普遍被認為是不重要的次等市場。

3.市場可能不大，但沒有任何競爭者，或競爭者極少，反而較易形成賣方市場。

4.企業真正競爭優勢所具備的能力，如創新能力、專業服務等。

5.具挑戰性的市場或高品質、高利潤的顧客群，至少可增加企業良好的形象。

6.舊有客戶市場，一直往前衝雖然可以開發新的市場，若以市場穩定以及占有率的觀點，原有市場的區塊是否可以增加其忠誠度或創造新的需求。

> 在市場裡，等到你自己發現出問題的時候，通常都已經回天乏術了。除非你隨時保持警覺，戰戰兢兢的在事業上衝刺，否則很快就會被淘汰。
>
> ——比爾・蓋茲（Bill Gates）

（五）發展有效的行銷組合

擬定行銷策略必須先進行市場區隔（Segmentation）、目標市場界定（Targeting）、市場定位（Positioning）等政策規劃後，才能開始發展產品、價格、通路、推廣等4P行銷組合策略。一般企業的行銷策略擬定，會依組織層級的不同而有不同的責任，例如，目標與定位策略是屬於高階層經營者配合行銷部門人員一同負責擬定才能完善，但實務上常見的問題，都是由高階主管就其本身主觀的判斷而擬定，缺乏行銷部門的專業知識配合，將降低目標與定位結果的效益，就是可控制的行銷變數，公司用來使目標市場產生所需的反應。一旦公司決定如何將產品定位後，就可以開始做行銷組合的詳細計畫，行銷組合是現代行銷的主要觀念之一。

行銷組合包括所有公司能用來影響顧客對其產品需求的事，雖然在這個滿

足目標市場的需求過程當中，有許許多多的變數可以影響行銷的成敗，但行銷者大概可以集中在四組變數的決策，就是上述的「四個P」的策略：產品策略、價格策略、通路策略及推廣策略。透過四個主要策略的綜合運用以滿足目標市場的需求及合適的行銷決策組合。剛剛提到影響行銷成敗的變數甚多，而我們將所有的變數歸類為四大類，主要的用意是幫助我們作行銷決策的分析、研究與學習。實務上制訂與執行行銷策略時，除了四大類的策略必須相互配合以外，個人的創意、行業型態差異與行銷外在環境等持續變動的因素也要考慮，好的規劃絕不是一成不變而是必須掌握變數隨時應變的。簡單的說，行銷決策者可控制變數就只有這四大類的策略決策，而行銷外在環境中例如，一般政治、經濟、社會、技術（PEST）環境，競爭者及消費者往往都不是行銷者可以控制或影響的。所以無法控制的因素在執行行銷決策時也要列入考量，如何運用手上的資源即可動策略來適應環境的變化。四種可以控制的行銷組合策略說明如下：

1. 產品策略（product strategy）：產品或提供的服務是任何行業基礎。如何提供與眾不同的產品使目標市場對它有好感，甚至願意付出較高的價格。對企業行銷而言，產品不單指一項貨品而已，服務、形象與創意也都包含在內。因此，產品策略不僅僅只是決定生產何項產品，還包括公司提供給目標市場的「貨品服務」組合，包括包裝及設計特色、尺寸規格、品牌命名、商標、售後保證與服務、產品可靠度、產品定位、退貨程序及新產品持續開發等。

2. 價格策略（pricing strategy）：價格策略之目的在為產品訂定合理且能獲利的售價，亦即代表顧客為獲得該產品而必須付的金額。價格的決策包括：牌價、折扣、折讓、付款條件、信用條件等。而售價的訂定受政府法令的限制與消費大眾的監督。價格策略的運用是行銷決策中較重要也較難拿捏的一項考驗。在影響產品定價的許多因素中，當以競爭者的優勢變化為造成價格波動的主因。有的競爭者為了增加市場占有率、知名度、生存或其他因素而調降售價，通常多會引來一波接一波的價格大戰。在此要以過來人的角色告訴中小企業主，以調降產品價格為競爭手段是一件極為冒險的決策，如較低的價格所增加銷售額不足以彌補因降價而造成的損失，同時市場的價格經破壞後很難再提高，企業賴以維生

的利潤因此受影響。

3. 通路策略（或稱配銷策略）（distribution stategy）：乃指公司為使目標消費者易於及時、方便獲得需用的產品而進行各種適當的活動。通路策略包括：運輸方式的選擇、倉儲、存貨控制、訂單處理、涵蓋面、交通及配銷管道的舖貨及維持等重要的決策。行銷管道通路是將企業所生產的產品運送給最終消費者的過程中，所有參與運作的機構及個人的組合。其中包括批發商、零售商、倉儲物流商、宅配業。

4. 推廣策略（promotion stategy）：是公司所採傳達產品優點的各種活動，以說服目標顧客購買。推廣促銷是買賣雙方溝通的橋樑，經由各種不同的途徑，行銷者將有關商品或服務的資訊傳達給社會大眾。這些方式包括：直接的人員銷售、公共關係、廣告與非直接的廣告、直效行銷及特價活動等。

有效的行銷組合應該採買方見解而非賣方的觀點，因為顧客在考慮一項產品或服務時，並不會站在賣方的立場考慮。行銷學者科特勒（Philip Kotler）提出一種成效卓著的見解，他認為4P中的每一個P，都應該以買方觀點的4C來衍生較適當（如表7-3）。

因此，行銷者把自己視為在推銷產品，而顧客則自視為購買價值與解決問題的方法。顧客有興趣的不只是價格，對於獲得、使用、丟棄產品的總成本也有興趣。顧客希望產品與服務能儘量方便隨時可得。顧客不希望只是單向的接受推銷，而希望有更多雙向交流的管道。在此建議中小企業能先考量顧客的4C，然後再建立4P的架構，將會有更高的效益。

表7-3　顧客觀點與行銷者觀點對應表

行銷者的4P	顧客的4C
產品（product）	顧客價值（customer value）
價格（price）	顧客成本（cost the customer）
通路（place）	便利性（convenience）
推廣（promotion）	溝通（communication）

資料來源：利浦・科特勒著，高登第譯，《科特勒談行銷》（台北：遠流出版，2000年）。

（六）產品生命週期

企業在規劃行銷策略要充分掌握市場機會外，對於產品未來生命週期動向是不可忽略的。正如前面所討論過的行銷策略是極富彈性的，必須因時制宜與應用時間的管理經營理念。行銷策略擬定時需隨著產品所處的生命週期階段，選擇不同的策略因應。為了讓行銷策略發揮效果，除瞭解產品所處的生命週期階段以外，更重要的是預測產品未來的生命週期變化。產品的生命週期（Product Life Cycle, PLC）可分為導入、成長、成熟、衰退等四個階段，亦可說明產品的興衰交替的關係，也像動物生命一樣有數個階段所構成，而各個階段皆有不同的策略重點，例如，各階段的銷售額、利潤及其他重要的行銷活動事項等。如表7-4所示。為學習觀念接受上的方便性，將產品的生命週期予以簡化，除標準模式外還會因為產品的特質、特殊的行銷方式以及一些不可控制的外在環境之變化，會呈現不同的型態。

表7-4 產品生命週期的四個階段與行銷策略對應表

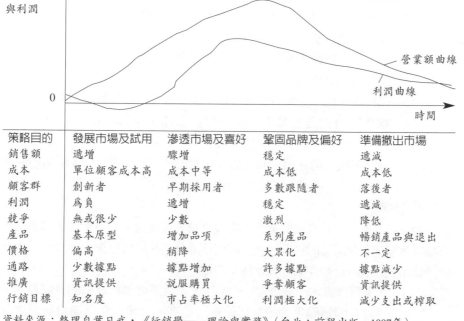

策略目的	發展市場及試用	滲透市場及喜好	鞏固品牌及偏好	準備撤出市場
銷售額	遞增	驟增	穩定	遞減
成本	單位顧客成本高	成本中等	成本低	成本低
顧客群	創新者	早期採用者	多數跟隨者	落後者
利潤	為負	遞增	穩定	遞減
競爭	無或很少	少數	激烈	降低
產品	基本原型	增加品項	系列產品	暢銷產品與退出
價格	偏高	稍降	大眾化	不一定
通路	少數據點	據點增加	許多據點	據點減少
推廣	資訊提供	說服購買	爭奪顧客	資訊提供
行銷目標	知名度	市占率極大化	利潤極大化	減少支出或榨取

資料來源：整理自葉日武，《行銷學——理論與實務》（台北：前程出版，1997年）。

　　許多學者與實務界人士認為現在大多數產品的生命週期愈來愈短，尤其大部分電子產品，但通常所指的是產品個別項目而言。例如，汽車的新車型、手機等，如同我們所知汽車雖已發展百年但還是蓬勃發展中；而手機也正快速改變人類的生活。所以，產品的生命週期並未縮短只是因為技術或競爭者的進步而遭到淘汰。所以PLC觀念運用除了預測產品的趨勢以外，還可以提供經營者一個訊息，尤其是以技術為主的中小企業，持續的技術創新、流程程序創新、觀念創新，方不至於被市場淘汰，俗云：「沒有夕陽產業，只有夕陽管理」，也只有掌握產品PLC「創新求變好」、「創造第二春」，才能立於市場而達永續經營。產品生命週期階段的說明分述如下：

1.導入上市期

　　當新產品初次上市供消費者或使用者購買時，即是導入期的開始。新產品從上市到顧客喜好該產品並成為購買習慣，需時頗長，造成推展困難的原因包括：顧客不願意改變原來的消費或使用習慣、零售商不願意配合、生產技術不穩定、生產能量不能擴充、願意嚐新付高價格的客戶少等。導入期因為銷售額偏低，推廣費用甚高，因此沒有利潤。這時期行銷努力的重點放在：

　　（1）刺激基本需求：針對早期使用者與創新者的客戶（作為廣告宣傳品及提昇知名度）。

　　（2）與品質或市場領導者的定位配合，建立高價格高品質的形象（於短時間內回收研究發展之成本）。

　　（3）因為產量低，分擔研發費用及生產成本高，故售價偏高，如何吸引顧客試用並建立需求預測（建置合理生產體系與外包或自製決策）。

　　（4）通路較狹，與經銷中間管道合作或自行銷售，建立完善配銷體系為主要目標（即零售點較少如何有效擴充）。

2.成長期

　　到了成長期，其銷售曲線上升，顧客數量成長快速，競爭者多了起來。當市場需求增加及競爭者的加入，產品的價格通常無法維持原來水準太久，會稍微降低，在此階段行銷作業上較會注重的策略：

　　（1）刺激選擇需求，強調自己的品牌；也就是要維持原有的推廣費用，有時會因為競爭者增加而使費用提高，又因銷售量遞增而分擔費用。

（2）改良產品品質，產品經過創新使用者的試用後，企業根據回饋訊息，爲了鞏固既有市場及開拓新市場，在產品品質的精進上要加強，否則品質差的產品賣愈多，愈可能縮短企業在市場的壽命。

（3）強化通路，即進入新的市場區隔及尋找新的配銷通路。

（4）價格稍降，以吸引對價格敏感的潛在客戶。

（5）增加產品的功能與特色。

此階段經營者會面臨一項困難的決策，也就是應以市場高占有率爲目標或是追求當期的高利潤目標呢？這是一項難捨的問題，如果堅持價格可能讓競爭者有機可乘，若降低價格則又得犧牲利潤。在此我們建議，如果公司的產品品質優良或爲領導品牌，建議不要降價，以利潤極大化爲考量，即使有流失的市場因高利潤也足夠彌補，同時在市場上有比較的產品對企業長期利益是有助益的。

3.成熟期

到了成熟期前期，普及率會繼續增加，但銷售的成長速率則遞減，當普及率之曲線上升平緩下來時，製造商及零售商之利潤亦開始減退。此階段通常所持續的時間較前二階段長，而且銷售的成長速率趨緩，此時市場常見的是供過於求的現象，因此價格的競爭亦愈演愈烈。由於成熟的市場較無利可圖，此時企業可以將資金投入創新的產品上，例如，改良品質或款式、增加產品的附加價值、擴大產品的功能等，但因爲新產品的開發也不一定會成功。所以，在成熟期行銷策略的修正，也可從市場修正上著手，例如，吸引非使用者、進入新區隔市場、爭取競爭者的客戶、開發新用途等。另外也可以從行銷組合的修正補強，例如，降低或提高價格、增加通路、增加廣告支出、加強促銷、改進服務等，以擴大或維持其產品的銷售水準。此時期的行銷策略所注重的歸納如下幾點：

（1）新的市場區隔，將顧客細分，訴諸不同的產品。

（2）將產品改良，追求差異化優勢。

（3）延伸性產品出現，增加保證、服務。

（4）價格續降。

（5）廣告與促銷並重。

4.衰退期

大部分的產品和品牌最後都會步入衰退階段，進而退出市場，這些年來創

新管理學門受到學界的注意，也就是為了延續產品生命週期不易進入衰退期。銷售衰退的原因很多，例如，技術創新或改良、顧客需求變化、國內外的激烈競爭等原因，都可能造成產能過剩、銷售量及利潤下降的現象。除了有其他策略上的考量外，不應該維持一項弱勢產品，繼續削蝕企業的資源，如企業形象、增加維持成本、決策時間、減少機會等。這個時期的行銷策略如下幾點：

(1) 刺激基本需求，希望創另一個產品生命週期。
(2) 將產品特殊化，創造產品的第二個春天。
(3) 式樣減少，減少庫存管理及資金積壓成本。
(4) 削減通路，以減少利潤的分食及提昇成本控制效益。
(5) 採最後榨脂策略，能回收多少算多少。

(七) 寬廣的產品組合之需求性

「產品組合」是指一企業內所銷售所有產品的總合，不論其相關與否，可用廣度和深度的觀念加以說明。產品的廣度是指擁有幾條不同的產品線，深度是指某一產品線內所含品項的多少。而產品線（product line）則是指一群相關的產品，其彼此在功能上相似、相同的顧客群、同一生產程序、相同的銷售管道或在同一價格範圍內。

1.產品組合決策應注意原則
(1) 資源支援：應以本身所具備的資源為基本考慮，在能創造最大利益的有效利用下，決定產品的深度及廣度。
(2) 發展成本：考慮新市場的開發成本，包括利用閒置產能生產副產品的市場開發成本。
(3) 形象問題：對企業形象的影響也值得考慮，因這使產品購買者聯想到一企業的製造水準、銷售能力。
(4) 一致性：有學者多加一項產品組合因素，就是產品組合一致性，是指不同產品線在用途、生產技術、配銷通路或其他方面相似的程度。企業增強產品組合的一致性而博得某領域的專業聲譽，以追求市場領導者的地位。
2.產品線的管理
中小企業經過創業者的努力，為求企業的永續發展，經營的過程增加新產

品到現有的經營範圍是常見的決策，主要目的是期望在產業界中有強的競爭力。當企業不滿足於目前產品線的經營範圍時，會將產品線進行延伸、填補、或縮減等調整作為。

（1）產品線延伸：所謂產品線延伸是指企業將產品線擴展至其他經營範圍，通常有三種方式：

　　・向下延伸：產品線向下延伸到較低價或較低品質的產品範圍延伸。主要目的是開拓新的目標市場，當然成功條件為公司的品質與價格皆有好的評價時或居產業領導，例如，JAGUAR汽車推出比原產品線較低價位的S-Type，吸引不同的客層青睞。

　　・向上延伸：企業將產品線向上延伸到高價位或較高品質的產品範圍。中小企業各項技術經過時間的歷練而累積許多知識經驗，為了提高企業形象或增加獲利基礎而做了向上延伸的決策。例如，TOYODA汽車為了搶攻高價位的汽車市場，以LEXUS品牌對抗雙B的高級轎車市場。

　　・雙向延伸：同時進行向上延伸與向下延伸。

（2）產品線填補：是在現有的產品線範圍內，增加更多的產品項目，以提昇產品線的完整性。汽車市場的例子較明顯，如近來休旅車市場的發展，汽車公司的產品線若有缺口，對業績與專業形象就會受到影響。所以產品線的完整對企業至少有幾項貢獻，例如，增加競爭優勢、滿足顧客「一次購足」的消費趨勢、可利用剩餘的產能、提昇公司專業的聲譽、降低競爭者進入的可能。不過，此項決策要特別注意就是「排擠效應」，也就是新產品加入以後，因顧客只是將需求轉移到新產品並沒有實質的增加，而導致現有產品銷售量下降。這也是中小企業常見造成滯銷及成本積壓現象的原因，當舊款式的產品還未回收，新式樣已開發完成就急著上市，顧客有新的產品可以選擇時，當然就會放棄舊款產品。

（3）產品線的縮減：決策的原因通常是來自於產品線擴張過度，產品線擴張過度可能產生的麻煩如下：

　　・沒有邊際貢獻：有些產品因銷售量太低或受到「排擠效應」的影響，對企業利潤目標無法產生貢獻度，而且必須增加管理費用。

　　・資源分配不當：在80/20法則中，常見大部分企業利潤是由20%

的產品所貢獻，而80%的製造或行銷資源用在成長遲緩的產品，因此造成資源分配不當的問題。

縮減產品線可以使管理者不會浪費資源在表現不佳的產品線上，而可以將資源集中在最重要的產品。因為有較充分的財力與人力，產品才可以有成功的機會。例如，我們常見到某些餐廳，菜單琳瑯滿目讓人目不暇給，但出菜的速度實在令人不敢恭維，對飢腸轆轆的消費者還能夠滿意嗎？思考的問題就是需要縮減產品線了。麥當勞餐廳的成功就是最好的例子。當環境愈來愈複雜，相對地所生產的產品線要變得更簡單。

包裝

一、包裝的定義

包裝（package）可定義為：「為產品進行設計及生產容器或包裝物的行動」，容器和包裝物稱為「包裝」。以前包裝主要的目的是為了保護產品，近幾年，包裝已成為讓配銷通路與客戶接受重要的行銷工具。優良的包裝設計能為消費者創造便利價值，為廠商創造促銷價值。

二、包裝決策

實體產品在銷售時必須要留意的包裝問題，尤其在宅配服務發達的今天，有些產品的包裝並不重要（如便宜的鐵釘），有些產品的包裝卻是該產品重點所在（如化妝品）。可見包裝的重要是因產品而異，而包裝所具有的是哪些功能呢？

1.保護功能
這是包裝的第一要務。如何防止產品在運輸與儲放的過程中受損，以保持良好況狀。許多產品若能克服產品包裝上的障礙，對於行銷上流通性是有助益的，例如，田尾花卉商務中心匠心獨具地將盛開的「蝴蝶蘭」花禮籃保護包裝，以利宅配服務的運送，而拓展更多電子商務的訂單（www.tenway.com.

tw）。

2.辨認的功能

包裝本身可以提供產品資訊，不僅作為品牌的辨識、成分及特點說明，因包裝的不同能與競爭者之產品間有了差異而形成區隔。

3.推銷的功能

消費者第一眼，往往是外表的包裝，一個精美的包裝設計引起消費者的興趣，刺激購買慾。中小企業可以利用包裝設計、顏色、外型、材料來影響顧客的認知與購買行為。例如，機械製造廠導入企業識別系統（CI）及外表機殼造型設計，以提昇高品質的企業形象。

4.便利的功能

主要的觀點在於運送、儲存與使用上的便利性設計，便利性的設計包括：易於開啟及處理、可重複使用、不受環境保護政策影響、安全、針對使用者的習慣需要、尺寸大小重量、自我服務等。例如，包裝可直接增加產品的順利攜帶、使用，如面紙小包裝，使得產品容易放置在皮包內，而且使用時十分方便，可以增加產品實用性及銷售量。

5.經濟的功能

良好的包裝可減低運輸時的費率，同時選擇合宜的低成本材料包裝，利潤將相對增加。過度的包裝常造成社會與顧客許多困擾，例如，拆卸後包裝材料處理、浪費資源與成本、污染與傷害等。在綠色行銷觀念趨勢導向的今日，值得企業在包裝議題決策上深思。

三、包裝原則

未來良好的包裝應符合下列原則：

1.富「感性」吸引力。
2.具充分保護內容物的功能。
3.具顯著之購買溝通效果。
4.可見內容物，尤以食品為然。
5.有易使用特性。
6.二次用途包裝，具有再利用價值，即具「理性」吸引力。
7.配合消費時尚，適時改變包裝。

8.環保包裝，迎合顧客對環境的關懷及綠色行銷的訴求。

9.多元化包裝，更多類型的包裝來迎合顧客不同的使用情境。

10.具創新性，創新包裝能爲產品帶來更大的附加價值。如便利性、多用途、對產品的保護等。

11.增加「家族氣息」的整體形象，即將包裝設計的某些元素保持同一基調。透過此家族系列概念，可以提昇產品推廣上的效益。

12.配合流通零售業的電腦作業，注意商品條碼編號系統（Universal Product Code, UPC）的導入包裝，以便利掃描器的使用。目前是由中華民國商品條碼策進會核發，有興趣的企業可以向該會申請。

最後，對於從事國際化行銷的企業也要特別注意包裝與標籤，不同國家對商品包裝與說明標籤有不同的規定，必須妥爲規劃。例如，在加拿大行銷的商品必須同時以英文與法文標示產品內容。

產品定價

在討論價格策略前，先定義「價格」。價格是針對產品或服務價值的交換。亦即價格代表著產品或服務的市場價值。價格不單單指金錢與產品或服務的交換，在以物易物的交易方式裡，是可以用有價值的東西來交換，例如，棒球卡、圖畫等。在行銷策略的運用中，訂定價格的方法是行銷成敗的重要因素。但價格的訂定卻是一項困難且具高度挑戰性的工作。價格通常會隨著許多不同的因素而變動，例如，天然資源、資金、人力及創業精神等生產要素的運用。較高的定價可使商品有較高的品質形象，而較低價格對消費者而言卻代表商品的價值較低。同時，產品的定價對企業商品的獲利及市場占有率皆有重大影響。因此，價格可以說是節制經濟活動的一種手段，也是一項重要的行銷決策。但在折扣促銷浮濫的現今環境，幾乎沒有顧客會支付牌價上的金額購物，顧客也許會等到降價時刻或蒐集折扣憑證與機會才購買，例如，價格談判、促銷折扣、優惠券、折價券、免費服務等。所以經營者要審慎訂定公告價格。價格在行銷組合策略中與其他三種要素不同的關鍵在於，價格是企業收入的來源，而其他三種要素乃是成本的支出。

一、建立定價政策

訂定產品價格是一項非常複雜的決策過程,根據古典經濟理論,價格是由供給面與需求面曲線所形成的,事實上由供需曲線分析的價格是屬於理論價格,與市場上的實際交易價格往往有很大的差異,因為價格受到許多因素的影響,除了供需的關係以外還包括:定價目標、競爭情勢、政府政策與法令、其他行銷組合要素,都會影響到行銷者的定價決策。我們將行銷者的訂價原則歸納於依市場型態而定。經濟學家舉出了四種市場,每一種對定價都是不同的挑戰。說明如下:

(一)完全競爭

完全競爭(pure competition)市場裡有很多銷售者及購買者,交易的東西像大宗商品,如麥、銅、金融證券等。沒有那一位購買者或銷售者,對市場價格有影響。銷售者的賣價,不能高於市場價格,因為購買者可以以市場價格,買到他所要的商品。也沒有那一位銷售者,願以低於市價的價格,賣他的商品,因為他能以市價,賣出他所有的商品。在這類市場裡的行銷者,不會花太多時間在行銷策略上,因為只要市場保持完全競爭。因此,行銷研究、產品開發、定價、廣告、促銷等所扮演的角色就很微小。

(二)獨占競爭

獨占競爭(monopolistic competition)市場包括很多購買者和銷售者,他們的交易價格,在某個範圍內,而不是單一的市場價格。價格有一個範圍,是因銷售者可以改變產品,以配合顧客的需要。產品的實體,在品質、特性、樣式上可以有變化,提供的服務,也可以有不同。購買者看得出產品不同,也願意付不同的價錢。銷售者為不同的市場區隔,試著開發不同的產品,除了價格外,也用品牌、廣告、推銷,來區分它所提供的東西。因為有很多競爭者,而競爭者的行銷策略,對公司的影響,要比寡占競爭市場的影響小。

(三)寡占競爭

寡占競爭(oligopolistic competition)有少數幾家銷售商,彼此之間,對價格和行銷策略都很敏感。產品可以是相似的東西(鋼鐵、鋁),也可以是不相似的東西(車子、電子計算機)。只有少數幾家銷售廠商,要進入這個市場很

困難。每一位行銷者，對競爭者的策略和行動，警覺性都很高。如果有一家鋼鐵公司，降價10%，購買者會很快轉向這家公司購買，其他的鋼鐵公司，必須跟著降價，或跟著提供更多的服務。在寡占市場裡的公司，從來不能有把握降價以後能獲得什麼。另一方面，如果公司提高價錢，競爭者可能不會跟進，公司必須將價格再改回，否則會有失掉顧客的風險。

（四）完全獨占

完全獨占（pure monopoly）只有一位銷售廠商，可能是政府的獨占機構（如鐵路局）、受法規限制的私人獨占機構（廢棄物特許處理公司）、不受法規限制的私人獨占機構（獨特配方的產品）。每一種情形，定價的處理方式都不一樣。政府的獨占機構，可以追求各種訂價目標，價錢可能低於成本，因為產品對購買者非常重要，但又沒錢付擔；價錢也可以等於成本，或者也可以用來產生利潤；也可以訂很高的價格，以減少消費。在受法規限制的獨占事業裡，政府准許公司訂定一個價格，產生「合理的利潤」，亦即讓工廠能維持運轉，有需要時也可以擴充。另一方面，不受法規限制的獨占事業，只要市場付得起，可以設定任何價錢。然而，他們並非一定要訂最高價，其主要考慮的原因可能是害怕政府用法規來限制、不想吸引競爭者、要用低價來快速滲透市場等因素。

因此，定價的機會和挑戰，隨市場種類而不同。除了完全競爭的市場外，中小企業要有一套有系統的步驟，來設定產品的基本價格。若要成為市場上的贏家，則必須提供較競爭者更低價的高品質產品。

二、中小企業如何定價

中小企業的經營環境有一項特色就是競爭環境不透明，不像上市公司需將有關經營資訊揭示，所以可以清楚瞭解競爭者的定價動向與目標市場，因此在訂定價格時，要考量許多因素，下列將介紹定價的六個基本步驟（如圖7-3所示）。

（一）選擇定價目標

公司首先必須決定想在特定產品上得到什麼。若公司已慎選目標市場與市

圖7-3　定價的六個基本步驟

場定位，其行銷組合策略，包括定價策略在內，就相當明確。同時，公司可能有些額外目標要追求，一個公司的目標愈明確，訂定價格就愈容易。每一種價格對公司的利潤、銷售額、市場占有率都有不同的影響。一般而言，公司可經由定價行動達成的目標如下：

1.企業的存續目標

當公司受到產能過剩、競爭激烈、消費者的需要改變、產品過時等因素衝擊時，此時主要目標可能是以企業存續爲首要考慮，當經營者面臨維持企業生存遠比利潤重要時，通常採取大幅降價行動，希望能加速存貨的週轉及快速變現以供緊急資金的調度。例如，訂定的價格可能低於成本爲了逐漸縮減的市場，快速回收所投入的成本爲考量。

2.當期利潤最大化目標

許多公司以增加當期利潤最大化的方式來訂價，他們估計了各種與價格有關的需求與成本，選定可使當期利潤、現金流量及投資報酬率最大的訂價。但也有行銷者認爲維持穩定長期且令人滿意的利潤水準，比當年度最大利潤的目標還好。

3.銷售高成長率目標

亦有一些公司想使銷售成長率提昇到最大，因爲銷售量愈高，可使單位成本下降，獲得較高的長期利潤，但銷售成長並不代表利潤成長。他們假設市場是高價格彈性，因此設定最低的價格，此又稱市場滲透訂價策略（Market-penetration pricing）。若有以下情況則對設定低價有利：

（1）市場對高價敏感，低價可刺激市場成長。

（2）隨著生產經驗的累積，生產與配銷成本會下降。

（3）阻止實際及潛在的競爭者進入市場。

4.市場吸脂策略

許多廠商偏愛設定高價格來榨取市場。市場吸脂策略要奏效，需包括以下幾項條件：目前市場需求的顧客量足、小量生產的單位成本不致比量產時的成本高很多、高價不會吸引競爭者蜂擁而至、高價可傳達較佳的品質形象。

5.產品品質領導目標

企業可以鎖定成為市場中產品品質的領導者的目標。行銷者可以優越的產品或服務品質作為競爭定位的優勢，所以在定價上採高價策略，期能產生較高的利潤來維持其高品質的定位與形象。高價格雖然會降低需求，但還是會有一群顧客願意為優越品質付出較高價格。

6.其他定價目標

非營利與公共事業可能有其他的定價目標。例如，要落實環保觀念教育與執行，環保公益團體對資材的定價就不以利潤為目標，因此採低價位策略。而不足的營運資金部分則由基金利息收入、捐款或其他收入來彌補。

(二) 決定市場需求

一個公司可以訂定的每一價格都可引導出不同水準的需求，此對行銷目標也有不同的影響。價格通常是以市場需求為上限，所以在訂定價格時必須瞭解市場需求與價格的關係。也就是說定價決策必須以顧客需求為導向，亦即要瞭解顧客對產品或服務的價值或利益的評價高低，評價愈高當然訂定高價位就有空間，反之，訂定高價位的可能性就低。一般顧客會有較高評價的產品或服務的特色，包括具有獨特性、高品質、形象佳、別處買不到、可為客戶創造更高價值、顧客對價格並不敏感、無替代商品等。例如，台灣許多工業產品的水準已達世界等級，國外買者所在意的是品質的穩定度而不是價格，因為台灣製的產品，經過國外廠商販售，終端價通常是超過想像倍率的售價（10倍以上），故僅以生產成本觀點的價格調降即使超過30%，而忽略品質的重要，國外買者也是不會動心的，因為買者不想為品質不良而多花精力在顧客抱怨的服務上。關鍵在最終售價與進貨價格之間差價是很高的。

故建議以外銷導向的中小企業要注意產品的品質維持，而不是價格上的競爭，若因為價格因素獲得訂單，也僅有一次而已。

影響顧客需求的因素包括：

1. 顧客的認知與偏好

（1）當產品提供的利益愈獨特（替代品愈少），需求愈穩定。

（2）品質與價格有高度相關。

（3）產品具有多種功能與用途，就愈有需求。

2. 顧客對替代方案的認知與態度

（1）顧客對替代產品或服務的資訊不清楚，需求就愈穩定。

（2）難以與替代品比較時，需求也比較不會變動。

（3）已經投入很多的資本，不願意增加轉換成本。例如，電腦系統的採用通常會延用舊系統。

3. 顧客付款能力

考慮顧客的總支出、最終效益、分擔的成本、存貨成本等。

（三）估算成本

需求幾乎決定一個公司可設定價格的上限，那麼公司的成本就是下限。公司需訂定一個價格，可以涵蓋生產、配銷、銷售此產品成本、以及其努力與風險的合理報酬。

1. 成本的類型：公司的成本有兩種形式——固定與變動。固定成本（fixed costs）是不因產量或銷售收入而變動的成本。變動成本（variable costs）則隨不同產量水準而異。總成本（total costs）是在一產量下，固定成本與變動成本的總合。公司當然要訂定一個價格，至少要收回一產量下的總生產成本。

2. 不同產量下成本習性：要明智訂價，公司就需知道不同產量下的成本變化。

3. 累積產量的成本習性：由生產時所得到的經驗，學到如何作得更好。隨著累積的生產經驗，平均成本下降。

4. 目標成本：成本是隨生產規模與經驗而改變，也可能因公司設計師、工程師及採購人員集中努力的結果而下降。目標成本法是開發一產品，經由設計、估算成本到訂價正常方法的改良方式，是產品推出後嘗試著降低成本，而非在規劃、生產階段即專注於成本的降低。

（四）分析競爭者的成本、價格與提供品

當市場需求為訂價的上限，公司的成本為下限時，競爭者的成本、價格及可能的價格反應有助於公司設定最後的價格。

（五）選擇定價方法

有了顧客的需求曲線、成本函數及競爭者的價格，公司就可選定一價格。公司可運用三個基礎中的一個或數個考量，來選擇定價的方法。這些方法有：

1.加成定價法（markup pricing）

加成定價法是以成本為基礎的定價方式。通常是批發及零售業使用的定價方式，此法並不分析生產成本，而是將購入產品的成本加上利潤及其他未計入的費用，來作為產品的價格。加成法最大的好處就是簡單，缺點是易忽略顧客本身的需求，例如，對顧客的價值與吸引力、產品季節性與流行性、市場競爭狀況並沒有考慮。因此往往導致訂定的價格過高或過低。

2.目標報酬定價法（target-return pricing）

目標報酬定價法是反應利潤目標的觀念，以投資報酬率（Return of Inventment, ROI）來表示，就是將投資總金額乘以報酬率就是利潤目標。但不考慮市場需求與競爭者價位所定下的價格，有時也只能孤芳自賞。

3.知覺價值定價法（perceived-value pricing）

知覺價值定價法乃以顧客價值知覺為定價基礎（亦稱為需求導向定價法），定價時以顧客需求為考慮重點，考慮價格的上限，是以顧客對產品利益的知覺或所能接受的最高價格。此法的缺點就是較複雜，需要對需求的變化、顧客價值知覺及競爭者或替代品做詳細的瞭解；優點是能夠反應顧客需求。此定價觀念就是科特勒所主張的「物有所值」的策略，也就是估算出顧客對產品或服務所願意付出的最高金額，為了規避顧客的抗拒心理，定價通常會稍低一些。

4.超值定價法（value pricing）

超值定價法是在行銷組合中訂定合理的價格，提供顧客滿意的產品。超值定價法並不是陽春款式或是低質品，當然也非頂級品，而是根據顧客要求為焦點來鑑別。我們以豐田汽車為例子，該公司針對各個不同的目標市場，提供不同系列的產品，從TERCEL到LEXUS等不同的車種。此法可以與顧客建立長期

關係，通常可以讓顧客驚喜，例如，意想不到的服務或添加實用的特性等等，從中創造出顧客的忠誠度。如果一定要比較那一個定價方法較佳，我們認為此法最適合中小企業使用。

5.現行水準定價法（going-rate pricing）

現行水準定價法依據競爭者的價格來定價，而不考量產品成本或市場需求狀況，在寡占的市場裡，如汽油、鋼鐵、肥料、水泥等產業，各公司往往訂定相同的價格。

（六）設定最終價格

前面所討論的定價目標、相關原則政策及方法，可使價格區間縮小許多。但在設定最終價格時，如何從成本、需求及利潤的考量上制定出實際的價格，仍需考量其他因素。前面所談的定價方式大部分是生產者所認為的價格，定價思維必須從市場的觀點出發，產品的價格不只是由生產者所付出投入生產的心血與成本所算出來的，其價格也應該將顧客對產品的認知價值列入考量。

1.心理定價

心理定價乃是針對目標市場的顧客，特定從價位上作訴求。其實消費者對自己想要的產品，在心理的價位區間都是有所盤算的，例如，行銷者在降價時如果沒有踏上此區間，很可能不會對需求產生任何影響；反之則會增加銷售量。另外一個心理層面的定價運用方法是最常見的奇偶定價法（odd-even pricing），是將價格的尾數定在特定的數值上，通常以五或九來作為尾數。例如，「199吃到飽」的餐廳、「每件通通39」均一價商店。使用奇偶定價法的行銷者，通常是相信顧客對這些價格反應會比較心動。至於效果如何可能也不重要，因為大家也都是這樣做。還有很多的顧客都會認為高價位的產品，其產品品質通常較高。

2.其他行銷組合因素對定價的影響

所有行銷組合變數之間彼此有高度相關，因此，價格決策也會影響產品、通路與推廣策略。例如，高價產品的銷量低於低價產品，在通路面的影響，高價位會選擇特定和獨占性的配銷管道；低價位的產品則偏向密集配銷的方式。在推廣面的影響，高價位的產品傾向以人員銷售為主，而低價位的產品則偏向使用廣告。

3.公司的定價政策

必須考慮價格和組織的目標是否相容。例如，企業重視公共形象，所以產品價格不應太高，以免產生負面的企業形象。另外，也要考慮企業的行銷目標，例如，市場成長率為主要行銷目標，如果價格定太高可能會影響行銷目標的達成。有時定價目標彼此之間會相互衝突，輕重如「魚與熊掌」須靠經營者的智慧加以權衡。例如，為達到期望的市場占有率，意味著企業必須犧牲某些利潤，甚至可能出現赤字經營的現象。

4.價格對其他群體的衝擊

最終定價前還要考慮的層面包括：通路成員的期望、供應商的支援、政府政策與法令、競爭者與潛在競爭者的反應等等。例如，通路成員比較在意其所獲得的利潤保障，通常希望企業提供數量、現金折扣及功能折扣。政府法令規範也是定價時考慮的要素之一。對價格最大限制的法令來自於「公平交易法」的限制，主要規範有：第一，對聯合定價的限制；第二，禁止企業限制中間商的轉售價格；第三，禁止差別取價，但在反應市場供需、成本差異、交易量、信用風險及其他合理事由不在此限；第四，禁止不實價格標示，國內最嚴重的問題就是「高標價低價賣」。

（七）定價的其他觀點

1.固定定價

在某些國家，以聯合壟斷使價格固定是違法的。銷售者應設定自己的價格，不可和競爭者互相討論。

2.差別定價

當銷售給不同零售商成本不一時，就可能產生差別定價。

3.欺瞞性定價

當銷售者列出價格或打折，但卻未提供該產品或該價格給顧客，即為欺瞞性定價。

4.其他定價作法

侵略性定價，是廠商在國際間定低價，以摧毀競爭者。轉售價維持，則是製造商要經銷商以特定零售價格銷售。資生堂就和折扣店的經銷商起衝突，因其打折銷售化妝品，破壞市場行情及產品形象。廠商通常只可以給零售業者建議售價，但若價格一致，則是違法。

服務行銷策略

　　過去幾年經濟體系中成長最快的部門，並不是有形產品的生產，而是在於服務的提供。消費者在服務上的花費也提高，在台灣服務部門對國家生產毛額的貢獻及就業人口都有提昇現象。在未來隨著人口的老化，醫療與社會服務渴望大幅成長，而在雙薪家庭日漸普遍下，各種家庭照顧服務也渴望大幅成長。其他未來的主流服務還包括：電腦科技、教育、法律、系統分析、個人金融投資、醫療保健、工商經營管理等技術及知識性的服務。有鑒於商業經營環境愈來愈複雜，很多企業發現採用專業服務公司更具效率，現在大多採行外包方式。例如，廣告、配銷、研究、專業行政與訓練。

　　對於服務的定義目前還未有放諸四海皆準的界定，美國行銷協會針對服務的定義如下：

1. 服務產品是指諸如銀行、保險等無形的事物，或者至少有相當部分沒有實體產品而言。交易的過程生產者與購買者必須一起進行，無法預做、儲存、運輸與移轉所有權，然而目前大部分產品均兼具有形與無形的部分，根據兩者的重要性比例來區分是產品或服務。包括：保險、銀行、娛樂、運輸、醫療、電信與餐飲等行業。
2. 服務代表行銷者在銷售產品、促成交易、協助產品使用所執行的活動。這類服務可能於售前或售後提供，但並非產品的一部分。若屬於銷售時提供的服務，則視為產品的無形部分。包括融資、產品保證。

一、服務的性質

　　企業提供給市場的產品，通常會含有服務在內。服務可能是整個提供品的一小部分，也可能占絕大部分，主要表現在四個獨特的特性上：

（一）無形性（intangibility）

　　服務與實體產品最基本的不同在於服務是無形的，是摸不到、看不見，因此顧客的感覺與實體產品不同。服務是無法儲存，但容易複製與模仿。服務品質因人而異，所以優劣的評估較困難。因此，為了彰顯服務的品質，就需將無

形化爲有形，其做法如旅館浴廁「已經消毒」的封條、專業人員的證照、過去的績效與見證訊息等。

（二）不可分離性（inseparability）

服務的生產與消費是同時發生的且不可分的。也就是無法像有形產品一樣，由甲地生產在乙地銷售。在提供服務產品其間顧客必須實際上的參與，所以提供服務的個人能力與服務品質，嚴重的影響顧客的滿意程度。當然服務進行過程還有其他的影響因素，例如，實體環境（聲音、光線、氣味等）、消費者自己生理與心理的變化等，也是決定了服務品質的好壞因素。

（三）易變性（variability）

易變性所指的是服務不像實體產品一樣具有標準化。因爲服務是不可分離、高度勞力密集，整體的服務品質受人員、時間、地點與環境的影響，因此要維持品質的一致性較困難。企業的做法可以透過標準化、訓練及制式流程增加服務的一致性與信賴程度。或者利用顧客個人化服務來突顯品質的差異，其缺點是成本相當昂貴。

（四）易消逝性（perishability）

易消逝性是指服務無法透過事先生產的儲存提供未來的使用。所以在時間元素的運用上是屬於關鍵，惟有供需配合才能發揮最大效益。例如，診所約診、餐廳尖峰時段、航空公司與旅館淡旺季等，所提之策略若能針對易逝的特性達到供需配合，經營績效就可大爲提昇。

二、不同的服務方式

一個公司的提供品可以從純有形產品到純服務，分成五大類：

1. 純有形產品：如香皂、牙膏或低鈉鹽等實體產品，沒有附帶任何服務在內。
2. 有形產品外加服務：此是指有形產品，還有外加一些服務給顧客。
3. 產品與服務各半：此是產品與服務各半，成爲整個銷售的提供品。
4. 服務爲主，產品次之：主要是服務，外加小部分的額外服務與支持用的產品。

　　5.純服務：這種提供品以服務爲主體。

三、發展服務行銷策略

　　直到最近，服務業者才步上製造廠商的後塵，開始使用行銷。此外，服務業用傳統的行銷方法也難以管理。在產品製造業中，產品相對標準化，且放在貨架上由顧客來選取，付款後帶走。在服務業中，因素就相對複雜，因爲有此複雜性，服務業行銷不只要外部行銷，同時也要兼顧內部行銷與互動行銷。外部行銷（external marketing）是指由公司所進行之準備、訂價、配送及促銷服務給顧客的各項經常性工作。內部行銷（internal marketing）是指公司對員工訓練與激勵工作，以使員工提供更佳的服務給顧客。行銷部門最重要的貢獻是「使組織中的每一個人都在做行銷工作」。互動行銷（interactive marketing）則是有關員工服務顧客的技術。顧客判斷服務品質，不只是員工的技術品質（technical quality），還有功能品質（functional quality）。專業人士的服務提供是需「專業技術」與「感同身受」並重。因爲服務業在經驗、信任與搜尋品質上差異大，消費者也覺得購買風險大，因而產生一些結果。

　　1.服務的消費者相信口碑重於業者的廣告。
　　2.他們常以價格、人員、及實體線索來判斷服務品質。
　　3.若消費者滿意，其對服務業者會有高度忠誠。

　　服務業競爭的密集，有需要更複雜的行銷知識。服務業者面臨三個任務：第一，增加其競爭差異性；第二，服務的品質；第三，生產力。儘管此三者有某種程度上的互動，我們還是分開來討論。

1.差異化管理
　　服務的行銷人員常抱怨很難將其服務與競爭者作區別。解決價格競爭只有發展具差異化的產品、傳送與形象一途。此產品可包括與競爭者有別的創新特色（innovative features）。顧客所期待的產品是基本服務配套（primary service package），此新增的稱爲附屬服務特色（secondary service features）。

2.服務品質的管理
　　服務業者差異化其服務的主要方法之一，是較競爭者傳達持續性且較高品質的服務。關鍵在於滿足或超越目標顧客對服務品質的期望。顧客的期望是由

其過去的經驗、口碑及廠商的廣告所形成。顧客以此為基礎，來選定服務的提供者，等接受服務後，他們會比較知覺服務與期望服務。若知覺服務（perceived service）遠低於期望服務（expected service），顧客對服務提供者會失去興趣。若超過則他們會再次光臨。

3.生產力管理

服務業者在增加生產力上壓力頗大，因為服務業是高度勞力密集，成本容易快速上升。改善服務生產力的方法有五項，說明如下：

（1）服務提供者更努力工作或更熟稔地工作。例如，專業知識提昇並獲取證照、服務的執著態度。

（2）在相同的品質下，增加服務的數量。增加設備與機器生產標準化，使服務流程工業化。例如，利用社會關懷的方式、公正儀器的驗證等。

（3）發明一新產品使服務的需求減少或產品過時。例如，自動檢錯及排除裝置。

（4）設計更有效率的服務。例如，客訴回應機制（經營者要親自處理）、預約縮短前置時間等。

（5）給顧客誘因，利用其勞力以取代公司的員工。例如，自我服務的方法。

四、落實行銷策略

企業經營最主要的目的是在於追求利潤。而企業獲致利潤的途徑：一是開源，二是節流。開源：係指對外拓展市場，增加銷售量，提高售價。節流：係指樽節開支，提高生產力，控制成本與費用，合理有效地運用有限的資源，間接增加利潤。

優良的行銷者應秉持以下幾種原則，包括：適當的銷售產品、適當的銷售地點或通路、適當的銷售價格、適當的銷售方法、適當的購買顧客。

行銷策略的落實分不同階段說明如下：

（一）引介期階段

在推出新產品時，行銷管理階層可為每項行銷變數進行假設與決策，例如，價格、促銷、通路和品質，訂定高標或低標。特別是市場領導者，必須選

擇配合產品定位的策略。上市策略是整體行銷的第一步，若市場先驅者採用流血方式，則將會犧牲長期利潤來達成短期目標，先上市者若策略正確，最有機會取得市場領導地位。一般在引介階段使用吸脂策略是因爲以利潤極大化爲考量，若採用滲透策略則是希望快速的占有市場。

（二）成長期階段

廠商會加強競爭優勢，以擴大市場，同時成本也增加。成長期時，要在高占有率和現有的高毛利率間作權衡取捨。投資於在產品改良、促銷和通路上，可維持領導地位。也可放棄眼前最大利潤的追求，以換取下一階段更大的利潤及市場占有率，此時期廠商會用以下幾種策略來延長高成長率：

1. 改進品質，增加產品新特色與樣式。
2. 增加新型產品和衍生種類。
3. 進入新的市場區隔。
4. 增加配銷範圍，和進入新的行銷通路。
5. 從產品知名度提升的知曉廣告轉爲產品偏好廣告。
6. 降低價格，以擴大客層。

企業必須成爲快速的行銷者，必須學習如何更快的研發產品，製造、銷售及服務，每一方面都要表現「速度」的競爭優勢。

個 案 研 討　業務人員管理辦法

一、總則

　1.本公司業務人員除依照本公司管理規則之規定執行外，悉依本辦法之規定執行之。

　2.所謂業務人員，乃指本公司業務部門肩負營業業績，顧客開發、管理與服務，產品推展與開發……等責任之業務部門同仁。

二、一般規定

　1.業務人員每天應準時到公司上班（除出差外）處理應行處理之事務後，才出門訪問顧客；在公畢之後應返回公司處理當日所發生之事務為原則，但是長程深夜始能返回者不在此限。

　2.本公司所有業務人員，均應徹底明瞭本公司之營業管理作業有關之程序、辦法、規定、標準與流程……等規範。

　3.業務人員非出差時，在訪問顧客途中，得支給誤餐費，誤餐費支給標準依「出差旅費、互助費給付標準表」之規定執行之。

　4.業務部門主管按月視實際狀況（如業績情形、顧客訪問與服務情形……等），核定業務人員雜費，但金額以新台幣五百元為限。

　5.業務人員之必要活動津貼（如交際費、年節送禮、公關活動費……等），依實報實銷為原則，但需事先呈報，並經部門主管核准後，始得支用並申請。

　6.業務人員之手機／大哥大費用，每月以新台幣六百元為最高上限，惟業務人員應接受稽核／會計人員之要求，提報電話費帳單與收發明細供權責人員查核，必要時應作說明。

　7.業務人員對於A級或特殊顧客之優待，應先呈報部門主管與總經理核准後，始得予以優待價／特別價。

　8.業務人員應每月執行業績發展行動計畫，並呈報到部門主管經核准之後據予執行之，同時按月計畫展為週行動計畫，每週結束與每月結束時，悉應製作「目標達成分析表」呈部門主管審核，總經理核准。

三、職責

　1.業務人員除遵守本公司管理規則所規定之規則外仍應遵守如下之規定：

　　1.1 訪問顧客時需謙恭有禮、不卑不懼，並需注意服裝儀容之整潔。

1.2 對於本公司之營業機密（如尚未決定上市之產品、銷售價格折扣內容、銷售獎勵與銷售優待客戶別內容……等）應嚴守秘密。

1.3 不可接受顧客之招待與贈禮。

1.4 訪問顧客作業中不得喝酒。

1.5 收取顧客之應收帳款時應當天轉交財務部，若當天太晚返回時，需在次日上班時即轉交財務部。

1.6 絕不可發生私自向顧客透支、動支預收貨款、或借貸……等行為。

1.7 公務車輛絕不可挪為私用。

1.8 不可為追求業績之達成而和顧客合謀開立虛擬訂單（即往後再取消之訂單）膨脹個人業績致公司之生產計畫混亂與庫存發生異常。

1.9 對公司產品缺乏信心而未全力推銷，或兼售未經報備之他廠牌產品。

1.10 絕不可將收取之貨款挪為自己占有或週轉之用途。

1.11 絕不可虛偽填寫訪問報表與信用徵信報表。

2. 業務人員除經常執行下列各項業務之外，尚須把握時間努力蒐集市場狀況、競爭者狀況、顧客信用變化情形，並將之作成報告呈部門主管審核，必要時呈至總經理，同時得另作口頭報告以收時效。

2.1 產品之用途說明、技術指導、品質特性、使用說明。

2.2 公司之產銷狀況、庫存狀況之掌握與瞭解。

2.3 現有上市與擬將上市產品的品質、特性、價格、功能、用途之瞭解與認知。

2.4 產品缺點要因與處理對策之初步認知。

2.5 蒐集顧客對產品品質之反應、價格之回應、顧客月需用量與市場月需求量；競爭廠產品之品質、價格與功能特性之市場反應；同業之信用狀況調查、市場新產品發展狀況調查。

2.6 定期盤查：顧客之信用變化情形，顧客使用量變化情形，顧客貨款回收情形，與折讓折扣處理情形。

2.7 督促本公司交貨之狀況並協助之。

2.8 向相關部門建議品質異常與改良方向，加強促銷之方法，價格修正之方向，包裝之方向。

2.9 客訴與退回品之處理協助並回饋反應予顧客有關本公司之處理和矯正預防措施。

2.10 整理顧客資料、樣品銷售資料。

3.業務人員需進行之其他事宜：

　　3.1 本公司主力產品之市場使用評價及品質的正負面之反應。

　　3.2 本公司整體公司或品牌形象之評價。

　　3.3 本公司新產品上市後之市場及顧客反應。

　　3.4 本公司之售後服務、售中服務、售前服務之滿意度調查與資料蒐集。

　　3.5 其他公司、部門主管、總經理之指示辦理事宜。

四、顧客管理

　1. 業務部門應督促業務助理人員協助業務人員建立如下資料：

　　1.1 顧客管理資料表（電腦檔）。

　　1.2 顧客信用調查表。

　　1.3 產品別／顧客別／期間別銷售統計分析表（電腦檔）。

　2.業務人員應執行如下工作：

　　2.1月份／兩週別銷售計畫預定表。

　　2.2顧客等級調整建議（在營業會議中討論決議）。

　　2.3行動方案。

　3.顧客等級分析

　　3.1 將顧客分成ABC三級，劃分方法如下：

　　　a.將顧客連續三到六個月之每月銷售額予以累計平均，所得之各個顧客之月平均銷售額。

　　　b.將顧客之月平均銷售額依高低順序排列。

　　　c.依每月平均銷售額找某一月之平均銷售額界定為「等級標準額」。再找出全部顧客劃分為若干等級。

　　3.2 將每一個顧客按ABC級顧客各列成冊。

　　　a.將顧客依開拓或拜訪日期之先後，列成「顧客名冊」。

　　　b.依顧客之等級與業別分類成「顧客等級分類表」。

　4.顧客路順分類

　　4.1 將全部顧客依產品線或區域適當的分成若干組別。

　　4.2 依顧客分布所在地分類路順，列成「顧客路順分類表」。

　5.顧客訪問計畫

　　5.1 公司各級主管人員及業務人員，對於所有顧客從事推銷與訪問工作，應有周詳計畫，並訂定訪問原則：

　　a.A級顧客，業務人員每月3次（另電話2-3次），主管每月1次，副總經理每年1-2次，總經理每年1次。

　　b.B級顧客，業務人員每月2次（另電話1-2次），主管每1-2月1次，副總經理每年1次，總經理視狀況而定。

　　c.C級顧客，業務人員每月1次（另電話1次），主管級視狀況而定。

　　d.D級顧客，業務人員視路順時可每月1次，但電話每月1次。

5.2 顧客等級除基於銷售額為ABC分級依據外，得視顧客之規模與未來發展性，而訂定與調整其理想之等級。

5.3 顧客等級除基於銷售額為ABC分級外，得將尚未成交之潛在顧客列為D級顧客。

6. 顧客信用調查

6.1 本公司之顧客信用調查方式分別依照行銷作業途中所需要之狀況，而分別採取「銀行照會之信用調查法／上經濟部商業司網站調查顧客經營階層變動情形之信用調查法／委託徵信社之信用調查法／利用顧客信用調查表利用之第六感信用調查法／上票據交換所網站調查顧客票據交換資訊……」等方式進行之。

　　a.銀行照會之信用調查法，委由本公司財務部門進行之。

　　b.上經濟部商業司網站調查顧客經營階層變動情形之信用調查法，委由本公司總務部門進行之。

　　c.委託徵信社之信用調查法，委由本公司總務部門進行之。

　　d.利用顧客信用調查表利用之第六感信用調查法，委由本公司業務部門進行之。

　　e.上票據交換所網站調查顧客票據交換資訊之情形，委由本公司財務部門進行之。

6.2本公司之顧客信用調查時機如下：

　　a.A級與B級顧客之顧客信用調查每半年進行上述「銀行照會之信用調查法／上經濟部商業司網站調查顧客經營階層變動情形之信用調查法／利用顧客信用調查表利用之第六感信用調查法」等方式各一次，且分由上述權責部門執行完成後悉轉由業務部門彙總後循組織程序報請總經理裁示之，惟若是某A級與B級顧客之信用惡化時可緊急採取對策後再呈報。

　　b.C級顧客之顧客信用調查原則上每一年進行一次上述「銀行照會之信用調查法／上經濟部商業司網站調查顧客經營階層變動情形之信用調查法／利用顧客信用調查表利用之第六感信用調查法」等方式各一次，且分由

上述權責部門執行完成後悉轉由業務部門彙總後循組織程序報請總經理裁示之，惟若是某A級與B級顧客之信用惡化時可緊急採取對策後再呈報。

c.C級顧客之顧客信用調查也可因其年度交易額不大（平均每次交易額小於NT$5,000），可在營業會議中提報討論是否比照一年一次或兩年一次或免作信用調查暫行規範以供執行之。

d.D級顧客轉為初次交易之顧客之顧客信用調查原則上除非是上市公司／知名企業／經由信用良好之老顧客推介者外得以賒帳開支票之交易外，應以現金交易／帳款折扣交易之方式為之，但其責任業務人員應於交易後進行顧客信用調查，尤其在該新顧客之採購額擴大之前應予完成該新顧客之信用調查。

e.新交易之顧客等級確立等級確立需有實質交易三次之後再經由責任業務人員提報營業會議討論核定之，其顧客信用調查依核定之等級之調查時機之辦理。

五、訪問顧客

1.訪問顧客之方式

1.1 依訪問顧客之工具方面而言，如親自拜訪、電話訪問、e-mail／internet 之訪談與溝通、書信／函件之訪談與溝通……等均是訪問之方式與方法，其目的為：

a.有關顧客經營項目之調查項目。

b.有關顧客對本公司產品或他公司產品之庫存或其進貨與銷貨狀況之調查事項。

c.有關顧客對本公司或他公司產品之批評、希望、抱怨申訴等調查事項。

d.經由顧客調查市情、同業動向、他公司之銷售政策等有關情報之調查。

1.2 依訪問顧客之目的方面而言，如巡迴服務訪問活動、市場推廣開拓訪問活動，其目的為：

a.向顧客介紹本公司產品之特性、優點與鼓勵其採用。

b.新顧客與承辦單位之接洽。

1.3訪問顧客之服務活動主要項目：

a.關於顧客申訴抱怨事項之處理與輔導。

b.對產品加工技術說明與使用技術之協助。

  c.協助顧客解決技術或再加工之困難事項。

  d.有關顧客銷售或技術改良商洽事項。

  e.新產品發表會或產品性能與再加工技術說明講解會之顧客聯絡事項。

  f.樣品、宣傳品與贈送品之寄發事宜。

  g.有關顧客要求改進意見之公共關係活動。

2.業務人員對於顧客之訪問，乃依據顧客等級加以安排訪問之頻率，惟對於主力顧客與關鍵顧客，應每月至少訪問一次為原則。

3.業務人員每天／每次出發訪問顧客之時，應攜帶該日要訪問之「顧客訪談紀錄表」，以防止發生與上次訪問時顧客要求事項，或自己曾承諾之事項的回應與服務。

4.業務人員應在出發之前，準備妥當有關新產品之樣品／相片／型錄，及自己之名片與行銷工具，好讓顧客擁有好的印象。

5.業務人員於親自訪問顧客之時，宜藉機會查看顧客之用料庫存情形、銷售成品之庫存情形，以瞭解顧客使用原料之情況及成品之庫存情形以及銷售績效狀況。

6.業務人員對於顧客，應時加診斷，並予輔導或協助解決其困難，必要時請公司相關部門出面協助。

7.業務人員遇顧客想退貨時，宜主動前往瞭解原因，並在第一時間化解，以減少退回事故之發生，惟確需退回之時，也須能運用行銷之手法將損失降到最低。

8.顧客退回發生之時，應取回交寄貨運單據與本公司開予之發票，若無法取回時，應取得銷貨退回單以利銷帳。

9.遇顧客間發生糾紛時，應於拜訪時調解之；惟無法化解時，應報請部門主管處理之，必要時報請總經理處理。

六、工作報告

1.業務人員訪問完成回公司之時，應即詳細確實的填寫「顧客訪談紀錄表」，逐日呈報予部門主管審核。

2.業務人員對於新開發之顧客，應提出顧客信用調查表，報經部門主管、總經理核審，並建立顧客資料表及該顧客臨時等級之編訂。

3.提出每月／每兩週業務績效表與業務行動實績表，呈報予部門主管總經理核審。

4.提報最新市場資訊，如顧客購買趨勢、競爭者行動、產品發展狀況、市場價格趨勢、顧客信用變化情形、顧客消長狀況……等。

5.業務人員對於如下之緊急事宜，得以提出緊急報告呈報到總經理請示處理原
　則：

　　5.1 同業之銷售方針或政策有重大變更時。

　　5.2 同業之新產品上市與銷售狀況。

　　5.3 同業展業與巡迴路線之重大變化。

　　5.4 本公司產品之重大品質異常事項。

　　5.5 其他有關緊急待處理之特殊事項。

6.其他公司或主管要求之工作報告。

七、營業業績管制

1.實績統計

　1.1 業績統計項目

　　　a.固定顧客銷售業績之統計，如推銷訂貨業績之統計、信件或電話訂貨業
　　　　績之統計。

　　　b.新開拓之顧客訂貨業績之統計。

　　　c.銷貨退回之統計，其原因為：品質異常、業務問題、誤期問題、其他問
　　　　題。

　　　d.折讓金額之統計。

　　　e.銷貨訂單之統計。

　　　f.銷貨優待金額之統計。

　　　g.實際銷售金額之統計。

　1.2 個人銷貨退回為上月之訂貨或出貨，而在本月退回者悉由該業務員之本月
　　　之銷售實績中予以扣除之。

　1.3 業務員個人銷售損益之計算

　　　a.個人銷售狀況之統計，如銷售總值、銷售費用（薪資、車輛保養、油
　　　　料、差旅費……等）。其他費用（交際費、贈送費、雜費……等）。

　　　b.個人銷售收款實績之統計，如本月應收款統計、本月實收款統計、期票
　　　　利息損益統計。

　　　c.業務員個人銷售淨利值之統計。

　　　　銷售淨利值＝銷貨毛利－期票損益

　1.4 本公司之銷售實績分為月別予年度別之方式項目為：

　　　a.實際銷貨總額之統計。

b.銷貨退回之統計。

c.業務人員別與產品線別、或區域別之統計。

2.業務實績統計表。

2.1業務單位對於各業務人員之實績加以統計並編製成圖表。如：

a.業績統計圖（如個人業績統計比較圖、產品線業績統計比較圖）。

b.每月業績累計比較圖（如個人每月業績統計比較圖、產品線每月業績統計比較圖）。

2.2 業務單位以銷售淨額為主，銷售成長率應列為圖表方式，如銷售總額成長一覽表，各產品銷售額成長一覽表⋯⋯等。

3.業務績效評核

3.1 業務單位與個人悉訂定業務目標，做為組織與個人之業務方針。

3.2 單位與個人隻每月悉制定有其每月之標準銷售額、銷售淨值指數、銷貨收款指數、收款期限損益指數、業務與公司管理制度之執行率、業務績效指數⋯⋯等，同時並予公開。

3.3績效獎金。（略）

八、貨款回收

1.貨款回收悉依據應收帳款管理辦法執行之。

2.業務人員須與財務人員全力合作，以穩定貨款之如期如款收回。

九、教育訓練

1.業務人員之訓練乃依據本公司之「教育訓練管制程序」執行之。

2.業務人員需主動追求新知，如：

2.1 產品專業知識與技能。

2.2 行銷與推銷技能。

2.3 人際關係、公共關係、溝通協調⋯⋯等技巧。

2.4 逆境適應指數（AQ）技巧與能力。

2.5 服務認知與技術能力。

十、其他

1.品德、忠誠、熱心、信心、決心之堅決塑造與執行。

2.對於生產部門、品質部門、技術部門、研發部門⋯⋯等相關內部顧客之支持與

溝通協調乃是很重要的工作。

3.顧客市場競爭者之資訊回饋,必須適時即時的反應於業務同仁、部門主管、總經理,並請示處理對策。

4.業務人員需具有查驗生產進度與品質狀況之能力,並需不定時之執行。

5.業務人員需具有當作顧客在本公司之代理人之認知,協助本公司相關部門供應給顧客適質、適量、適時之產品,以達到顧客滿意。

顧客信用調查表

顧客名稱：　　　　　負責人：　　　　　聯絡人：　　　　　調查年度：

	顧客信用調查項目	第 次	第 次	調查發現事實簡述	調查人
總務部	1.公司變更組織名稱				
	2.變更董事監事登記				
	3.變更總經理經營層				
財務部	1.更換往來銀行機構				
	2.改用本票付款方式				
	3.改用客票作為付款				
	4.改用債權憑證付款				
	5.銀行照會評價有異				
	6.支票發生委託止付				
	7.支票發生跳票退補				
業務部門	1.資金移轉投機事業				
	2.已展開脫售不動產				
	3.往來銀行資金抽回				
	4.投資事業未有進展				
	5.拖延正常付款期限				
	6.員工薪資延遲發放				
	7.遭到客戶大筆倒帳				
	8.經營者財產起變化				
	9.經營者精神儀容變				
	10.管理幹部會議頻繁				
	11.人事更動異常頻繁				
	12.重要員工相繼離職				
	13.內部員工重大舞弊				
	14.訪客常出現生面孔				
	15.服務人員態度反常				
	16.設備多數停滯停用				
	17.訂單銳減庫存量增				
	18.貨品大量廉價傾銷				

總經理裁示結論	總經理室會辦意見	業務部門
		調查結論：□安全良好 □平常注意 □危險應對 □停止交易 顧客等級：□A級 □B級 □C級 □D級 綜合說明：

問題討論

1. 行銷的定義為何？何謂行銷研究？行銷研究有何功用？行銷研究的步驟為何？

2. 在行銷研究中「定義問題」有何重要性？

3. 行銷策略發展的程序為何？如何操作可控制易變因素來滿足市場需求？

4. 市場的區隔要如何做才更有效？並說明選擇市場時考慮特點。

5. 中小企業產品如何進行包裝？

6. 何謂產品的生命週期？對行銷者訂定策略上有何幫助？

7. 產品定價的考慮要素有哪些？

8. 服務行銷與實體產品行銷有何差異？試說明之。

9. 服務行銷具有無形特性對行銷工作有何涵義？

10. 請舉出一些採用顧客導向的中小型服務企業，並說明這些企業如何創造此一形象。

11. 請解釋行銷組合要素如何運用到社會議題的行銷？如反菸運動、環境保護。

12. 調查過去行政院公平交易委員會對違反公平交易法懲處案件，與價格有關的事項對中小企業有何啟示。

13. 針對連鎖便利商店、多媒體服務、老年醫療保健、幼兒教育、個人投資理財、繪圖服務等產品，探討影響顧客需求的因素有哪些？

Chapter 8

產品的促銷與流通

行銷通路

　　行銷通路（marketing channel）是指將產品送到顧客手上的過程，其中由代理商和其他互動關係之機構所組成的系統，共同執行連結生產者與顧客所需的各項功能以達成行銷任務，如圖8-1所示。此系統以促進產品或服務，由生產者向顧客的實體流動及物權轉移為目的，因此，行銷通路在企業行銷過程中占有關鍵性角色。通路中在顧客與生產者間執行各種功能的互動關係機構包括：買賣中間商、代理商、批發商、經紀公司、物流公司、倉儲公司、運輸公司、銀行、保險公司、行銷研究機構等。也就是說行銷者必須透過行銷通路才能將生產的產品或服務提供給最終的使用者，在整個行銷運作過程中，行銷通路所執行各項功能包含以下幾項：購買、銷售、風險、承擔、融資、運輸、集中、分類、分級、儲存、行銷研究等。對中小企業而言，不管企業是否運用行銷中間機構來執行這些功能，終究還是必須完成這些任務的，經營者所要關心的不是要不要執行這些功能，而是由那個部門來執行，及企業所涉入的程度。

一、選擇通路

　　行銷中間機構的種類及其執行的功能項目繁多，選擇與設計配銷通路看起來似乎是一項極為困難的事，但許多產業配銷通路均發展多年，固定的模式已經形成生產者選擇彈性有限，即使是創新配銷模式也不易採行。例如，雞蛋配銷系統，多年來都是由蛋商掌握大部分配銷通路功能，實務上要改變其彈性實在有限。經營者面臨的主要限制都是存在這些中間機構，所以在研擬通路策略時必須考慮幾項基本因素及生產產品的特性。

（一）選擇配銷通路的考慮因素

　　選擇通路最好是從分析最終購買者的需求開始，這樣可使通路納入整體行銷方案的規劃。影響通路發展的要素有下列幾點：

1.顧客與市場特性

　　消費者購買行為的改變不但會阻響通路的水平和垂直構面，有時也會形成全新的行銷通路。經營者可以從市場的類別、顧客的數量、地理分散程度、偏

好的通路與採購地點、購買型態及訂單大小、使用新通路的可能性等因素考慮。

2.產品特性

產品的特性包括：易腐性、時尚性、大小、複雜度、價值和標準化程度。易腐性商品、流行性商品或由生產廠商提供特殊的訓練和其他售後服務的商品，需要比較短的通路以避免產品在通路上滯留過久。而高度標準化的產品與特殊規格產品相比則需要有較長的通路。所以歸納經營者要考慮的要素包括：產品的單價、保存時間、體積尺寸或重量、標準化程度、安裝與維修需求等特徵。

3.企業本身的特性

企業的目標、資源和能力也會影響通路的選擇。通常經營者可以根據本身的財產狀況與行銷預算、相對規模與市場占有率、產品組合與產品線、行銷策略、行銷目標、過去通路經驗、有能力且願意執行的配銷功能、其他優勢與劣勢等特性進行評估。

4.通路的特性

在選擇行銷通路時，通路的特性也必須考慮，這些特性有特殊資源、長處和能力。中間機構的特性各自迥異，經營者要瞭解的有中間機構的數量與類型、接納產品的意願、服務的地區、執行的配銷功能、衝突的可能性、建立長期關係的可能性、是否銷售競爭性產品、財務狀況、經營政策及管理能力、可控制性、其他優勢與劣勢等特徵後進行採擇。

5.外在環境特性

外在環境中宜優先考量競爭環境。另外社會文化的發展也對通路規劃有極大的影響。而政治、法律和道德也是很重要的因素。當然經濟性和技術性因素也會影響通路選擇。歸納經營者要注意的環境特徵包括：經濟狀況、法令限制、政治議題、文化差異與變遷、技術變革、其他機會與威脅、競爭者等。

（二）消費品的通路

消費品的通路較工業品長，主要是因為消費者人數眾多，而且在地理位置上較分散，所購買的數量也較少；同時消費者需求之改變較不易被生產者所察知。而較接近消費者的中介機構構能快速地洞察這些改變並予以反應。圖8-1所表示的為消費產品的傳統配銷通路。

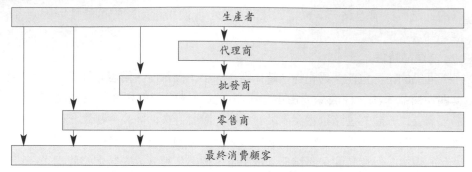

圖8-1　消費者市場的傳統配銷通路

（三）工業品的通路

　　相對於消費品使用者，企業用戶除了購買輔助設備與零件外，都較喜歡直接和生產者交易。企業用戶在地理位置上較集中，且某些特定的工業品只有少數企業用戶會使用。這些特性促使工業品的通路較短。圖8-2所表示的為工業產品的傳統配銷通路。

二、通路中間機構

（一）掮客（broker）或稱仲介商

　　是獨立代理買方或賣方，並將買賣雙方撮合在一起，提供產品、價格和市場情報方面之有關資料，促成買賣雙方完成交易，並向接洽之雙方或單方收取

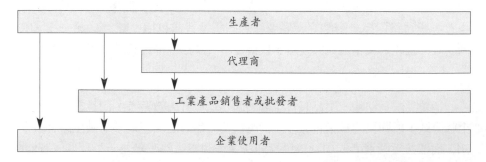

圖8-2　工業產品的傳統配銷通路

佣金之中間商。仲介商無權制定價格，僅做交易協商，讓賣方決定是否接受買方的議價。不動產業與證券業採用仲介商。

(二) 代理商

在指定的區域內銷售生產者的產品之獨立代理中間商，或稱之製造商代理（manufacturer's agent）。代理商代表製造商與買者進行交涉，但其對商品並不具有所有權，所有權直接通過一個或更多的批發商轉到零售商，零售商最後再賣給產品最終消費者。例如，很多進口商品即是此種通路結構。由於代理商在限定的區域內銷售，生產者通常採用多家代理方式以涵蓋所有市場。而代理商也同時代理數家不具競爭性的產品。對中小企業而言，以代理商的方式較為有利，因為中小企業只有數種產品且無業務人員，而且可以節省新市場開發成本。與代理商的關係就像唇齒一般密切，對於代理商的權益，生產者要尊重並且要能守信用，但對於績效不佳與信用有疑慮的代理商也要快速處理。其他因為市場衝突所導致的問題亦是經營者要思慮的重點。

(三) 批發商 (wholesaler)

產品經由批發商（大盤商）和零售商到最終顧客，而批發商是指買進商品並銷售給其他通路成員，通常是不直接銷售給最終消費者。例如，傳統的超級市場通路即是此種通路結構。中小企業若藉由批發商可快速回收資金與運用批發商的倉儲、運送、配銷……等通路功能，將可大幅節省企業在運輸設備的投資。近年來由於通路結構的革命與電腦資訊技術的進步，由批發商與零售商整合成新的機構也大幅增加，例如，大潤發、大買家等。

(四) 零售商 (retailer)

零售商是指購入貨品與服務的目的是位在銷售給最終顧客的組織。零售業在提昇我們日常生活品質上有很大的貢獻。例如，購買日用品、美容美髮、衣服和書籍時就已經參與零售的活動。

1.零售商所提供的服務

大部分的消費品是透過零售商通路與批發商通路銷售。零售商通路是很普遍的，尤其當零售商達經濟規模且有能力從製造商買入大量的產品時，就足以與生產者抗衡，通路上的功能也越顯得重要。零售商從事的行銷活動包括：預

測顧客需求、規劃產品組合、獲取市場資訊和融資服務，亦即爲製造商與消費者服務。

2. 零售的現代趨勢

現代要成爲零售商相對容易，不需要投資大量的生產設備，以信用付款的方式購入商品，也可以租用倉儲空間或以小成本設立簡單網站。所以有愈來愈多的零售商店成立，有很多商店在同一區隔市場競爭，對消費者而言可以享受「物美價廉」的產品與服務。零售的現代趨勢分述如下：

（1）新的零售型式（New Retail Forms）會不斷的引入：以銀行爲例，可提供送錢至府上服務；大學提供「通勤乘客教育課程」，使企業人士有獲得MBA（企管碩士）學位的機會；達美樂披薩則提供30分鐘內送披薩到家的服務，甚至與電信局合作，利用電腦與通信技術的結合，顧客只要記住一支電話號碼即可收到最近分店的服務，無論何地皆做得到。爲客戶保留品味喜好的檔案，更能吸引顧客的注意，爲顧客做個別化服務同時獲得他們的忠誠度。台灣的網路行銷及遠距離教學均積極發展中。屬中小型零售業可以從購物流程、運送安裝、售後服務等層面著手。例如，接送專車、保母服務、贈送飲料、專用停車位提供、免下車服務等。不論人們在工作、逛街或消費等，他們喜歡以娛樂的方式進行。

（2）零售生命週期縮短：由於創新速度加快，使得零售生命週期有逐漸縮短的趨勢。網路科技的發達，消費者的購物習慣也朝向及時性發展。所有賣場的終端收銀機系統皆可與生產者連線，可迅速掌握所有銷貨資料，資訊流通愈快速，消費者可獲得更好的服務。零售新的服務系統因此而產生。

（3）同業間的競爭愈趨激烈：台灣的量販店及百貨公司均面臨日益嚴竣的競爭環境，所有業者所獲得的資源大致相當，在此資訊時代，業者反應敏捷是競爭優勢的來源。未來發展的每一樣事情都要能及時處理。環境愈競爭行銷就變得愈困難，犯錯的企業需付出較慘痛的代價，其他的競爭者在一旁虎視眈眈，只要一失足，你的生意一瞬間將拱手讓人，很難再扳回。

（4）零售商的兩極化：台灣的零售商將逐漸走向極大化及專門化。要在諾大市場區隔成功，就必須變得更具特殊化。換言之在愈大的市場

中，必須愈專業才能成功。例如，在郊區成功的零售商可能要標榜
「綜合雜貨商店」，但在都會區就行不通，必須是專業商店。中小企
業的經營者應將焦點放在大家都知道的市場區隔上，並且轉移到特
殊的利基市場，也因為「利基」所以才能「積利」。通常我們會發
現只有一兩家公司服務一個利基市場，而且都做得不錯，因此都能
獲得高利潤。

(5) 消費者希望一次購足：指大型購物中心（shopping mall）或同一商
場內的許多專門店或賣場大型化。可以提供消費者希望一次購足的
消費習慣，或許可以讓購物的過程變得更快樂。

(6) 無店舖販賣持續成長：由於電子科技的發展，使得無店舖販賣顯著
地增加。家中購物的消費習慣將大幅增加，愈來愈多的顧客從型錄
上訂購他們的衣服、用品或書籍等等，他們不用塞車、找車位，時
間與便利因素促成顧客使用家中或線上購物，即使是購買生鮮食
品、雜貨亦然。

(7) 以投資組合的方法經營零售業：一個零售商擁有許多不同的零售型
態，如統一公司擁有便利商店（7-Eleven、統一麵包店）、量販店
（家樂福）、郵購及藥局等事業。又如豐群公司擁有來來百貨、OK
便利商店等事業。未來成功的企業是能小心翼翼的引導組織所定目
標市場，並把每一分錢的投資做最高價值的運用。

(8) 零售科技技術應用日趨重要：21世紀全球的經濟將由中小型企業所
領導，而中小企業的規模也可能濃縮至僅有一人，Naisbitt舉一個美
國兩人公司的例子，林迪（Linde）與里托（Lito）經營一家名為西
部之眼（Western Eye Press）的出版公司，這家兩人公司專門出版
精美的攝影書籍與導覽圖書。他們在科羅拉多州特路萊的工作室內
運用麥金塔電腦從事創作，用高解析度的雷射印表機輸出可供照相
製版的地圖稿，然後用聯邦快遞（UPS）將圖稿送到位於韓國漢城
的印刷廠印製成冊，再將成品運銷到遍布於世界各地的經銷處。這
些產業結構的改變也是為通訊與電腦科技的進步而來，如何運用新
科技已經成為企業的一種競爭優勢，如銷售時點系統（POS）、電子
資訊交換系統（EDI）、閉路電視、門禁系統等科技的應用。

(9) 小型零售商提供社區服務：小型零售商店的競爭利基在於為社區提

供完整及便利的服務，以一小型零售店爲社區服務中心，如7-Eleven與HDL合作提供郵遞服務；而日本的7-Eleven之服務包含代爲購票、代收公共費用（水電費）及安排旅行行程等。

- 連鎖化持續增加：根據調查顯示獨立小店與連鎖店創立第一年的失敗率，前者爲80%，而後者爲20%，因爲後者有整體大型具系統性的規劃。
- 購物中心潛力十足：大型購物中心必須以適合台灣環境的方式出現才有競爭力，如在大的捷運站附近設立垂直式的社區購物中心。
- 國際化程度日益提高：台灣的百貨公司、藥局、量販店、直銷公司等，處處可見國外來的資金與經營技術，發展中的購物中心亦有許多與國外業者合作或競爭的機會。

（10）全球化：主要是拜通訊網路科技、貿易障礙與關稅取消等環境變革所賜，文化快速交流而逐漸同質化，所以流行的產品容易擴散至全球市場。當事業變得更國際化時，必須縮小企業的焦點，要集中在有特色的利基市場中，而且要深耕與發展。

三、自行的銷售方式

是指生產者利用直接通路，不經由中間機構將產品直接銷售顧客。一般稱爲直效行銷（direct marketing），其方式包括：電話行銷、郵寄或電腦網路等線上購物、人員銷售等。通常企業選擇自行銷售方式的原因可能是成本較低、容易控制所有行銷因素等。中小企業受資源缺乏的影響，較常使用的行銷方式爲「人員銷售」，茲說明如下：

1.爲什麼需要人員銷售

人員銷售（personal selling）是指在一個交易過程中，由銷售人員和一個或多個潛在購買者之間直接溝通並促成交易的銷售方式。

人員銷售相較於其他形式的推廣活動有一些獨特性，可以說明爲什麼企業需要運用人員直接從事銷售，而不經由中間機構：

（1）人員銷售能對產品作較詳細的解說或示範。對於較複雜或新穎的產品特別需要，如儀器設備等行業。

（2）可以根據每一個潛在顧客的獨特動機和興趣而改變其銷售訊息。意即較容易達到客制化的高品質服務要求。

（3）人員銷售在篩選溝通的顧客上較有效率。面對面的訊息溝通出錯的機會較少。

（4）人員銷售能更有效取得銷售及贏得顧客的滿意，而且回饋是立即的。

2.人員銷售過程的步驟

在人員銷售的過程中，主要包括八個基本的步驟，如圖8-3所示。說明歸納如下：

（1）對公司產品與政策的瞭解：這是專業形象的訓練過程，學校的教育與訓練通常是屬於通識課程，每一個企業有其成立背景、使命、追求目標、策略與政策，同時所生產的產品或服務也有獨特的性能與規格，對於市場的看法也各有差異，所以銷售的第一個步驟就是要充分地瞭解企業內部環境，才能以專業的形象從容地面對顧客，並且順利獲得訂單及建立長期良好的顧客關係。

（2）開發創新型客戶：對於新的產品或企業，市場上對其並不會有太多的認知，尤其是產品的品質及公司信用都是顧客所疑慮的，因此，新市場的開發成功的步驟就是先尋找率先使用的創新型顧客，尋找方向可從現有顧客名單中開始，由過去接觸的經驗，那一位客戶比較願意嘗試新的事物，且對公司友善熱誠並具備豐富的專業知識。或者可以從說服市場的意見領袖著手，給與試用者特別的折扣與服務以吸引他們購買。

（3）建立初期的接觸：當有了市場行銷與使用經驗後，就可進行大規模的銷售準備，也就是儘可能的尋求商機，即確認與尋求可能會購買銷售人員所提供的產品的組織與個人。例如，從專業會員名錄、電話簿、報紙求職版、現有客戶檔案等。建立有望客戶資料，其內容摘錄的事項包括：客戶名稱、電話號碼、最終決策者、公司規模、員工人數、營業狀況、經營者嗜好與個性、地點、交涉單位等，除此之外，還要對可能的競爭者與技術進行分析調查，檔案的建立才算完成，這只是銷售的必備工作，但不代表銷售一定可以成功，影響的最大因素在於執行過程，例如，銷售人員的應變與態度、與顧

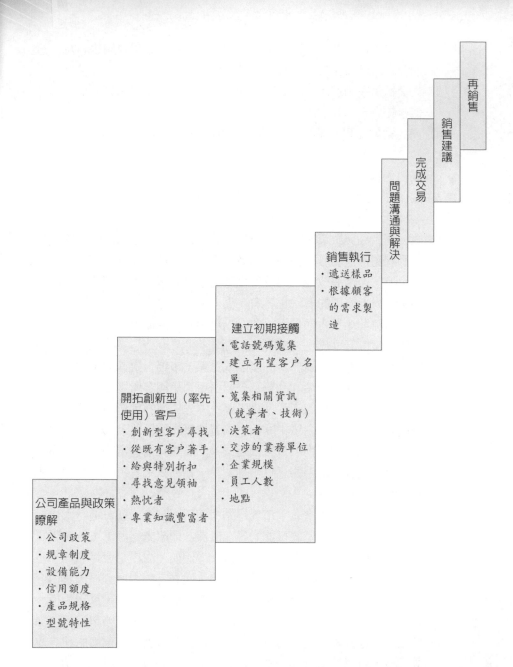

圖8-3　人員銷售過程的八大步驟

客的適性（合適的顧客，如性格、磁場、氣味等）、顧客的經濟與其他的限制、事前與專業準備，甚至行銷的技巧都會影響交易的順利與否。所以，初期接觸為了增加銷售成功率，可以進行銷售商機的篩選，其意義是有效的篩選銷售商機可以提高銷售人員的效率，但對於商機的篩選要審慎客觀，例如，常發生在汽車銷售過程的案例，現場銷售人員可能被顧客的外表、談吐所左右，而產生服務的分別心，忘記銷售人員的任務本質「將所有接觸的客戶當成重要的人士對待，不能怠慢」，因而喪失成交的機會。

（4）銷售執行：銷售過程最重要的一點就是遞送樣品的環節，銷售人員從進行簡報前的準備，並依據顧客的特質與需求發展銷售提案與簡報，來滿足潛在顧客的需要或解決顧客的問題。當顧客從簡報的過程對企業所提供的產品或服務有興趣，願意嘗試使用，此時銷售任務就已經成功80%。

（5）問題溝通與解決：銷售人員必須沉著地應付顧客的每一個異議，並針對一些特定的異議，預先做好因應的方式。其實顧客很難清楚界定自身的問題定義，而銷售人員最困難的銷售技巧也是從言談之中分析歸納顧客潛在的問題，銷售有一句金言：「幫顧客解決問題就等於完成交易」，這種技巧需時間累積與學習才可具備，可多請教前輩，藉由前輩經驗的分享、傳承並提出你的問題，從自省自覺中將經驗與知識相互配合，有朝一日必能快樂的從事銷售業務。

（6）完成銷售：銷售人員應注意何時該結束銷售，顧客的反應是不再提出任何異議，此時是完成銷售的好機會，也就是說此時銷售人員可以拿出意向承諾書或買賣合約書進行促進的動作，通常顧客已滿意沒有再提出新的問題，就可以完成合約的簽定。完成銷售也是要技巧的，例如，不要顯出急躁的樣子，客戶會認為是不是被騙、合約簽署要完備，不要讓客戶有後悔的機會、要有合約的簽定是顧客關係建立的開始，而不是結束的認知，通常客戶都會後悔，惟有透過售後服務來加強產品的價值等等。不論成功與否都要有以平常心對待，尤其是未完成交易的個案，不要抱怨，要感謝顧客所提供的機會，並惋惜客戶無法接受優良企業與人員的服務，希望下次有機會再為顧客服務，通常在不久以後此案都會成功，注意「真誠」要發

自內心才有效。

（7）銷售建議：企業競爭能力包括個人與組織，而組織知識能力的蓄積則來自於個人知識的分享，在這種交互作用下可以影響群體的思維，21世紀的企業必須創造新的基本能力就是組織學習，如此才能瞭解與處理更多的問題。將成功的經驗擴散與建立標準化是此步驟的重點，如何化開「獨門秘訣」、「吝於分享知識」的傳統觀念，可以從此項工作開始，將每件成功的例子的成功關鍵要素、個人技巧與決策過程都清楚記錄並提出完整的建議報告。

（8）再銷售：再銷售是顧客導向觀念執行績效衡量的指標之一，前面討論過完成簽約只是銷售的開始而已，其真正的意思就是如何在往後服務的過程中創造驚喜或其他附加價值，這是企業應重視且全力以付的目標，因此從訂單跟催開始做起，完成銷售與接下訂單後，銷售人員的責任並不會就此結束。銷售人員必須確保交易的條件、交貨期限和商品與服務的品質，如同我們對顧客所說的一樣。同時使用期間的社會性關懷也是企業所要努力的事項。

3.人員銷售未來的趨勢

人員銷售是一種昂貴的行銷工具，而企業界已經發掘了更有效的替代方法，某汽車銷售公司，最近裁掉十二位銷售人員，然後調降售價，結果汽車大賣，所以低價策略成為昂貴的銷售人力的替代品，低價為顧客帶來「價值」，以至於有價值的東西不需要用人去賣。銷售業務人員也很快的會被電話或電腦購物所取代。若企業是銷售專門技術的產品，那就需要銷售部門，否則僅行銷決策業務部門就可以應付了。因此，如何提昇個人的專業知識與附加價值是未來的重要議題，不然有一天銷售人員可能真的被電腦所取代了。例如，知識銷售的「教師」、保險單銷售人員、汽車銷售人員、醫師等。

四、廣　告

廣告是行銷活動的一環，行銷活動主要的活動包括：產品、定價、通路與推廣，常稱為行銷「4P」。而廣告活動則出現在行銷活動的最後一個階段：「推廣」活動之中，與行銷活動中各項工作的關係密切，必須與其他行銷工作互相配合，方能發揮綜效。從市場觀點，顧客如果充分瞭解產品的種類、品質、價格及販售地點的情況下，廣告只能發揮有限的效果，但事實上生產者與

顧客之間是存在某些資訊上的不平等的。所以廣告為試圖引起消費者對某產品資訊的注意，也嘗試說服消費者購買所宣傳的某產品。這也許需要運用吸引人的韻文短劇、聲色、巧妙的畫面布置或其他方法去引起潛在客戶的興趣，其功能至少有一點是不能抹煞的事實——「廣告至少提供一個產品存在的信息」。產品介紹未來廣告的發展為順應全球化的趨勢，因涉及的地區愈廣，反而要集中焦點，更專業化、簡單化。

（一）廣告形式與分類

1.依照廣告的訴求對象分類

（1）消費者廣告：消費者廣告是指以一般個人消費者為訴求對象的廣告，我們每天接觸的廣告大部分都屬於消費者廣告。而依照是否親身使用而言，又可分成：

‧購買者廣告購買者不見得是實際使用者，全家共同使用——如沐浴乳、洗髮精；送禮時使用——如罐頭禮盒、菸酒禮盒；自己的個人用品——如內衣、鞋子、襪子等。

‧使用者廣告：以「使用者」為訴求對象的廣告，廣告內容須考慮使用者對於產品的關心程度，廣告應營造使用時的意境及氣氛以吸引消費者。

（2）工業廣告：以購買材料、原料、機器設備等工業產品的企業及相關採購決策人員為訴求對象的廣告為「工業廣告」，亦稱為產業廣告。例如，專業雜誌、工廠參觀、專業展覽。

（3）通路廣告：為了擴增銷售通路，讓生產者的產品更容易讓消費者取得，針對各銷售通路及中間商為訴求對象所做的廣告為「通路廣告」，亦為中間商廣告。

（4）專業廣告：為消費者缺乏專業判斷能力而無法決定購買的產品，例如，醫生指定的醫藥處方、建築師所用的建築材料等。

2.依照廣告涵蓋的區域分類

（1）國際性廣告：為了配合企業國際化的腳步，各國際化企業均展開全球一致性的廣告策略與活動，而廣告公司則必須根據各地區、國度、文化所造成不同的市場狀況下實行一致性的廣告策略。

（2）全國性廣告：這類的廣告訊息多以傳遞一般產品功能、品牌形象及

企業形象爲主。

(3) 地方性廣告：這類的廣告內容多以強調產品的購買時機與特定購買
地點。

3.依照廣告內容特性分類

(1) 產品廣告：具體陳述產品之特徵、功能，引起消費者注意必激起其
購買欲望的廣告者。

(2) 服務廣告：以推廣「無形的產品」所做的廣告者。例如，媚登峰瘦
身計畫、銀行信用卡免年費的活動等。

(3) 企業廣告：爲提高消費者對企業的有利形象與信賴感，企業主利用
廣告告知消費找有關企業背景、歷史及業績，以增加消費者對企業
之良好印象。

(4) 公益廣告：以公共利益及社會福祉爲內容訴求的廣告者。例如，
「捐血一袋、救人一命」。

(5) 政治廣告：以政黨或政治團體的政見及策略內容的廣告者。例如，
縣、市長之競選廣告、民意代表之競選廣告等。

(6) 個人廣告：爲純粹告知眾人、使大眾知曉的非商業性廣告。例如，
尋人啓示、道歉啓示等。

4.依照廣告傳播媒體分類

(1) 大眾傳播廣告：利用大眾媒體，如電視、廣播、報紙、雜誌四大媒
體進行傳播的方式者。

(2) 小眾傳播廣告：利用具有特定目標對象或特定地區性的媒體來傳達
資訊的傳播方式者。例如，廣告宣傳單、燈廂廣告、車體廣告、夾
報等。

(二) 廣告計畫的展開

1.廣告費預算的設定

廣告費用主要包含兩大部分，創意製作費用與媒體費用。中小企業通常在
資金上比較短缺，所以大部分的資金用在人員、製造與技術研發費用比較「理
所當然」，但用在廣告上時並不容易下定決策，即使有也不知應規劃多少預算
才適當的，因爲行業別的不同，所需的廣告媒體的形式也不盡相同，預算規模
多少也不一樣，但是有一項原則是不變的，廣告必須有一定的經濟規模才有效

果，且必須搭配其他行銷活動的統合效益功用才能發揮。廣告預算的經驗方法
有以下幾種方法供參考：

（1）支付能力限制法：企業將廣告預算制定在其現金資源限度內。但此
　　　法的缺點是資金限制定義不明確，通常出現的問題是該不該廣告，
　　　因大部分的中小企業資金比較短缺，沒有資金廣告是否就不做了？

（2）競爭對手平衡法：通常較常用的廣告預算是以銷售額的百分比為標
　　　準，但也可以將標準訂定在其主要競爭對手相同的水準上。這是簡
　　　單的方法，但每家廠商的生產成本及經營限制均有差異，雖然已蒐
　　　集競爭者的廣告預算情報，並不表示有利於公司的廣告預算制定或
　　　簡單的追隨，這個情報僅供決策者做決定的參考因子而已。

（3）目標和任務法：企業以通過確切廣告的目標，估算實現這些目標需
　　　要完成的任務，以這些執行的任務費用來制定廣告預算。例如，以
　　　計畫銷售數量為準，每件售出產品單價的5%。當然，決策過程就像
　　　前面所談過的經營分析一樣複雜，及所制定的目標是否合適企業的
　　　規模或是總體目標。

（4）銷售額的百分比法：廣告的預算是根據過去數據或對未來的預測銷
　　　售額事先決定一個比例。此種方法是企業較適合採行的，因為執行
　　　上較簡單，同時可以結合其他變數作調整，例如，銷售額隨競爭者
　　　的策略而有消長，可以根據實際情況調整預算。廣告預算的制定除
　　　了有彈性外，更有很強理論的基礎。

2.選擇廣告媒體

　　所謂廣告媒體常被稱為廣告媒介物，將產品或服務的訊息，傳遞給廣告主
或消費者之間的任何媒介物，它可能是一個人或任何事物。

（1）大眾媒體：為常見的四種媒體：報紙、雜誌、廣播、電視。

（2）小眾媒體：為利用特殊的傳播媒體，傳播資訊給特定的目標訴求對
　　　象，　如當地有線電視台、廣告宣傳單等。

（3）依照涵蓋地區大小來分類

　　　‧全國性廣告媒體：如無線電視台、一般性雜誌等。

　　　‧地區性廣告媒體：如地方有線電視台、地方性報紙等。

（4）依照揭露時間長短來分類：所謂揭露期間，意指廣告訊息揭露在
　　　外，讓消費者接收的時間長短或充分性而言。包括：

· 長期廣告媒體：如報章雜誌廣告、互戶外廣告等。

· 短期廣告媒體：如電視廣告、廣播廣告等。

（5）依照接受者立場來分類

· 直接廣告媒體：直接送到消費者面前或手中，如廣告宣傳單直接函件、贈品等。

· 間接廣告媒體：間接傳播廣告訊息給消費者，如一般大眾傳播媒體：報紙、電視等。

（6）依照感覺來分類

· 視覺廣告媒體：如報紙、雜誌等。

· 聽覺廣告媒體：如廣播、宣傳車等。

· 視聽覺廣告媒體：如電視、戶外電視牆等。

· 嗅覺廣告媒體：如香水適用紙、香水夾頁廣告等。

· 觸覺廣告媒體：如店頭試用品、贈品試用品等。

（7）依照一般型態來分類

· 大眾傳播媒體：a.印刷媒體：報紙廣告、雜誌廣告等。b.電子媒體，如電視廣告、網路廣告等。

· 促銷廣告媒體：a.特定位置廣告：如戶外廣告、電影看板廣告等。b.直接廣告：如直接樣品、直接宣傳單等。c.店頭廣告：如店內外海報、店頭宣傳影片廣告等。

3.媒體策略規劃

媒體策略規劃之流程圖（如圖8-4所示）：

（1）確立訴求對象：媒體內容必須針對目標顧客的需要及喜好來規劃，媒體效果才能見著。因此目標顧客必須清楚界定，顧客特徵的分析除了人口統計變數外，還可以利用生活型態、消費習慣、媒體接觸習慣等因素加以分析。

（2）確定媒體目標：在研擬媒體方案或活動以前，還必須先確定出媒體目標，一般媒體績效的評估以企業銷售量為元素。而確定媒體目標主要目的，是讓媒體從業人員能依據媒體目標，規劃出吸引顧客購買行動的方案。具體的媒體目標包括提高品牌的知名度、增加顧客購買量或使用量、鼓勵顧客試買、改變顧客對原產品的認知、顧客轉換品牌嗜好等，目標儘量以數字表達較佳，例如，知名度：有

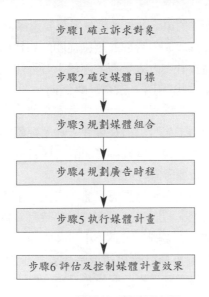

步驟1 確立訴求對象

↓

步驟2 確定媒體目標

↓

步驟3 規劃媒體組合

↓

步驟4 規劃廣告時程

↓

步驟5 執行媒體計畫

↓

步驟6 評估及控制媒體計畫效果

圖8-4　媒體策略規劃流程

　　10%顧客聽過或知道本品牌／產品；理解度：有10%的顧客瞭解產品所帶來的利益、有10%顧客試用產品。

（3）規劃媒體組合：對中小企業媒體的組合要考慮的要素包括：廣告預算、成本效益及產品的特性等三要素。針對上述三要素分析後再選擇合適的媒體，例如，電視、報紙、雜誌等，及確定媒體的預算分配及確切的刊載時程。我們常見的媒體組合的例子就是汽車的銷售，汽車廣告的訴求必須顯現出汽車的個性與功能，媒體組合就是利用電視媒體（雖電視廣告成本很高）為主，搭配報紙傳達汽車屬性及性能。中小企業也可能因為目標顧客與市場的因素，以報紙分類廣告、地方廣播電台或有線電視台、公共媒體報導的應用等，或許會更有效益。廣告媒體的選擇考慮因素，我們建議可以從廣告的對象著手（例如，高級化妝水廣告選擇婦女雜誌）。接著考慮媒體的彈性與靈活度，亦即媒體的應變能力、時效性高，能夠應企業主的要求作調整。例如，更換廣告內文集播出時間、次數。最後是媒體覆蓋率及對象特性，即媒體發行的數量或市場占有率，為了不同

的廣告目標、對象、效果，經營者需要選擇合適的媒體。

(4) 規劃廣告時程：廣告時程的規劃從開始到執行期間必須配合行銷活動企劃的時程計畫，太早與太遲效果皆不佳，廣告的時程因素還要配合產品的生命週期、顧客購買週期、競爭者的動態與媒體策略等。例如，參加展覽的期間就要考慮媒體的搭配時間，並清楚界定展覽的主要訴求來吸引潛在顧客。除了媒體還要再搭配其他廣告手法，如報紙或夾報、直接郵寄訊息、廣告車、戶外看板與旗幟等廣告、廣播等皆要考慮時效性。

(5) 執行媒體計畫：在確定整體媒體計畫後，正式向各媒體排定刊播時間及版面大小、位置等，並完成出稿時程。執行過程中常見的問題就是缺乏前置的規劃，這是中小企業的通病，想到哪裡做到哪裡，例如，報紙計畫刊登時稿擠或時程安排延誤，以致於無法順利執行。經營者媒體計畫的前置作業是有必要的，且在決策的過程要明確快速。

(6) 評估及控制媒體計畫效果：執行媒體計畫的期前、中、後皆要進行監控，以確保媒體的效果是否如預期，結果的優點與缺失可以作為以後的決策參考。執行過程的監控還有一項重要的任務就是「亡羊補牢」的功用，媒體計畫無法保證銷售票房，若無法發揮媒體訊息揭露的功能時，就得及時進行修正改善。中小企業主對媒體廣告的預算通常較忽視，主要的原因是媒體的費用必須持續與一定的經濟規模的投入才會有效果，因無法在短期看到效果及訂定合適經濟規模而為有效利用媒體功能。企業投資在廣告上的金額很大，因此對於廣告的效果應定期加以評估，一般而言，廣告效果的評估可分為溝通效果的評估和銷售效果的評估兩部分。

　‧溝通效果的評估：溝通效果的評估係在衡量一個廣告是否達成其預期的溝通目標。例如，廣告是否能真正吸引閱聽者的注意、閱聽者看了廣告之後是否能記住廣告內容等。

　‧銷售效果的評估：評估銷售效果的目的在衡量廣告推出之後對銷售的影響。一般來說，銷售效果較溝通效果更難衡量，因為銷售除了受廣告影響之外，還受到許多其他因素（如產品特性、景氣變動、價格、中間商、競爭者行動、促銷活動等）的影響，在衡

量廣告對銷售的影響時，應將廣告以外的其他因素予以過濾才能有較客觀的評估（如表8-1所示）。

3.中小企業所運用的大眾媒體與免費廣告

我們可以將大眾媒體視為企業的「免費廣告」，其目的就是引起消費大眾對公司的認識和興趣，並留下良好的正面印象。對中小企業來說，大眾媒體的運用也許比不上廣告重要，但好的大眾媒體宣傳對任何企業都可以產生奇蹟式的效果，所以，企業也可以考慮如何運用。中小企業所運用的大眾媒體宣傳的方法如下：

（1）報刊文章與報導：地方性報紙總是關注當地的事務，尤其對新奇又值得報導且具「新聞性」的人、事、物。如果企業有不平常的創意或事蹟就可以與地方駐地記者聯絡，不過，新聞稿大部分內容很可能需要自己準備，亦即做到交給報社後編輯只要稍微修改就可以發稿。至於新聞稿撰寫的技巧可以參考相關的書籍或蒐集相關類似文章。

（2）廣播電視採訪：爭取被電台或電視採訪，企業必須準備新奇、有趣

表8-1　廣告企劃書撰寫綱要

前言摘要
壹、環境分析
一、市場分析
二、消費者分析
三、產品分析
四、競爭者分析
五、社會環境分析
貳、目標市場
參、廣告目標
一、知名度
二、試用率
肆、廣告方案
甲、廣告創意表現的腳本或初稿
乙、廣告主張與支持點
伍、媒體策略
陸、廣告預算及進度

味並適合時宜的話題。

（3）經營者個人的努力：如果經營者擅於演說，可以找機會發揮這個專長進行公開演講，當然面對聽眾演講的內容一定要有趣，不能讓人聽起來只是爲公司做廣告。有時也可以主動聯繫爭取演講的機會。也可以根據企業類型屬性參加社團、俱樂部或相關協會，這有兩大好處，第一，可以從其他會員「經驗交流」而獲益。第二，增加「網路關係」。會員之間相互瞭解與幫助。

（4）公司公益形象提昇：只要值得捐款的慈善機構，企業均可以捐獻或提供一些免費的服務。不僅可以擴大企業良好知名度外，也可以滿足企業的社會責任目標。而企業形象的提昇還可以透過企業識別系統增進效果，或企業行銷人員的穿著和言行也值得注意。

4.如何選擇適當的媒體

對中小企業而言負責媒體廣告的職責應由經營者直接參與，主要原因是必須有一定的資金投入與效果不確定性，媒體廣告已經成爲現代商業經營與顧客間的重要溝通工具。因爲廣告必須支付費用，所以應審慎選擇。媒體的功能就是企業與目標顧客間溝通橋樑，實務上最常被使用有：電視、報紙、雜誌、廣播、戶外看板、運輸工具的廣告廂、廣告車、廣告海報（POP）及直接廣告信函。現在有很多媒體可供選擇，爲了服務顧客，許多廣告商或媒體代理商的業務也更專業化，企業可以透過專業公司協助購買合適的媒體組合，簡單的說，企業只需要編列廣告預算即可交由代理商一手搞定，但爲發展有效的媒體功用，企業主必須瞭解選擇適合媒體的要素與預期效果，例如，不同的媒體可以創造不同的吸引力、接觸的對象、其費用不同、使用的訊息也不一樣等要點都要注意。我們建議中小企業較可行的媒體選擇包括：

（1）雜誌媒體的選擇：雜誌種類繁多，有專業性、家庭性、一般性雜誌，雜誌出版者會有不同的編輯方針與讀者群，所以選擇時要考慮以下幾項因素：

．編輯方針與特色。

．雜誌收費與千人成本（cost per millenary）
（廣告費用÷雜誌發行量）×1000。

．對產品助益的程度。

．刊物發行數量。

‧版面政策。

‧使用雜誌廣告主的種類。

‧出版週期。

‧信用與商譽。

（2）報紙媒體的選擇：這是最早被廣泛運用的媒體，其主要的優點是發行量大、閱讀者眾多、具地區性及全國性版面、訊息說明較清楚、刊登成本低、企業主可以選擇刊登日期、可將廣告與相關新聞相結合。但也有些缺點值得讓決策者參考，例如，張數過多不易吸引顧客、廣告僅有數日效果，短暫不易重複閱讀。報紙大致分為：綜合性報紙——如聯合報、中國時報、自由時報等；休閒性報紙——如民生報、大成報等；工商性報紙——如經濟日報、工商時報、產經新聞報等；特定報紙——如國語日報等類別。報紙媒體的選擇要考慮產品特色與媒體目標，來區隔是否為大眾消費者，例如，是企業用戶為主，則採用工商性報紙。除此之外，還需考慮發報數量、區域性、讀者群特色等。另外，報紙媒體求職廣告也是中小企業可以運用的地方，主要是單價低可以長期刊登，可以尋找儲備的合適人才，同時也可以打廣告，尤其經濟不景氣時讓顧客知道「我們還是做的很好」，讓顧客安心，若因為管理制度或經營者風格問題，時常刊登求才廣告則另當別論。報紙可以傳遞訊息的版面分為專輯廣告與分類廣告。

（3）電台廣播媒體：電台廣播是電視以外主要的電波傳播媒體之一，相較於電視媒體，電台廣播的費用比較低，雖然電視媒體的影視聲光可以達到很好的傳達效果，也受到企業的青睞，但由於有線電視頻道的開放而使廣告的效果較不如以前。近年來電台廣播經大量開放與競爭後，許多訴求對象、個性化、市場區隔明顯的電台，再度受到企業主或廣告代理商的重視。廣播廣告的優點是不受時間空間的影響、雅俗共賞、製作成本低、以聲音為媒介可以運用聲音語調來吸引顧客。缺點就是無法看到產品的影像、廣告時間短、訊息記憶度低。

選擇的過程要注意原則有：考慮播出時段、節目的性質、配合廣播稿的能力、廣告金句發展、播音員的選擇、背景音樂等事項。廣播

廣告製作時間腳本創作到製成母帶交播約30天。

(4) 戶外媒體：不同於其他廣告媒體，戶外廣告是全天候暴露在外，能讓消費者立即接觸訊息的媒介。戶外廣告主要是希望過路人對廣告的產品留下印象或提醒作用。常用的元素有一張圖片、商標名稱、或是美麗的模特兒，利用簡明的圖案及扼要的文字，吸引大眾的視線集中在最關鍵的訊息元素上。用色及圖案要鮮明亮眼，避免使用特殊或難以辨認的字體；文字的字數應儘量減少，以四到七個字為宜，最多不超過十個字。使用戶外廣告策略要特別注意環境保護與法令的問題，例如，有些消費者會認為有礙觀瞻與交通，或不良產品的廣告有誤導青少年或社會觀念的可能，因此，好的產品廣告要注意正確位置的選擇與美化設計，否則可能有負面印像的影響。戶外廣告的類型包括壁面廣告、看板（T bar）、霓虹燈廣告、LED看板、電視牆、旗幟廣告、大型汽球等等。企業主可以依據實際需要選擇，搭配其他媒體組合以收綜效。

(5) DM（direct mail）直接信函：是透過郵遞傳送方式直接送達目標顧客手裡的廣告媒體，又稱郵寄廣告。美國DM廣告協會（Direct Mail Advertising Association, DMAA）對DM的定義為：「針對廣告主所特定的對象，將印刷或其他途徑製成的廣告物，透過直接郵寄的方式，傳達廣告主訊息的手段。」，廣義的DM——利用人員在街頭分發廣告物亦是DM。所以DM可以是一封信函、名信片、一本型錄、一份樣品等廣告物。不過近來被濫用，許多消費大眾對這些「垃圾信件」棄之不理，所以DM的設計重點在於如何發揮巧思創作出獨特的廣告物，吸引收件人打開信函一探究竟，以達到廣告的效果。直接信函的成本包括：設計製作、印刷、紙張等級、寄送郵資、及郵寄對象名單蒐集等費用，所以DM廣告的方式雖然可以針對目標消費對象進行資訊傳遞，但是所花費的成本相較於其他方式是屬於昂貴的。

(6) 網路廣告：1989年全球資訊網路（World Wide Web）發明，1993年瀏覽器推出，此後網際網路便成為各方所注目的新媒體。網際網路是指透過電腦將大量的資料及資訊傳輸到全世界已構成的傳播網路上，使全球各地都能接觸到不同的網路資訊。網際網路媒體實用發

展不過幾年，但已經繼電視、廣播、報紙、雜誌後成為第五大媒
體。未來使用網際網路的人口數將不斷增加，中小企業以此無國界
且快速的媒體方式進行產品的廣告，將是未來主導21世紀經濟重要
管道，任何的企業都不能不加以注意與投入。在選擇網際網路媒體
廣告時必須考慮以下幾點：

‧預估廣告曝光數：即將一則廣告成功的傳送（符合）的目標網路
　顧客，即完成一次「廣告曝光」。
‧瞭解各網站族群的消費特徵：找到合適的顧客群，及族群是否具
　備購買能力，過去上網大部分是學生，現在已經普及到社會各階
　層，所以依據消費行為與環境、觀念的改變來分析目標群，不過
　因為傳輸的時間短、資料筆數龐大目標群體固然重要，但發展所
　要傳達的訊息更是成功關鍵，否則與DM的「垃圾文件」下場是
　一樣的。

（7）其他較經濟的廣告方式：廣告就是要花錢的宣傳，意即花錢讓顧客
　　瞭解公司和所要推銷的東西。常見的廣告如前面所談的幾種，但不
　　可否認的是這些形式的廣告花費都相當高，往往都超出一般小型企
　　業的承受能力，以下我們介紹幾種較經濟的廣告形式，希望能滿足
　　小企業的需要。

‧口頭宣傳廣告：由公司行銷人員口頭宣傳企業的產品特色，或對
　企業產品滿意的顧客「口耳相傳」的方式達到口碑的銷售效應。
‧商業名片：在名片上加幾行簡單的字介紹公司產品或服務。
‧傳單廣告：這是區域性廣告最有效的方式之一。經過精心巧思的
　設計介紹企業的產品與服務，特別要注意電話號碼要呈現在顯眼
　的位置。把傳單複印後分送出去，如夾在汽車擋風玻璃、私人信
　箱等。
‧夾報傳單：與報社派報單位接洽，將企業的傳單夾於報紙中一併
　送發，派報業者通常是具有「區域性」，所以要注意發送的地區
　是否為目標市場。如縣議員的選舉傳單夾報。
‧特殊廣告：如筆、日曆、桌曆、禮品等物件上做廣告。
‧電話直接推銷。
‧電話簿廣告。

‧汽車貼紙。

（三）發展所要傳達的訊息

創造有效的廣告訊息應從確定顧客利益著手，並以之作為廣告訴求。廣告訴求是指廣告訊息中所強調的產品（或服務）利益，廣告訴求應具有三個特徵：第一，訴求應是有意義的——指出產品的利益，使產品更受消費者喜愛或更讓消費者感興趣；第二，訴求應是可信的——消費者必須相信產品或服務將會提供廣告所承諾的利益；第三，訴求應具獨特性——應傳達產品的獨特性及優於競爭品牌的特色。廣告訴求決定好後，還得決定廣告訴求的表現方式，將廣告訴求轉換成實際的廣告製作，使用最好的風格、音調、文字與格式，有效的將訴求表達出來，如此便能吸引目標閱聽者的注意和興趣。企業發展所要傳達的訊息必須包括幾項重要內容，說明如下：

1.標題

消費者在接觸廣告時，無論是何種形式，標題應是最吸引人、醒目的，其長短並不是關鍵，但一定要有創意且不落俗套。對於接受資訊者，不但是一種欣賞的享受，更是一種資訊吸收的管道。

2.廣告內文

廣告內文不外乎是介紹廣告產品的功能、用途，以最有技巧的話語及最適切的字句呈現出來，好像和讀者面對面溝通，給人親切、熱誠的感覺，較容易讓顧客信服。

3.視覺刺激

利用視覺上的差別，針對不同的消費對象來呈現不同的畫面。如婦女對嬰兒或小貓小狗的圖片有興趣。

4.內容屬實

廣告的內容不可含有任何欺騙成分，且不宜過度誇張而引起顧客反感或不信任，同時宣傳的產品特色也必須是能證實的。

（四）如何尋求廣告代理商的協助

行銷計畫完成之後，經營者會發現廣告製作上的專業化及執行上的許多細節需要其他專家的協助，所以選擇廣告代理商要特別慎重，廣告所需的代價很

高，對中小企業或許會有「力不從心」的遺憾。不過我們還是探討一下所謂好的廣告代理商所必須具備的條件：

1. 誠實務實不信口開河，所謂「善諾者無信」。
2. 誠懇關心公司，不僅是供應商的角色。
3. 提供適當的提醒、經驗與專長。亦即從業人員的專業能力。
4. 可以鉅細靡遺提供完整的建議案。
5. 服務人員穩定與長期合作關係的認知。
6. 報價合理並能製作出有效果、競爭力的成品。
7. 具備整體服務的專業能力，亦即能提供專業性的服務、協助創意的發展（包括活動的設計），及行銷、促銷、展示。最好有能力協助企業做行銷研究的活動。

　　尋找一家廣告代理不一定是知名或規模大的公司，此形式的公司收費可能非中小企業可以預算的，經營者只要確信廣告的活動是應該做的就行了，至於是否需要廣告代理商的協助，則視環境現況的必要性決定。例如，找尋一樣小型廣告企劃商配合。

五、商品展示、銷售推廣及公共關係

　　行銷活動中以銷售的過程最為重要，對於實際口才、推銷技巧、簽約促進等較細微屬個人修練的層面，將不在本書的討論範圍，請讀者自行閱讀相關書籍或參加專業訓練及演練，我們僅就中小企業常遇到的業務商品展示、銷售推廣及公共關係等對中小企業有密切關係的成功關鍵要素進行探討。

（一）商品展示

　　商品展示有以下三個重點：

1.分類：依據各種特性區分商品類別
（1）依最終使用者分類。
（2）依供應商分類。
（3）依品牌分類。
（4）依商品項目分類。

    （5）依顧客購買行為分類。

    （6）依展示需求分類。

    （7）依生活型態分類。

2.分配各商品類別的銷售區域比例

依各商品的每坪營業額高低分配樓面、貨架及牆壁空間（高利潤占較大區域，如百貨公司一樓多為高利潤、高價商品，像化妝品、皮包、鞋子）。

3.確定各商品位置

    （1）坪效高之商品置於人潮多、最有價值的地點。

    （2）衝動性商品、緊急性商品可置於結帳櫃台旁或靠近顧客出入門口。

    （3）互補性商品，儘可能位於相鄰地點。

    （4）商品類較大，因型體大可以放在較不明顯處，小的商品應置於明顯處。

    （5）季節性商品可另設一區以便更換。

    （6）策略上培養之新商品置於較好之地點位置。

（二）銷售推廣

    銷售推廣是廠商利用產品以外的附加價值或刺激物，刺激中間商或消費者採取訂貨或購買行動的短期誘因。可依推廣對象可分為中間商促銷與消費者促銷，利用中間商促銷取得中間商的合作屬於「推」策略，而利用消費者促銷則可有效鼓勵消費者主動向中間商要求購買，如果中間商無此商品，則其便會向製造商訂貨，是屬「拉」的策略。方法各異，見仁見智，銷售推廣的目的係指企業為短期內引起消費者立即採取購買行動的誘因和方法。因此除廣告、人員推銷、及公共關係外的所有促銷方法均屬之。銷售推廣方法通常屬於短期的促銷活動。

1.推廣的目的

    （1）誘使消費者立即採取購買行動。

    （2）吸引消費者試用或進入店內參觀。

    （3）吸引零售商願意進貨並立即陳列於貨架。

    （4）鼓勵零售商增加進貨。

    （5）支持並擴大廣告及人員推銷的效果。

    （6）藉此蒐集顧客的名單。

（7）建立顧客對公司品牌的忠誠度。

2.中小企業常見的銷售推廣活動

（1）商業展覽：商業展覽之定義是指利用非大眾傳播媒體，強調廣告訊息、產品資訊及促銷活動的方法之一。商業展覽的工作是利用視覺及書面或實品展示的方式描述公司產品的相關資訊，商業展覽的工作包括型錄與銷售傳單發送、影音多媒體解說、產品陳列、旗幟海報、價目表、人員解說等。中小企業參加商展的好處（商業展覽之功能）說明如下：

一般來說，廠商對商業展覽趨之若鶩的原因，可歸納為下列幾項：

- 發掘新客戶的最佳途徑：商展是增加新客戶接觸機會最佳途徑。展覽最有利的是買主會自動上門來，消費者會因為尋找新的產品、新的供應者而遍訪整個展覽會場。根據統計，在一個有效買主為二百人的全國展覽中，有一百六十人都是屬於新的訪客。

- 三度空間的促銷方式：展覽可使產品以最清楚的方式展示出來，可使消費者能進一步瞭解產品的用途及優點，增加購買的機會。

- 使作比較性選擇的買主可立即的決定：商展是集合各種商品的短期性購買中心，由於許多競爭者的產品在同一場所展示，買主可以反覆的參觀比較，提出問題或討價還價，而做出立即購買的決定。

- 為新產品作市場測試：在展覽會中，買主希望找到新產品或創意，而不是舊的式樣換上新的色彩而已，消費者要的是真正的新產品，因此，透過展覽的引介，可以立即獲知新產品是否會獲得市場良好的反應。因為有經驗的買主對一項新產品是否能成功，都有敏銳的感覺，如果新產品在展覽會中能獲得多數買主的訂單，就可以肯定該產品將來必能在市場上大放光芒。

（2）事件行銷：即透過特殊事件或利用銷售會議、大眾參與的活動、紀念會、音樂會等，接觸到目標市場的顧客群。可以透過事先的規劃，在事件上可以利用旗幟廣告、產品陳列、小傳單或小紀念品等，將品牌名稱及產品利益傳播給顧客。

（3）其他促銷方法：所有的銷售推廣方法均有一個目的，就是促進顧客對企業有利益的最後購買決策，執行上還有許多方法可供選擇，說

明如下：

- 發行折價券：發行可按面值兌換之折價券。可提供再購率及客戶的忠誠度。
- 雜誌及特刊折價券：即傳播促銷激勵訊息的一種方法，常見到是雜誌上或特刊上夾業或剪角的方式。
- 附贈贈品或購第二件物品打折：隨貨附贈有價值的贈品，或贈品費用由顧客負擔。
- 贈送樣品：免費贈送樣品讓顧客試用。
- 集點換贈品：顧客蒐集集點券到達一定數量後可憑證兌換某一項贈品。
- 加量不加價：增加產品的價值但不增加售價。如汽車的加配備不加價、保險增加免費的健康檢查。
- 抽獎遊戲：讓顧客參與活動即有機會獲得獎品。包括退還貨款、高價值的產品都是常見的活動。

（三）公共關係

對很多公司來說，公共關係就是製造應景的新聞稿，不可避免的是，公共關係和廣告一樣都利用許多媒介，不過公共關係是以不同方式、不同目的運用這些媒介。而企業的公共關係工作範圍包括：事前情境準備，以及其他許多情境的準備。就企業層面來看，公關可扮演相當重要的角色。公共關係是彈性很大的傳播工具，甚至可說是比廣告還更具彈性的傳播工具。其公共關係活動的主要缺點就是缺乏操控力。我們根本就不能保證，究竟有沒有把訊息傳遞出去。我們任由訊息接受者擺布我們的訊息。因此，跟廣告相較之下，公共關係就恰好相反，我們不能確定訊息傳遞的時機、傳遞的範圍和訊息的內容，更別提到要確定訊息的語調或解說什麼了。公共關係是一項重要的推廣工具，其主要的目的是與大眾維持良好關係，建立公司或產品的良好形象。若讀者有需要更深入瞭解公共關係的資料可以參閱相關書籍或透過公共關係機構的協助，一般公共關係的主要工作為：

1. 危機處理：當企業發生不利的危機事件時，若能善用公關即時且適當的處理，必能迅速的化解危機，避免企業及其產品遭到波及與傷害。企業

的危機處理小組通常是處理一些危害企業或產品聲望的突發事件，藉以維持企業原來既有的形象，多半是事件發生之後才要處理的，行動包括記者發表會與新聞稿、善後補償工作等。

2.公共報導：是指不須付費的媒體傳播方式，主要的目的可以建立目標市場的知名度，積極影響顧客對公司或產品的態度。公關人員常會主動製造一些有利於企業或產品的新聞。利用一些事件或活動的舉辦，創造企業的新聞話題，並將該事件或活動的相關消息，透過記者發表會，或透過媒體發布新聞稿的方式傳播出去。

3.事件與活動：企業透過特殊事件的設計與安排，來引起社會大眾對企業或產品的注意及興趣，甚至還邀請社會大眾共同參與，例如，召開記者會、展覽、競賽、週年慶、贊助等活動，都能提高企業及產品與消費者接觸的機會。

4.企業形象統合工作：企業機能乃因為方便管理與研究才分門別類，對於整體企業而言，任何一個機能出現問題皆會嚴重影響到企業生存的根基。對於企業內各領域與公共的相對關係要釐清，整合所有企業機能的資源，建立企業的整體競爭優勢。

5.企業內部公關：「沒有滿意的員工，就沒有滿意的顧客」這是企業經營的秘訣之一，很多企業皆忽略內部公關的重要性，而對公共關係的定義也一直在於「對外」的觀念，但隨著民主化的改革，威權領導的管理及溝通方式也漸受到批評，起而代之的是所謂「人性化管理」的趨勢。以台灣現代企業競爭的特質來看，員工工作壓力增加、工時拉長，以及企業強調績效、追求品質、講求創新、面對風險等經營環境變革，使企業內部公關的重要性日趨明顯。例如，中秋節「台鐵工會罷駛事件」若以「內部公關」的處理模式相信會有更佳的結果，這個例子就是現代企業最佳的寫照，「管理風格」、「顧客滿意導向」、「民主化」等三種關係的糾纏，值得中小企業主提早注意內部公關的事業經營的影響。

6.政治遊說：政治遊說對多數國人而言比較陌生而也存在較負面的印象，中小企業因為規模小，單獨的政治影響力較小，常常無法得到政府方面法令或政策的支持，將來「遊說法」如果正式在立法院通過，中小企業就可以透過公共關係的運作影響政府單位的決策。它是一種典型的組織戰、策略戰、資源戰，需要團隊的智慧與力量，運作上更趨多元化與彈

性，也是公共關係的一種新的議題與挑戰。

中小企業全球行銷的機會

隨著我國加入WTO使得企業趨向全球化，全球行銷已不僅是企業追求成功的基本要件而已，甚至成為企業活存的主要憑藉，因此企業必須提昇自我的競爭力，以掌握最大的市場潛量，然而在進入全球市場之前，必須對許多新的問題有所認識，亦即公司必須深入瞭解國際行銷的環境，以及做完善的評估與策略規劃，如此才能減少相對的風險存在。以下我們著重於說明在進入全球市場之主要決策規劃（如**圖8-5**所示）。

一、進入全球市場之主要決策規劃

（一）評估國際行銷環境

1.經濟環境：必須對各國的經濟狀況進行瞭解，最能顯示外銷市場吸引力大小的經濟指標有「該國的工業結構」與「所得分配」。

指標1. 該國的工業結構：一個國家的工業結構往往決定其商品與服務的需求、所得的多寡及就業水準。其又可分為四種類型：

（1）自給自足經濟：在此種經濟型態下，絕大多數的人都只從事簡單的農業，其所產出的大部分也都是供自己消費，若尚有剩餘，就與他人交換一些簡單的產品與服務，很明顯的，出口商在這裡幾乎無機可乘。

圖8-5　全球行銷之主要決策規劃

（2）原料出口經濟：此種經濟型態的國家都擁有一種或數種豐富的天然資源，但其他方面的建設則稍嫌落後，因此，這些國家便成爲開採設備、工具與器材、物料搬運設備、卡車等產品極佳的市場。

（3）開發中經濟：在此種經濟型態下，工業開始扮演比較重要的角色，通常約占其國民生產毛額的10%~20%。這些國家開始發展工業後，紡織品、紙製品、汽車等成品的進口數量日趨減少，紡織原料、鋼鐵、重機械的進口比重逐漸增加，需要許多相關之進口產品。

（4）工業化經濟：此種經濟型態的國家爲工業產品與投資基金的輸出國，這些國家除了彼此間的貿易往來，還將工業產品輸往其他經濟型態的國家，以換取原料與半成品。這些工業化國家的各種大量生產活動及爲數眾多的中產階級，使其成爲所有商品的最佳市場。

指標2. 該國的所得分配：在自給自足經濟的國家，可能有許多低家庭所得的家計單位，相較之下，工業化經濟的國家可能有低、中等及高所得的家計單位，尚有其他國家可能只有非常高所得或非常低所得的家計單位。然而，即使在低所得國家的人，他們可能亦有其自己認爲重要的購買產品途徑。

2.政治／法令環境：各國的政治／法令環境有很大的差異，然而在評估是否要在某個國家做生意時，至少應考慮：對國際性採購的態度、政府的行政效率、政局的穩定性與金融管制問題等四個要素。

（1）對國際性採購的態度方面：有些國家非常歡迎且鼓勵外國公司，但有些國家卻對外商懷有很深的敵意。

（2）政府的行政效率：地主國政府是否建立有效的制度來協助外國公司，包括有效率的通關作業、提供市場資訊及其他有助於發展業務的措施。

（3）政局的穩定性：在政局較不穩定的地區從事國際行銷的公司可能依然有利可圖，但這種不穩定的情勢將會影響公司如何處理其業務與金融方面的事務。

（4）金融管制問題：賣主都希望他們所獲得的利潤能以有價值的貨幣支付，最好是進口商能以賣方的貨幣或其他的強勢貨幣支付貨款。此外，匯率的波動對出口商也是一項很大的風險。

3.文化環境：每個國家都有其風土（climate）民俗、規範及禁忌，銷售者
在規劃行銷方案之前，必須先瞭解外國消費者對產品的想法及使用情
形，若忽略文化差異性的存在，公司可能會遭遇慘痛的代價。例如，雖
然全球生產某種產品的技術大致相同，但會因為風土的不同，「生產成
本」因而產生差異，國際貿易活動因此而展開。

（二）決定是否要進入國際市場

並非所有的公司都需要進入外國市場以求生存，但在全球性產業運
作，在特定市場的策略性位置深受整個全球性定位影響的公司，必須以
全球性眼光來思考與行動。而以下幾項因素有可能將公司推向國際貿易
舞台：

1.全球性競爭者可能提供更好的產品或較低價格來攻擊公司的國內市場，
此時公司可能反擊這些競爭者的國內市場以穩固其戰力。
2.公司也可能發現外國市場所呈現的機會利潤高過國內市場時。
3.公司需要擴大顧客層，以達到經濟規模。
4.降低對各個市場的依賴性，以降低風險。
5.公司的顧客可能擴展到國外，因而需要國際性的服務。

（三）決定進入哪些市場

公司在決定要在多少個國家從事行銷活動，一般而言，在少數幾個國家進
行深入的滲透對公司比較有利。其次，公司必須決定其所要拓展市場的國家類
型，一個國家市場吸引力的大小通常視其產品特性、地理位置、所得、人口、
政治局勢及其他因素而定。最後，可能的國外市場都應根據若干標準加以評
估，利用表8-2所示的評核指標，以評估各個市場潛量，然後行銷者必須決定
哪個市場所提供的長期投資報酬率最大。

（四）決定如何進入市場

公司一旦發現某特定的國外市場頗具潛力，接著就要決定進入該市場的最
佳方式，進入國外市場通常可選擇出口外銷、聯合創業與直接投資，如圖8-6
所示，我們可以知道愈往後階段的策略，涉及愈多的承諾與更高的風險；但相

表8-2 市場潛力的指標

指標因素	評估內容
1.人口特性	人口的年齡結構及組成、人口數、人口的成長率、人口的密度、都市化的程度
2.地理特性	國家的面積、地形的特性、氣候條件
3.經濟因素	每人國民生產毛額、所得分配、GNP的成長率、GNP的投資比例
4.技術因素	技術水準、目前的生產技術、目前的消費狀況、教育水準、創新技術
5.社會文化因素	價值觀、生活型態、種族群體、語言分歧
6.國家的目標與計畫	產業優先程度、公共基礎設施的投資計畫

圖8-6 市場進入策略

對的,具有更大的掌握權與更高的潛在利潤。

二、中小企業的國際行銷

　　台灣的經濟環境受到規模、地理因素的影響,以至有所謂「淺碟型經濟」的說法,意思是國內的市場需求無法達到經濟規模,所以生產成本較高、市場與產品的生命週期短、競爭激烈「無三日好光景」、市場小無法試煉技術與經驗等常見的問題,又因為大部分的中小企業乃以製造為主,講求的是成本的競爭,而構成成本的最大要素包括材料與效率,追求低材料成本最好的方法是「以量制價」,效率的提昇乃是因為「經驗曲線」的效應,對台灣的中小企業而言,這兩項降低成本的作法會因客觀環境而執行困難。為突破現況而將產業擴

展到海外市場是最為可行的策略。這也是「國際化」策略,除了拓展外銷市場外、尋求廉價資源、引進技術、策略聯盟發展及實際設立行銷據點等,都是國際化重要的策略,中小企業如何按部就班「一步一腳印」走向全球化企業,是所有企業應該訂定的遠景目標。我們就從中小企業出口業務開始討論,包括其機會與風險、有關出口的不同形式、及國際化行銷所碰到的難題等。

(一) 機會與風險

　　70年代是台灣出口擴張時期,由於勞力低廉,外銷競爭能力強,可說是中小企業的黃金時期。但隨著經濟發展,勞力日漸缺乏,昔日優勢競爭條件已漸消失。加以國際上保護主義的抬頭,使得我國外貿前途更加坎坷。而中小企業對國際市場亦缺乏瞭解,更難以自行拓展市場,外銷業務多半依賴外國商社或國內貿易商,不僅經過多層中間剝削,降低利潤,國外市場更受制於人。這種靠訂單生存,沒有市場調查的能力,以及對市場反應的外銷型態,產生了很大的危機。另一方面我國中小企業常依外國廠商所特定之商標從事生產,形成外商之代工廠,獲取他人剩餘利潤,使自己的產品在國際市場中永無地位。一旦特定優勢競爭條件為他國取代時,便無法繼續生存。對外投資拓展市場為企業國際化的主要方式,目前對台商最具吸引力的地區不外是中國大陸,中國大陸被國際顧問公司AT Kearney認為是全球第二個具吸引力的投資地區,對台商而言又具有語言的共通性,因此,企業前往大陸投資已成不可抵擋的潮流,而中國大陸也提出極為優惠的條件招商。不過由於中小企業規模較小,相對的議價籌碼也較小,而且台商投資保護協定也尚未簽署,在評估時應考慮風險問題。

　　國際貿易一向為我國經濟成長的原動力,出口之榮衰與我國經濟之表現息息相關。一般而言,一國之出口消長,除受世界景氣波動的影響外,最主要的是決定於該國出口產業之國際競爭力。近年來,國內經濟環境面臨新台幣大幅升值、工資上漲、土地價格昂貴、勞工短缺以及環保意識高漲等因素的衝擊,再加上東南亞國家及大陸等競爭壓力,我國外銷導向中小型企業正面臨空前的挑戰。我國已於2002年正式加入世界貿易組織(World Trade Organization, WTO),未來政府在關稅及非關稅方面可運用的空間將愈來愈小,所以開放市場後,對國內市場營運及加工製造、出口均有重大影響,基於大企業與中小企業所形成的外包與協力關係,國內中小企業也將遭受相當程度的衝擊。中小企業若與大企業進行策略聯盟,將可收雙方在投資、技術升級、研發工作、市場

及資訊的取得上相互結合之效。同時，中小企業也應積極對第三世界國家新興市場進行聯合投資（Joint-venture），透過國際行銷方式進軍全球市場。所以中小企業國際行銷的競爭力提昇手段包括：國際行銷業務人才培養、拓展外銷市場、赴海外設立銷售據點、積極參與區域分工網路、建立國際聯盟及直接對外投資等。

（二）出口形式現況分析及相關問題

中小企業接受國外買者出口的形式不是參與國際市場唯一途徑，例如，利用專利權或是外國政府特許權，幫助克服外銷的貿易障礙，也就是在國外生產這些產品，以小額投資又可進入原來限制的市場。還有就是透過國際市場聯合開發合作，以當地政府規定「當地採購」的比例配額進行銷售。另外尋找合適的當地代理商協助，也是常見的出口型態。中小企業國際化的主要目的是擴充其經營領域至國外市場，並利用其廉價的勞力與土地資源參與更大的國際市場，而發展成多國籍企業（跨越國界藩籬，各國的企業擁有充分自主權，惟經營與管理目標受到台灣總公司之管制，如台灣的鴻海精密，在東歐等國家或地區的鴻海公司）。然而，中小企業因受限於人才、資金、技術、資源等因素，很少開發自有品牌與市場通路，而以產品研發、生產成本、製程效率、彈性調度和交貨準時等因素爲主要競爭優勢，所以在國際分工的角色吃重，但近年來受到新興國家的競爭，台灣中小型製造業也面臨轉型的壓力。轉型的最大限制取得貿易資訊與融資。因此，以國際化導向的出口業務應以企業優勢爲主，透過國際化的分工合作，提昇國際市場競爭力爲目標。我們歸納台灣中小企業國際化的合理進程，先以產品出口爲先，然後設立業務代表處，接著再設立銷售分公司，或設立子公司。此一進程與許多傳統產業的中小企業重於接單生產（OEM）不同。目前我國中小企業國際化難題：

1. 投資海外無法同時兼顧國內業務的經營，以致造成整個企業外移的現象。
2. 國內發展新產品的能力較差，因爲資金、技術能力有限，及專業分工以致於產品線較單薄。
3. 母公司與子公司的分工互補空間較小。
4. 企業主須親自掌控業務，以致影響國內業務的營運和提昇。

　　國際化的發展策略對中小企業而言，因其受到本身內部條件的限制，對外進行投資後，只有採取縮小國內業務的營運規模、甚至暫時關廠歇業，不但對國內經濟產生不利的影響，同時也暴露中小企業國際化的問題。其實，被迫外移的中小企業，因內部缺乏足夠的資源，以致無法在國內順利轉型與提昇，因此，國際化充其量也只是利用國外的低廉成本，進行生產活動的外移，而非真正的「國際化」，愈是小型的企業，其所擁有的優勢資源也愈少，因此可供選擇的國際化模式也愈有限。

三、中小企業的進口業務

　　誠如前面所探討的「國際化」議題，台灣中小企業的優勢在於生產層面的技術，又因為生產結構的改變與技術上的限制，以及匯率變動的影響，所以利用國外的成本與技術優勢因素從事進口業務的企業有上升的趨勢。

(一) 進口的理由

　　是企業經營資源的互補對策，是從海外進行商品進口的全球性經營策略。國內的零件或原料成本過高時，就必須找尋國外便宜的貨源，以增加企業的競爭力。常見的理由如下：

1.資源互補：因為生產因素的差異，以國外材料及人力優勢補國內成本的改變，如從勞力密集中國進口的半成品。
2.特殊性或管制的產品：因為國內無法生產、專利、智慧財產或技術上的問題，必須由工業先進國進口機器、儀器、零件或半成品等，如南非的鐵礦砂、高鐵、核能發電廠等。
3.有競爭力的產品：因為價格、新穎、功能、品質等競爭優勢，且符合國人需求的產品，如高級轎車、化妝品、電子產品等。
4.外匯操作的需要：出口廠商為平衡出口的逆差所決定的進口策略，如外銷中國以物易物解決匯兌的問題。
5.文化交流的需要：因為國與國之間交流頻繁文化上的吸引力所致，如前一陣子的「哈日」、「哈韓」的需要，就須道地的國外產品才能吸引顧客，如外籍教師。
6.政府政策：國際互惠原則與國家安全考量。例如，工業產品輸美與美國

玉米的進口的關係、加入WTO的承諾。

7.供需失衡：原本產品國內可以穩定的供應，因為特殊情況而失調缺貨，所以須進口以補供應不足部分，例如，颱風後進口國外蔬菜、SARS期間的口罩進口。

（二）有關進口業務的一些問題

進口商基於上述理由引進國外的產品或技術後，配合本身企業的行銷與管理支援系統進行國內創造利益的銷售活動，但是也不見得一切盡如預期獲利，我們歸納幾項常見的問題供參考：

1.市場需求研究不確實：沒有審慎進行市場分析以致誤判需求，進口沒有銷路的產品（例如，進口過時的產品）。

2.進口費用控制不當：因作業疏失產生的倉儲與作業費用增加。

3.匯兌影響：幣值匯兌率差不穩定，導致成本增加。

4.違反法律限制：指進口管制產品導致無法提領所產生的損失。

5.運輸及保存不當造成產品的傷害及損失。

6.遇到不可預期因素的影響：屬於無法預先規避的問題，例如，災難、罷工、戰爭。

物流與流通管理

「傳統的流通體系中，上游的生產製造商，將製造生產的商品分送至中游的經銷、批發商手中，再由中游的經銷、批發商轉至零售通路。」在這種舊式流通體系中，製造業的配送、倉儲據點分散，無形中增加了庫存成本積存過多的風險。零售業則開始期待——「賣場內之商品能多樣少量，以增加消費者選擇的機會，與庫存成本的下降」；如此一來批發業將無法滿足零售業「多樣少量」及「高頻率」的訂貨要求。不僅是多數批發商商品品項的不足，在少量、高頻率的需求下，無疑地「配送成本」的負擔將變得沉重，而物流中心的出現將可滿足這些的需求。基本上，物流中心立基於上游製造商與中游批發商之間。其占地廣闊，並以人工配合機械設備進行倉儲作業，不論就降低倉儲成

本，減少存貨積壓的掌握，都比製造商、批發商要來得有利。另一方面，物流中心亦可協助批發商，直接將商品配送至通路或消費者手上，縮短產銷的距離，不僅加速流通效率，就其多樣大量的進貨成本與配送效率，亦將使價格更合理化。零售商亦可達到「多樣少量」及「高頻率」的配送需求。相形之下，製造商所需之經銷、批發單位據點亦將減少，甚至附屬於物流中心商品結構與通路策略。

目前的物流業雖是以銷售需求為主，但未來的物流中心，肯定會進入資訊系統的統合，將資材物流、生產物流、銷售物流連貫，加以整體性的規劃運作，步入這個階段才是進入物流功能的全貌。一旦社會大眾對物流效率亦加以肯定，物流業之服務亦將跳脫流通體系的服務，邁向物流多元化的經營，如日本東京市政中心之搬遷，為使搬遷活動不影響市政人員對民眾之服務，即委託物流中心代為服務。僅一夜之間就全部就定位，也就是說其市政人員今日在舊市政中心下班後，第二天一進入新市政大樓，即可立刻上班，對民眾的服務一點也不間斷。當然，這家物流中心也是做了長期的規劃和籌備。

物流行業乃以其專業人才及設施，提供社會上個人及團體從事經濟、社交等活動所需物品運送儲存之相關服務。物流問題普遍存在社會中之各組織及層面。軍隊物資、人員之運補、製造業所須原料之供應、製造業製成商品對批發商及零售商之配送、包裹郵件之運送、乃至學校營養午餐所需菜色、食米之供給均屬物流之範圍。社會中之物流行業一般稱之為商業物流（Business Logistics），因為物流行業乃為商業中不可或缺之行業，而物流行業對商業之成長與進步扮演十分重要之角色。在供應現代社會日常用品之便利商店、百貨超市中，消費者可隨時前往，在千百種商品中絕大多數乃由不同工廠量產後，輾轉進入便利商店、百貨超市之銷售架上。較專業化之商品，例如，藥品、工業用品、化學原料等，其流通過程，亦涉及所有物流作業活動，只是這些商品往往直接進入醫院、工廠，一般消費者不易察覺。

商業自動化是成熟社會的象徵，主要為提高國民生活素質，使人們可享受更高的生活品質。現代的流通變革歸納如下。

一、流通的變革

(一) 系統的改變

1.傳統系統

流通的變革（如圖8-7所示）：

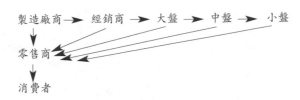

圖8-7　流通的變革

2.常見的問題

（1）運送的成本愈來愈高。

（2）競爭的衝突容易使價格行情破壞。

（3）形成需求需視現象。

（4）資訊（尤其市場動態）反應遲緩、對應太慢。

（5）中間商剝削。製造者也未享有利益，消費者者也未占便宜。

(二) 現代流通

現代流通系統（如圖8-8所示）：

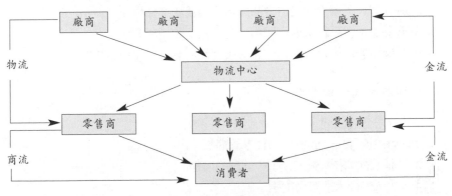

圖8-8　現代流通系統

二、 台灣流通現代化概述

現代化商業來臨，如表8-3所示：

表8-3　台灣流通演進過程

年代	經濟型態	消費型態	消費者行為
38-41	農業掛帥	生產導向	有沒有
41-57	以農業培植工業	生產導向	有沒有
57-70	工業掛帥	行銷導向	貴不貴
70-80	工商並重	消費者導向	好不好
80-90	商業現代化 流通掛帥	競爭導向 消費者主義	喜不喜歡

　　零售商是最直接面對消費者，消費者生活習性之改變會立即影響零售業的經營方式，並影響通路的改變。通常分類乃依商品項、服務方式、或銷售方式不同，其分類的準則一般可依據下列幾項：

1. 賣場規模：大型的賣場如量販店、百貨公司。中型如超級市場。小型如便利商店。
2. 服務方式：自助式，如量販店、自動販賣機。簡易服務，如超市生鮮部門。專業服務，如專門店、百貨公司專櫃。
3. 有無店面：有店面型態如百貨公司、便利商店。無店面型態如郵購、直銷、網路行銷。非店面型態如自動販賣機。
4. 經營方式：獨立式如自營商店。連鎖式如連鎖店。
5. 產品線：產品線深如專門店。產品線廣如便利商店。
6. 經營型態：如百貨公司、量販店、便利商店、超級市場等。

（一）物流現代化與趨勢

1. 庫存思想的改變。
2. 即時生產（Just-In-Time, JIT）管理標竿出現。
3. 效率化的需求：對人、事、管理的增加。
4. 大企業的投入與聯合配送。

5.自動化商品批發配送中心成立。

6.宅配需求快速成長。

7.無店舖行銷新管道：網際網路科技、郵購目錄。

（二）資訊情報流的現代化與趨勢

1.第二波通路革命：資訊是成功的武器（第一波革命是搶據地）。

2.商品條碼的普及與應用。

3.電子訂貨系統（Electronic Ordering System, EOS）。

4.銷貨時點情報管理系統（Point of Sales, POS）。

5.電子資料交換傳遞（Electronic Data Intechange, EDI）。

6.網際網路（Internet）：包括異業種資料網路（Value Added Network, VAN）。

7.全國商品資料庫建立。

8.資訊情報服務公司的出現。

（三）金流的現代化與趨勢

1.金融卡。

2.信用卡。

3.代客收款──郵局、便利商店。

4.線上付款模式。

5.預付卡。

6.網路銀行。

（四）存貨管理

　　一般企業為了避免生產線停工待料及因交貨期太長而造成顧客流失的考量，通常會持有存貨以備不時之需。存貨（inventory）是指貨品的存量或儲存，可留用於未來且具有經濟價值，而目前暫時處於閒置狀態的資源。不同行業存貨的項目也不一樣，製造廠商的存貨包括：原料、零件、半成品、製成品、工具、機器及其他備分零件；買賣業則存有確保銷售所需的商品；所以存貨最大目的就是──確保生產或銷售順暢所需的存量。所以，良好的控制可使製造成本降低及提供顧客滿意的服務。但在實務經營上，這兩個目標是相互衝突的，需要經營者做決策。例如，製造成本的降低的最直接作法就是減少存

貨，而行銷部門為提昇顧客的服務水準會以存貨解決快速交貨的需求。企業區分部門與工作任務是為了方便管理，就經營而言實質上並無此分際，顧客至上的經營導向上，企業與顧客是同一生命體的，所以如何在顧客服務水準與製造成本兩者之間求取一適當的平衡是經營者的一項挑戰。企業持有存貨最主要考量的功能與存貨管理的目標說明如下：

1.存貨的功能

（1）改善顧客服務水準：主要是為預期顧客需求以提昇顧客服務水準之考量，顧客購買前會「精打細算」、「貨比三家」，花費很多時間，一但決定購買時，通常希望能夠滿足立即採購的需求。若企業無法及時供應可能造成客戶或商譽損失。故又稱「預期存貨」。

（2）配合平準化生產需求：市場的需求除了無法掌握外，每期需求的數量更是無法預測，而生產線平準化的排程是最節省成本與有效率的觀念，為減弱供應、生產、配銷系統時間關聯性，所以預測性生產的產品並無法順利銷售而形成存貨。

（3）預防缺貨發生：供應商的交貨遲延與非預期需求的增加，均可能提高缺貨的風險。缺貨風險可經由「安全存貨」的持有而減低。

（4）避免價格上漲之風險或享受數量折扣之益處。

（5）提高產品品質：有些產品需要經過長期的存置以提高產品的品質，例如，醬油、酒、機器鑄造本體處理等。

（6）應付市場淡旺季的需求：因製造業者在旺季生產量不足，為了維持穩定的生產活動及銷售需要所以產生存貨。

2.存貨管理的決策

不適當的存量管理可能導致存貨不足或存貨過多。存貨不足會導致缺貨損失、銷貨損失、顧客不滿與生產瓶頸；存貨過多會使資金積壓。經營者在制定存貨管理決策須審慎評估政策對企業損益的影響，合理分配有限的資源以達企業經營之目標。中小企業存貨管理的決策參考原則歸納如下：

（1）瞭解存貨的性質與適當分類：有些存貨可能受生產前置期與季節性的影響，所以需要事先規劃進貨與庫存。例如，實務上大概可以針對必要性、稀有性、季節性、易獲性、易變性、品質與價值等層面加以區分，是否能夠對存貨的性質適切的分類為存貨管理的決策成

敗的關鍵。

（2）重點管理原則：是有效運用有限資源的最佳方法，此方法類似「輕重緩急」的金律，企業要將其重要資源放於關鍵元素上，經營者專心致力於重要的決策事項。一般企業內的存貨項目眾多，若能以重點管理之「80／20法則」或「ABC分類」，將可增加管理決策的效益。80／20法則的觀念僅將存貨以重要性來區分，同時重要性存貨通常只占所有存貨數量的20%，但其價值金額卻占總存貨金額的80%。亦即管理好20%的重要A級的存貨就已經合理控制80%的資源。

（3）合理的標準：各項決策標準是否合理為績效評核成敗的關鍵，有許多中小企業主長期受資金的壓力影響，在獲知"Just in Time"經營觀念如獲珍奇的相信，而不問其重點與執行要訣就貿然調整決策標準，結果當然是「未蒙其利已先得其害」，好的觀念需要長時間執行與努力改善才能獲益，其他企業成功的模式也未必適合中小企業，合理的存貨決策標準之訂定要以企業的利益為考量目標。

（4）交貨前置時間正確的掌握：每項存貨經分類後影響決策的因素還包括供應商層面，所以中小企業與供應商的關係良好與否也是決策的重點。由於中小企業先天條件較不足，可能因為付款條件、管理技術及整體形象不佳，所以供應商的信用評等並不高，因此，常有交貨期不準時或是交易條件漸苛刻的現象，此時經營者為了確實能掌握關鍵存貨的前置作業與交貨期，必須重新探討企業的信用政策與供應商溝通管道是否適當。否則決策再好供應商不配合一切都是白搭。

（五）訂單處理

處理顧客訂單的速度會直接影響顧客的滿意度，所以訂單處理流程的規劃重點即在於迅速與確實。在零售業方面可以透過第三方物流公司的專業服務及電子科技產品的協助，充分掌握訂單所有流程以確實有效率的處理顧客的訂單。例如，銷售時點系統、電子訂貨系統、條碼等有利於出貨時間效率與避免缺貨的先進工具，目前的方式與發展也達成熟階段。對於製造的中小企業之訂單處理也秉持一樣的原則就是「準時」、「確實」、「安全」與「成本低」，以

下針對顧客訂單處理流程的重點加以說明：

1.顧客訂單循環週期

顧客的訂單是企業「顧客關係」的開始，當訂單的產生一直到通路的運用，直到將產品送達顧客的倉庫，稱之為訂單週期。

其中包括六大組合要素：（以運送到香港的週期為例）

(1) 訂單準備與傳送　　　　　　　　　　1天

(2) 收到訂單與登錄

(3) 訂單作業程序（接單、L／C或訂金等）　　⎫

(4) 倉儲、揀取與包裝　　　　　　　1天　⎬ 2天

(5) 轉運　　　　　　　　　　　　　3天　⎭

(6) 遞送或卸貨　　　　　　　　　　1天

2.客戶的訂貨流程

客戶的訂貨流程（如圖8-9所示）：

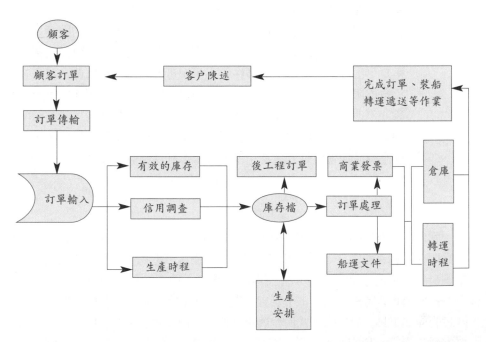

圖8-9　客戶的訂貨流程

　　企業一旦接到訂單，必須快速而正確地去處理，使訂單至付款的週期儘可能縮短。訂單至付款的週期是指從接到訂單、鍵入訂單、查核顧客信用、存貨與生產排程、開出發票、運送貨品以至收取貨款這段期間而言。此一週期愈短，顧客的滿意度和生產者的利潤都會愈高，而電腦化的訂單處理系統已使訂單處理的速度大為提高。訂單處理有幾個課題（如表8-4）：

表8-4　訂單處理課題

針對顧客面處理課題	針對企業的訂單處理課題
如何簡化訂貨作業	如何簡化接單作業
如何提高訂貨資料正確性	如何處理量多繁雜的訂貨資料
如何快速下單	如何掌握訂單進度

（六）運輸

　　運輸係指從起始點到使用點，針對原物料與製成品的實體配送所進行的規劃、執行與控制的一連串程序。透過運輸才能將產品從生產地或製造工廠運送到顧客手中，可增加產品的時間和地點效用。運輸包含下列活動：第一，管理原料與零組件從原始產地至生產基地的儲存和運輸；第二，管理原料、半成品與製成品工廠、倉儲和配銷中心之內與之間的運輸。以下透過「運輸方式」及「運輸方式的選擇」來加以說明。

　　1.運輸方式

　　運輸方式主要有五種：即鐵路、卡車、水路、航空和管線，每種運輸方式都有其特殊的功用。

　　（1）鐵路：鐵路適於長途載運體積大且有重量的大宗產品，且鐵路是陸
　　　　　上長距離運輸中成本較低的一種，如果是整車箱商品的運送，費率
　　　　　更低，是一種有效率的運輸方式。為便於利用鐵路運輸，許多製造
　　　　　者將其工廠或倉庫設在鐵路運輸方便的地點。

　　（2）卡車：在各種運輸方式中，卡車在路線及時程安排方面是最有彈性
　　　　　的。幾乎所有的地點卡車都可將貨品送達，而且可將貨品直接從工
　　　　　廠或倉庫送到顧客門口，不必先用卡車將貨品送到鐵路車站，由鐵
　　　　　路運送到另一個鐵路車站，再由卡車將貨品送到顧客門口，可節省

運輸時間和裝貨、卸貨的麻煩，也可以減少貨品失竊或損壞的風險。由於卡車通常較鐵路快速許多，但運費較高，且較容易受到不良天候的延誤，對貨品的大小與重量也有較多的限制。

(3) 水路：水路運輸的運載量很大，最適合用來運送重量大、價值低與不易毀損的貨品，是最便宜的一種運輸方式。水路運輸的缺點是有許多市場是水路達不到的，必須再利用鐵路或卡車才能到達，而且水路運輸非常慢，並易受不良天候的影響。

(4) 航空：航空運輸是最快速和最昂貴的一種運輸方式。最常用來運送容易腐損的貨品、價值高、體積小的貨品以及需要從遠地快速運送的貨品。

(5) 管線：管線是最自動化的運輸方式，通常歸貨主所有，並運送貨主的產品，管線通常用來運送水、石油、天然氣、化學品等，管線由於路線固定，因此可接近性非常有限。管線的運送速度慢，但可持續不停地運送，且成本較低；管線的可靠性高，產品受損或失竊的機會低，但在運送的過程中會有一小部分因蒸發而耗損。

2. 運輸方式的選擇

行銷者可根據成本、速度、可靠性、裝載彈性、可接近性、頻率等準則來選擇合適的運輸方式。表8-5列舉各種運輸方式在這些準則上的相對評價。

(1) 成本：行銷者在選擇運輸方式時，應瞭解採用較昂貴的方式所獲得的利益是否值得付出較高的成本。

(2) 速度：速度是以運送者持有貨品的全部時間來衡量，包括：接貨、送貨、處理以及貨品從出貨地運到目的地所需的時間。速度會影響行銷者提供服務的能力，行銷者也可以利用轉運時間來處理運送中

表8-5　各種運輸方式的相對評價

運輸方式	成本	速度	可靠性	裝載彈性	可接近性	頻率
鐵路	普通	平均	平均	高	高	低
卡車	高	快	高	平均	很高	高
水路	很低	很慢	平均	很高	有限	很低
航空	很高	很快	高	低	平均	平均
管線	低	慢	高	很低	很有限	很高

貨品的訂貨事宜。

(3) 可靠性：運輸方式的可靠性是由服務的一致性來決定的。行銷者須依靠運輸業者準時送貨，並保持貨品的完好無損。可靠性會影響行銷者的存貨成本，包括因缺貨而損失的銷售在內。不可靠的運輸將需要有較高的存貨水準，才可避免缺貨；而可靠的送貨服務可讓顧客只須以較低的成本保持較少的存貨。

(4) 裝載彈性：裝載彈性是指運輸方式能提供適當的設備與條件，來運送特定種類的貨品，並能加以調整以運送其他貨品的程度。一般而言，水路與鐵路的裝載彈性最大，管線最小。

(5) 可接近性：可接近性是指運送者在一特定路線或網路上運送貨品的能力。目前宅配業的收貨據點廣布可使消費者更容易接近。

(6) 頻率：頻率是指行銷者多久就能利用某一特定運輸方式運送貨品。在使用管線時，貨品的運送可以是持續不斷的，如果是利用鐵路或水路，行銷者常須受到運輸排程的限制。

信用管理

信用管理是企業經營確保帳款收入的一項積極性作為，產品的銷售不是「賣出去」就完成工作，很多企業的銷售人員認為銷售就是把產品賣出去，其實銷售的本質應該是「將產品賣出去並準時收回帳款」。能夠準時收回帳款除了產品品質與企業服務水準有影響之外，企業可以透過顧客的「信用調查」及企業「信用額度」政策的整合運用，以確保企業帳款回收的安全性。

1. 交易付款方式

付款方式有很多種，例如，現金支付、開立期票支付或交錯付款（指以支票方式支付與現金彈性調整），便可以降低支票存款帳之現金平衡。還有以匯票付款等方式。由於內外在種種因素的影響，很多中小企業，在支付的習慣上都用遠期支票，把遠期支票作為信用的工具，很多負責人甚至利用個人支票，卻很少使用公司的本票、匯票。另外，外銷訂單的付款方式則以信用狀為保

證，出貨後由銀行擔保付款或先行墊款。還有以電匯的方式，接到匯款後才正
式進入訂單處理程序。其他的付款方式皆得透過買賣雙方充分溝通後訂定。中
小企業對付款方式的優劣，各個行業皆有不同的習慣，我們認為現金最佳，其
次信用狀保證，最後才是遠期支票，但實際上較難如願。其他新的金融服務可
視情況需要採用，例如，信用卡付款、銀行轉帳、金融機構代償業務等。

2. 信用政策擬定

信用政策的定義是公司要求客戶遵守及允許客戶利用之信用融資制度。能
使公司價值達到最大的信用政策就是所謂的最佳信用政策。而信用政策係由信
用期限標準、信用條件、收帳政策三要素構成，所以，信用政策的擬訂則依照
下列三要素加以決定：

(1) 信用期限標準：是指企業允許顧客從下訂單購買到支付貨款的期間
限定。企業的產品銷售量與信用期限間存有一定的影響關係。例
如，台灣現行慣例是90天，若延長為180天當然會增加銷售量，相
對的會給企業帶來一些不良的後果，如因帳款延長而增加資金成
本、呆帳損失的可能性增加。所以企業要利用科學方法來確定正確
適當的信用期限。企業有時為鼓勵顧客提早付款所以給與折扣，如
「現金付款扣5%」。

(2) 信用條件：即顧客為獲得企業授信所需具備的財物能力，以及企業
對不同的顧客授信不同的信用額度。尤其是新的客戶應授信較小的
額度。

(3) 收款政策：企業對延遲付款催收的寬鬆程度。實務上真正故意拖欠
貨款的顧客其實不多，而顧客拒付或遲付的理由，通常是顧客與企
業在銷售完成前在產品、服務或交貨程序上的爭執，常見是未清楚
標明產品規格及服務範圍、交易條件、交貨期限與付款期限，甚至
未遵守交貨程序隨貨附發票或出貨單。為了確保帳款回收的順利，
對付遲付款客戶的方法很多，每家企業所喜歡的方法也各自有異。
若交貨完成前皆按標準進行，沒有前述的問題時，顧客仍拒付貨
款，就可運用大家普遍所能接受的討債方式。解決問題的程序，首
先要確認貨物是否有糾紛及是否有客戶收貨簽單與發票憑證。此階
段還是「以和為貴」進行事實的調查以確定問題所在，若真的沒有
問題，客戶也沒有理由搪塞責任，此時不要遲疑立刻前往收款，這

種直接碰觸問題點的方法通常效果奇佳。如果此法無效最常用的方法是採法律途徑回收債權。但要特別注意法律訴訟所付出的代價與帳款價值相比較是否有利。到此階段是攤牌的時候，可能無法恢復過去的顧客關係，但為建立公司收款原則也只好如此做了。

3. 信用政策的執行

應根據公司所確定採用的信用政策徹底執行，無論是信用標準、條件、收帳政策等三方面都應按公司規定之標準去執行。實務上除了企業業主自己負責外，收帳款者一般是業務人員承擔此責任，因為業務人員的個人能力、品行與道德觀念也會讓信用政策無法順利執行，比較常見的問題，例如，超過權限的折讓、挪用貨款、不願催收（與顧客關係交惡）、收款技巧不熟練等，企業要事先防範建立控管與監督機制。

4. 信用風險的等級

由於大部分信用決策都具有主觀意識，因此，現代有許多較具規模的企業使用較精確的統計方法來評估顧客信用等級，亦即區分企業自身所受風險的等級。在實際操作上，中小企業很難要求顧客提供定量的資料，例如，資產負債表、損益表甚至其他財會的紀錄。中小企業做信用分析與決策時通常僅能就定性變數進行衡量。例如，評估顧客信用品質定性的因素：

（1）信用申請人是否擁有自己的住宅？

（2）此申請人擔任目前工作有多長時間？

（3）申請人流通在外的負債總額占年收入的比例是多少？

（4）過去的付款紀錄是否按時付帳？是否有信用不良的紀錄？

（5）外界的評價事實如何？

（6）未來發展潛力？

（7）年營業額？

（8）經營者的能力與個性。

（9）公司經營規模大小？員工人數？經營制度？

（10）申請公司的主要客戶等級？

（11）其他供應商的評價？

（12）介紹人是誰？

根據前述的定性分析訂定顧客評估風險的等級，可自行訂定評分的權數並

分成ABC三級；C級客戶風險較大，來往特別小心，或拒絕往來。

5. 顧客信用度調查

企業若毫無節制的增加顧客的授信額度，而欲想創造更高的業績，或是新客戶在未做任何的懷疑與求證就出貨，兩者都是非常危險的做法，尤其中小企業是禁不起任何的拖累。根據實務上的經驗通常顧客不會刻意的欺騙供應廠商，經營不善的原因往往離不開行銷與財務管理技術不足。客戶信用度的調查是根據客戶的違約機率大小著手，一般新客戶，供應商都會蒐集一些徵信資料及調查顧客的信譽，例如，打電話給供應者的同行或顧客的同業探查情報，或透過銀行徵信資料，在支付訂金時可以要求對方開立即期支票，企業就可依據票據名稱、銀行帳戶，進行例行的銀行照會活動，雖然不能完全規避風險，但對顧客的的信用度這項資料還算是詳盡。無論透過徵信調查或任何方式皆應對客戶信用度徹底查清楚以降低風險。另外，也可採用以下幾個建議，對顧客進行多方面的瞭解。我們認為經營企業還是「小心能駛萬年船」。

(1) 人的因素（human factor）：誰向本公司賒購、他的信用、品德（character）、能力（capacity）方面如何？例如，客戶過去還款的紀錄、客戶的經營手法等，透過實地參觀拜訪客戶或其他社會網絡等方法可得到較接近事實的資料。

(2) 財務的因素（fancial factor）：從資本面（capital）著手，針對財務報表比率分析瞭解資金擁有與使用狀況。例如，有無能力還款（payment）、有無抵押品、還款來源等公司償債的能力，亦即是否有穩定正常營業收入作為償債來源。抵押品（collateral）是指客戶為取得本公司的授信，用來作擔保的資產。

(3) 經濟因素（economic factor）：該公司所處產業之前景及地位，有無關鍵零組件之核心能力與競爭優勢。及目前經濟情勢（condition of business）如景氣循環、產業之前瞻性、企業之狀況皆會影響。

(4) 借款公司未來的展望（prospective）：公司的應變能力、負責人的形象及操守。

6. 建立收帳程序

企業與顧客交易過程，必須提出買賣雙方的交易條件，企業提供有價值的產品或服務並收取代價。因中小企業型態的差異，可以使用不同的收款形式與程序。現代企業經營已經廣泛的對顧客授信，對於以信用交易方式為主要交易

模式的中小企業而言，收帳款的能力是其生存難易的關鍵要素，過多的拖欠會給經營者帶來困難。關於中小企業的收帳程序我們依照現金（信用卡）交易條件、信用交易條件、及混合型交易條件三方面規劃，企業可以依實際狀況採擇其一或多種混合使用。面對不同的顧客等級可以使用不同的政策，大部分信用良好的客戶會依據收帳程序迅速付款，對A級顧客應以溫和收款態度為之。對信用較差的C級顧客就需要採用例外處理模式，因為有些客戶必須施以壓力才會還款，所以收帳方法必須嚴格且明確，收帳的程序則由溫和到堅決，一但顧客有拖欠或拒付的念頭，就改採用堅決的收款政策。處理這些信用不良的顧客可以採用不出貨、現金交易或前帳付清再出貨的步驟，加速帳款的收回。甚至到最後不得不採用法律途徑以確保企業的債權。表8-6我們列出特例處理程序的一般情況供讀者參考。

行銷診斷

　　根據行銷管理程序如（如圖8-10所示）逐一檢視比對，分析是否與理論有不符合或衝突的地方。

圖8-10　行銷管理程序

1.分析市場機會：任何企業無法離市場而獨立，應具有偵測、資訊蒐集的功能，及辨認、分析市場機會。
2.選擇目標市場：找到極為有利的市場機會並不代表必然有機會獲得成功，首先評估目前與未來市場的大小，及可能變化的趨勢與潛力。
3.擬定行銷組合，從產品（product）的深度、廣度、多樣性、產品線等著

表8-6　特例處理程序的一般情況

	正常例行收帳程序	逾期帳款處理技巧	優點	缺點	注意事項
現金交易 （信用卡）	顧客以現金或信用卡購買 銀貨兩訖	不會發生	便利及無呆帳風險	無法激勵顧客多購	假鈔與盜刷問題
信用交易	1.訂單確認。 2.簽訂買賣合約。 3.訂單處理程序（交貨），依照合約的規格、交貨日期。 4.收款—掛號寄出帳單或專人專送一次付清帳款，或依合約分期付款。 5.逾期貨款問題確認。	在超出企業所定的收款期限或企業可以忍受的期限後就得進入例外帳款處理程序，收帳的原則是由溫和的手腕開始，繼而以嚴屬的步驟以獲得期望的成果。處理前先檢視所有的交貨程序是否合法，例如，交貨簽認單、發票等。處理程序： 1.打電話或E-MAIL給客戶經2-3次的催繳。 2.親自拜訪瞭解原因。 3.除非到萬不得已地步則採寄存證信函以訴諸法律行動。 4.交付收款（帳）公司去處理。	優點：激勵顧客購買。 缺點：信用愈寬鬆風險愈高。 注意事項： 1.要寫清楚交易條件並確認內容各執一份。 2.第一次催繳的說明措詞溫和假以仁義。 3.親自拜訪瞭解真相訴求「問題可以一起解決」還是溫和的想解決問題。 4.寄出存證信函與最後由收款公司處理的階段，經營者可能無法達到不失去顧客的情況下收回帳款。 5.瞭解顧客逾期付款的原因也是有必要的，不管是經營問題、壞運氣或故意賴帳者，能深入瞭解對收款技巧也是有幫助的，但要記住，若能有耐心、能體諒的收帳方式也不見得會慣壞顧客反而會培養一個忠誠的好顧客。		
混合型	通常在訂單確認後須以現金付頭款（down payment），其金額可以是極少的金額或產品價格的某百分比。付頭款後簽訂合約。企業依據合約付款條件進行收款，以郵寄或專人方式收帳。若有逾期現象則以例外處理程序對應。	同上	同上		

資料來源：整理自黃劍虹譯，《中小企業經營管理原則》（台北：徐氏基金會，1982年）。

手。價格（price）的訂價策略如追隨第一品牌、成本加成等。通路（place）的代理、零售、直銷、通路長度等。推廣（promotion）的廣告、人員銷售、促銷、公共關係等。診斷其策略是否適當。

4.行銷管理能力：計畫、行銷功能、控制系統等。

一、行銷計畫之診斷

行銷計畫乃是企業各項行銷活動、銷售活動，以及有關支援行動之綜合體。包括：

（一）行銷目標

行銷目標包括：銷售額、銷售量、市場占有率。診斷的事項如下：

1.目標是否經由現況分析及未來展望而設定？
2.目標設定時是否考慮生產能量？
3.目標設定時是否考慮行銷人員之意見？
4.目標設定時是否曾調查顧客的需求？

（二）產品計畫

產品計畫包括：現有產品或改良之新產品及市場（現有市場、擴展市場或新市場）。診斷的事項：

1.現有產品於現有市場銷售有無問題？
2.為因應競爭有無必要改良產品？有無具體研發計畫？
3.有無擴展市場的機會？有無擴展市場的具體計畫？
4.有無新市場開發計畫？

（三）訂價政策

訂價政策包括：售價與同業售價相比較、售價走勢、毛利額與毛利率、折扣條件。診斷事項如下：

1.估計成本與銷量及利潤之關係：如固定成本、變動成本、檢視高毛利率的產品有那些？不同價格售出之損益兩平點。
2.訂價與銷售量的關係：如價格決策是否有利達成特定銷售目標？是否有

助於爭取新客戶？

3. 訂價策略：如所定價格是否能吸引購買者？與同業價格相當？是否有產品銷量與價格沒有密切相關？競爭者對我們的價格策略所採取的對策？

4. 有無蒐集競爭者之價格政策之資料？

（四）市場資訊計畫

市場資訊計畫包括：市場研究、顧客研究、競爭者研究。診斷事項如下：

1. 是否對國內外市場之需求量加以調查？
2. 是否對各產品市場大小之因素進行調查與分析？
3. 競爭者之行銷策略？
4. 是否對目標顧客之特性加以分析？
5. 市場環境又如何？

（五）銷售計畫

銷售計畫包括：直接銷售之目標顧客、商圈、通路等，間接銷售之經銷網、通路等，銷售控制之銷售目標、業績報表等。診斷的事項：

1. 市場因素：產品市場的形態？潛在顧客量有多少？市場地理集中性？顧客購買的習性？
2. 產品特性：是否考慮產品的單位價值？技術性？流行性？
3. 公司因素：公司的口碑聲譽卓著？資金來源？管理能力與經驗？通路控制之需要程度？
4. 中間商選擇策略：組織是否理想？商譽好嗎？儲存產品庫房設備？市場情報是否靈通？是否經銷相衝突的產品？銷售網路有多大？銷售力？
5. 直營店設置考慮點：是否能吸引舊客戶及新客戶？有利潤嗎？發展的潛力？商圈大小、租金或房價合理？交通便利性、有停車場嗎？

（六）促銷計畫

促銷計畫包括：點的推廣：型錄、展示會。面的推廣：媒體廣告。公共關係：免費利用媒體報導消息、贊助公益活動。直效行銷：郵購、網路商務等。診斷項目如下：

1.推廣政策：是否有訂定、全員知悉否、推銷效率分析、測試廣告的效果。

2.推廣實務：是否有推廣預算？足夠？有廣告活動？研究廣告與市場的關係？刊登廣告的時機是否適當？

二、行銷力數量型診斷

數量型的診斷係從財務報表的數字作爲行銷力的診斷基礎，在此提供八種診斷法：

（一）營業活動力

公式：$\dfrac{銷貨收入}{營業人數}$

目的：檢查營業人員的銷售貢獻力。

指標意義：所得的數據愈高愈好，代表營業人員士氣高，營業活動力高，貢獻力相對增高。

檢查營業活動力的關鍵重點：

1.客戶數量：和前期（或其他營業人員、同業）比較，目前的客戶數量是多少？

2.訂貨數量：和前期或同期、平均值比較，目前的訂貨數是多？或少？

3.平均單價：和前期或同期、平均值比較，目前的單價是高？或低？

4.產品或品項：和前期比較，目前所定的產品或項目是一樣，或是不同？

5.區域是否調動：是否從其他區調來所以不熟悉，還是已經有多年經驗？

6.拜訪經驗與技巧：新進業務員或有經驗者？

所以檢查營業活動力主要重點是放在營業人員本身的活動力上，其中包括：客戶名單的取得、拜訪技巧、談判技巧、展示技巧、說明產品技巧、控制時間成本技巧、簽約技巧、人際關係培養技巧、客戶抱怨處理技巧、客戶維繫技巧等等。其目的是瞭解每一位營業人員的銷售貢獻力，貢獻多者予以勉勵，少者予以訓練，增進業務技巧。

（二）行銷效率

公式：$\dfrac{銷管費用＋廣告促銷費用}{銷售數量}$

目的：瞭解每一個售出產品要花費多少行銷費用（包括時間成本）。
指標意義：所得的數據愈低愈好，代表僅用少量的行銷費用（或時間）即
可以產出高額利潤，這也代表有高效率的行銷生產力
診斷行銷效率關鍵重點：

1. 每個客戶的平均成交金額？
2. 每一個客戶平均拜訪幾次才能夠成交？
3. 平均成交一個客戶要花多少時間？
4. 平均成交一個客戶，公司給予的支援有多少？

根據經驗值（即統計數字）判定，凡是依據行銷步驟或是銷售步驟勤於拜訪客戶、接近客戶的營業員，一定比不依這些步驟的營業員之生產力高，因為天下沒有不勞而獲的事，也惟有勤於維繫良好的顧客關係及注意行銷成本方可提昇行銷效率。

（三）銷售額經常利益率

公式：$\dfrac{（銷售收入＋非營業收入）－（營業成本＋非營業支出）}{銷貨收入} \times 100\%$

目的：為瞭解企業是否能夠充分獲利？每一筆售出產品的獲利比率？或者賣出每一筆就要虧損多少？
指標意義：數據愈高愈好，代表企業的營業利潤愈佳。
診斷銷售額經常利益率關鍵要點：

1. 每一筆訂單中到底有多少利益？因為有訂單並不代表有利潤。
2. 在所有生意中那一筆生意較具利潤？

總之，利潤是企業經營成功的主要關鍵之一。

（四）銷貨額營業利益率

公式：$\dfrac{營業利益}{銷貨收入} \times 100\%$

目的：在於檢查營業收益性及成長性。

指標意義：數據愈高愈好，代表銷貨成本愈低，營業毛利相對提高。

營業利益率診斷重點：

1. 檢查個項單位成本是否太高？
2. 檢查單位成本過高是可抗拒的人為因素或不可抗拒的環境因素？
3. 銷貨成本的上揚是暫時性或長期性的？

（五）損益平衡點的操作率

公式：$\dfrac{損益平衡點銷售額}{銷貨收入} \times 100\%$

目的：檢查賺賠之間的關鍵界線。

指標意義：數據愈低愈好，代表達到損益平衡點的營業額不困難。所謂損益平衡就是到底要銷售多少數量才能獲利，而損益平衡點操作率是要瞭解業主達到損益平衡的難易度，太難時達成損益平衡點的機會就降低。

（六）營業安全邊際率

公式：$\dfrac{銷貨收入－損益平衡點銷售額}{銷貨收入} \times 100\%$

目的：檢查生意的好壞對企業盈餘的影響程度。

指標意義：數據愈高愈好，代表企的經營安全，即使經濟不景氣，收入比以往低還不會對公司造成威脅，如銷貨收入100萬，損益平衡點85萬，換算後營業安全率為15%表示安全率尚須加強。

營業安全邊際率診斷關鍵點：

1.雖組織有收入但是否足夠開支？如不夠表示營業安全邊際率很低，經營會有問題。
2.究竟要多少銷貨收入，組織營業才會達到安全經營程度？
3.營業安全率占銷售收入的比例有多高？愈高愈好。
4.為什麼銷貨收入會減少？是否單價降低？客戶數是否減少？交易量是否萎縮？

（七）貨款回收率

公式：$\dfrac{現金＋應收票據}{應收帳款} \times 100\%$

目的：在診斷帳款轉成現金要多少時間？
指標意義：數據是愈高愈好，表示帳款轉成現金的速度快，呆帳的機會也較少。
診斷的要項：

1.現金交易與期票交易的比例是多少？現金交易最好大於期票交易。
2.票期平均兌現天數是多少天？天數愈短愈好。
3.每個月平均呆帳件數是多少？每個月平均呆帳金額數量是多少？

許多人皆有做生意的本領，也很會做生意，但我們要記住「會賣東西只是徒弟而已，會收錢才是師父。」

（八）存貨週轉次數

公式：$\dfrac{銷貨收入}{存貨金額} \times 100\%$

目的：是在檢查商品在市場的競爭力及存貨週轉率的速度。
指標意義：數據愈高愈好，代表企業的商品回收力非常正常，沒有過多的存貨放於倉庫中，造成資金的積壓。但若太低也要考慮是否生產機能有問題。

三、數量型診斷問題與對策

數量型診斷問題與對策（如**表8-7**所示）：

表8-7　數量型診斷問題與對策

	問題	對策
1	貨款回收率偏低	必須立刻處理（屬急診）的狀態，對策如下： 1.檢討現況原因，超出時間的客戶可能因素。 2.財務單位與稽核單位每天稽核進度。 3.業務部經理必須馬上研擬改善對策並重新部署與調整。
2	營業活動力趨緩未能達到營利成長目標	一般門診，一星期檢討二次，持續觀察三個月。 對策如下： 1.業務經理加強督導營業人員勤於拜訪客戶。 2.規劃訓練課程16小時，加強業務技巧。 3.增加業務會報的時間，週一與週三各一次。
3	行銷效率因為費用增加而造成下降	一般門診，一星期檢討一次，持續三個月。 對策如下： 1.舉行業務競賽活動，期間兩個月。 2.業務經理不定期陪同拜訪客戶及突擊檢查。

個 案 研 討　搶占市場第1　愛之味掀起蕃茄全民運動

　　2002年蕃茄汁市場從0.46億新台幣變成2.92億，驚人地成長6倍，一舉超越柳橙汁市場，但是台灣2002年共出現85種蕃茄汁。這股蕃茄熱簡直像炸彈，威力從飲料噴到整個食品業，廠商瘋狂推出各式各樣的蕃茄口味產品，消費者也著了魔地掏錢，一時之間吃蕃茄變成全民運動。2002年突然竄起的愛之味鮮採蕃茄汁，歷經生產追不上銷售的半年爆炸性成長後，隨即面對半年的市場規模衰退，他們打算如何再掀風潮？

一、等待天時地利人合

　　愛之味鮮採蕃茄的成功，乃由於五年前的企業改革，企劃部當時取代研發部，成為產品開發的火車頭，愛之味改從市場趨勢中尋找機會點。蕃茄是愛之味企劃部發現蕃茄裡的茄紅素可以抗癌、抗氧化、治療男性攝護腺癌、預防女性的骨質疏鬆症……等。這些賣點正是台灣健康意識掛帥的爆炸性新聞價值的題材，然而愛之味並未馬上投入蕃茄汁市場，因為企劃部覺得後發品牌想成功切入市場，需要天時地利人和配合，所以等了三年才上市，他們在等待切入市場的出擊指標如下：

　　1.第一個指標是消費者偏好：市場研究顯示，蕃茄汁的重度飲用人口約10%，購買原因主要是好喝，當時的強勢領導品牌是可果美；喝過蕃茄汁卻不再喝的人，則大半都不喜歡那個口味。愛之味想吸引那90%不常喝蕃茄汁的消費者，所以產品一定要比可果美蕃茄汁好喝。

　　2.第二個指標是名人大力推廣蕃茄：于美人當時在電視推廣利用蕃茄來減肥，訊息不斷的在累積，就看誰來引爆以及怎麼引爆。愛之味看到這兩個機會點後，終於開始行銷作戰。他們用蜂蜜調味出甜的蕃茄汁，將商品定位成「具預防醫學概念的果汁」，以「好喝」和「茄紅素」為訴求，給消費者新的理由重新認識蕃茄汁。

　　在廣告方面，愛之味找來「消費高手」節目主持人支藝樺代言，因為她曾經在節目中介紹蕃茄的好處，形象也很清新。廣告影片把那一集節目的片段剪輯成主題，增加名人代言的可信度，這個作法相當有趣。結果一上市一炮而紅，還吸引了許多怕死的高科技產業主管，以及原來只喝白開水的民眾。

二、品牌資產延伸計畫

　　在愛之味的炒作下，蕃茄汁市場銷售量在2002年12月達到頂峰，但之後就日益衰退，2003年6月只剩下1.59億新台幣，不過仍然是茄紅素熱潮出現前的三倍。愛之味

正在計畫掀起第二波狂瀾，用行銷戰一次次的擴大市場，以年銷售額30億新台幣為目標，未來不排除進軍海外市場。愛之味又採取延伸產品組合，除了常溫和5℃兩瓶蕃茄汁，還推出新口味的「愛之味蕃茄汁」，用鐵罐包裝，分健康減鹽和無鹽兩種，喝起來和可果美蕃茄汁有點像，希望藉此搶攻可果美的市場。此外，他們還以「鮮採」為品牌，推出名叫「鮮採新生活」的100%蔬果汁，分新鮮屋紙盒和塑膠瓶兩種包裝，口感很接近波蜜果菜汁。更奇怪的是，愛之味一口氣與三家廣告公司合作，分別負責蕃茄汁的不同產品。

三、產品組合發展讓人不解

　　這些作法讓人很難理解，為什麼一個市場占有率70%的領導品牌，居然作出追隨競爭者的口味。「愛之味蕃茄汁」既然是新口味，為什麼產品名稱既沒特色又跟「愛之味鮮採蕃茄汁」那麼像。同樣是鮮採蕃茄汁，BBDO黃禾國際廣告公司和台灣智威湯遜（J. Walter Thompson）兩家廣告公司同時操作，會不會造成品牌性格不一致？愛之味認為「蕃茄汁和咖啡一樣，要有各式口味，市場才會大」，同時也認為品牌管理乃是坐大市場的有效策略，同時鮮採蕃茄汁主要是賣功能，不是賣氣氛，不太擔心品牌性格不明顯的問題。愛之味鮮採蕃茄汁的成功，是非常典型的「把餅做大」模式。在這個案例中，我們看到愛之味從消費者不滿意處找到靈感，搭上流行話題順風車，創造出新產品的大成功，但是我們也發現這個1歲大的品牌，正面臨經營智慧的考驗，今年能不能喝到23億業績目標的奶水，就讓我們一起觀察吧！

（資料來源：洪儷容採訪整理，《動腦雜誌》，2003／08／12，第328期。）

問題討論

1. 請以一個中小企業個案說明其通路結構及其在通路所扮演的功能角色有哪些？
2. 我們常聽說「通路太長會造成層層剝削」的說法，您是否同意這個論點？請由定價的觀點來探討此問題。
3. 在選擇代理商時要考慮哪些因素？
4. 說明傳統消費品代理商的角色。
5. 說明銷售過程的八大步驟。
6. 在廣告策略決策過程中需要做哪些基本決定？
7. 企業進行進出口業務的理由？會碰到哪些問題？並探討台灣企業在出口之可能機會與風險。
8. 何謂信用管理？其重要性為何？對於不良的債權有何處理的對策？

Chapter 9

中小企業之人力資源管理

　　所謂人力資源管理，係企業招募、甄選、訓練、留用、籌償、激勵與發展員工以達成組織目標所需之一連串過程。隨著環境之變遷以及企業經營理念之提昇與更新，人事管理的角色已有了新的詮釋，其範圍益形擴大，其地位亦愈顯重要。「人力資源管理」與「人事管理」的差異簡單說明如下：傳統的人事管理功能，多僅著重於人事行政之業務處理，諸如員工之甄選、招募、訓練、薪資、福利、退補、昇遷、保險等，多著眼於作業程序與作業方法，較缺乏根本理念之融合。而現代之人事管理，則應首重人力資源之觀念，亦即將「人」視為企業最重要之「資源」之一，而非成本；因此應根據此觀念，並配合企業之整體策略完全融入各種人事制度之中。同時，基於以「人」為中心之經營理念，企業更應從事人力資源之規劃與發展為根本，協助員工發展工作技能，輔助改善工作方法，注重在職的訓練，這些支出的財力、人力與物力都得視為一種資本的支出，而不再以費用項目來列帳。

　　企業主投入龐大的資金來從事企業的生產與銷售，企業員工也投入青春與時間，在「顧客滿意」為導向的經營理念引導下，展開產品設計、採購、生產、倉儲、運輸、行銷企劃、推廣與配銷、收款等企業所有的活動。也因為顧客的滿意而形成良性的銷售循環，企業的經營績效也方能蒸蒸日上。因此「顧客第一」、「服務至上」是現代企業經營的金科玉律，但是，要促進顧客滿意，首先要有滿意的員工，才有滿意的顧客。中小企業的經營者對「人」的問題必須用心瞭解，因為事業的經營成敗關鍵在於人的素質、能力、工作態度、向心力等，而人的問題絕對不在於「管理」的層次，應提昇到人力的規劃、培育及適才適所等層面，以使企業目標與個人需求均能獲得滿足而兩蒙其利。

中小企業人力資源管理

　　台灣中小企業在人力資源管理所面臨的問題，並不在於欠缺人事管理制度，而是不重視員工的訓練與人才培育。主要的原因是台灣的中小企業家族色彩濃厚、重視技術人才或合資股東擔任要職等。使得員工得不到應有的重視與發展，因此會有流動率偏高、缺乏專業的管理知識、人才流不住等常見的問題。本節我們希望能兼顧到學理與實務，進而導引企業經營成功與否取決於

「員工」的觀念。

一、人力資源需求規劃

企業在規劃和發展達成組織整體目標的策略時，必須考慮執行計畫的人力資源是否足夠。當前企業經營環境日益競爭與艱困，管理的問題也愈來愈複雜，組織的規模也日漸龐大，企業要穩定的經營與發展，得必須有好的人才不可。而好的的人才自古以來就是「一將難求」且不會憑空而降。企業要自己好好的思考企業經營目標與策略與做好人力資源預測、人才培養計畫與確實執行。也就是說，人力資源的規劃必須配合企業經營目標與策略，再發展出人力資源管理的目標、政策與執行方案。而中小企業由於本身的條件的限制，不易留住好的人才，再加上濃厚的家族色彩、沒有專業的管理知識、股東擅權等問題，更是不易獲得合適的人才。我們提出幾個中小企業具體的用人之道供經營者參考。

1. 重視員工：不要有「不怕找不到人」的想法，除了提供較好的合理薪資與福利之外，對公平的升遷的制度也要建立。
2. 內部舉才：儘可能由企業內部員工升任幹部，避免空降影響工作士氣。
3. 容許員工犯錯：多給員工磨練的機會，信任員工、充分授權、鼓勵員工自動自發，讓員工感覺受重用。
4. 注重教育與訓練：積極培育員工，利用在職訓練、工作輪調，以及內外部的教育訓練課程來提昇他們的工作能力，增強各種管理與技術專長，並有適當的升遷制度配合。
5. 接班人培養：企業每一個領導對於可造之才，或者能力特強的員工，一定要刻意培養訓練，進而培養成為未來企業高階主管的接班者。
6. 公平的升遷制度：企業內員工不論親疏均有公平升遷的機會，如制定公正的人事管理制度、考核制度及公平的升遷制度。

「人才」是企業最珍貴的資產，如何做最好的運用是企業主最重要的職責。

(一) 如何決定需要什麼樣的員工？

在討論需要什麼樣的員工以前，必須先分析企業的組織規劃上的幾個重

點，例如，是否以投資者（或股東）為行使最高決策、或由專人承受決策機構
之授權總理企業內經營管理業務、是否有專人負責生產、行銷、財務、人事及
研究發展等各項職務？當這些基本假設皆確定以後，中小企業主還要訂定一個
願景，及企業未來的走向與規模。如此一來，企業經營者就可以長期注意人才
的培育，及確立企業發展的階段，實際上好的人才是得靠機緣，甚至是「可遇
不可求」的。決定需要什麼樣的員工，學理上從工作分析說明與工作具體描述
這兩方面著手，以利於結合人力資源與工作。分別說明如下：

1.工作分析說明（job analysis）

工作分析說明係指透過觀察和研究，以決定與工作有關的資訊，包括：明
確的任務內容、工作的環境，以及執行任務的必備能力、知識與技術。

2.工作具體描述

工作具體描述可以工作說明書（job description）與工作規範（job specifi-
cation）呈現，工作說明書是特定工作的正式書面說明，包括：職稱、須執行
何種業務（如接待客戶）、與其他部門或工作的關係、必備的體力與心智能
力、職務、職責、工作環境。工作規範則是指特定工作必備資格說明，通常是
指學歷、經驗、人格特質和身體狀況。工作說明書與工作規範一般是用來製作
招募員工的資料、公司擬定員工訓練計畫與盤點人才之依據，以及制定員工薪
酬獎賞制度之參考。

（二）僱用員工來源的開發

前面談過人才是企業成功的關鍵，所以企業已經開始注意人才的培養與吸
收，但實務上人才的招募工作並不如想像中那麼容易。尤其中小企業因為先天
條件的限制，所以求才不易，需要適當的管道、方法與吸引人的條件方可尋得
優秀人才。企業用人唯才，是任用管理最基本的原則。組織內部職位出缺時，
如無適任人員，自然應從外部招募人才，但如組織內部有合適人選，則宜採內
部晉升優先的原則。內部晉升不僅可以激勵員工努力表現，也有助於提昇員工
的學習意願（如表9-1所示）。

1.內部來源

指組織現有員工包括：內部培訓、內部調動、內部晉升和重新僱用及召
回。

表9-1　員工招募來源

內部來源		外部來源	
優點	缺點	優點	缺點
1.被升遷者士氣高。 2.有利於員工能力評價。 3.某些工作的招募成本較低。 4.激勵工作表現佳者。 5.只需要僱用基層人員。	1.同質性太高。 2.未被升遷者的士氣問題。 3.為了升遷引發「政治」鬥爭。 4.需要有很好的管理發展計畫配合。	1.加入新血、新觀念。 2.比自行訓練專業人才省錢。 3.不易形成政治性支援團體。 4.可能帶來競爭對手的機密。 5.促進公平僱用需求。	1.可能選到不合適的人選。 2.可能打擊現有人員士氣。 3.需要較長的調適及引導時間。 4.可能導致觀點衝突。

（1）內部培訓：永久性的職調，可以使員工對組織各方面的作業有更廣泛的認識，有助於未來升遷。通常職調可以根據年資或績效。如工會比較偏好依照年資為基礎，而企業卻喜歡依照員工的能力來決定。

（2）內部調動：暫時性的工作輪調，常被用來訓練管理者，使其熟悉組織各項功能及作業，可以增加彼此的立場瞭解，進而消弭本位主義的紛爭。工作輪調對於培養員工的能力與經驗助益很大，是培訓人才的好方法之一。也有組織利用工作輪調來改善高壓力職位者心力交瘁（burn out）的問題。但使用此制度前必須充分的溝通與職前的教育訓練，才能減低組織的排斥與不滿及工作的勝任等問題。

（3）內部晉升：當企業不斷給予員工教育訓練與磨練後，會發現一些能力較強與資質較佳的員工。企業可以透過升遷制度或考試讓有能力的員工晉升，除了穩定士氣與向心力外更可以將企業知識累積。除了內部的訓練與調動磨練外，還要鼓勵員工利用晚上或假日到學校進修，吸收工作所需的知識及累積處理問題的能力，使員工有成長及晉升機會，如此才能留住有能力的員工。內部晉升的優缺點歸納如表9-2，供經營者擬定策略時參考。

（4）重新僱用及召回：重新僱用與召回暫時遣散員工，相對而言，是一

表9-2　內部晉升的優缺點

優點	缺點
·現有員工可受到內升制度的激勵、士氣動機及向心力高。 ·內升招募活動可能較省時、省錢，僱用一名新人的招募及安置成本較高。 ·讓員工看到未來的遠景。 ·員工不跳槽，技術不中斷。 ·經驗的累積與工作效率增加。	·企業無法在組織內部尋獲最合適的人選。 ·即使有合適的人選，員工有可能不想要改變現有熟悉的工作環境。 ·內升可能引起員工間爭權奪勢的問題。 ·員工同質性太高會使組織缺乏不同觀點及興趣等。

種較低成本及高效率的內部招募。與新僱用的應徵者不同的是，組織對原有員工的工作表現、出席狀態，早有所知。由於員工已熟悉組織及工作職責，也可能比新僱員工有更好的工作績效。此外，流動率也較新人低，出席的表現也較佳。企業決定採用重新僱用策略前，必須先做成本與效益評估。對於員工需求有季節性波動的組織而言，重新僱用與召回的做法有更多好處；但若如被召回的員工中有人已被其他公司僱用長達20年之久，重新僱用這類型的員工，對組織的承諾可能很低。最後可能遣散使得流動率趨高，組織必須承擔高額的失業保險費。

2.外部來源

內部招募有時無法募集足夠合格應徵者，尤其在企業快速成長及需要大量高級專業人才、技術人才及管理人才時；因此，組織必須對外招募人才，可藉由以下管道取得：

(1) 離職老員工：當然指的是有能力的員工，不是因為個人能力或品性而離職的。首先探討什麼原因促使員工離職，進而修正人事管理制度吸引優秀的員工留任。員工離職的原因通常有以下幾項：

·和團隊間的相處不和。

·個人面臨另一職場規劃的挑戰。

·薪資和個人才能不成比例。

·公司缺乏完善的福利和人力培訓規劃，因此該如何去挽回離職的老職員，公司應該修正人力資源政策及福利措施，其方法如下：

a.建立員工職業前程規劃：工作不外乎是求取名與利，但是近幾

年來企業愈來愈重視「員工職業前程規劃（Career Planing）」。
好的人才是企業生存發展之根本，而員工職涯規劃又為好的人
才是否能夠長期持續發展之根本。

b.解析個人工作需求層次之價值觀：對於每一個人的工作需求皆
有其階段性訴求，該如何有效分析與觀念深植，將是企業對每
個員工所必須教育的，這也是企業能否扭轉欲離職員工回心轉
意之關鍵。

（2）競爭對手的公司：通常發生在高科技產業，如高科技廠商因為部分
製程涉及營業機密，原本就會與員工簽訂保密條款或競業條款，並
要求員工離職後一定期間內，不得到競爭對手的公司從事同性質的
工作。

（3）現職員工的親戚朋友

‧非正式的員工介紹計畫：即通知員工職位空缺的消息，並請他們
鼓勵合於條件的親朋好友前來應徵工作。

‧正式的員工介紹計畫：會支付獎金給介紹親朋好友前來工作的員
工。但通常在員工介紹外人來應徵工作，完成申請表的填寫、錄
用或試用期滿後，才發獎金給員工。

（4）外地移民：有時國內可能缺乏某類人力資源，如化學工程師、護士
及考古學家等等，於是雇主只好僱用外籍人士。組織所僱用的外籍
人士，工作地點包括本國或海外。如果外籍人士是在海外工作者，
稱之為客國國籍人士（Host-Country Nationals, HCN）或是第三國國
籍人士（Third-Country Nationals, TCN）。客國國籍人士是指在自己
國家工作的人，而此國並非是母公司的所在國。第三國國籍人士是
指工作所在國既非母公司所在的母國，也非自己國家的人。而在僱
用外籍人士時也應考量法令的規範。

（5）登門應徵者（毛遂自薦）：亦即在沒有人介紹的情況下，求職者自
行到公司的任用部門，爭取可能的工作機會，是屬於非正式且低成
本的招募方法，而且一旦被錄用，留任率也非常高。管理、專業及
銷售方面的應徵者當中，很少有毛遂自薦者。由於此種方法，組織
在獲得工作應徵者的過程中，是處於被動的地位，因為利用這種方
法可能無法獲得足夠的應徵者，或可能無法實現積極行動計畫及公

平僱用的要求。爲了避免這些缺點，企業可以利用開放參觀的方法吸引附近的其他應徵者。

(6) 已退休或老年工人：在有關退休年齡的規定上，各國的作法存在著差異。歐美的先進國家由於禁止年齡歧視，對老年人的僱用與退休較無限制，只要健康許可，個人可以工作至任何年齡。目前我國的法令規定「強迫退休」，凡是年滿60歲或身心有嚴重傷害者，可強迫退休。部分國家也有類似的法令。這是考慮到老年人的體力、生產能力的狀況及爲促進組織的新陳代謝所制訂的法令。根據目前的狀況，60歲以上的老年人都健康良好、尚有生產力，且大都有工作的意願，根據一些調查，約有三分之一的退休員工有意願從事全職或兼職的工作。這群銀髮族的經驗較豐富，人際網絡及在某些能力上較年輕員工來得強，而且年長的員工工作上較爲穩定、可靠，若強迫這些員工退休，反而造成人力資源的浪費。在管理上需注意，這群員工的能力、經驗雖然較佳，但在體力方面比不上年輕人，且較容易發生意外，故需要體力性的勞動工作不宜由銀髮族來擔任。此外，銀髮族由於年資較久，故薪資及福利成本會較高，而且有時由於身體狀況不佳，會有請假較多的情況出現。而有些銀髮族也會倚老賣老，不服從年輕的管理者；有些年長勞工對於工作的變更及接受再訓練，缺乏適應能力或較不願意學習新事務。這些都是人力資源管理人員在面對未來銀髮族員工增多情況下，將會面臨的挑戰。

(7) 臨時工及部分時間工人：由於技術及半技術人力愈來愈希望工作時數少於40小時，或根據自己的偏好來選定工作時間表，使得臨時人力公司與人力派遣公司的需求快速成長。臨時人力與人力派遣公司僱用的員工經常在不同的組織內工作，如此，便可以滿足勞工工作時間的彈性及工作場所多變化的需求。此外，臨時人力所得到的所得通常比永久職員高，但是他們無法享受一般員工的福利。中小企業若只需要短期人力，可仰賴臨時人力與人力派遣公司提供人力資源，且利用臨時人力與人力派遣公司，可使公司免於遣散員工的高成本負擔及失業保險費可能的調漲。

(8) 介紹所（獵人頭公司）：公司若無法招募所需的人力，或只是季節

性與臨時性需要時，大多會藉由介紹所為其招募來源。若公司以此種方式招募主管，其成本不只有支付服務費而已，也要承擔在預先篩選過程中，可能淘汰某些優秀人才的風險及損失。公司若想降低這項風險與成本，在委託介紹所招募主管前，應事先瞭解其執業能力。

(9) 殘障團體：大多數國家的政府為保障殘障人士，都會要求企業依員工人數僱用一定比率的殘障人士。管理人員應瞭解這種社會責任的發展趨勢，並認識研究調查發現殘障人士的生產力不比正常工作者差。另一方面，管理人員也必須避免在員工之間的相處上，有過於憐憫殘障員工、或是厭惡殘障員工的情形發生。當然，最基本的前提還是在於要符合最低僱用標準的法令規定。

(10) 學校：幾年前，企業如果想要找工廠作業人員及文書人員，可以選定高級中學或職業學校為重要來源；若要招募管理、技術或專業人才，便可以鎖定學院及大學。向學院及大學招募人才的成本非常高，而且由學院及大學所招募的人才，一旦被錄用後，前五年的離職率高達30%，碩士以上人才的流動率更高。造成高流動率、高離職率的原因，有人認為是最初工作指派缺乏挑戰性，無法吸引高級人力資源所致。而組織則有不同的說法，認為剛踏出社會的大學生缺乏實際的預期才是高流動率的主因。

但在面對經濟不景氣以及加入WTO後，學校所面臨的壓力很大，包括：是否被淘汰、學校品牌的優劣性等。根據《遠見》雜誌獨家調查，全國上市上櫃公司及外商公司對大學MBA表現的評比排行中，以政治大學和台灣大學的畢業生，最受企業主的肯定。這項調查分為二大部分，第一部分是本國企業和外商公司對各大學MBA人才的印象分數，和一般依各校商學院師生比、論文發表數、圖書館資源等客觀為評鑑的方式不同。第二部分是2003年企業MBA的人力需求薪資幅度及企業對員工攻讀MBA的態度。而企業優先選擇的大學MBA依序是：台大、政大、成大、交大、清大、中山、中央、中正、台北大學（前中興大學法商學院）、國外學位、東海。因此學校應去思考如何增加自己的競爭優勢。

二、招募及挑選員工

在預估企業的人力資源需求並與現有的人力資源比較以後，企業主即能大致判斷該僱用人數與從何處獲得合格的新進人員。招募是指組織搜尋即獲得合格的應徵者，以便於從中徵選最適當人員擔任工作的過程。

(一) 招募員工的方式

1.徵人廣告（advertisement）。
2.職業介紹所（employment agency）。
3.校園徵才（campus recruiting）。
4.推薦與自薦。
5.運用舊有求職人力資料庫。
6.隨著電腦網路的普及，許多企業也透過網路來徵才。

不論是對人力招募如何實施分析，重點都應思考如何以最少的成本替企業或組織找到最適合的人員，而招募方式及選才能力仍是決定企業人資部門招募遴選成功之關鍵因素。

(二) 挑選正確人才的方式

1.蒐集並評估應徵者各項訊息。
2.瞭解應徵者工作動機、態度、意願以及調適能力。
3.幫助應徵者瞭解工作與公司現況與發展。
4.讓應徵者留下良好印象以建立公司形象。

三、員工訓練及發展

(一) 訓練非經理人員方式

1.在職訓練

在職訓練是最常用的訓練方法，由訓練人員或有經驗的工作者，以直接督導的方式教導員工一些新的工作內容。受訓的員工希望能從有經驗的工作者或訓練人員相處學習。而訓練人員則提供一些指導及原則給受訓者建立工作的責任。因為受訓者的訓練環境相似，所以訓練的移轉度很高，也能很快地得到績

效回饋，如果偶有一些員工績效較差，只需再以場內加強之。

2.學徒式訓練

學徒式訓練兼具在職及直接訓練的特性，學徒只是針對年輕者的教育系統之一，應瞭解員工個別差異，才容易整合及設計學徒式訓練。台灣目前「建教合作」較常使用的方式，或「技術生」的訓練方式，由訓練機構或學校與企業進行合作，經六個月短期的訓練後投入職場，或三個月學校三個月職場的輪調方式。

3.見習式訓練

見習式比學徒式較不正式，且花費較大。見習式通常乃當地企業與學校之間共同協議，不只是員工接受訓練，並且接觸到實際的工作。

4.電子互動式訓練

電子互動式訓練乃合併編序訓練及錄影帶或影碟的方式。經由影碟短暫的呈現之後，要求受訓者對其反應，通常與個人電腦相連，受訓者使用鍵盤或觸摸螢幕表示其反應。依著順序、成套方案，與個人學習者反應，和更多的編序指導，提供個人式的學習。但是這種交叉訓練所使用的設備費用相當高。但是因其仍有一些優點，所以許多企業逐漸採用，如果能降低設備費用，則小企業才能使用。

5.藉助外界訓練

如果因執行工作結果所犯的錯誤代價大，一般傾向採藉助外界訓練，例如，旅客多半同意駕駛員的飛航模擬比真正的駕駛艙內實習好，同樣的，兒童專用汽車駕駛在未上路前應操作各種可能遇到的困難的狀況。

如果是訓練人際技能，也可採用藉助外界訓練，透過團隊方式，強調建立人際關係作為訓練內容。當然這種訓練方式成本很高，藉助外界訓練如何移轉到工作場所也是一個重要的關鍵，訓練的環境與真實工作情境愈不相似，則受訓者愈不能將所學到的知識運用到他們的工作上；相反則愈容易運用到工作上。

（二）經理人的挑選與開發

1.選擇經理人

一般而言，經理人應具備下列四種能力：領導的能力、經營的能力、人力資源管理的技術，以及知識管理的能力。

2.經理人員的能力開發

上述所列經理人的能力相當廣泛，但如何開發經理人的能力？一般而言，這些能力可以從學校的正規訓練、企業內部的在職訓練與本身自我學習等途徑而取得。

（1）學校的正規訓練：有意從事管理工作的人，可以在就讀大學或研究所時選修管理、行銷、財務、法律、經濟等相關課程，以取得這些基礎知識與分析能力。經理人常犯的錯誤，是在學校讀書時過分注重實用技術性科目，而忽略了基礎訓練。事實上，所有技術性、實用性的科目，例如，企業專用套裝軟體，經理人都可以在到職後，從正規與非正規的在職訓練課程中學習。

（2）企業內部的在職訓練

· 正規的在職訓練課程：為企業內部所設立，包含講師、講義、正規課程的訓練班。正因為訓練的重要性，愈來愈多企業設立正規訓練班。有時企業也會派遣員工參加企業外部的一些訓練機構辦理的訓練班，比如台積電經常派員工參加由美國密西根大學在亞洲地區辦理的企業主管訓練班。

· 非正規的在職訓練課程：企業內部有很多非正規的在職訓練機會，這些訓練包括：觀摩他人的作業、聆聽別人的意見。比如經理人主動與上層主管及同僚作定期或不定期的聚會，聆聽他們對管理工作的意見，對經理表現的看法、評估與建議，並以這些意見為基礎，提昇並改善管理能力。

（3）本身自我學習

· 閱讀專業書籍與專業雜誌：近十年來，有關專業與管理的書籍愈來愈多，尤其實務性的專業雜誌，比如《快速公司管理》、《管理雜誌》、《經理人文摘》……等。根據調查，全世界以日本經理人每月閱讀28本書籍的數量最多。

· 追隨企業導師：經理人可以觀摩本身企業，或其他企業領袖人物，選擇你認為最值得作為模範的領袖，主動拜訪他，請他擔任你的企業導師，定期或不定期請教他工作上的各項事務，並與其他職場前輩認識。

· 建立人際網絡：盡量參加企業內外的不同組織，如讀書會、青商

會、扶輪社、國際工商經營研究社、中小企業經理人協會……等
社團，以及各項相關的研討會，學習不同的領域的知識，建立廣
泛的人際網絡。
・建立電腦資訊網路與運用：可藉由網際網路，尋找新的知識、新
的技術，也可以用電子郵件，向其他專業人士請教、溝通、交換
意見。

四、員工的薪資酬勞

薪酬是勞工為雇主工作而獲得的報酬，薪酬可以解決員工基本生活，滿足
員工的需要外，它也象徵一個人的地位、身分、能力、權利、資歷等。薪酬與
薪資、工資常混為一談，所以廣義的薪酬是指包括薪資、獎金、津貼、分紅、
加給、實物、各項福利措施等。薪酬對員工而言當然是「多多益善」，但對雇
主而言，則必須考量成本、效益、利潤、風險、擴廠、股東報酬等，薪酬高可
能減少企業利潤，薪酬低則影響員工工作意願，故勞資雙方在薪酬上的立場
上，處於相互對立而又相互依存的微妙關係中，如何在其中取得平衡點與共
識，是薪酬管理的重要課題，其主要的目的在建立一套完善可行的薪酬制度，
以激勵員工提高工作效率及吸收優秀人才，以確保企業的競爭力。近年來，政
府重視勞工權益，加上勞工權利意識高漲，經營者必須建立合理的薪酬制度以
減少爭議。所以薪酬的設計上，有幾項基本的影響因素要注意分別敘述如下：

(一) 法令的影響

雇主和員工之間的關係應該站在一個公平合理、平等互惠的基礎上進行，
但相對於資方的經濟優勢，員工一般缺乏與之抗衡的力量。各國為了促進勞資
雙方的和諧、保障員工的權益並促進經濟發展，大多立法規範勞資雙方之關
係，形成了人力資源管理的法律基礎。所有的人力資源管理活動都應在法律的
規範之下進行，對法律的瞭解已經成為各類組織執行人力資管理的首要條件。
我國勞動基準法規定工資不得低於基本工資、雇主對勞工不得因為性別而有差
別待遇等。

(二) 經濟景氣、生活水準與勞動市場的薪資水準

生活水準包括食衣住行育樂等生活費用，薪酬應該配合員工生活所需，讓

員工維持一定的生活水平，才能安心工作。同時員工的薪酬也不能低於同一地區同行業水準，否則會有人才外流的可能。這兩點與經濟景氣的好與壞是有相關的。

（三）薪資結構模式設定

可以參考坊間的薪資結構設計模式書籍，究竟何種模式為優並無定論，不管採行何種模式均應注意到薪酬設計原則及薪資結構模式：

1.薪酬設計原則

（1）薪酬型態的確定：型態與結構為何？可以參考同行業或其他行業。最好還要配合其他的獎勵薪資、津貼、福利的採用為佳。

（2）公平合理的要求：除可以提高效率外，還可以減少爭議。薪酬的公平合理應遵循的原則包括同工同酬、績效導向、貢獻度導向、企業盈餘至上等。

（3）彈性運用：薪酬的設計必須具有彈性，以應付多變的經營環境。例如，每年的營收皆不一樣。

（4）與福利制度相配合：福利也是廣義薪酬的一部分，完善的薪酬制度不能忽略福利制度，福利制度也不一定要花費很多費用，例如，年節送禮物給員工常能激發其歸屬感。

（5）簡易明瞭：可以減少計算薪酬的人力，更重要的是讓員工一目了然薪資的結構、給薪的辦法。

（6）激勵作用：薪酬的設計必須能產生激勵作用。激勵員工更努力工作以達成企業要求的目標。

2.薪資結構模式

（1）薪資直進型：薪資表上分成若干等，每一等分成若干級，每一級的薪資數額不同，往上直進遞加，上下兩個職等的薪額亦不重疊。

（2）薪資重疊型：薪額重疊的薪資結構，高一等第低薪級與低一等第高薪即有數級的交叉涵蓋。重疊的功用，可以使工作內容、本身學歷有別的次一職等的員工，也能因為工作表現良好，比高一職等低薪級者為高的待遇。如此可以鼓勵員工努力服務久任其職。

（3）薪額間隔型：其薪資結構上下職等間有差距，亦即上一職等之最低薪與次一職等之最高薪，並非連接且有相當的間隔。此型適用於工

作性質顯有不同或繁簡難易、責任輕重顯有不同時。

（4）薪點型：薪資表劃分若干等，每一等分成若干級，每一級訂出一定數點，再另訂折合率，薪資點數乘於折合率就是該級的薪額，調薪時只需變更折合率即可。

（5）績效評核型：此型的薪資結構不劃分等級，而以其工作績效評定分數後再乘於折合率，就是其應得的薪酬。此法的優點是薪酬本身含有獎勵薪資，員工的表現直接且迅速的獲得回報，不失為一項良好的薪酬辦法。

（四）用金錢來激勵員工的方式

1.按照員工能力給薪

能力給薪制度中，付給員工薪資主要是根據他們擁有多少能力、知識、技能而定，而不在員工執行哪項職務。即使職務變動，能力、知識、技能沒有增加，也無法加薪。給員工自我成長與提昇的動力。

2.超越生產標準的激勵性工資給付

獎勵薪資是從增加的收益中支付給員工，因此對雇主而言是穩賺不賠，對員工而言是一分耕耘一分收穫。通常可獲得提高績效、精簡作業人員、減少加班及監督管理人員、改進工作方法、增加員工收入等功用。

3.佣金

通常用於銷售業務人員，其所要追求的目標為銷售利益、銷售量、新客戶的增加、收帳情況掌握、服務態度，其薪酬類型除一般固定底薪、底薪加獎金、底薪加佣金外，最常見的是無底薪亦無獎金，純粹以業務人員每月的銷售額為基準發給佣金。績效理想，則調高佣金。公司調整員工的表現獎勵計畫，要求員工要到某程度的業績，開始計算佣金。佣金激勵方案的作用要謹慎看待。佣金激勵方案對有關人員而言是很有激勵效果的，然而對於那些沒有關聯的人往往會降低激勵效用。這種方案的成本也是很高的，並且很難管理，容易退化為無秩序，進而失去動力。

4.利潤分享

原本只有經理或專業人員可以分享公司的獲利，但由於利潤分享將公司的整體利益與個人利益結合，有助於提昇組織的團隊精神，所以愈來愈受歡迎，範圍也逐漸涵蓋全體員工。利潤分享有三種類型：

(1) 即時分配計畫：將當季或當年的利潤，取出部分的百分比率當期分
　　配給員工。

(2) 遞延計畫：利潤存到基金中，直到退休、死亡或喪失工作能力時才
　　分配給員工，此種有節稅的效果。

(3) 合併計畫：有一些利潤立即分享給員工，一些則放到一些基金帳戶
　　下管理。

5.員工分紅認股

　　員工分紅入股的制度起源1842年的法國，並流傳到歐洲各國，在19世紀下半葉傳入美國，在美國至少有25萬家企業實施此項制度，受益員工更在千萬人以上。員工分紅制度的理論乃是藉著紅利、股利與股票的發放與認購，一方面讓員工分享企業經營成果，一方面增加員工對公司的向心力，更重要的是藉由股權的參與，而使員工得以參加企業經營管理，進而化解勞資雙方對立關係。員工分紅入股的廣義解釋包含員工參與稅後盈餘分配的「分紅」，員工參加股權的「入股」，以及員工以入股方式取得公司稅後的盈餘分配的「分紅入股」等三種型態。以廣義定義分別說明如下：

(1) 分紅：就是將營利事業單位的「盈利」，依照一定的百分比分給參
　　與生產銷售與經營管理的員工。

(2) 入股：為員工取得公司股票或股權，則獨資或合夥事業可能因為員
　　工願意參加股份，而使獨資變成合夥事業乃至股份有限公司。當
　　然，事業經營是有風險的，所以參加股份的員工均要一起與經營者
　　承擔經營成敗的風險與利益。

(3) 分紅入股：所指的是營利事業單位不以現金發放紅利，而以部分股
　　權抵價應發放紅利金額給員工。因此它兼具了分紅與入股的雙重意
　　義，但此法對員工的心理感覺還是有些不同，畢竟不是從自己口袋
　　拿出來的錢，並沒有獨立的入股或分紅之效果。

　　企業取擇分紅入股制的理由不外乎以下幾種：

(1) 參與經營與提高向心力：鼓勵員工認股以共同參與公司營運，促使
　　勞資和諧，提昇企業員工忠誠度與組織向心力，不僅員工與員工間
　　的合作關係更為緊密，老闆與員工間的依存度更是明顯地增加。由
　　於員工分紅入股制度的推展，使得「勞方」與「資方」的界限不再

涇渭分明，員工由「勞方」漸漸成為「資方」，這種角色轉變的速度將隨著員工個人對公司的貢獻與該公司成長的速度成正相關。

(2) 勞資雙方榮辱與共：促成充滿內聚力的生命共同體，內聚力的產生來自於兩個層面，其一為透過整體營運績效之提昇；其二為同業競爭所帶來的榮譽感。這樣特殊的競爭態勢，是最強而有力的良性競爭，對於從業人員而言，能成為業界之翹楚，亦頗感與有榮焉，對於向心力的凝聚，具有相當程度的作用。

(五) 經理及專門性技術人員的薪資給付

公司對高階經理人或專門性技術人員的薪酬給付的方式有很大的不同，高階經理人等的薪酬通常可以由以下四個部分所組成：底薪、年度分紅、績效獎金與福利。底薪是透過工作評價而來，年度分紅包括現金與股票，必須視公司前一年的營運狀況而定，並以績效為基準。至於福利部分包括公司配車、特支費、俱樂部會員卡等。如果企業的興衰取決以員工的素質，則高階經理的重要性更乎其上。除了慎選合適經理人與激勵外，提昇其向心力與導引高效率的生產力是經營者重要的工作，薪資也是一種重要的因素，為了留住可以創造資產的人才，經營者要有寬大惜才的心胸，即所謂「大人大量，有量有福」，薪資的支付原則須由此觀點著眼，好的薪酬可以吸引人才。

五、員工福利的提供

員工福利是指所有間接財務與非財務的給付，包括休假給付、健康與人壽保險、退休金、教育計畫及托育措施等項目。我們將員工福利分為以下幾類：

(一) 法定福利

員工福利可分為法定福利支出，例如，非工作時間的給付（假日、休假、喪假……等法定給付）、勞工保險、職業災害補助、醫療補助、子女教育補助等及非法定企業設計之福利支出，例如，團體意外險、員工旅遊、男性陪產假、年度健康檢查等。基本上員工福利對員工士氣所扮演的是較消極的角色，主要目的是員工的確保與穩定。由於薪資的目標較直接明顯，往往員工、企業經營者均將焦點投注於此。造成薪資成本似無底洞般增加，一經決定很難再改變，無法隨物價指數及生產力指數做機動調整。

（二）保險福利

係指企業對員工所投保各種保險而產生的福利措施。我們僅就台灣現有的保險制度來討論，大致有下列幾項：

1.勞工保險：勞保局設立的主要目的指在保障勞工生活，促進社會安定。勞工保險主要分為：

（1）普通事故保險：包括：生育、傷病、醫療、殘廢、失業、老年及死亡等七種給付。

（2）職業災害保險：包括：傷病、醫療、殘廢及死亡四種。

2.健康保險：指的是行政院衛生署1994年8月9日所發布的全民健康保險法，所有企業必須依循規定辦理，被保險人及其投保單位依據不同的分擔比例支付保險費。當保險對象發生疾病、傷害或生育事故時，由保險服務機構依健康保險醫療辦法，給予門診或住院醫療服務。

3.失業保險：員工領取失業補助金額多寡及補助期間的長短，由員工失業前工作時間的長短所決定，最長給付半年。

（三）家庭人員醫療照顧假（生命週期福利）

目前很少企業提供這種新的福利，然而企業知道如果未來不重視這些需求，將降低企業的競爭力。家庭人員醫療照顧包括托兒、托老及人生重大變動等福利措施。

1.幼兒照顧服務：例如，夏令營、暑期工讀、家庭照顧假、學費補助、幼兒照顧介紹、收養福利、廠內托兒設施……等。

2.子女照顧補償帳戶：即為員工可以利用帳戶中所得，支付子女照顧所需符合規定的費用。

3.老人照顧：由於社會結構老化，愈來愈多的雇主開始考慮如何協助員工照顧年老的親屬；有些企業提供老人照顧相關資訊及介紹等服務。

4.教育費的補助：為了技能熟練、人事精簡及訓練需求，大約有75%的中、大型企業提供教育費的補助（education expense allowances）。

六、員工健康與安全保護

員工的健康與安全是人力資源管理的重要功能之一，工作環境的安全與衛

生是員工的基本需求，對企業而言，安全與衛生管理的目的，在於預防工作場所之災害、員工傷亡的發生，以維護員工的身心健康並確保員工能力與工作效率的發揮。政府對勞工安全與健康的法令以1974年所頒布「勞工安全衛生法」的規定最為完善，也是目前台灣現行勞工安全衛生的主要法令。在中小企業中，保護員工的安全與健康的責任就落在企業主的身上。至於安全與健康的涵義分別簡單說明如下：

1. 安全（safety）：指身體能夠正常活動的健康，但不涉及心理與情感上的問題。
2. 健康（health）：通常是指除了沒有足以妨礙身體正常活動之疾病與傷害外，還涉及心理與情感上的問題。

然而中小企業必須強化員工的工作環境安全與健康維護的目的有下列幾項：

1. 維護員工正常的工作態度、增進工作效率、提高產品品質、增加產品產量。
2. 維護員工在組織機構中保持身心健康、降低疲勞及維持高度的生產效率。
3. 因為企業資源有限，當員工發生意外時對經營績效的影響頗大，例如，得多請一位員工及有時企業的道義責任也要付出。
4. 安定人心與提昇企業形象：通常管理不佳或經營出現瓶頸的企業較易出現工安事件，所以注意員工的安全可以增進優良企業的形象。

安全與健康對勞資雙方都相當重要，員工一旦發生意外或健康不良就會影響正常工作生活。對企業而言代表生產力的損失及其他可能的成本的支出。中小企業主不得掉以輕心，否則工安事件的發生，對經營上可能會產生無法彌補的危機。

（一）影響員工安全與健康的因素

所謂「預防勝於治療」，任何企業的安全計畫重點在預防意外事故的發生，事故的預防比意外發生後重要，常見造成事故意外的原因包括：不安全的工作行為、不安全的工作環境或兩者都存在的結果，歸納以下幾項分別說明：

1.個人行為

大部分的工安事故皆肇因於不安全的個人行為與習慣，包括冒不必要的風險、嬉戲胡鬧、不穿戴個人保護裝備、使用不適當的工具與設備及採用不安全的捷徑或程序、酗酒、情緒不穩與濫用藥物等習慣。員工為何做出不安全的行為其原因也不容易確定，可能是疲勞、緊張、匆忙、厭煩、壓力、視力不佳及失神做白日夢等理由。大部分的員工皆會認為事故會出現在別人的身上，而做事輕忽、不專心、缺乏考慮後果的態度是很危險，經營者對於有危險行為的員工當不能姑息要及時糾正並追蹤其改善狀況。

2.職場實體環境

事故發生的工作場所包括：辦公室、停車場及工廠。常見工作環境不安全的狀況包含以下幾種情況：

(1) 沒有防護或未適當防護的機器，如沒有防護的輸送帶。

(2) 不好的管理，如擁擠髒亂的走道、濕滑的地板。

(3) 不良的環境，如燈光不佳、噪音、高或低溫、危險物質的損害。

(4) 不良或不適當的通風設備。

(5) 不適當的服裝。

(6) 銳利的邊緣。

為了預防員工發生工作上的意外災害及職業疾病，企業最好做好下列措施：

1.工作流程設計時應將安全因素與情境加以考慮。

2.設計安全配備、保護設施與提供防護衣。

3.定期執行安全查核，採取行動將危險因子排除。

4.對導致災害所有意外加以調查並找出確實原因，進而採取補救措施。

5.建立有效的安全衛生組織架構。

6.保存良好的紀錄與統計資料，以找出問題的所在及防範於未然。

7.進行持續性的訓練與教育，並建立起安全的工作習慣及避免使用可能發生意外的方法。

8.隔絕危險的操作與危險物質，以避免員工直接接觸。

(二) 政府相關單位的角色

推動勞工安全衛生工作的目的，除保障勞工安全與健康、防止職業災害以

外,更積極的是要創造舒適安全的工作環境,來提高工作品質、增進生產效率。爲了加強推動勞工安全衛生工作,我國於1974年制定勞工安全衛生法,並於1991年5月17日修正公布,進一步明定雇主應防止各種危害之必要設備及採取必要措施等義務;而勞工亦應接受健康檢查、安全衛生教育訓練、遵守安全衛生工作守則的義務。政府更鑒於工業發展迅速就業勞工遽增,未來的職業災害日益增多,先後頒訂多項改善勞工安全衛生有關的方案、措施。1990年「加強勞工安全衛生」、1992「工作安全災害歸零方案」等。近年來國內各產業的「職業千人災害率」已有逐漸下降的趨勢,但與先進工業國家相比較仍有差距,有賴結合各界資源,共同推動安全衛生工作,已逐步達成零災害目標。成本上考量是最直接且現實的。例如,當1995年3月實施全民健保時,若干公司便將原公司的團體意外醫療險予以削減或解約。在國外(美國、日本等)推動社會福利時,政府會推出支持性的稅制和政策及相關補助措施,以吸引企業參與。例如,可以列報費用節稅或予以獎助金。但目前由於國家財政狀況並不富裕,想要因而受惠並不容易。

依時代潮流趨勢,社會福利將趨於多元化傾向。我國於1994年6月22日通過「社會福利政策綱領及實施方案」,以就業安全、社會保險、福利服務、國民住宅及醫療保健爲推動方向並揭示「權利義務對等的福利倫理、以助人自助促進國民應有權益保障,在財務自給自足、不浪費、不虧損的原則下,建立完整的社會保險體系」等原則。其發展及規劃方向均頗爲審愼。爲了配合上述發展,企業員工福利應有補充性及主導性兩方面發展。

1.補充性

　(1) 加強宣傳自助互助的福利觀念,改變員工認知。例如,「勞工財產形成制度」中的員工儲蓄購屋計畫要求員工先儲蓄自助才能獲得政府補助的權利。

　(2) 提供社會保險不足部分的保險規劃。例如,醫療險增加病房差額及失能保險;或設置特約診所支付差價。

　(3) 自設退休年金或離職金制度,增加員工離開工作崗位後保障。

　(4) 鼓勵員工終身學習,提昇國家競爭力。配合政府的措施,在公司內部提出建議,鼓勵員工參與。例如,就讀空中大學補助、托兒所補助、勞工教育進修等。

2.主導性

（1）發展免費福利，避免增加企業資源浪費。例如，採取聯合採購活動，節省員工受物價上漲壓力。

（2）強調生活服務，讓福利活動成為長期性落實於平時，追求生活化。例如，生涯規劃輔導、社團活動、志願服務義工。

建立一個安全且健康的工作環境，不僅符合社會的期待，而且是提昇人力資源效益的一項措施，企業的經營者應隨時掌握勞工安全衛生議題、立法及政府態度的最新發展，分析安全衛生管理的趨勢、釐清新的流程與產品的引進對員工健康與安全的影響等，據以修正現行的工作安全衛生政策與發展出新的政策方向，這也是企業經營者責無旁貸的社會任務。

七、勞資關係的維護

勞資關係（labor-management relation）又稱員工關係（employee relations），通常是指雇主與員工間所存在的勞動關係，包括勞雇雙方的權利義務（薪資、福利、工作環境等相關事宜），其決定如何達成（須經過溝通、協調、調適、爭執、糾紛、合作、和諧等一連串的活動）及雙方間的問題如何處理。勞資關係所強調的是雙方的和諧、圓融與共存共榮，即使勞資雙方因利益的衝突也能夠在充分溝通後，尋求彼此合作的方案，以謀「雙贏」的共利局面。

組織結構的建立

企業創業之初，資方與勞方維持同甘共苦的關係，然而經過雙方的努力與學習企業逐漸茁壯，企業機能也漸具規模，需要引進新的人力及新的組織結構才能順利應付變化的競爭環境，一個好的結構可以讓組織發揮群體效益，基於增加利潤與競爭優勢的目標，我們首先來探討組織結構的建立的一些基本概念及中小企業組織上的一些問題，最後探討中小企業的組織方式。

一、組織結構特徵

組織結構（organization structure）乃是描述組織的架構及連結活動的組

合。簡單的說就是將工作及人員如何被正式分工、分組及群體的協調活動。其特徵可從複雜化、正式化與集權化等三個層面來說明。

1. 複雜化（complexity）：指的是組織分得多細。分工愈細，上下層級愈多，並且組織的單位在地理上分布得愈散，也愈難協調人們及其事務。
2. 正式化（formalization）：指組織藉著手續和規定來引導員工行為的程度。有些組織少有這些指引，但是有些組織即使其規模不大卻有各種各樣的規定，指示員工何者當做，何者不可為。規定和管制愈多，組織結構就愈正式化。
3. 集權化（centralization）：考慮決策職責所在。有些組織是高度中央集權，問題由下向上反映，再由高階主管決定採行適當行動。相反的，較低集權化就是分權（decentralization），依各階層的職責主管就可決策。

二、組織的一些基本概念

組織是企業現代管理的重要管理功能之一，所謂組織就是指建立組織結構的規劃與設計而言，經營者為適應環境的變化必須改變組織結構時，也是一種組織設計的工作。中小企業從創立開始，創業經營者的角色一直都是決策的樞紐，所以在建立新的組織架構時，經營者的任務是吃重的，其工作包括：如何分權及工作設計、建立職權關係及管理幅度，以及安置企業的人力資源等。組織設計的基本理論有幾個基本的觀念是放諸四海皆準的原則，分別說明如下：

（一）指揮統一原則

對中小企業而言，「多頭馬車」的混亂情況發生機會較小，因為大多數中小企業的問題是在「過度集權」，但是分權是企業發展中一個重要過程，創業初期可能不會碰到，但企業漸具規模後，一個人分別有兩個上司的情況可能就會出現，例如，創業者所聘請的總經理，當部屬接受指令時，到底是要聽老闆的還是總經理的？常常使部屬無所適從。在此建議中小企業主，當組織擴大時要瞭解指揮統一的重要性，清楚建立各層級的隸屬關係、決策責任與命令的流程，才不至於有投機員工尋找架構上的矛盾而「混水摸魚」。

（二）管理幅度

管理幅度是指經理人能有效率直接領導的部屬人數。許多學者對於有效管

理人數有不同的意見，但大多數皆認為愈高階的經理人，控制的人數應該相對的減少。中小企業主須視部門業務內容的多寡與繁重，將部門單位再劃分為若干個工作單位；每個單位負責人要轄屬幾位部屬呢？這須由您來決定。一般而言，部屬人數眾多，則無法有效溝通及管理好，部屬人數過少，則管理的能力將未能充分發揮。最好依據部門工作量與質的掌握，評估完成這些工作所需要的人力。有學者建議高階主管控制幅度應介於3-10人，作業性管理者應介於10-30人。管理幅度的人數是一種觀念，所以不要執著於數目上，因為個人能力與部屬素質會影響有效控制的幅度，加上現代資訊與通信科技的發達，相信管理幅度應該是可以擴大的。

（三）委派

　　委派乃是管理思潮演進過程學者們所提出的分工理論，分工意味著把工作拆成若干個步驟，然後由不同的人員負責不同的任務。基本上，分工以後技術容易專精、標準化且工作比較有效率，例如，汽車裝配生產線。雖然是一位創業經營者也不一定會自然產生正確委派工作給別人的能力。事實上，許多經營管理者常常是非常拙劣的委派者。他們雖然也分配工作，但對工作、下屬的情況卻不完全瞭解。他們常常把工作分配給不適當的人去做，結果當然就不如預期。現代管理者的一個非常重要的職責就是要把工作委派給別人去做。怎樣做到有效的委派呢？有七個步驟分別說明如下：

　　1.選定需要委派他人去做的工作

　　原則上可以把任何一項工作委派給別人去做。對於須委派的工作，經營者要理解這些工作都需要做些什麼、有些什麼特殊問題或複雜程度如何，在沒有完全瞭解這些情況和工作的預期結果之前，不要輕易委派工作。接著要對下屬的能力進行瞭解，透過人員的工作評價與平時的觀察，要客觀避免個人的喜好。委派工作前要向處理這件工作的下屬說明工作的性質、目標以及完成工作的知識或經驗。最後，把工作委派出去以後，還要注意工作的控制。另外，非常保密的工作也不要委派給別人去做。如果某項工作涉及到只有你才應該瞭解的特殊信息，就不要委派出去。

　　2.選定能夠勝任工作的人

　　對下屬進行完整的評價，可用書面形式請他們寫出對自己職責的評論。要

特別注意兩個職員互相交叉的一些工作。如果對某方有意見，表示強烈的反對或提出尖銳的批評，此時經營者就要花些時間與他們私下談談。評價過程中還需要掌握兩點：

　　（1）瞭解工作內容：掌握被指派的人員對工作究竟瞭解多深，員工「放心」的程度是成功的關鍵。

　　（2）達成任務的能力：瞭解每位人員完成工作的速度是另一個重要任務。員工因爲素質與能力的差異所以能夠處理什麼樣的工作也有所不同。經營者通常會把任務交給能力強、工作做得好的人。但有一點要特別注意，那就是儘量避免把所有的工作都交給一個人去做。總之，只要掌握人員對工作的瞭解程度、完成工作的速度、時間價值觀念和人員培養價值等原則，就可以選擇出能夠勝任可委派的人。

3.委派工作的時間、條件和方法

　　中小企業經營者通常於上午上班第一件事就是委派工作。這樣做可能方便管理者，但長期下來可能有損員工的積極習慣。他們被迫改變原定的日程安排，工作的輕重緩急順序也要調整。委派工作的最好時間是在下午，也是經營者一天中的最後一件事。這樣，有利於下屬爲明天的工作作準備，爲如何完成明天的工作做具體安排。還有一個好處，就是職員可以帶著新任務回家睡覺，第二天一到辦公室便集中精力處理工作。面對面的委派工作是最好的一種委派方法。這種委派方式具有便於回答下屬提出的問題、可獲得及時的信息反饋、充分利用面部感情和動作等形式強調工作的重要性等特性。只有對那些不重要的工作才可使用留言條的形式進行委派。

4.制定確切的委派計畫及目標

　　誰負責這項工作？爲什麼選某人做這項工作？完成這項工作要花多長時間？預期結果是什麼？完成工作需要的材料與資源在什麼地方？怎樣向管理者報告工作進展？委派工作之前，必須對這些問題有個明確的答案。還要把計畫達到的目標寫出來，給工作人員一份，自己留下一份備查。這樣做可以使上下雙方都瞭解工作的要求和特點，不留下錯誤理解工作要求的可能。委派計畫應該指導委派工作的整個過程。

5.工作前任務說明

　　對委任者說明任務原由，關鍵是要強調積極的一面。並對個人的能力再次

肯定，還必須強調你對他的信任。同時，也要賦予其負責的態度，激勵其完成任務對自己及公司的重要性。請部屬重複解釋經營者所授予的工作性質和目標，要清楚掌握所有的信息，包括誰要求做這件工作的、要向誰報告工作、客戶是誰等等。管理者也可以把自己在這個工作領域的體驗提供給部屬參考。規定一個完成工作的期限也是必要的。除非在最壞的環境條件下才能推遲完成工作的期限。還要制定一個報告工作的程序。最後，要肯定地表示自己對部屬的信任和對工作的興趣。

6.查核工作進展

檢查太勤會浪費時間；對委派出去的工作不聞不問，也會導致災禍。這主要取決於工作的難易程度、職員的能力及完成工作需要時間的長短。如果某項工作難度很大並且是最優先的，就要時常檢查進展情況，每一兩天檢查一次，保證工作成功而又不花費太多時間。尤其把一件有困難的工作委派給一個經驗較少的部屬去做時，不論從必要性還是從完成工作的願望上來講，多檢查幾次進展情況都是有益的。對這種情況，你可以把檢查工作進展的次數訂為其他部屬的兩倍。除了定期檢查工作以外，還要豎起耳朵傾聽下屬的意見和報告工作進展的情況。要讓下屬知道你對他的工作很關心並願意隨時和他一道討論工作中遇到的各種問題。在管理技巧上所謂「用人不疑」，意謂既然把某項工作交給了部屬，就要相信他能勝任這項工作。因此，每週檢查一次工作也就足夠了，但要鼓勵下屬在有問題時隨時來找你，評價工作進展的方法必須明確。要求報告內容包括是如何執行工作的、還有多少工作沒有做完、工作中遇到的問題和他是怎樣解決這些問題的。最後，管理者要用堅定的口氣向部屬指明，必須完成工作的期限和達到要求的行動方案，促使部屬繼續努力工作。

7.評價委派工作的績效

要在適當的時候對委派的工作績效進行評價，以求改進。可以組織一個評價小組，每個成員都可以評價和批評委派工作的表現。且以書面形式把意見寫出來，然後召開會議對這些書面意見進行討論。評價工作內容包括工作是否按期完成？工作的目標是否達到？工作人員是否創造出了完成工作的新方法？他們是否從工作中學到了一些新東西或得到了某種益處？但還是要多聽執行者的聲音，畢竟他才是面對問題情境的人，所以對評價委派的工作要比其他人更有發言權。評價過程中的一個重要方面是要實行獎勵。怎樣獎勵一個有工作績效的部屬？尊敬和賦予新的工作責任是對部屬的最佳獎勵，但一味地加重工作負

擔則不在此列。

（四）適才適所

　　企業的經營過程有太多無法掌握因素，從經濟大環境的不確定性到競爭者突如其來的競爭手法。但唯一可以操之在我的事項就是「員工的素質」，尤其是負有重任的領導階層。企業想要永續發展且長期保持競爭優勢，「人」是最重要的資源，他們的判斷力、經驗與能力乃是企業經營成敗的關鍵所在。「人才是企業最重要的資產」是大家耳熟能詳的觀念，但通常很少人會去思考如何讓員工適才適所。常識告訴我們「對的人應該被放在對的位置」然而，事實往往適得其反，是什麼原因造成這麼多的人才浪費？可能是經營者對所任用的人不瞭解或寧可用自己看得順眼的人，而沒有考量他們的工作能力。所以中小企業經營者對「知人善任」的工作絕不要假手他人，要親自投入與熱忱的參與。包熙迪和夏藍在其所著《執行力》一書，建議經營者要注意的幾個原則：

　　1.深入分析工作的特質。
　　2.勇於採取果斷行動。
　　3.擺脫個人好惡。
　　4.培養個人擔當。

三、中小企業組織上的問題

　　任何企業都必須將組織結構劃分若干個部門以易於控制，且所有的業務都須依賴全體員工來進行，為迅速達到組織所設定的目標，就必須建立健全的組織、設計良好的制度，使員工能夠透過職能分工有條不紊的進行各項業務，並且互相合作、彼此支援發揮綜效（synergy）。中小企業因為人數規模較小，組織上常見的問題有下列幾點：

（一）目標貧乏混亂無法一致

　　一步一腳印，避免浮誇、壯大之前，應先使自己的事業穩固，故須以合理態度經營事業。其中合理的營利計算是最為根本重要的，因為如無利可圖，連生存都有困難，何能奢望壯大。營利計算須有健全的財務報表，一方面確實明白營利狀況，避免主觀意識的判斷，另一方面也能掌握歷年演變的歷程。可是，根據一項報導，17%的中小企業甚至連基本財務報表都不存在，這樣將被

正常資金融通機構所排拒。因此，中小企業必須先由內部健全化做起。

（二）過度集權

我們經常看到中小企業的經營者忙得不得開交，而員工卻幫不上忙。事不分大小都由經營者決策，員工的意見甚至是高階主管的意見，也不易被採納。因此造成員工士氣低落與人才流失的現象。由於中小企業的規模不大，通常由企業主統攬所有事權，他本人交代工作亦考核結果，也自然決定升遷、加薪、受訓、懲處、開除等事宜。但隨著企業日漸擴大，企業主所需關注的事務日漸繁多，常就有掛一漏萬的遺憾。集權的優點是方向確定與集中所有資源的分派，缺點是因為經營者的能力而限制企業的發展。為了保持企業的持續競爭力，企業主必須授予他人權力，不須像從前負責每一經營細節，而應成為真正有效能的領導者。例如，將採購與行銷授予部屬，專業的作業性職能一旦有人負責，企業主的管理重點就須轉移於溝通、協調與決策，而且有更多時間放於思考「策略」，以維持企業持續性的競爭優勢。有能力的人才，都是希望有寬廣的發展空間，提供一個能成長、可發揮、看得到未來的環境，加上企業主寬闊的心胸，企業的成長與成功將不是一件難事。

（三）缺乏合理活動分析

亦即缺乏簡單有效的制度，經營者也缺乏企業管理的能力，同時由於人員較少，各項人才也較為缺乏，每個人同時得兼任多項職務，專業上的能力就受到限制。最常見是經營者「絕對的權利，隨著就是絕對的腐化」的問題，其意乃指經營者可能過於相信主觀意見，忽略了其他客觀的科學分析方法協助決策。例如，用人決策就依據個人的好惡，使用看順眼的人，而非依實際需要的人才。

（四）沒有職責區分

中小企業因為沒有健全的組織系統，各項業務的進行就憑企業主隨意調配，員工無所適從，常見到一種現象就是「有責無權，有權無責」。職權和責任劃分不明確，有責任發生時又常互相推諉。有些中小企業主認為公司的規模小，所以不需要訂制度。但我們認為不論企業規模大小，所謂「麻雀雖小，五臟俱全」，有具體可行的規章制度，將權限與職責間的關係充分釐清，然後確實實行，才能減少組織管理上的困擾。當然，企業若缺乏規劃能力可以委託外

界的顧問或專業人士制定。

（五）透過其他管道溝通

溝通是建立企業全體員工共識的方式，而溝通的第一步就是企業主能和員工面對面坐下來談，利用各種協調會議或在教育訓練課程結束後，雙方開誠布公、心平氣和的檢討與溝通，一起找出問題所在，打開彼此的心結。但中小企業常見的溝通方式是「代傳話」或礙於情面而不正視問題核心。問題在於傳話人會因為個人的價值觀或職責而將訊息過濾及選擇，形成經營者聽不到基層員工的心聲的現象。另外還有不正常「空氣球」的放話的作法，造成雙方的不信任與失和諧。這兩種皆是不足取的方法。

（六）管理者經營觀念老舊

由於時代的演變，員工的需求層次也不斷地提昇，除了要求有好的待遇及福利外，還希望在企業內受尊重與重視、有成長的環境與未來發展的機會等等。這些都是正常合理的要求，經營者都應該要有此體認與觀念，不可停留在過去的「不讓員工受教育與訓練」、「用自家人」、「不授權」、「培養員工不划算」、「不內部晉升」等舊思想。中小企業主要不斷地追求新知識、新觀念、新思維才能跟上時代的想法與作法。因此，有必要到外面充電帶回來新觀念與作法，然後應用在公司的經營管理上。例如，參加經營研究社團（IMC）、大學企業經營課程（EMBA）等充電管道。

（七）不能裁撤經營不善者

我國中小企業有為數不少的「家族企業」，一般常見用人的情況如下：

1.家族成員擔任企業內重要職位。
2.高階管理人員通常由技術人員升任。
3.由合資股東分任企業內重要職務。

其實「內舉不避親」當然不是不好，至少有同甘共苦、共度難關的優點，但是比較令人擔憂是無法做到適才適所，為了安插家族成員通常就忽略是否適任的問題。另外一個問題就是因家族成員擔任公司重要職位，但缺乏管理的專業能力無法吸收新管理知識、新技術而阻礙企業的進步。當然也不必「矯枉過

正」刻意壓制家族成員的升遷，只要升遷與舉才制度是公平公正的，內舉亦可不避親。對於經營不善者不論親疏當應檢討。

四、組織設計及運用原則

基於上述各項中小企業在組織上的問題、不同形式企業的授權程度及各項執行的業務，在組織設計及運用上應注意下列幾項原則：

(一) 建立組織系統圖

企業所需進行的各項業務，並不會因為企業規模大小而有所差別。在大企業由於業務量頻繁所以設立各種職能部門，對其職掌也加以明確規定。組織化後的部門能否發揮最大的組織效能，關鍵因素在於是否充分尊重組織的四個營運原則，即指令系統原則、管理幅度適中原則、組織協調原則、授權及合理的職務分配原則。中小企業雖然業務量較少，為使業務能夠循序順利進行，也必須建立組織系統，但可將組織儘量簡單化，如果員工較少可以個人為業務單位兼管多項職務。對每個單位的執掌業務都應該加以明確劃分，說明每一個人的職權、責任範圍及組織內從屬關係。

(二) 使用團隊管理方式來改善績效

中小企業員工人數較少，同時為了提高工作效率，對於人員的安排與運用應該具有彈性。每一個員工除了擔任明確劃分的職責外，如果還有多餘時間應再任其他性質相近的工作。有閒暇的員工多調配支援其他人的業務，以「多能工」的訓練方式培養員工多方問題的解決能力。

五、中小企業組織結構類型

中小企業應按照企業性質及規模大小，分別建立繁簡適當的組織系統，我們建議幾個原則供參考：

第一，組織的層級力求簡單，儘量減少，例如，只有部、課二層。隨著規模增大再調整。

第二，儘量不須設置副主管。若有必要可以「以上代下」身兼二職的方式，例如，副理兼任某課課長。

第三，組織可以彈性改變，視業務需要增設或取消，千萬不可僵化，但也

不宜變更過於頻繁。適合中小企業的組織類型：簡單直線式組織、直線——幕僚式組織、矩陣式組織：

1. 簡單直線式組織結構

簡單直線式組織（simplified line organization）是最簡單的組織結構，有直接的職權線從經營者或高階管理者一直延伸到組織的最低層級。例如，一般企業的基本功能組織，各專責職能的員工向各部經理負責，而各部經理須向總經理或企業主負責，如圖9-1。直線式組織有明確的指揮鏈，能讓管理者迅速做出決策，經理要做決定時也只須徵求直屬上司同意即可。然而這個結構的高階管理者必須具備廣泛的知識與技能，也必須對所有的經營活動瞭若指掌，此類型在中小企業最為常見。

2. 直線——幕僚式組織

直線——幕僚式組織（line-and-staff organization）有傳統的上司與下屬的直線關係，也有專業的管理者協助管理者，如圖9-2。直線管理者在經營企業時，可以專注於他們的專門領域，幕僚管理者則就其專門事項提供建議或支援直線部門。幕僚管理者並無直接的職權監督直線管理者或其下屬，但其對自己部門的下屬則有直接的監督權力。直線——幕僚式組織可能會產生幕僚人員過多或溝通線含糊不清的問題，也可能因缺乏執行某些決策的職權，而讓幕僚人員產生挫折感。

3. 矩陣式組織

矩陣式組織（matrix organization）又可稱專案管理式組織（如圖9-3所示），其以跨工作或部門領域的方式組成團隊，並產生兩條或多條交叉的職權

圖9-1　簡單直線式組織

圖9-2　直線──幕僚式組織

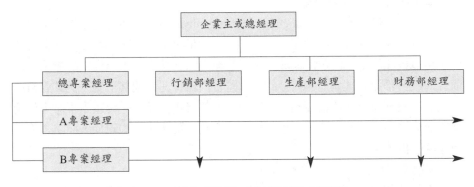

圖9-3　矩陣式組織（專案管理式組織）

線。矩陣式組織是以專案為基礎的部門，以因應產品日益多樣化、提高競爭力與生產力等議題，將各不同部門與領域的工作人員集合於一個以產品功能為基礎新部門。通常矩陣式組織是屬於暫時性的，團隊成員在一項專案結束後，就須回到原來功能部門。此項組織方式很適合中小企業的基本特質，隨時因應顧客的需求而組成或解散專業團隊，至於廣義的團隊成員也不僅限於本身企業的員工，對於其他SOHO族、專業顧問或互補性企業等皆可納編。

內部關係與領導

一、中小企業需要好的內部人際關係

台灣中小企業是一個活力充沛、韌性很強的組織，他們有衝勁、肯接受新的事物與新觀念，所以隨時應變是組織內的常態，因此將企業內員工視重要「顧客」，隨著企業生態環境與社會脈動的變動，配合企業策略及調節運作戰略，皆要經常保持暢通與合適的溝通管道與關係，為企業謀求最大利益。此種企業內部關係漸受到重視的原因有二：一是員工是企業的基礎，企業最大資產。沒有良好的的內部關係就不可能有朝氣蓬勃的組織機構。其二是「有滿意的員工才會有滿意的顧客」的經營觀念。如果內部員工對自處的機構組織沒有好評，該機構組織不可能滿意的顧客關係，所以要達到顧客滿意的目標應自內部關係做起。要做好內部人際關係必須做好以下兩點：一、傳播媒介與管道的選擇：傳播工具是否有效，決定彼此間工作的聯繫是否良好。亦即，如果工作關係良好，員工就樂意接受你的傳播，否則傳播就毫無效果。如何使內部員工信任經營者，是需要經營者以「誠」相待且日積月累才能形成。二、回饋管道的建立：溝通系統中最重要內部關係就是「下情能夠上達」，理念與策略計畫由上而下，部屬的執行狀況及反應就必須建立明確的回饋系統。

中小企業的經營風格大部分是屬於「極權獨斷」的形式，養成員工「一個口令一個動作」的工作習慣，加上中級主管選擇性的資訊傳遞，常使經營者無法清楚掌握基層員工的心聲，因此企業應該建立一套回饋系統，將員工需要你時都可以找到你。內部傳播的工具包括：內部刊物、佈告欄、小冊子、會議、電話、E-mail、面晤會談等。內部關係良好可以為企業帶來以下幾項好處：

1.使員工瞭解企業經營目標，並認同企業的發展。
2.使員工瞭解企業隨時發生的重大事項，與企業為「生命共同體」。
3.使員工成為企業的宣傳員，為企業說明或辯解。
4.獲得員工的信任，創造內部和諧關係，提高生產力。
5.提高企業專業良好形象。

在中小企業中，經營者與員工接觸的機會較多，能經常相互溝通意見。如

此一來，經營者對於每位員工的家庭狀況，進而為合理的人力資源管理創造更
理想的環境條件。但能夠真正認清楚人力資源管理的重要性，而做到上述這一
點的企業並不多。企業規模日益擴大，經營者不可能整天守在工作現場盯住每
位員工，因此，確立責任制及保持工作效率良好的內部關係、鼓舞員工士氣及
培養自動自發的積極態度員工素質則是最佳的方法。

二、有效領導的運作

我們先談什麼是領導？很多人認為領導者與經理是同義詞，領導者
（leader）可以定義為團體中委派指揮該統合相關資源之工作的人。而經理則是
企業授權正式指定的角色，但經理若沒有領導能力，這個經理人顯然在此企業
就不是很成功。成為一個有效的領導人員的條件是什麼？通常要注意正式與非
正式的領導方式與類型，所謂正式領導（formal leadership）就是根據正式組織
所獲得的業務與職位，能夠對部屬下達工作指示與分配工作的權威，那非正式
領導（informal leadership）所指的是當個人沒有正式權威，卻具有影響他人行
為的力量，通常都是依靠個人的魅力與專業。而一個成功的經營者必須同時具
備正式與非正領導的能力。例如，經營者參與與引導一個正式的會議要求員工
討論一個工作的問題。同時，透過個人聰明與堅毅人格特質影響員工完成任務
的決心。所謂有效領導，表示經營者透過「需求動機」的觀念來刺激員工使其
能夠改變行為。

目前最受推崇的領導理論是「路徑──目標理論（path-goal theory）」。此
理論由羅柏特‧豪斯（Robert House）發展提出，是一種權變模式，想要找出
經營領導有效的關鍵所在，路徑──目標顧名思義是領導者影響員工對目標的
認知，以及如何達成的路徑。此理論認為，領導者的主要任務是幫助其部屬達
到他們目標，同時提供必要的指導或支持，以確保他們的目標可以和團體或組
織的目標加以配合。「路徑──目標」一詞意涵著具效能的領導者應該幫助部
屬澄清可以達成目標的路徑，並減少路途中的障礙與危險，以利目標之達成。
以下說明「路徑──目標」的四種領導行為：

1.指導性領導者：讓部屬清楚他人對他的期望，完成工作的程序，並對如
   何達成工作任務有明確指導。此與「主動結構」雷同。
2.支持性領導者：親切友善，並對部屬的需求表示關切。此與「體恤」相

同。

3.參與式領導者：作決策前，徵詢部屬的意見並接受其建議。

4.成就取向領導者：設定挑戰性的目標，以鼓勵部屬盡其所能。

　　如圖9-4所示，路徑——目標理論提示有兩組情境變數會影響領導行為與績效的關係。一為領導者控制範圍外的環境因素（工作結構、正式的權力系統、工作團體）；另一為部屬的個人特性（內外控性、經驗、能力）。理論認為領導者的行為應該與這些權變向度互補。所以領導者的行為若與外在環境結構所提供的資源重複，或與部屬的個人特性背道而馳，那麼領導者將無效能可言。

　　以下是一些根據「路徑——目標理論」導出的假設：

1.當工作結構模糊不清或深具壓力時，指導性領導可以導致部屬較大的工作滿足感。

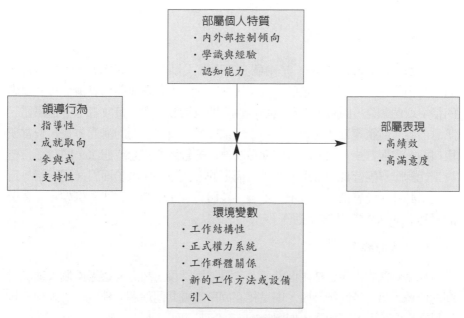

圖9-4　目標——路徑理論模型

2.當工作結構清楚時，支持性領導可以導致部屬較高的工作績效與工作滿足感。

3.當部屬擁有足夠的能力和經驗時，指導性領導就顯得很多餘。

4.正式的權力系統若愈清楚且僵化，則領導者愈需要表現較多的支持性行為，並減少指導性行為。

5.當工作團體內不存在著衝突時，指導性領導可以導致較高的工作滿足感。

6.部屬若愈是內控型的人，則是滿足於參與式領導。

7.部屬若愈是外控型的人，則是滿足於指導性領導。

8.即使是工作結構模糊不清，但只要努力可以獲致高績效時，成就取向的領導可以提高部屬的期望。

上述說明領導者若能補償員工或工作情境所欠缺的東西，則對員工的工作績效與工作滿足感會有正面的影響。但是當工作任務清楚，員工也有足夠的能力和經驗處理時，領導者若還浪費時間去詳加解說或給予指導，不僅累贅，也有侮辱之嫌。

三、企業內部的溝通

溝通（communication）是兩個人或兩個人以上，在進行語言或非語言之訊息交換的過程，過程中包括：言語、文字、肢體語言與面部表情、特別準備的情境或個案等，同時，它具備系統性，即包括發訊者、接收者、管道媒體、訊息內容、回饋等五種元素。在中小企業經營與員工之間的溝通方式，較常使用口頭、書面方式，主要的目的就是要傳達經營者的訊息或想法，同時是希望員工能夠瞭解經營者的意思。與員工溝通的方式也不僅限於面對面的談話。還有電子郵件、備忘紙條、告示、手勢、肢體語言、眼神等方式。例如，「關愛的眼神」、「拍肩膀等肢體動作」。

（一）溝通的程序

通常溝通的程序包括兩個階段，一是傳播階段，訊息乃透過兩個人或團體間的傳遞；另一是回饋階段，則是相互間所達成共同理解的程度，溝通程序包括以下幾個步驟說明如下，如圖9-5。

圖9-5 溝通程序圖

1.訊息產生：當訊息傳送者，計畫將訊息傳送給訊息接收者前，最重要的就是，要先有某種意念或想法形成以供傳送。

2.訊息的編輯：所謂訊息的編輯，就是訊息傳送者將其心中的意念或想法，經過編輯轉換的方法，以語言、文字、圖形，或其他足以表示其意念的表達方式，來做為傳達其意念或訊息的準備。

3.訊息的傳送：當訊息的編輯工作完成，表達的方式也同時經過了審慎的選擇之後，就進入到訊息的傳送階段。

4.訊息的接收：若是訊息傳送的過程順利，很少或甚至於沒有訊息接收障礙的產生，那麼訊息接收者，在此時應能妥適的接收到訊息傳送者所欲傳送的訊息，而至於其接收方式，則完全視訊息的傳送方法而定。

5.訊息的解讀：當訊息被訊息接收者接收之後，就必須經過訊息解讀的步驟，才可以使接收者瞭解到訊息傳送者所要傳達的訊息內容為何。

6.接收者訊息的執行：訊息的執行是整個溝通程序中，最後的一個步驟。其意義乃在於其使訊息接收者在成功的解讀訊息之後，能夠確實的依照訊息內容，有效的去執行，或予以相對的回應。

（二）有效溝通的障礙與改善方法

1.察覺感官上的障礙：由於溝通者在察覺（或稱知覺，perception）事物方面和感官功能方面存在著差距問題，故常會造成溝通上的障礙。所謂察覺，是指人對於現實事物所具有的認識。

2.語意上的障礙：溝通最常使用的工具是語言與文字，而這兩者在本質上就不容易妥適的使用，因為它們對不同的人可能具有不同的意義。茲就語言與文字造成溝通障礙的主要原因略述於後：

（1）在語言方面：由於鄉音過重、口齒不清、誤會原意、辭不達意的緣故。

(2) 在文字方面：有限的文字難以表達無限的意思、文字常具有多重意義，容易產生誤會及因為使用文言文緣故。

3.地理上障礙：由於機關組織極為龐大，層級相當多，溝通時容易遭受延誤。或單位相當分散，距離遙遠，因而溝通不易進行面對面的溝通。

4.心理上的障礙

(1) 因為個人之好惡不同，故對溝通內容可能任意加以歪曲或增減。

(2) 溝通者往往會依據個人價值判斷作解釋。

(3) 溝通者可能會以個人的推測而將溝通內容當作事實。

(4) 溝通者常在未完全瞭解溝通內容前，便太早下結論。

(5) 由於人類具有抗拒改革的惰性，以致對新事物、新觀念及新作法產生抗拒心理，難免造成溝通障礙。

(6) 由於溝通者在情緒、態度等方面的個別差異，也會使溝通發生困難。

5.地位上的障礙：由於工作人員在機關組織中的地位不一樣，因此對問題的看法不一樣，在心態上也不一樣，故容易在溝通作法上及溝通訊息方面產生障礙：

(1) 主管不瞭解溝通的重要性，認為只要由上面直接下命令，部屬照章行事即可，因此不願推動溝通工作。此種觀念被認為是「硬塞理論」。

(2) 主管多存有自傲的心理，認為他的看法及作法一定比部屬強，因此表現出不屑聽取部屬意見的態度。此種觀念被認為是「嚷叫理論」。

(3) 主管常存有「民可使由之，不可使知之」的觀念，認為部屬只要聽命令行事就好，不必多問。此種觀念被認為是「愚民政策」在作祟。

(4) 部屬常存有自卑自保的心理，在「多說多錯，不說不錯」觀念下，不願表示意見。此種觀念被認為是「鴕鳥主義」在作祟。

(5) 部屬對上司常常只報喜不見報憂、歪曲事實、矇蔽真相。此種觀念被認為是「表功主義」在作祟。

(6) 主管與部屬可能因需要不一致、觀念不同、利害不一、地位有別等，而造成隔閡，難以坦誠溝通。此種情況被認為是因「地位差距」

　　所造成。

6. 溝通方法上的障礙：溝通有時候會因為溝通方法選擇不當而產生不良現象。

7. 時間壓力所造成的障礙：由於現代是工業化的社會，每個人都相當珍惜時間，所以在時間緊迫的壓力下，許多事情往往未經過充分的溝通，即作成決定，此情形在各種開會的場合最容易發現。事情未能充分溝通，自然容易使當事人產生誤會。

8. 下行溝通的障礙：當上級人員向下級人員下達指示或命令時，往往為顧及安全及控制因素，而不願向部屬多作說明，或認為根本沒有說明的必要，以致部屬無法充分瞭解該指示或命令，當然會影響執行的效果。我們建議經營者考慮以下的因素：詳細敘述溝通的目的、確定其溝通內容、運用最好的管道與溝通技巧。另外要注意不要對下行溝通抱太大的信心，有時員工對訊息的解碼，曲解的情況會讓發訊者驚訝，甚至未解決問題而創造出新的問題。

9. 上行溝通的障礙：當部屬向上級傳送意見或訊息時，常會採取保留態度，不願將真相完全傳送，以免增添上級麻煩，因而使主管無法瞭解全部的事實。我們建議改善上行溝通的方法如下：建議提案改善制度、意見箱、抱怨申訴制度、會議等。

10. 平行溝通的障礙：由於組織趨向專業化而設立許多功能不同的單位，此種情況也會造成溝通障礙。單位太少造成組織缺乏活力及效率，單位太多則造其資源分配上的衝突與本位主義作祟。經營者必須持有公平與平衡的經營理念，對與各功能間的協調要親自出馬，尤其是對資源分配決策上的理由更要說明清楚。

四、激勵員工

　　企業即使有最好的經營策略與適當的執行組織結構，企業經營績效主要還是要依靠員工高昂的士氣與努力表現而來。領導功能在企業經營管理中是一項重要的工作，原因在於員工的士氣若提振有助於企業目標的達成。做為有效能的經營者，最大的挑戰就是鼓勵員工全心投入工作，提高績效表現。此部分討論的重點在於激勵的定義、重要性、如何進行及可用的方法，至於相關的激勵理論及發展，請有興趣的中小企業經營者參考管理學相關書籍。

（一）什麼是激勵

「激勵」（motivation）是人們在滿足個人需求的條件下，為達成組織共同目標而願意努力與持續的付出。激勵可以決定員工的行為方向、努力的程度及面對障礙的堅持程度。所以在激勵的定義中，主要的組成元素包括：努力的程度（effort intensity）、持續性（persistence）、達成組織的目標（direction）及員工個人需求（needs）。

1.努力的程度：是強度與密度的衡量，受到激勵的員工會努力工作。
2.持續性：是堅守到底而能持之以恆的人，不管障礙或困難是否存在，他們會維持最高的努力水準。
3.達成組織的目標：光靠努力和持之以恆的態度是無法達成經營績效的，必須設立對組織有利的指引方針與目標，才能讓員工的努力與企業目標一致。
4.員工個人需求：其實激勵也可以視為滿足需求的過程。意味著員工內心的某種心理狀況與對某種結果的期待，在未被滿足潛在員工的心理會產生「動力（drive）」，經由動機的驅策而達到需求的滿足。

由上可知，受激勵的員工為了滿足其「未滿足」的需求，他們會付出更多的努力，而成就需求的動機愈大，努力的程度就會愈大。而員工的所有努力與付出，經營者必須將其導引至企業所要達成的目標，激勵最終的目的就是個人與組織目標一致，否則會產生利益的衝突，最常見的是員工利用企業資源滿足個人的需求，但對企業又沒有利益。

（二）為何需要激勵員工？

對管理人員來說，最困難的工作是學習如何有效激勵員工，並使他們不斷得到激勵。當一般人被問到該怎樣激勵別人時，都會想到自己獲得激勵的經驗。可是，由於每個人都有分別，激勵員工措施亦因人而異。我們必須鼓勵員工，使他們朝向目標積極工作，但卻不能採用同一方法去激勵所有員工。經營企業若只靠經營者，不管他如何賣力終究無濟於事，甚至也得不到所有利益關係團體的體諒。而員工的工作效能就得依賴高昂的士氣與鬥志，如何激發也就是經營者最主要的工作。經營者不要把員工看成單純的勞動者，必須瞭解他們

是有自己的人格、自己的信念、自己的追求與自己的欲望，當然要滿足所有員工的一切需求是不太可能的，但經營者首先就必須做到相互尊重，進而帶動員工主動創造，以增強企業的競爭活力，提高生產力，促進企業不斷的成長。中小企業經營者要特別注意「身教重於言教」，對於自己的態度要注意是否廉潔奉公守法，是否有明確的經營方針與目標，是否對事業經營充滿信心，是否強韌的工作幹勁，是否虛懷若谷聽得下良好的意見，是否一心一意致力於企業的經營工作上。相反的，如果經營者整天沉迷於酒色，把企業的經營寄託於運氣上，那麼必會導致員工的士氣低落。所以中小企業的經營者，每天的工作態度如何，都會直接影響員工的積極性。也就是「以身作則」，激勵最好的方法就是從經營者本身做起，否則上行不正下必歪。

（三）如何激勵員工？

1. 經營者自我激勵

除非你以身作則，具有熱情，否則絕不能激勵他人。你的態度和情緒直接影響著與你一起工作的員工。如果你情緒低落，你的手下也將受到影響而變得缺乏動力；相反地，如果你滿腔熱情，你的手下必然也會充滿活力。要想避免對下屬和員工的負面影響，你需要控制你的情感，隱藏你的消極情緒，發揚一種積極的情緒和態度，並把你的熱情投入到手頭上的工作中。當你因個人問題、疾病、家庭危機等而情緒低落時，為避免把你臨時缺乏激情的狀態擴散到你的團隊中，我的建議是：給自己安排一些需要獨自完成的工作。一旦你的手下看到你正在嚴謹的做事，他們就不會頻頻打擾。

2. 激勵需要一個目標

除非一個人真正知道他身在何處，否則，他將無法知道該向哪一個方向努力。人們需要瞭解自己努力達到的目標是什麼，且真正願意實現它，才有可能受到激勵。

3. 激勵有兩個階段

找到與團隊目標相關的個人目標及向部屬展示如何實現目標。關鍵在於找到與團隊目標相關的個人目標。身為一個經營者，如何運用目標來激勵你的部屬，一起實現團隊目標。

4. 激勵機制是持續性的

激勵機制一旦設立，永不放棄，這是一個不幸的真理，也是許多經營者所

忽視的。他們認為只要在開始階段激勵了員工，員工就會永遠受到激勵。但事實上，隨著時間的流逝，激勵水平逐漸下降；一般在三到六個月時間內下降到零。經營者需要認識到這一點，做一個專業的激勵高手，通過定期的團隊會議、明確的溝通、認可和經常性的一對一反饋，源源不斷地將你的激勵灌輸到團隊之中。

5.激勵需要公眾認可

根據馬斯洛的需求層次，一旦基本需求得到滿足，社會認可的需求就會提高。事實上，心理學家已經發現，人為得到公眾的認可甚至比為了金錢付出的還要多。人們渴望公認，且一旦他們贏得了認可，必須是明朗、公開和迅速的給予承認。認可的授予必須是給予某種實質獎勵，而不是口頭嘉勉或不實際的獎項。

6.參與重要決策或任務的激勵

參與一個特殊的項目或任務將具有很高的激勵效果。為某一個事業而努力的團隊成員會忠於團隊的目標。

7.學習與進步的激勵

在自己向目標奮進的道路上所取得的進步，人們會獲得很高的激勵，我們都喜歡看看自己做得怎麼樣，看到自身的進步讓自己體驗到成功的成就。畢竟，未來的成功是建立在一個成功體驗的基礎上。

8.只有人人都有優勝的可能，競爭才能激勵員工

競爭頻繁應用於激勵中，但是只有每一個擁有平等獲勝的機會時，才真正起作用。否則，競爭能夠激勵優秀員工，但同時會降低其他員工的動力。當進行競爭時，許多組織將目標定為一個絕對目標，例如，一個銷售競爭獲獎者可能是在一定銷售期中銷售額最大的員工。這對於一個新組建的團隊而言可能會降低人們的動力，因為與優勝者相比，新加入銷售隊伍的員工會認為優勝者總會獲勝，所以和他們競爭就毫無意義了。相反，如果優勝者屬於那些相對於自身銷售目標而超出額度最大的銷售員，這樣人人都有可能獲得優勝，因為新手的目標較之於優異銷售員的目標也低，這樣兩種人都會產生競爭的動力來超過自己的目標，獲得勝利。

9.尋求滿足不同的動機

每一個人的身上都存在激勵的動機，只要能找到驅動力的激勵因素，每個人都能得到激勵，但是個別激勵要素在哪裡？團隊激勵是經營者首要的管理職

責，如果想獲得成功，在團隊每個成員的身上尋找動機驅動要素已經成爲一項重要的活動。

10.團隊歸屬感激勵

身爲團隊中的成員之一，肯定會爲了一個團隊的目標而工作，當然，團隊存在的價值必須是受社會認同，所有的員工以身處於內而「引以爲榮」。

（四）激勵員工的一些方法

1. 爲員工提供一份挑戰性工作：按部就班的工作最能消磨鬥志，要員工有振奮表現，必須使工作富於挑戰性。經營者要指導員工在工作中成長，爲他們提供學習新技能的機會。

2. 資源充分支援：確保員工得到相應的工具，以便把工作做得最好。例如，就業於領導技術的公司，一般都令人士氣高昂。擁有該行業最先進的工具，員工會引以爲豪，如果他們能自豪地誇耀自己的工作，這誇耀中就蘊藏著巨大的激勵作用。

3. 明確的資訊提供：在任務實施的過程中，經營者應當爲員工能順利完成工作提供明確資訊。這些資訊包括：公司的整體目標任務、需要專業部門完成的工作及員工個人必須著重解決的具體問題。

4. 尊重執行者的專業：實際執行業務的員工才是這項工作的專家。所以，經營者必須聽取員工的意見，邀請他們參與制定與工作相關的決策。坦誠交流不僅使員工感到他們是參與經營的一分子，還能讓他們明瞭經營策略。如果這種坦誠交流和雙向資訊共享變成經營過程中不可缺少的一部分，激勵作用就更明顯。

5. 建立便於交流的各種管道：員工可以通過這些管道提問題，訴說關心的事，或者獲得問題的答覆。公司鼓勵員工暢所欲言的方法很多，如員工熱線、意見箱、小組討論、舉辦答疑會等。

6. 激勵要及時及當面：當員工出色地完成工作時，經營者應當面表示祝賀。這種祝賀要及時，要說得具體。如果不能親自表示祝賀，也應該寫張便條，讚揚員工的良好表現。書面形式的祝賀能使員工看得見經營者的賞識，那份感受更會持久一些。

7. 開會慶祝，鼓舞士氣。慶祝會不必隆重，只要及時讓團隊知道他們的工

作相當出色就行了。

8. 經營者要經常與員工保持聯繫。經營者撥出寶貴的時間與員工聊，員工可以感覺被重視。

9. 設法瞭解與滿足員工的實際困難與個人需求，增進員工態度的積極性。如在公司內安排小孩日托、採用彈性作息制度等。

10. 以工作績效為標準提拔員工。若憑資歷提拔不能鼓勵員工爭創佳績，反而會養成他們觀望的態度。

11. 制定一整套內部提拔員工的標準。企業到底提供了多少機會實現個人目標？員工會根據公司提供的這些機會來衡量公司對他們的投入。

12. 強調公司願意長期聘用員工。應向員工表明，工作保障問題最終取決於他們自己，但公司盡力保證長期聘用。

13. 公司洋溢著和諧家庭般的氣氛。就說明公司已盡心竭力建立起一種人人為之效力的組織結構。如辦公室爭權奪力，會使士氣大大低落。

14. 員工的薪水必須具有競爭性。即要依據員工的價值來定報酬，當員工覺得自己的勞動報酬合情合理時，公司也可獲益良多。

五、員工績效評鑑

實行績效考核體制之前，應先對公司的管理層做一個調整與考核，考核項目包括：工作態度、工作技能、工作效率、工作成績、團隊意識、溝通能力、配合能力、員工印象等，也惟有先將管理層考核清楚，調整到適合位置，員工才會相信企業的績效考核體制，才會配合企業的工作，也才會再次產生積極性。

企業需要根據自己企業的特點建立有效的績效考核體系，但最重要的一點是將績效考核建立在量化的基礎上，而不能是模糊的主觀評價。如果企業的業務是銷售性質的，則可根據員工的銷售額和銷售利潤來建立量化的考核體系；如果企業的性質是生產型的，則需要根據不同的崗位所承擔的不同的生產任務和合格率等設計考核體系。通常標準評分體系的效果並不理想（對於記件工作等容易量化的情況除外）。即使建立了標準評分表格，最終仍然要通過人來評分。建議根據工作的性質分成較小的小組，由領導部門對不同的小組進行評估，以此為基礎由組長對小組成員評分。領導部門對組長充分放權，讓更瞭解每一個小組成員的組長承擔更多的責任。一項好的考核制度一定希望達到這樣

的目標：被考核的人員覺得是可接受的，考核人覺得是可操作的，公司覺得可以鼓勵員工努力工作的。實際上同時達到上述目標是很難的。最常見的結果，是誰都不滿意。所以績效考核做不好還不如不做。中小企業想要建立一套考核制度一定要考慮好準備達到的目標。主管的主觀判斷會挫傷員工的積極性，那是他的管理水準問題，需要更多的培訓。一項完善的考核體系至少應包括：

1.詳細的職位職責描述及對職工工資的合理培訓。

2.盡量將工作量化。

3.人員職位的合理安排。

4.考核內容的分類。

5.企業文化的建立，如何讓人成為「財」而非人「材」是考核前須要考慮的重要問題。

6.明確工作目標。

7.明確工作職責。

8.從工作的態度（主動性、合作、團隊、敬業等）、工作成果、工作效率等幾個方面進行評價。

9.給每項內容細化出一些具體的層級，每個層級對應一個分數，每個層級要給予文字的描述以統一標準，例如，優秀這個層次一定是該員工在相同的同類員工中表現明顯突出的，並且需要用具體的事例來證明。

10.給員工申訴的機會。

六、有問題員工的輔導

在知識經濟的新時代中，人力資源的角色也發生了重要的變化，尤其在員工關係的部分，必須積極扮演「員工關懷者」的角色，協助員工提高其附加價值，並建立有效的員工溝通機制。所以，員工諮商輔導是企業組織中不可或缺的一環，而其主要集中在員工心理、生理健康及處理可能間接影響員工工作表現的個人問題上。而諮商輔導最主要的目的在幫助提昇個人的效率與工作品質，使員工有能力面對各種問題的情境與挑戰。對企業而言，有了良好的溝通管道及協調後，可以改善勞資糾紛、增進工作效率、減少員工流動率。針對員工諮商輔導人員，在做個案輔導時，一定要能夠跳脫自我，將心比心，從別人

的觀點去體驗，瞭解對方的利益、動機、價值、目標和人格背景，有了這些基礎，才能得到更深一層的認識職場的夥伴，並利用自己的知識與專業讓員工諮商發揮最大的效能。

七、紀律要求

（一）紀律

員工如產生對公司內部規定、程序、政策和法條規則之偏差行為，公司所為之糾正或指導設計稱為紀律（discipline）。企業組織常用的二種基本紀律類型，可分為否定式的紀律和肯定式的紀律，二者均有優點。

1.否定式的紀律

指採用處罰來使員工遵守公司規章。可用似口語的「不如此，則……」說明，這種方式在1930年代以前常見。近年來，員工價值觀改變，使得此種方式較少見，因此許多新新人類較不願接受脅迫或高壓政策。如開除、降級或扣薪水對他們的威脅極小；時下年輕員工已不同於其父執輩，對工作保障取得和維持比較在意。否定式紀律管理的重大缺失，造成員工只做最少的工作，如對遲到者處罰，則員工會準時上班，但會將中間休息時間延長。管理階層規定最少的工作時間，並將不符規定員工開除，則員工會只做到公司規定時間即停止。否定式紀律經常會造成員工為躲避處罰，對管理當局敵對或消極配合，此種方法妨礙了創造組織最大效益，所需員工全力投入的熱忱度。否定式紀律管理另一項缺點是法律層面，法律上對管理階層處理員工紀律多有所限制，即不能任意糾正員工所犯的所有錯誤，須糾正過程完全合法。

2.肯定式紀律（正面的紀律）

肯定式紀律是採用雙方溝通方式傳達對工作行為之改進模式，並指導員工如何正確完成工作要求。故肯定式紀律又稱為「建設性」紀律管理，促使員工接受並遵守公司規範、政策等。此種方式基於相信員工都希望把工作做好，如他們犯錯則必定是出自無心或另有理由。肯定式的紀律管理採用下列5步驟進行。

（1）經營者和屬下私下見面。

（2）經營者指出員工不恰當行為。

（3）經營者給員工解釋其行爲的機會。

（4）做出相關決定。

（5）如何將決定付諸實行。

　　肯定式紀律管理並不一定會放棄懲處或制裁，事實上，在進行過程，經營者會記下討論過程及同意的論點，所以員工將來未能改善，經營者將用較嚴厲手段處置。然而，肯定式管理精髓即在於必須全盤考量所有事實，才能做出決策，即基於相信員工違規必有緣故。成功的企業比較常採擇的是肯定式紀律方式。原因在於大多數人比較能接受人性化管理而非處罰式管理。

（二）紀律管理

　　有效紀律管理（adminstration of discipline）必須同時考量組織利益及員工權利，通常採用下列5步驟：

1.規定及規則必須明確化

　　管理當局常會採用許多規定以協助組織有效運作，管理是達到企業目標的「手段」而非目的，規則要簡單明確，而不是增加麻煩與怨恨。

2.規定和規則必須雙向溝通

　　員工對規定必須能完全瞭解，一般公司係透過員工手冊、通告、備忘錄或口頭告知等方式傳達，許多公司口頭及書面並用。書面文件規定應可具體說明公司規定，並可避免員工以不知情爲由，規避處罰，且書面規定可以完整說明規定使用目的及方法。

3.執行必須一致且連貫

　　違規者必須以書面化具體說明事實與矯正內容。雖然公司可對累犯者處以較嚴厲處罰，直到解僱爲止；但處罰仍應以犯錯本身爲主，不應涉及個人其他行爲，執行判決時，可採用會議及研討方式檢討過去的案例。

4.個人特別情況必須考量

　　影響員工健康及安全顧慮等因素，會限制公司對違規員工懲罰的程度。若某位員工因渡假回來，不知公司已採用新規定，則不適用新規定處罰。另一種例子爲工作資歷的問題，公司通常以規定安全守則，開除違規的人，但是若某員工已工作三十餘年，偶爾忘記戴安全護目鏡，公司可能會採視而不見的態度，因爲若太嚴苛，或訴諸法律，公司皆可能敗訴。

5.漸近式紀律執行較合宜

公司應採用漸近式處罰來應付違規事件，包括重大違紀事件（但偷竊、破壞公物、工作時酗酒等除外，應立刻免職），初犯處罰較輕，二次以上則較重，最後的處分就是解僱。

八、與工會應對的關係

（一）法律所規定的工會與管理間的關係

我國現行有關權利義務的法令分別有：工會法、團體協約法與勞資爭議處理法，這些法令係分別由勞動者的基本三權：團結權、協商權與爭議權所引申而來。換言之，勞資關係的內容，可以說是由工會、團結協商及勞資爭議三個部分所組成。以下就針對工會、團結協商及勞資爭議分別說明之：

1.工會

（1）工會的定義：工會是勞工為維持並改善其基本生活、勞動條件及提高勞工在經濟上的利益與社會上的地位所組成的團體。此外，依我國工會法第六條及第四十七條至第五十條規定，我國工會分為：職業工會、產業工會及聯合工會三種，其中聯合工會又分為總工會及分業工會聯合會。

（2）工會的主要活動：可分為經濟性、社會性及政治性三種活動。

- 經濟性：主要是與雇主協商勞動條件以維持並改善勞工經濟利益與社會地位。
- 社會性：主要是滿足勞工互助性（如醫療、保險）與教育性（如在職訓練）等需求之活動。
- 政治性：其乃是工會為保障勞工的權益及提高其社會地位，而推派或支持其成員與各類政治性選舉活動等。

2.團體協商

（1）團體協商的意義：是指勞方與資方代表，透過集體協商的過程，雙方在平等的原則下，針對勞動條件所展開的談判。

（2）團體協商的過程：團體協商的過程主要可分為協商前的準備、協商的進行及協約的簽訂等階段。

‧協商前的準備：協商前的準備工作包括：組成協商小組、開始進行資料的蒐集工作與擬定協商策略。

‧協商的進行：勞資雙方在約定的時間、地點進行面對面的協商。在協商的過程中，勞資雙方均會充分運用各種協商策略，以期為各自獲取最大的利益。此外，一般均無法在一次的協商即產生雙方均可接受的結果，通常須經多次的協商才能達成。

‧協約的簽訂：協商達成初步共識之後，勞資雙方必須獲得各自團體成員的同意後，團體協約才可以正式簽訂；勞資雙方若經數次的協商，仍然無法達成共識，則協商便會陷入僵局而可能產生勞資爭議。

（3）團體協約的締結：當團體協商有了具體的共識後，便會進行團體協約的締結。所謂團體協約是指雇主或有法人資格之雇主團體，與有法人資格之工人團體，以規定勞動關係為目的所締結之書面契約。在團體協約締結後勞資雙方均有遵守、修改協約的義務。

（4）團體協約的內容：團體協約所包括的範圍相當廣泛，大致可分：勞工的僱用與解僱、賞罰與升遷、工作時間、假日、薪資、童工與女工的保護、安全與衛生、福利措施等。

（5）團體協約的有效期限：我國團體協約第二十三條規定，團體協約得以定期、不定期或完成一年之工作為期訂立之。另外第二十五條規定團體協約定期者其期限不得超過三年，超過三年者視為三年。這是由於團體協約的內容必須與經濟、社會的變化作適當的配合，因此無法作無限期的延期。

3.勞資爭議

勞資爭議的產生主要有兩種情形：一為簽訂團體協約之後，勞資雙方之中的任何一方不履行協約的內容，另一為協商無法達成共識而陷入僵局。

（1）勞資爭議的種類：依據我國「勞資爭議處理法」第四條的規定，勞資爭議的情形有下列兩種：

‧權利事項之勞資爭議：係指勞資雙方基於法令、團體協約、勞動契約之規定所謂權利義務之爭議。

‧調整事項之勞資爭議：係指勞資雙方對於勞動條件主張繼續維持或必須調整變更之爭議。

（2）勞資爭權的方式：勞資雙方發生爭議時，勞方常採取的方式有：怠工、罷工、抗爭；而雇主常採取的的方式有：置之不理、關廠、列入黑名單等。

（3）勞資爭議的解決：勞資爭議的解決分為調解、仲裁兩種方式：

．調解：調解的程序，又可分為下列兩類：

　a.自願調解：此乃主管機關對勞資爭議發生時，經爭議的一方或雙方之聲請，而召開調解委員會進行調解。

　b.強迫調解：此乃主管機關認為此次勞資爭議事件有進一步調解之必要時，雖無當事人之聲請，仍強制要求召開調解委員會進行調解。

．仲裁：仲裁的程序，亦可分為下列兩類：

　a.自願仲裁：此種仲裁方式乃適用於①非國營公用或交通事業以外的勞資爭議事件經調解後而無結果，經爭議雙方之一方聲請而交付仲裁。②勞資爭議雖未經調解之程序，但由爭議雙方之聲請而交付仲裁。

　b.強迫仲裁：此種仲裁方式乃適用於①非國營公用或交通事業的勞資爭議事件經調解後無結果而交付仲裁。②主管機關因某一爭議事件之情勢重大並經延長十日以上而未獲解決，認為有仲裁之必要而交付仲裁。此外，勞資爭議事件一經仲裁，勞資雙方均必須服從，不得有異議。

九、終止僱用

終止僱用即是員工離職，而員工離職的原因包括：退休、資遣、撫恤、辭職、留職停薪、免職等，離職管理可以說是員工為組織長期付出後組織所能給予最後的福利，若組織能妥善地做好離職管理的相關工作，一方面將會直接提昇現有員工服務的意願與效率；另一面則盡一份社會責任。以下我們僅對中小企業常見的離職管理，依序討論退休、資遣、撫恤、辭職等課題。

（一）退休

退休是指員工在組織中服務滿一定的工作年限不願繼續任職，合於退休條件者，依據勞動契約或勞動基準法提出退休之申請或因身體殘障無法勝任工作

雇主依規定強制退休，並依其年資給予退休金，以酬謝其辛勞並使其安度晚年生活。就個人來說，員工的年齡隨著時間的增長，體力及工作效率已大不如前，且其已終身貢獻於組織，自然希望組織能給予相當的報償。就組織來說，員工的年老體衰使得工作效率日益降低，加上因年資累積下薪資不斷地提昇，致使人工成本不合經濟效益；且年老體衰者退休，可將職缺留給新進的年輕力壯者，以促進新陳代謝，確保組織的永續經營。退休對組織的形象也有正面的助益。

（二）資遣

資遣是指員工身體健康欠佳，工作能力受到影響，但未達心神喪失或身體殘廢之程度或女性員工因結婚、生育，不適合繼續工作，由員工自行請求遣退，或由公司予以遣退。資遣的另一原因，乃是雇主因業務緊縮、虧損、轉讓、歇業、災害等，而將員工遣退。資遣通常都是由資方提出的情況最多，在經營的考量上是屬於「不得不」的最後手段，運用時經營者要多加考慮。當然其亦非原罪，只要依據政府法令或勞資雙方協議合法合情理，若是為企業的生存資遣是可以獲得大眾的認可。

（三）撫恤

撫恤是指組織對於工作期間亡故之員工遺族，依法給與撫恤金，以保障其遺族生活並慰勉員工生前為組織付出的貢獻。學者認為員工的逝世，總是不幸，所以對其家屬撫恤向有「從寬」的說法，亦即撫恤金的給與應從寬計算。

（四）辭職

所謂辭職係指員工因本身的關係，如志趣不合、另謀高就等原因，無法繼續為組織服務，而自願離職而言。辭職與資遣不同之處，在於資遣是因員工本人健康欠佳或出自雇主因業務緊縮、歇業等原因；而辭職乃是出自於員工本身的意願。

十、如何評估員工的態度與士氣

（一）士氣與態度的定義

1. 士氣

士氣（morale）乃指較易受影響的一般性情（a general affective disposition），亦即指一個人的「感受」如何？快樂或悲傷？滿意或不滿意？愉悅或生氣？工作士氣高昂或低落？那麼，是否有「完全沒有士氣」的情況？通常「沒有士氣」應以「冷漠」一詞代之，這意味「士氣低落」。在組織中，除了士氣高昂之外，任何士氣水準均被認為有待矯正的管理問題。

2. 態度

態度（attitudes）之詮釋，用信念、意見、認知（perception）、觀點（perspective）……等相近語詞區別態度是一種反應傾向（a predisposition to respond），例如，一個人對某件事的態度，意即他的相關行為可由他的表現之態度中預知。

3.士氣與態度之關聯：實際情境＋員工態度 → 形成員工士氣

（二） 影響士氣的因素

影響士氣的因素（如表9-3所示）：

表9-3　影響士氣的因素

影響因素	說明
報酬	薪資、福利、休假、假期。
工作條件	時數、工作負擔、自然環境、安全與舒適。
組織結構	決策型式、權威體制、晉昇路線、會計制度、溝通型式。
組織政策	正規政策（公開宣揚者）、非正規政策（默默進行者）。
人際關係	與上司、同事、部屬、顧客、協力廠商……等之關係。
人事管理型態	是否有許多不合理的制度。
對管理當局的信任	對企業的前瞻性及經營團隊的能力。
工作性質或工作活動	工作豐富性情況。
挫折感	工作上受挫折、未能與管理當局直接溝通。
讚賞或缺乏讚賞	是否得到經營者的重用或栽培。
福利措施	組織所贊助的學習活動、特殊利益。
別人對組織的觀點	公共形象、消費者主義、環境保護權、政府規章。
一般經濟狀況	國內生活水準的影響。

（三）士氣低劣與態度不良徵兆

1.生產力或效能低落。

2.怠工或工作不細心：物件破損、吵架、失誤。

3.擅自缺席或外出。

4.遲到、午餐或咖啡時間太久、早退。

5.輕視組織規則或政策。

6.穿著不整潔。

7.只嚴守最低的績效水準（除了絕對必要的工作之外不多作努力）。

8.順手牽羊或隨意破壞設備。

9.破壞機器、浪費材料、怠工。

10.經常飲酒或製造事端。

11.形成敵對團體或派系。

12.人事流動率居高不下。

13.員工言行對組織不忠誠。

14.罷工。

15.日漸熱衷工會活動。

人事管理診斷之範圍及項目

欲從事人事管理檢核，依經濟部中小企業處編印之檢核手冊為參考，一般常包含下列範圍及項目：

一、組織結構與人員配置

1.是否以投資者（或股東）為行使最高決策之機構？

2.是否有專人承受決策機構之授權總理企業內經營管理業務？

3.是否有專人負責生產、行銷、財務、人事及研究發展等各項職務？

4.在生產功能中是否有專人負責下列工作：

（1）負責產品製造，及對所屬人員實施管理、考核及訓練。

（2）負責產品品質，及對所屬人員實施管理、考核及訓練。

（3）負責製造方法之研究改進，及對所屬人員作管理、考核及訓練。

（4）負責產品設計及研究改進，及對所屬人員進行管理、考核及訓練。

（5）負責生產管制，及對所屬人員進行管理、考核及訓練。

（6）負責物料管理，及對所屬人員進行管理、考核及訓練。

（7）負責物料管理、機器設備安裝及維護、水電氣等，及對所屬人員進行管理、考核及訓練。

（8）負責原物料及外包件之購買，並對所屬人員作管理考核及訓練。

（9）負責工業安全，以及對相關工作人員訓練。

（10）負責一般性行政工作，諸如事務、警衛、福利等，對所屬人員作管理考核及訓練。

5.行銷功能中是否有專人負責下列工作：

（1）負責產品行銷，能領導所屬人員達成預定營業目標，並對所屬人員作管理、考核及訓練。

（2）負責市場動向、顧客特性、價格情報、促銷活動等資料之蒐集及分析，進而訂定銷售策略，以及對所屬人員進行管理、考核及訓練。

（3）負責產品使用指導及售後服務，並對所屬人員進行管理、考核及訓練。

6.在財務功能中是否有專人負責下列工作：

（1）負責執行規定之會計制度，適時提供業務概況，並對異常情況提出說明、分析及建議。以及對所屬人員作管理、考核及訓練。

（2）負責財務調度、預算編擬及控制、報表編製、稅負規劃等，並對所屬人員作管理、考核及訓練。

（3）負責成本結算、稽核及分析，以及對所屬人員作管理、考核及訓練。

7.在人事功能中有無專人負責人事任用、獎懲升遷、員工訓練、薪資管理、員工福利等制度之訂定並協調、執行，以及對所屬人員之管理、考核及訓練？

二、招募任用

1.任用員工是否依一定程序且有專人負責？

2.應徵人員是否踴躍？

3.應徵人員是否均能符合要求條件,且具發展潛力者?

4.選用人員經過三至六個月試用後,是否多數滿意?

5.經約談後,是否多數人願應聘參加工作?

6.公開徵聘人員,同仁是否樂於推薦?

7.使用單位決定人選時,意見是否被尊重?

8.每次徵聘人員相關資料是否分析建檔,以供嗣後應用?

9.主管人員對人事行政是否十分重視,親自參與?

10.人事單位對人員徵聘有否困難?

三、人事升遷

1.升遷管道是否暢通?

2.升遷人選之選定是否經多層次討論評定?

3.發布升遷人選時,一般員工反應是否一致認同?

4.升遷前,是否告知當事人並徵詢其意見?

5.升遷後,具備相同條件之員工是否被告知選擇他人之原因?

6.升遷是否不受私情影響?

7.對升遷人選是否訂定培養計畫?

8.職位是否訂定職務說明,以便人員獲致標準?

9.是否實施職務輪調,使員工增加工作經驗?

10.升遷人員之待遇是否相對調整?

四、人員訓練

1.訓練計畫是否推行至各階層?

2.是否編有固定比例之預算?

3.是否訂有發展性訓練?

4.是否訂有技能訓練?

5.新進員工是否接受職前訓練?

6.員工訓練是否設有專責機構或專人負責?

7.員工對訓練是否樂於接受,且能主動合作?

8.主管對訓練是否認為業務確有助益?

9.一般性訓練師資是否可由內部人員擔任?

10.特定人員是否可送至外界專門訓練機構受訓？

11.訓練績效是否研討考核？

12.員工是否認為享有充分之受訓機會？

五、領導

1.是否甚少發生越級報告、匿名控告等事件？

2.如有上述事件發生時，主管是否以積極而理性地分析狀況，加以處理？

3.有關公司政策目標是否經由相關主管研究討論決定？

4.是否經常向員工說明公司政策目標？

5.公司之制度規章是否明示，增進瞭解？

6.各級主管間之權責關係是否清楚確定？

7.各主管間意見不一致時是否檢討差異原因並協調解決？

8.是否經常對員工鼓勵？

9.是否經常調查員工意願，並能尊重、參考採行？

10.是否經常研討未來領導模式以求改進？

六、溝通

1.決策階層對員工意見是否主動聽取？

2.決策階層對員工意見是否認真考慮？

3.是否將結果回饋員工？

4.中級主管是否能成為上下溝通之橋樑，對員工轉達公司之經營方針與要求，對上級可代表員工意見與感受？

5.員工對公司釋出建議或表達其感觸時，是否能毫無隱瞞地告訴主管？

6.企業對員工所提意見，被採納者是否給予鼓勵？

7.企業對員工所提意見，認為不成熟或太偏頗而無法採納時，是否告知原因何在？

8.企業每當宣布重要決策且影響全體員工時，是否由各部門招集員工作詳細說明？

9.有關企業內員工意見是否有專門部門或專人負責處理？

10.企業內員工意見溝通是否暢通？

11.企業內是否偶有微小之勞資糾紛發生，經解釋雙方立場後能互被接受？

七、薪資制度

1.企業內有關薪資制度之決策、執行及檢核是否明確區分？

2.薪資制度訂定及調整是否詳細調查外界情形後始實施？

3.員工對薪資制度之反映意見，是否受到重視？

4.薪資制度之設定及執行情形，是否列入公司重大決策之一？

5.主管對其所屬人員之薪資所提意見是否被上級重視？

6.是否常因薪資問題發生新進人員不易招募，在職人員求去？

7.現行之薪資制度是否為多數績優員工認為公平合理？

8.員工對現行獎酬制度之反應是否普遍良好？

9.員工是否以實際績效爭取較高待遇？

10.薪資制度與其他措施如升遷、考評、福利、訓練等是否配合？

11.是否有同工異酬情事？

12.是否無異工同酬情事？

13.加班計酬是否依適當制度辦理？

八、員工福利

1.是否遵照法令規定給予休假？

2.是否遵照法令規定對女性員工給予產假？

3.員工結婚是否遵照法令規定給予婚假？

4.員工遇喪事是否遵照法令規定給予喪假？

5.員工可否依規定申請病假？

6.員工可否依規定申請事假？

7.是否依照法律規定提撥退休金？

8.是否依照法令規定訂定退休辦法？

9.是否依照法令規定辦理福利事宜？

10.是否依照法令規定辦理勞工教育？

11.是否依照法令規定辦理勞工保險？

九、獎懲

1.員工獎懲規則是否適當建立？

2.員工獎懲規則是否公布？

3.員工獎懲規則是否明定作業程序及權責？

4.過去三年內是否獎多於懲？

5.獎懲措施是否有效？

6.受獎員工是否認為受到重視？

7.受罰員工是否認為公平而心服口服？

個 案 研 討　　Kailee公司績效導向之規劃

　　　Kailee公司是一家生產基本汽車零件的製造廠商,其銷售對象以汽車製造廠商為主,該公司在產品線的擴展上十分迅速,年銷售額已達七億五千萬美元。由於快速成長和多角化的因素,乃迫使該公司從高度集權的機能組織轉變為分權組織,該公司設置很多小組和很多部門,且將工程人員、製造人員與行銷人員加以組合,建立很多利潤中心。此項組織的重大變遷,使公司面臨管理教育的問題。原來在組織中,各級主管都是所屬部門的專家,不論其專精的領域為工程、製造、採購、財物或行銷,他們對所有機能的整體運作卻都一無所悉,他們最缺乏的就是一般管理的才能。那麼,他們應該如何快速學得此項技巧呢?

　　　該公司實施很多方案,其中最重要的,就是以績效規劃為導向的主管人員考核管理制度之設計和執行,該制度將可改善組織結構的運作技巧,其具體作法如下:

1.推展績效規劃方案並予以整合公司經營計畫和財務計畫。這可將每個人的力量透過策略性規劃予以整合,而且可藉以訓練一批新的一般管理之經理人,使其具備策略性規劃的概念。

2.該方案尚有以下層面需予規劃:

　(1)績效規劃方案需就各機能部門個別處理,並將各機能部門予以整合。

　(2)績效規劃需經公司主管部門之審核,藉此可以獲悉新的利潤中心的經理人對一般管理的認識程度和績效規劃的設計能力。

3.績效規劃導向之考核制度需要下列永久性之管理目標相配合,以塑造新的組織結構,並發揮乘數效果:

　(1)創造個人績效、單位績效和獎賞制度(如加薪、獎賞計畫、購股選擇權)密切配合的關係。

　(2)作為個人發展和事業前程發展規劃的參考。

　(3)協助公司整體計畫和各管理階層與工作有關計畫之溝通和配合關係。

　(4)推動經理人之培植與教育訓練,以發展部門經理人之經營管理能力。

　(5)塑造組織各階層重視績效導向的氣氛。

　　　本項方案之推動和執行,係由外界管理顧問和公司管理部門主管與訓練發展主辦人員共同負責,直線管理人員將被要求參與討論,以確保最終產品可以滿足顧客的要求和期望,該公司係透過以下方式引進績效規劃導向的考評制度:

　　第一，由管理顧問編製一套詳細的績效考評手冊，該手冊的內容包括：績效考評表的格式、訓練教材及其用途、管理過程說明。

　　第二，將績效規劃制度、考核制度與企業規劃和公司報告體系整合，並促進彼此之相容性。

　　第三，管理顧問主持訓練會議，對公司主管人員和利潤中心經理講授績效規劃技巧，並分配模擬習題，以磨練其能力，必要時，參與學員可以和主講人進行更深一層的討論磋商。

　　第四，由公司訓練發展人員到各利潤中心主持檢討改進會議，俾使成果落實於基層。

　本項方案之績效規劃過程包括四個連續步驟：

1.定出每一職位的重要責任和預期目標成果之績效指標。
2.制定完成每項責任目標之明確時間表。
3.界定各項責任目標之績效指標的衡量方法（含指標之計算公式）。
4.確定每項責任目標績效指標的評價標準。

茲將部門經理之績效規劃部分簡要介紹如下：

1.績效責任目標：制定及執行Kailee公司行銷企劃，為使XYZ部門營業額可以滿足或超過Kailee公司所設定的銷售報酬率目標。
2.××年目標：提高XYZ產品線之市場占有率8%。
3.績效衡量方法：每年「汽機車工業加工統計速報資訊」所發布市場占有率報告。
4.績效評價標準：

績效水準	市場占有率（%）
低劣	7%以下
尚可	7%-11%
普通	11%-13%
尚佳	13%-15%
極佳	15%以上

　　一套真正以績效成果為導向的管理制度，其績效規劃和考評過的的成敗，主要取決於公司內各級主管對本制度是否全力支持。唯有他們願意支持，才肯將時間和精

力投資於制度的運作上，以發揮卓越的績效。我們從實際執行的成果可以獲悉：該公司在短期目標和持續目標的完成上相當成功，它已成為該公司管理風格的一部分，各項目標之執行，不再被視為一種間斷性的工作，它乃是一個整體的管理過程。

問題討論

1. 組織結構的改變，往往需要在事前做好溝通協商與說服之工作，對於一個
企業組織而言，在進行此項工作任務之時，應該如何進行？

2. 組織結構的改變，管理階層的意見多少與基層員工的工作情緒相當，所以
對於任何的企業組織的薪酬獎賞制度的修正或更動，有人說內部的溝通是
非常的重要的，請說明你的看法是如何？其理由為何？

3. 人力資源發展之管理策略，乃左右一個組織的活力與績效水準之發展方
向，可是中小企業業主大多不太願意自行培育員工，而採取挖角的速食方
式，其理由為何？你認為此方式可行嗎？

4. 人力資源管理之薪資與獎賞激勵制度，於制定之時應該如何規劃，以達到
組織的高績效目標？

5. 若是你接任某家年資超過30年以上的老公司的專業經理人時，發現公司的
員工年資結構為：一年以內者占5%，一年到三年者占10%，三年到五年者
占15%，五年到十年者者占20%，十年到十五年者占25%，十五年以上者占
25%。請問你將如何看待此年資結構？要如何進行改善？

6. 若是你接任某家塑膠射出加工廠的專業經理人時，發現該公司相當年輕，
員工年齡層均在20歲以內且均未婚，員工男女比率約為1：1，照理說是高
績效的組織，但是你卻發現績效水準在同業中屬於低水準者，請就員工結
構理論與員工工作態度等方面予以診斷好嗎？

7. 利潤中心已逐漸在21世紀成為企業經營主流，惟在規劃之時要如何在科層
式或金字塔式組織中予以進行策略規劃？

第十章

Chapter10

採購、存貨及品質管制

採購

一、採購的重要性

如果能以低廉的價格，買進品質優異的物品，那麼，對於利潤的增加，勢必將會有很大的貢獻。換句話說，進貨與銷貨是同樣有學問在。在進貨之前，首先，我們必須對將採購之商品具有高度的專業知識，如果不找商品廠商或推銷員來瞭解商品的話，便容易陷入以昂貴的價格，買到品質平平的產品，由此可知採購的重要性所在。尤其對於中小型零售業而言，採購更為重要。此乃由於中小型零售業，不似大型零售業多以專櫃方式經營，而是自營的比率占大多數，而需要採購的商品亦多。所以，如何實施整套有計畫之採購步驟，實在是中小型零售業者經營上不可或缺的一環。

二、適當交期之規劃

採購機構開立訂單或合約後，供應商便有適時完成訂單或合約所定之交貨任務的責任，但事實上，採購單位往往不能完全信賴供應商必能準時依約進行，尚有密切監視供應商執行情況的必要，其監視的方法不一，端視採購前置或購運時間是否充裕，採購案之複雜程度需視情況而定。茲將適當交期之規劃與一般決策分述如下：

（一）一般的監視

採購單位早在開立訂單或簽訂合約時，便應決定如何監視，倘若採購品目為非重要項目，則僅作一般的監視便已足夠，通常僅須注意是否確能按照規定時間收到驗收報表。有時可用電話查詢，但若採購品目較為重要，可能影響企業營運，則應考慮另作周密的監視步驟。採購單位應審核供應商的籌劃供應進度，重視實際進度，可分別從各項來源供應商的進度資料。如供應商的製程管制制度的資料、生產會報中所得資料、直接訪問供應商工廠所見，或供應商依規定送交的定期進度報表等均屬之。

（二）預定進度時程

倘若認有必要，可在採購訂單或合約中明確規定供應商應制定預定時程表，此項規定，可在函邀報價中或招標須知中載明，並應列具於訂單或合約中。所謂預定時程進度表，應包括全部籌劃供應作業的時程，例如，企劃作業、設計作業、採購作業、工廠能量擴充、工具準備、組件製造、次裝配作業、總裝配作業、完工試驗及裝箱交運等全部過程。此外，應明確規定供應商必須編製實際進度表，將預估進度並列對照，並說明延誤原因及改進措施。

（三）工廠實地查證

對於重要品目的採購案，除要求供應商按期造送進度表外，尚應實地前往供應商工廠訪問查證，但此項查證，應明訂於合約或訂單內，必要時得派專人臨廠監視。

（四）買賣雙方資訊的溝通

關於供應商準時交貨的管理，尚有所謂「流動生產程序」的問題。即指供應商的生產與採購兩者必須密切結合，亦即供應商的物料可隨時流向購方的生產線，購售雙方應有統合性溝通系統，使購方的需要一有變動，立即可通知售方，售方的供應一有變動，亦可隨時通知購方，交貨適時問題，即能順利解決。

（五）交期控制不當的影響

交期控制不當，常會產生下列結果：

1. 使生產頻頻中斷。
2. 造成過量的存量。
3. 造成低品質物料流入生產，而使試驗及整修成本偏高。
4. 產品使用失效率的偏高。
5. 使採購稽催的作業費用增加。

管理供應商的準時交貨，對供應商的管制經常須作審慎裁判，倘若採購品目甚為非重要者，則僅賴一般性的監視，或按例外原則管理即可。反之，倘若所購品目甚重要，可能影響企業營運者，則必須較嚴格的管制。此外，尚有

兩種特殊情況，一爲所謂流程生產，即供應商籌劃供應的品目，直接流入購方的生產線；另一爲情況特殊的專案採購。對前者最應重視者，爲應將雙方的溝通系統有效統合，雙方供需如有任何變動，應立即通知對方，至於後者，則宜運用已普遍應用的各項管制技術，甚至派專人負責履約督導，以避免發生任何差錯。

三、交期延誤原因分析及對策

物料採購的交貨期控制至爲重要，因交貨期太早，必會增加倉租管理費用及損耗，積壓資金而負擔利息。交貨期遲誤，會造成停工待料、機器及工人閒置，更會影響企業信譽或受合約限制，逾期罰款或賠償損失。茲將一般延期交貨的原因及對策，分述如下：

（一）缺乏協調配合

企業有關部門如生產或需求單位的使用計畫與採購單位的採購計畫未盡配合，即生產或使用單據的使用日程計算過於保守，未設定正常延誤，採購計畫未就來源或市場可能變動或影響延誤的因素列算，致造成實際交貨時間與計畫交貨時間不符，此乃形成交期延誤的主要原因。任何需求計畫，不只應要求個別計畫的正確性，包括時間、數量等，更須重視各計畫之間的配合性，因各計畫如未能有效配合，只要其中任一協力單位有誤，即會造成整體計畫的延誤，因之，交期延誤的防止，必須先求本身計畫是否健全，單位之間計畫或業務執行之聯繫，都應有良好的制度設計。

（二）採購方法運用欠妥

招標方式採購，雖較爲公平及公正，但對供應商的承接能力及信用等，均難以事先作徹底瞭解，得標之後，也許無法進料生產，也許無法自行生產而予以轉包。更爲惡劣者，則以利厚者或新爭取之顧客優先，故意延誤，尤以當競爭性強的貨品，競爭對手之惡性競爭，可能設計控制所需重要物料之供應者，造成無法及時生產供應。如爲惡性競爭，即算議價採購，亦有可能被設計製造困擾。因之，要避免供應商之延誤，應重視供應來源的評選，即凡有不良紀錄者，即應提高警覺，尤須於合約中詳加規定交貨辦法，逾期交貨之管制，如要求承製廠商得標簽約後，必須依承諾生產交貨，否則除取消合約另購外，並得

要求補償所發生的損失，使其有所顧忌，而不致任意惡性延誤交期。

（三）偶發因素的影響

偶發因素多屬事先無法預料或不可抗力因素，茲列述如下：

1. 戰爭。
2. 罷工或停工。
3. 天然災害。
4. 經濟因素。
5. 政治或法律因素。

存貨

一、存貨的意義

係指企業在生產經營過程中為銷售或耗用而儲備的物資。通常情況下，存貨在企業的資產中占有較大比重，因此，存貨的好壞，對企業的經濟效益有著較大影響。只要企業的生產經營不中斷，存貨就自始至終處於流動之中，因此，存貨屬於流動資產，其價值一次轉移，並隨著銷售的實現一次得到補償。

二、存貨的重要性

1. 對批發零售業而言：存貨的管理不當（存貨品項類別、數量、時機……）將造成銷售業績之流失及顧客滿意之下滑。
2. 對製造業而言：若原物料短缺，生產時程就會受到延誤，連帶使費用增加、成品缺貨。
3. 對任何企業而言：存貨的積壓將增加倉儲費用、降低資金流動性，以及保險、稅金、存貨毀損報廢等成本，因而降低獲利能力。

三、存貨的種類

1. 商品存貨：指商業企業採購的買進即賣出的庫存商品，包括在途商品和

委託加工商品等。

2.原材料存貨：指直接用於生產所需，並構成產品實體而購入的料品存貨。

3.在製產品存貨：指未完工的半成品存貨或在銷售前尚需進一步加工包裝或檢驗的產品存貨。

4.製成品存貨：指已完工，可供直接銷售的生產成品存貨。

5.物料存貨：指備供製造產品用的輔助材料或消耗材料。如潤滑油、清潔劑等。

6.雜項存貨：指日常耗用的物料品，包括包裝物和低值易耗品。

四、存貨的計價方法

1.成本法：又叫原始成本法，它是以實際成本為基礎對資產進行評估計價的方法。包括：分批認定法、加權平均法、移動加權平均法、先進先出法、後進先出法等等。

2.成本市價孰低法：指當期末存貨成本價低於市價時，按成本價計價，當期末存貨成本價高於市價時，按市價計價。

3.估計法：主要有重置成本法、毛利率法、物價指數法和零售價格法四種。

品質管制

一、品質管理的演進

從品管的演進說起，從1924年Shewhart提出第一張「管制圖」(control chat) 以來，在統計的品管實務上，扮演著重要之角色。而後戴明往1950年巡迴日本講授統計品質管制，帶動日本的品質革命，使得品質觀念成為企業或組織重要的因素。隨後美國專家Feigcnbaum提出TQC （Total Quality Control）全面品質管制的主張，此概念需要從基層員工到高階主管把事情做好才能達到無缺點。而日本品管專家石川馨將此稱為CWQC（Company-Wide Quality Control），此

時日本產品深受歡迎，美國產品則受到空前之挫敗。美國一些大公司感受到企業之生存必須依賴符合顧客要求之高品質產品，才能為公司帶來利潤。到了1987年，ISO（國際標準化組織）公布了ISO9000系列標準，成為國際公認的品質制度，一些大型公司以通過ISO9000為品質之標竿。TQM（Total Quality Management）全面品質管理在90年代掀起一波品質管理的熱潮，其方法是持續不斷的改善，全員積極參與，以符合顧客之需求，達到「零缺點」。但是在推行多年之後，大家卻不再熱衷TQM了，Peter S. Pande提出，「全面品質管理」概念最致命的是缺乏明確目標來推行，他們不知道怎樣才能達到高品質目標。所以很多時候企業或組織定位錯誤，導致資源與人力之浪費。80年代，美國Motorola公司面對日本產品品質的優越競爭力，其主席Bob Galvin要求公司的績效要在五年內有十倍之改善，於是在1987年間始推行6 Sigma的概念，不僅大幅改善產品之品質，也降低了生產的成本，構成堅強的競爭力，因而獲得美國國家品質獎之榮譽，成為美國企業學習之對象。1995年奇異公司（GE）總裁Jack Welch直接以6 Sigma作為企業指導之策略，希望能夠在21世紀成為6 Sigma的企業，他親自督導，希望所有員工都能受過6 Sigma的訓練，由6 Sigma管理的理念，分析主要投入關鍵因素為何，如何改善過程產出技術，進而追上日本之品質，也使得GE公司達到前所未有之獲利能力。進而使得其他多家知名公司相繼推動6 Sigma活動，造成一波6 Sigma的品質熱潮。

二、全面質量管理

1. 強烈地關注顧客：顧客的涵義：包括購買組織產品和服務的人，不包括內部顧客（諸如發運和回收應收帳款的人員），他們向組織中的其他人提供服務並與之發生相互作用。

2. 堅持不斷地改進：TQM是一種永遠不能滿足的承諾，「非常好」還是不夠，質量總能得到改進。

3. 改進組織中每項工作的質量：TQM採用廣義的質量定義。它不僅與最終產品有關，並且與組織如何交貨，如何迅速地回應顧客的投訴、如何有禮貌地回答電話等等都有關係。

4. 精確地度量：TQM採用統計度量組織作業中人的每一個關鍵變數，然後與標準和基準進行比較以發現問題，追蹤問題的根源，消除問題的原因。

5.向雇員授權：TQM吸收生產線上的工人加入改進過程，廣泛地採用團隊
　　形式作為授權的載體，依靠團隊發現和解決問題。

三、ISO9001（2000）品質管理驗證工作

ISO9000系統已被轉換為EN29000系列，歐市各驗證機關多已依據
EN29000系列評鑑企業品質管理制度，所以採用ISO9000系列標準，可預防產
品責任，符合歐市產品安全政策，為了擴大歐洲廣大市場，無論企業體、公共
行政機構、法人機構……等組織，更需積極推動ISO9001（2000）驗證活動以
作為組織之品質管理制度運作模式，進而提昇其提供之產品、服務與活動之品
質水準，確保達成其顧客滿意度。

國際標準ISO9000／EN29000系列，對歐市及全世界已建立了一個良好的
品質管理制度之模式，將來必有許多國家或地區將會把其原有的標準取消，而
改採ISO9000系列標準作為其國家或地區之品質管理標準。台灣已於1990年3
月頒布以ISO9000系列標準方依據之CNS12680～12684國家標準作為我國實施
品質管理制度之依據，同時我國也因應ISO9001（2000）改版（ISO委員會於
2000年12月15日頒布）已於2001年3月6日正式頒行ISO9001標準之CNS12681國
家標準。

至於推動ISO9001（2000）品質管理制度落實於組織之產品、服務與活動
之中，進而驗證通過及取得ISO9001（2000）證書之推行階段，筆者以實際輔
導經驗說明（見表10-1）。

1.尚未推展ISO9000系列〔即ISO9001（2000）或ISO9001／9002（1994）〕
　　之組織：
　（1）認識階段（1個月～2個月）
　　　　・成立讀書會，以研讀有關ISO9000系列標準與TQM方面之報章
　　　　　雜誌與書籍，並深入瞭解組織內之各項制度規章與組織內產
　　　　　品、服務與活動有關之流程。
　　　　・最高管理階層宣示導入ISO9000系列之目標與期望。
　　　　・必要時得配合ISO9000系列之品質意識標語的張貼。
　（2）學習階段（1個月～2個月）
　　　　・組成品質管理委員會ISO9001推行委員會，並界定其職責。

表10-1 輔導推動ISO9001（2000）驗證日程表（案例）

階段	計畫準備				文件製作							文件落實			教育訓練				評鑑準備		
項次	1	2	3	4	5	6	7	8	9	10	11	12	13	14	15	16	17	18	19	20	21
工作項目	評估並選定輔導顧問師	組成推動組織	顧問師說明ISO條文及推動實務	各單位成立讀書會、研讀ISO條文及TQM有關資訊	ISO9000推動計畫之研擬與頒布	蒐集現有文件並分類整理	依ISO條文分別界定各部門權責	顧問師到各部門診斷書面作業系統	文件檢討、製作（修正、補充、分類）	品質政策之研擬、頒布、宣導	部門手冊、品質手冊製作	實施手冊及文件規定事項並檢討修正	內部品質稽核之實施	外部品質稽核之實施（顧問師代替）	ISO應有的理念與作法	ISO9001推動與執行（含條文解說）	ISO9001文件製作（一、二、三、四階文件）	ISO9001內部稽核（稽核、計畫、程序、報告）	申請驗證	驗證機構蒞臨初評	正式評鑑
月																					
月																					
月																					
月																					
月																					
月																					
月																					
月																					
月																					
月																					
備註																					

（年份欄標示：二○○×年）

．初步探討並研擬組織與組織內各部門之品質政策與品質目標。

．委請輔導顧問臨廠教育。

（3）輔導階段（4個月～8個月）

．組織之品質政策及組織與各部門之品質目標確定。

．盤查組織系統合理性並確立組織系統與職權劃分。

．製作品質文件重點及品質管理制度重點輔導。

．整合組織現有程序、標準與表單，使之符合ISO9000系列標準之要求。

．訓練品質管理代表及品質管理委員會／ISO9001推行委員會成員，強化ISO意識。

（4）展開階段（3個月～6個月）

．各項文件／表單執行及修正並完成品質手冊。

．各項文件／表單（含品質手冊）之整理，審查與頒行。

．正式標準化並經組織之教育訓練，使全體同仁瞭解品質管理系統之精神與要求，並徹底執行。

（5）評核階段（1個月～2個月）

．組織成立內部稽核小組並實施相關教育訓練。

．依據ISO9001（2000）品質管理系統文件／表單（含品質手冊）進行內部稽核。

．檢討ISO9001（2000）稽核之結果，並針對缺失提出矯正預防措施要求限期改進。

．內部稽核小組可對組織之品質管理系統實施定期性與不定期性之稽核，並對矯正預防成果追蹤。

．內部稽核後並提報內稽成果，品質管理系統發展與實施，以及持續改進其有效性之承諾與證據供最高管理階層審查。

（6）驗證階段（2個月～4個月）

．選擇驗證機構並簽訂合約排定評鑑計畫。

．配合驗證機構進行評鑑作業。

　a.國際驗證機構作法為文件審查、初評、正評。

　b.標檢局BSMI作法為文件審查、訪談、評鑑。

．若經評鑑為無主要缺點則認可登錄為通過該驗證機構之驗證而

授與ISO9001證書。

（7）維持階段（獲得ISO證書之日起持續進行）：PDCA持續運作，全
員共同參與改進，以期維護品質管理運作之有效性、符合性、持續
性。

2.已導入ISO9001／9002（1994）或ISO9001（2000）之組織：

（1）導入階段（2個月～4個月）

・成立ISO9001（轉版）推動小組作專案專職推動。

・建構品管部門組織系統之IQC、IPQC、FQC、量測管理、品質
保證等品質機能。

・ISO9001（2000）條文及要素納入ISO文件架構之中（見圖10-
1）。

・ISO9001（2000）QMS推動金三角（見圖10-2）。

・ISO9001（2000）以流程為基礎之品質管理系統（QMS）模式
（見圖10-3）。

・ISO9001（2000）品質管理系統文件對照與權責矩陣表（案例）
（見表10-2）。

・建立現有／應有的組織經營流程（見圖10-4）。

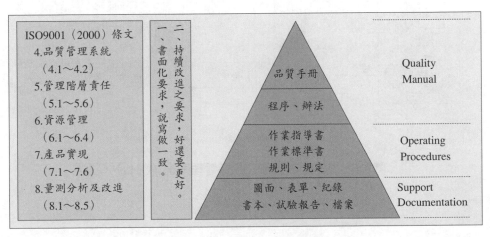

圖10-1　ISO9001文件架構

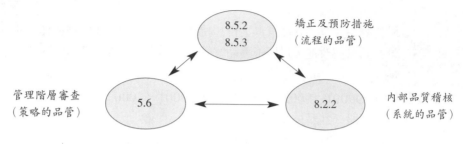

圖10-2　ISO9001（2000）QMS金三角

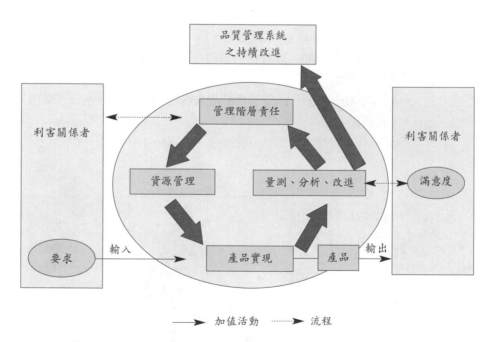

圖10-3　以流程為基礎之品質管理系統（QMS）模式
資料來源：CNS12684

表10-2　ISO9001（2000）品質管理系統文件對照及權責矩陣表

ISO條款	ISO標準	品質管理系統文件		各部門權責									
		編號	名稱	CEO	文管	生管	採購	管理	製造	品管	業務	倉庫	研發
4.1	一般要求	Q-101	品質手冊	●	○	○	○	▲	○	●	○	○	○
4.2.2	品質手冊	Q-101	品質手冊	●	○	○	○	▲	▲	●	○	○	○
4.2.3	文件管制	S-201	文件管理與紀錄管制程序	○	●	○	○	○	○	▲	○	○	○
4.2.4	記錄管制	S-201	文件管理與紀錄管制程序	○	●	○	○	○	○	▲	○	○	○
5.	管理階層責任	H-201	管理責任與審查管理程序	▲	○	○	○	●	○	○	○	○	○
6.1	資源提供	H-201	管理責任與審查管理程序	▲	○	○	○	●	○	○	○	○	○
6.2	人力資源	H-202	人力資源與訓練管理程序	▲	○	○	○	●	○	○	○	○	○
6.3	基礎架構	O-201	生產管理與設施環境管制程序	○	○	●	○	▲	●	○	○	○	○
6.4	工作環境	O-201	生產管理與設施環境管制程序	○	○	●	○	▲	●	○	○	○	○
7.1	產品實現之規劃	Q-101	品質手冊	●	○	○	○	▲	○	●	○	○	○
7.2	顧客有關之流程	M-201	營業管理程序	○	○	▲	○	○	●	○	●	○	○
7.3	設計與開發	D-201	設計與開發管理程序	○	○	○	○	○	○	▲	▲	○	●
7.4	採購	P-201	採購管理及物料管制程序	○	○	▲	●	○	●	○	○	○	○
7.5	生產與服務供應	O-201	生產管理與設施環境管制程序	○	○	▲	○	○	●	▲	○	○	○
7.5.3	識別與追溯性	Q-201	不合格品與持續改進管制程序	○	○	○	○	○	●	▲	○	○	○
7.5.4	顧客財產	P-201	採購管理及物料管制程序	○	○	○	▲	○	○	●	○	○	○
7.5.5	產品防護	P-201	採購管理及物料管制程序	○	○	○	▲	○	●	▲	○	○	○
7.6	監視與量測裝置之管制	Q-205	監視與量測設備管理程序	○	○	○	▲	▲	○	●	○	○	○
8.1	概述	Q-101	品質手冊	●	○	○	○	▲	○	●	○	○	○
8.2.1	顧客滿意度	M-201	營業管理程序	○	○	▲	○	○	○	○	●	○	○
8.2.2	內部稽核	Q-202	內部稽核管理程序	○	○	○	○	▲	○	●	○	○	○
8.2.3	流程之監視與量測	Q-204	流程監視與量測管理程序	○	○	▲	○	○	○	●	○	○	○
8.2.4	產品之監視與量測	P-201	採購管理及物料管制程序	○	○	▲	○	○	●	○	○	●	○
8.3	不符合產品之管制	Q-201	不合格品與持續改進管制程序	○	○	○	○	○	▲	●	○	○	○
8.4	資料分析	Q-206	資料分析與統計技術管理程序	○	○	○	○	○	▲	●	▲	○	○
8.5.1	持續改進	Q-201	不合格品與持續改進管制程序	○	○	○	○	○	▲	●	○	○	○
		Q-204	流程監視與量測管理程序	○	○	▲	○	○	○	●	○	○	○
8.5.2	矯正措施	Q-203	矯正預防措施管理程序	○	○	○	○	○	▲	●	○	○	○
8.5.3	預防措施	Q-203	矯正預防措施管理程序	○	○	○	○	▲	●	○	○	○	○

說明　一、符號說明："●"表示主辦部門；"▲"表示協辦部門；"○"表示相關部門

資料來源：某電子公司品質手冊。

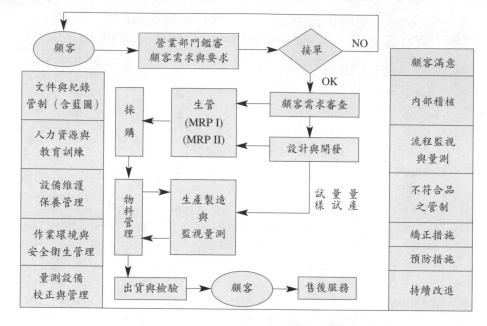

圖10-4　組織經營流程系統（製造業）

（2）展開階段（3個月～6個月）

・ISO9001（2000）全面宣導與教育訓練。

・精神標語張貼及創造作業場所ISO9001啓動之氣氛。

・內部稽核人員及量測設備校驗人員再訓練。

・檢討量測設備並送有關單位校驗。

・整合製作合乎ISO9001（2000）品質文件（包括：品質手冊、作業程序書／辦法、作業指導書／標準書／規定／規範，表單與紀錄）。

（3）落實階段（2個月～4個月）

・依據「說寫作一致」之基本精神執行ISO9001（2001）以整合頒行之文件。

・依據ISO9001（2000）之品質理八大原則納入考量所建立之標準落實推展，八大原則如下：

原則一：顧客為重（Customer Focus）

原則二：領導統御（Leadership）

原則三：全員參與（Involvement of People）

原則四：流程方法（Process Approach）

原則五：系統流程方法之管理（System Approach to Management）

原則六：持續改進（Continual Improvement）

原則七：決策根據事實（Factual Approach to Decision Making）

原則八：與供應商互利關係（Mutually Beneficial Supplier Relationships）

‧執行定期與不定期品質內部稽核，並針對缺失提出矯正預防措施要求限期改進，及實施改進成效追蹤。

‧內部稽核之後並將稽核結果、品質管理系統發展與實施，以及持續改進其有效性之承諾與證據供最高管理階層審查。

‧必要時委請輔導顧問蒞臨作業場所實施模擬評鑑並改善其發現之缺失。

（4）驗證階段（1個月～2個月）

‧考量組織其他管理系統（如ISO14001、OHSAS18001、ISO/TS16949、FMS……等）之整合性管理系統評鑑／稽核，以節省人力、物力、時間，而選定驗證機關並與之簽約。

‧驗證機關進行文件審查，現場評鑑有關驗證作業。

‧若通過驗證者將獲驗證機構頒授證書。

（5）維持階段：PDCA持續運作，全員共同參與改進，以期維護品質管理系統之有效性、符合性、與持續性運作。

四、從ISO9001（2000）邁入TQM

1.合理化智慧經營

組織之經營智慧除了重視「天時、地利、人和」之外，尚需注入合理的工作智慧，保持平常心與向上求進步之心理，時時作好組織之內部與外部公共關係。

2.策略性經營理念

對於組織競爭優勢分析（SWOT分析），並建立策略管理環境，進行方針管理、目標管理與流程管理之建構，以確立組織之經營計畫、利潤計畫與行動計畫之行動方案。

3.重視品質經營理念

品質需要以經營組織之概念來經營，要有目標、行動方案與稽核改進之認知，使組織能由ISO9001（2000）邁入TQM之品質管理系統之技巧得以突破。

4.著重品質技術經營之方法

品質技術與工具之引用，並針對組織之產品與服務之輸入與產出流程施予品質技術，以達徹底改進與持續改進之理念實現。

5.品質作業系統之智慧與方法

（1）它是何物（What）？

品質管制、品質保證、全面品質管制、全面品質管理。

（2）為何要知道（What）？

組織永續經營之動力，流程之品質是關鍵。

（3）何人需要它（Who）？

有品質要求地方的人（以品質政策、建立共識之品質意識環境）。

（4）何處用得到（Where）？

有品質要求地方之流程與場所（以品質政策建立共識之品質意識環境）。

（5）何時需要（When）？

有品質要求地方的任何時間（以品質政策建立共識之品質意識環境）。

（6）如何使用（How）？

教育訓練、品質持續改進活動、建立及落實品質管理系統。

（7）專案管理、SWOT分析、80／20思維模式、品質成本意識、品質績效指標……。

生產管理

一、生產管理的意義

所謂生產管理，簡言之即為處理有關生產過程之一連串決策。任何生產型態均需從事資源之投入，包括：材料、人力、設備、時間、金錢等，經由生產過程之轉化而得到產出。生產管理之目的即在於改進生產效率而使生產力提高。一般而言，生產管理之範圍可分三大類：

1. 生產系統設計：包括：產品設計、生產程序設計、廠址選擇、機器設備及人工之選擇、廠房及設備布置、工作方法設計、工作衡量與控制設計等。
2. 生產規劃：包括：需求預測、產能規劃、生產計畫、作業排程等。
3. 生產控制：包括：存貨管制、採購政策、物料需求規劃、品質控制、成本控制、倉儲及物料控制等。

二、生產管理的概念

（一）生產作業

在產品處理或加工的過程中，能夠使產品的效用增加的各項活動，總稱為「生產」。從經濟的觀點來說，由於這些活動本身都需要耗用材料、人員和資本設備等等資源，因此必須好好地管理這些活動。生產管理和其他如人事、財務、行銷的管理一樣，必須對各項資源進行規劃、指導、控制，和組合搭配，才能達到下列生產目標——以最低的成本，適時地供應適質與適量的產品。

生產管理的核心問題，在於未來的需求量是不確定的。在各種生產水準之下，未來的需求型態，乃是由個別消費者選擇產品的方式彙總而得，其特徵是變化多端。我們沒有辦法確切地指出，任何一項產品在未來的需求將是某一個數量。這種不確定性，不僅就工業用中間產品（如水泥）而言是如此，對於價值較高的終端產品（如噴射機）也是如此，至於皮鞋、牙膏等消費用品，也不例外。面對著這種不確定性，廠商必須決定在機器設備上作多少投資，同時規

劃如何利用這些資源，俾可經濟地生產產品，以符合未來的需求。

（二）生產規劃

廠商決定投入多少資源於製造工作上，同時利用這些資源以最低的成本生產所需的產品，這些決策的總稱就是「生產規劃」。例如，廠商必須決定聘僱人員的數量、機器設備的種類與數量，以及保存多少存貨等等。還有一些政策上的問題也必須先加以解決，尤其是牽涉到財務、顧客服務、員工流動，以及廠商在投資時必須承擔的風險等問題。在做生產規劃時，有一項工作相當重要，那就是設定生產率（production rate）。為了設定生產率，首先要預測產品在未來的需求情形，並且要估計在規劃期間內可能有什麼變動，然後才能設定「生產需求量」，以符合需求預測。只要經過幾次嘗試，通常就足以找出成本最低或近乎最低的生產計畫。只要得到每月需求量預測數、存貨持有成本、聘僱、訓練與裁退工人的成本等資料，我們就可以直接計算出最合適的生產計畫、此生產計畫下的存貨量，以及所有有關的成本。

（三）生產控制與生產排程

生產控制意指調整生產作業以符合生產計畫。由於生產計畫是依據長時期狀況所發展出來的，它並不一定能夠完全預測到短期內可能發生的變動，因此必須在短期內調整，立刻下令更改生產率以為因應。由於生產制度不能夠在瞬間有所因應，而且改變生產率也會帶來許多成本，所以公司必須保持存貨，一方面因應意料不到的需求變動，一方面避免發生太高的生產成本。這些存貨使生產制度得到緩衝，不受需求變動、生產量變動，和先導時間變動的影響。

生產控制機能使生產與存貨趨於平衡，也就是在預訂的時間內提供預訂的產品數量，而同時又能使存貨與生產的成本為最小。為了做到這個地步，生產控制系統必須具備三個條件：

1. 對需求量及可能變動情形做好預測。
2. 擬定生產計畫，訂立存貨與生產目標。
3. 設立控制存貨與生產排程的作業規定，以補充存貨之不足。

建立這些控制規定，乃是生產控制的主要功能。這些規定在建立之前，必須先考慮以後應用時所引發的成本，包括存貨成本（含倉儲與存貨投資）、改

變生產效率的成本（利用現有設備、添購設備或外包等）。

生產控制規定有很多種，適合某一製造情況的規定，不一定適合另一種製造情況，因此各公司應該針對本身的需要，自行設計。在設計時，通常要考慮公司在配合需求量方面的政策。

生產管理診斷

一般而言，以下所列各點可供企業生產管理查核之參考與依據（以下主要參考經濟部中小企業處編印之《中小企業經營管理實務——自我核檢手冊》）。

一、廠房布置

（一）廠房規劃

1. 工廠用地是否足夠？
2. 廠房建坪是否足夠？
3. 機器設備是否足夠？
4. 機器設備是否需要添購？
5. 以產能為基準，人員是否足夠？
6. 是否曾作銷售預測？
7. 是否以銷售預測作生產規劃？
8. 是否對工廠擴展趨向考慮？
9. 是否曾對投資問題考慮？
10. 是否考慮工廠技術要求？
11. 物料搬運及人員運動路徑是否最短？
12. 物料搬運或產品流程是否順暢？
13. 是否充分利用空間？
14. 是否安全？
15. 環境是否舒適？

16. 重新布置時，是否不需大量之人力、物力及財力？

(二) 對產品、機器、物料、實體環境等考慮因素

1. 是否對生產方式研究（訂單生產、定量生產、混合生產等）？
2. 是否對產品生產種類研究（僅生產一種產品、或生產多種產品）？
3. 是否對產品產量探究（有關機器設備數量、倉庫容積等）？
4. 是否對產品銷售情形分析（具季節性者，需要較大之倉庫容積，以備儲存淡季中製造之產品供旺季銷售）？
5. 是否對產品結構考慮（複雜性、堅強度等）？
6. 是否對產品性能分析（靈敏度、互換性等）？
7. 是否分析產品對環境之敏感性（耐潮濕、耐腐蝕、耐污染等）？
8. 是否對產品用途考慮（工業用或非工業用）？
9. 生產計畫中有否製造途程安排？
10. 按照製造途程所需之機器設備是否已準備就緒？
11. 對機器設備之性能是否查核？
12. 對精密機器設備是否作特殊保護？
13. 對有振動狀態之機器設備是否作特殊措施？
14. 對有污染發生之機器設備是否有特殊措施？
15. 對有害氣體發生之機器設備是否有特殊措施？
16. 對有噪音發生之機器設備是否有特殊措施？
17. 是否對具不相容性之機器設備作分隔阻絕設施？
18. 是否對機器重量考慮？
19. 是否對機器大小考慮？
20. 是否對機器高度考慮？
21. 是否對加工機件之裝卸考慮？
22. 是否對工具之裝卸考慮？
23. 是否對機器設備操作狀態（是否可由一人操作多台機器等）考慮？
24. 是否對機器設備所需之設施（電壓、液壓、氣壓等）考慮？
25. 是否考慮環境污染防護設施？
26. 是否對機器設備之發熱量考慮？
27. 是否對機器設備之維修作業考慮？

28. 是否對安全考慮？

29. 有否設定之材料表？

30. 是否有設定之零組件表？

31. 是否有設定之附件表？

32. 是否對上列資料分析考慮？

33. 材料、零組件之獲得是否方便？

34. 是否訂定安全存量？

35. 是否考慮物料之化學性質？

36. 是否對物料之物理性能考慮？

37. 是否考慮物料之幾何特性（大小、形狀等）？

38. 是否對物料之週轉狀態考慮？

39. 是否考慮物料之輸送方法？

40. 是否對物料之類型多寡考慮？

41. 是否慮及物料之驗收方式？

42. 是否對物料之領發方式考慮？

43. 是否慮及物料之儲存方式？

44. 是否對特殊物料採特殊措施？

45. 是否對倉庫建築考慮？

46. 是否考慮環境、天候因素？

47. 是否對儲存場所之地勢考慮？

48. 廠房位置是否易與其他部門有良好聯繫？

49. 建築物之構造能否配合作業情形？

50. 是否有廠房基礎地層試驗紀錄（導電性、承荷能量、化學性等）？

51. 建築容積是否足夠？

52. 是否能充分利用自然通風？

53. 照明是否良好？

54. 廠房地坪設施是否與作業要求配合？

55. 廠房門戶能否配合運輸要求？

56. 廠房門窗能否配合安全要求？

57. 是否要求裝置空調設備？

58. 廠房隔熱設施是否良好？

59. 廠房顏色是否考慮？

二、產品分析

1. 各項產品是否確無專利糾紛？

2. 各項產品是否經由預測，評估證實具有拓銷潛力？

3. 是否具有製造各種產品之能力？

4. 生產各種產品必要之投資，是否已加估算？

5. 是否已考慮投資報酬率？

6. 各種產品是否有長期市場？

7. 各種產品品質是否能與用途相當？

8. 各種產品品質是否能與價格相當？

9. 各種產品價格是否與消費者之購買力配合？

10. 各種產品是否曾作精密之成本計算？

11. 各種產品之經濟生產量是否明悉？

12. 銷售量是否曾作預估？

13. 製造產品之模具產權確無爭議？

三、製造作業與計畫

1. 是否訂定製造作業程序？

2. 是否填發工作流程單？

3. 是否填發工作命令？

4. 是否準備材料領用單？

5. 是否訂定裝配程序？

6. 是否準備裝配零件單？

7. 是否訂定總進度？

8. 是否訂定裝配進度？

9. 是否訂定零件製程進度？

10. 工具準備是否與製造計畫配合？

11. 製造計畫是否具有彈性？

12. 產品之加工方法是否曾經分析？

13. 產品之製造流程是否曾加以分析？

14. 產品之加工時間是否曾經估測？

15. 產品加工所需之機器是否足夠？

16. 產品加工所用之機器，性能是否配合？

17. 產品加工所需之作業員工是否足夠？

18. 是否曾對客戶要求分析？

19. 是否對存貨數量確實查核？

20. 是否曾對零組件外包（或外購）考慮？

21. 製品之材料採購，是否已加考慮？

四、製造標準及相關資料

1. 是否有材料標準，包括產品製造材料及工具製造材料？

2. 是否訂有工時標準，包括製造工時及機器安裝或準備工時標準？

3. 是否有製造方法標準，包括方法及程序？

4. 是否訂有工具標準，包括工具名稱、編號及規範？

5. 是否訂有計畫標準，包括機器及廠房編號、工作部門編號、成本項目編號、工作類別編號、生產日期編號等。

6. 是否有計畫資料，如單位成本、機器性能表、材料單價以及計畫人員手冊等？

7. 是否訂有製造參數標準，包括：時間、壓力、進料重量、出料重量、轉速（rpm）、車刀銑刀別、溫度等。

五、生產預測

1. 預測項目範圍是否周延？

2. 調查抽樣是否經過慎重研擬？

3. 預測時間是否合理？

4. 是否估計可能誤差？

5. 準確性是否足夠？

6. 成本是否合理？

7. 能否適時完成？

8. 所得結果是否容易瞭解？

9. 預測之目的及用途是否明確？

10. 是否依產品類別歸併？

11. 各類別之銷售因素是否適當訂定？

12. 是否儘可能蒐集資料？

13. 是否對資料分析？

14. 是否將分析相互核對？

15. 是否考慮並設定無法預測之內外在因素？

16. 是否將預測之結果配合生產計畫工作？

六、製程規劃

1. 產品之製造程序與方法是否慎重研究？

2. 使用現有設備是否可順利完成生產？

3. 使用現有設備產製是否獲合理成本？

4. 生產關聯設置產能與配置是否適當？

5. 現有設備之性能需否增加？

6. 產品每一製造程之時間曾否測定？

7. 有無替代或補充方案以防現有設備發生故障影響生產？

8. 生產設備之產能是否適當？

9. 是否有零件組件表？

10. 是否訂有總製造途程表？

11. 是否有分件製造途程表？

12. 是否製作工作說明卡？

13. 各操作方法是否已標準化？

14. 生產線之人員配當是否曾作研究？

15. 是否曾對現有製造途程作研究分析？

16. 原料、半成品及成品之運送曾否考慮使用機具或專用容器？

17. 原料、半成品及成品之流程是否順暢？

18. 操作人員能否依照標準程序作業而無需自行計畫或請示？

七、排程

1. 是否曾作銷售預測？

2. 是否曾對客戶訂單分析？

3. 是否曾對消費者需求研究？

4. 曾否對批發商存貨檢核？

5. 曾否對零售商存貨檢核？

6. 是否依照製造程序安排？

7. 是否考慮生產空檔如何利用？

8. 是否有可資利用之設備、工具？

9. 是否有可資利用之材料？

10. 是否考慮經濟批量？

11. 是否依照製造日程總表釐訂製造日程表？

12. 製造日程表是否規劃月別生產量？

13. 是否依照製造日程表決定產品或零件之開工及完工日期？

14. 訂定製造日程表是否考慮產品或零件之全部必要時間？

15. 是否依據機器負荷工時，決定各產品、各零件、各裝配開工時間與完
成時間？

16. 是否以中期生產日程預定表訂定各產品、各零件之完工與開工日期？

17. 是否以短期生產日程預定表訂定各作業、各機器之完工與開工日期？

八、生產控制

（一）業務部門

1. 營業部門對工廠產能是否確實明瞭？

2. 營業部門是否接受過多之訂單？

3. 營業部門是否不接受緊急訂單？

4. 產品規格是否於訂約後不常變更？

5. 製造日期安排是否添加10%左右之時間彈性？

6. 是否可利用外包加工以消化緊急訂單？

7. 是否可利用加班或增加臨時工增產以消化緊急訂單？

（二）設計部門

1. 設計是否訂定進度及依照進度實施？

2. 是否時常變更設計？

3. 產品或零件之設計，是否曾考慮製造上之困難或問題？

4. 產品或零件之設計，是否增訂製造途程？

5. 產品或零件之設計，是否具效率？

6. 產品或零件所用之材料，是否採購困難？

（三）生產部門

1. 操作技術是否精良，具效率且不良品少？

2. 員工情緒是否奮發，增加作業效率？

3. 員工流動率是否穩定，能使操作技術日漸進步？

4. 製造日期安排是否順利？

5. 是否趕工不多？

6. 是否安排製造途程？

7. 製造途程是否適當？

8. 工作準備是否妥善？

9. 作業現場有否整理整頓，以利作業進行？

個 案 研 討　　生產庫存設備之活動

一、操作率與庫存

　　某某公司上年銷售利益高達20%，堪稱優良公司。但本年因市場不佳，銷售價格及其數量均降低，以致決算結果銷售利益率下降10%，以此推測，明年可能更形惡化。公司為了促進銷售，決心加強降低成本運動，在利益計畫方面，將有關銷售利益率之操作率、銷售價格及成本等複雜因素，製成變形的損益平衡圖（如圖10-5所示）。公司上下對於製品的直接成本計算，均以工廠全部界限利益率來推定。

　　市場衰退期間之銷售數量x、銷售價格a低落，變動費用b、固定費用F等，應努力使其合理化的降低。

　　變動費用取決於生產技術者甚大，並非可以隨意降低，不過，考慮到進貨價格之降低等種種因素，亦可假定降低10%，如此一來銷售利益率R變化將如表10-3所示。值得注意的是Case1～Case3，雖然價格及數量低落，但由於成本降低，仍使利益率較基本利益率為高，可見變更費用作用之大。在界限利率方面，平均利益率之擴大，常因直接材料費用等之減少，產生銷售率雖低，而利益卻大之事實。表中b縱欄0.54之

表10-3　各因素10%的變化之下銷售利益之變化

	x	a	b	F	R
基準	100	1	0.6	30	10%
Case 1	90	1	0.54	27	16%
2	100	0.9	0.54	27	13%
3	90	1	0.54	30	12.7%
4	100	0.9	0.54	30	10%
5	90	1	0.6	27	10%
6	90	0.9	0.54	27	6.7%
7	90	0.9	0.6	30	6.7%
8	100	0.9	0.6	27	6.3%
9	100	0.9	0.6	30	3.3%
10	90	0.9	0.54	30	3%
11	90	0.9	0.6	27	0%
12	90	0.9	0.6	30	(-) 3.7%

銷售利益（S-C）＝（a-b）x-F

銷售利益率（R）＝a-b／a-F／ax

數值雖非達到高利益率之絕對因素，但如不努力減少成本，利益率可能更形低落。

Case5是銷售數量減少，價格不變之下，利益率為10%，反之Case8數量不變而價格減少，利益率為6.3%。二者比較之下，銷售金額雖同屬減少10%，但價格低落實為利益率低落之主因。

某某公司勢非努力降低成本不可，設因價格數量均降低10%，使上年尚自誇利益率超過平均水準之公司，轉眼變為紅字經營。

圖10-5所示係預測明年市場情況可望好轉，即使按照最壞打算，銷售數量及價格均降低一成，仍然可以籌謀對策，如生產之合理化、管理費用之削減等，使變動、固定費用降低一成，至少使銷售利益率達到6.7%的利益率（如Case6），這一目標應可達成。

試看一間工廠的庫存及設備的整理狀況，便可推知其經營成績。特別是庫存品的盤存狀態，是經營者管理政策的具體反映。庫存的適當管理，是從進貨至銷售的一連串循環過程，不限於眼睛看得到的庫存活動部分。庫存管理也可以從庫存品來發現現金的運用情況。那就是無用的庫存品過多，荒廢在倉庫一角，使資金週轉運用發生困難。茲就在製品為中心的製品原料等，其庫存操作率之變化及其反應，分述如下：

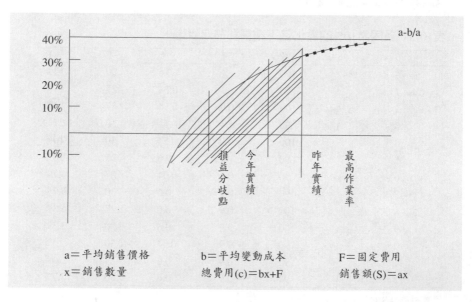

圖10-5　損益平衡圖

（一）材料

材料之庫存量，取決於材料之消費量，消費量減少，庫存量即應減少，以減少庫存積壓之資金。其次，材料為消費與進貨所左右，各種庫存之大量消費，確有困難，以及進貨之運送或客戶之不確定等因素，使庫存之決定更感不易，但對一個月以上之庫存，仍應有所預測。特別是進貨條件等因素，以及生產縮小等措施，均應及時謀求對策。再次，不良品及所根據的增加進貨等，亦宜先加整理，大幅減少。

（二）在製品

通常是在製品比例偏高，超過生產量之需求，應在不減少產量之可能性之下，儘量縮小在製品。其次是避免訂貨生產延期及長期滯留品之發生，如因銷售不振，應即調整生產計畫，減少在製品之積存。總之，在製品應隨減產率而減少。

（三）製成品

製成品庫存之原因，大分為二：一為生產之原因，二為銷售之緣故，故在實務上應將二者區別，以利處理。超過銷售能力之生產，自必發生庫存狀況，這種生產方面的責任而導致的生產過剩品，稱為滯貨。反之，銷售實績不及預定生產量，亦將發生庫存現象。

在銷售不振、生產縮小階段、或者二者在增加階段，銷售計畫與生產計畫均應密切配合，此為決定製成品庫存數量之最大關鍵。生產及庫存量之決定，最困難的是銷售萎縮期，通常總往樂觀處設想，所以總是繼續生產、增加庫存量。其實應面對現實，減少產量才是。

製成品庫存量以銷售為主，如何適應銷售之需，此為製品存庫之最大問題。材料、在製品等已如前述，在操作低落期，因資金頗有餘裕，使若干滯貨掩藏不露，而在盤存時始予發現，轉而追加資金，以資平衡，此為庫存管理中最應注意之點。

二、生產活動

（一）材料利用率

有A鋼鐵公司加工製造某種鋼料，當地還有生產同樣製品、製法及規模之B公司，此二公司形成互相競爭，其生產量及銷售價格無大差異，而銷售利益率則相差2-3%，原因何在？決予調查。

調查結果發現不在利息負擔與管銷費用、折舊費用、進貨價格的有利與否，以及製造方法與製造成本等。中小企業不但分析別人的成本頗為困難，而本身的資料亦不完備，甚至材料餘額有多少，亦不明所以。例如，材料加工中的規格問題，主任技師的見解是為了維持製品對燒鈍或延伸加工所生的頭部品質或精確度，對鋼材都應切割

捨棄，而且選一級品處理之後再行銷售。如此一來對於品質自然無問題，為了競爭關係，本公司提高品質，以減少損害賠償之措施，並無錯誤。不過，這當中有個問題，就是品質標準與商品價格的問題。

此種見解從長期經營的觀點來看，所謂充分的品質程度，如保判斷其是非實有困難。主任技師如把材料利用率提高1%，必使整個利益率產生良好影響，這一見解與現實的經營成績密切有關，但他不免偏重於純製造技術。

上述簡單事例，很明顯的A、B二公司的材料價格、進貨價格，以及銷售價格等，都屬同一水準，但材料利用率相差5%，銷售利益相差4%，如表10-4所示：

表10-4　銷售利益比較

公司別	材料價格	材料利用率	材料費用	其他費用	銷售成本	銷售價格	銷售利益
A公司	100	85	111	30	141	150	6%
B公司	100	90	105	30	135	150	10%

假定兩公司一年內銷售二○○萬元，A公司銷售利益為十二萬元，B公司為二十萬元，相差八萬元。由此例可知銷售或製造成本中，尤以材料成本率甚高之商品，材料利用率問題不僅是製造技術問題，更是左右利益之問題。若商品價格下降，要提高利益，在適當決定商品的品質與銷售價格之際，應注意有關問題之配合。

（二）向外訂貨加工

著者曾診斷某汽車零件製造廠，此廠製品種類甚多，有的製品單價不高，自己加工生產並不合算，便外包給衛星工廠製造。外包製品之選定，係因此類製品自己製造並非限於設備，而是正確計算成本困難、或單價不高，故均向外訂貨。

最近因主要製品部分減少，使工廠陷入窘境，同時部分生產設備發生閒置，所以打算收回部分零件自製。要計算自製的效果，可求製品的界限利益率，如圖10-6所示。

圖10-6之內容分別說明如下：

1.曲線按照銷售金額順序排列，與界限利益率之曲線非常相似，對公司來說，銷售金額之大小與銷售數量之大小相對應，銷售數量小，其界限利益率亦低。對於界限利益率之一般理論，必須妥為應用：第一，價格方面寧可少接受訂貨量，不可盲目接受多量訂貨，因而相對的壓低價格。第二，K、L等製品之加

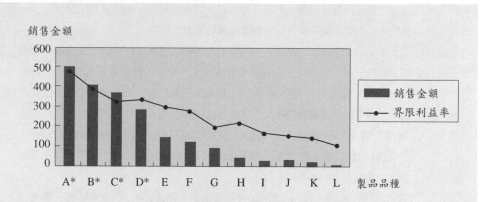

T-1

設固定費用爲400，求銷售利益率（括弧內數字爲自製的界限利益率）

製品品種	A*	B*	C*	D*	E	F	G	H	I	J	K	L	合計
銷售金額	500	410	370	290	150	130	100	50	40	40	30	10	2120
界限利益率	47	38	31	34	（30）	（28）	（20）	（22）	（17）	（16）	（15）	（11）	
外訂利益率%					10	10	10	10	10	10	10	10	
界限利益	235	159	115	99	15	13	10	5	4	4	3	1	663

E到L之界限利益適用外訂利益率

銷售利益率＝（663-400）÷2120＝12.4%　　*記號表示自製品

T-2

製品品種	A*	B*	C*	E*	F*	G	H	I	J	K	L	合計
銷售金額	500	410	370	150	130	100	50	40	40	30	10	1830
界限利益	235	159	115	45	36	10	5	4	4	3	1	617

銷售利益率＝（617-400）÷1830＝9.0%

如將（T-1）中D停製後之銷售利益率：銷售利益率＝（564-400）÷1830＝9.0%

圖10-6　銷售利益分析

工程度較小，而材料費用則占了壓倒性的比重。第三，變動費用之計算必須十分充分，低效率之成本乃多由於變動費用影響之結果。

2. 公司製品自A到L，其中A到D為自製，充分利用設備能力。E到L利益率低之理由為本身設備未能擴充，多數依賴外訂加工。最近接受訂貨之製品D，公司如決定以D代替E外訂，並自製F製品，則顯為不智之舉。衛星工廠因減少工作而訴苦，所幸部分兼製其他產品，故未引起重大爭議。

圖10-6（T-1）之利益為263、銷售利益率為12.4%，（T-2）為抽換製品D為E，並自製F之新計畫，結果使利益降為217，利益率降為11.9%，如不換掉主要製品，可免利益及利益率之低落。

還有，仍如（T-1）資料，但將D停止製售其利益為164，利益率為9%，顯著減少。

3. 公司因受市場衰退影響，銷售減少，取消外訂製品以防止利益大幅減少，獲得相當成功。其所以成為可能之原因為：

（1）製品之種類、加工等比較類似，使易於利用相同設備，互相代替。雖銷售減少，但自製率提高，吸收固定費用，因而相對提高利益。

（2）調查自製率足以引起衛星工廠之倒閉，因此平時就應有所準備，以免臨時大費周章。

（3）最重要之條件為適應生產能力，確保訂貨數量（向來接受訂貨數量總超過設備能力），因此轉而擴充設備，以增加利益，並免蒙受損失訂貨之機會，但在市場衰退時，則不能適應。

4. 一般外訂加工之條件如次：

（1）生產能力與接受訂貨量之調整。

（2）工資及費用差額之計算。

（3）加工技術之考慮。

三、設備的平衡

設備的投資報酬率，可從各種角度與尺度去測定，求得劃一的經濟效果。不過，在實務上都用單純尺度，從會計上的帳面價值、各種設備的利用率、設備的平衡等問題來檢討。

有某金屬加工製造廠，五年前新增加生產線設備，按照加工製程A、B、C的順序連續加工，其中有一部停頓，全部即告停頓。因此，生產線的全部生產能力，只能發

揮應有的一小部分。

　　按照建設當時的計畫是：各以1,000,000元購置機械，各月產10,000個製品，而實際上B為新型機械，時常發生故障，只能達到6,000個製品。此由於操作技術欠熟，機械設計不合理之故，使得整個生產量均受其影響。根據經理部門的計算，B應生產10,000個，而只能生產6,000個，以投資額1000,000元計算，60％的生產量共等於600,000元的有效投資，其餘400,000元屬於損失。此外，B又使A、C只能製造6,000個，各有400,000元的停工損失。總計A、B、C共有1,200,000元的損失。

　　經過診斷的結果，加以詳細計算；公司對於B設備的實際生產能力，缺乏有效對策，尊重技術觀點，計算如表10-5所示：C比B為優，如單獨使用可能生產12,000個，但由於B的阻隘，C的開動率僅為50％，A的開動率則為60％，就生產線全部帳面價值而言，其停閒率為30％，由於設備的不平衡，所引起的損失，是一種所謂機會成本——停閒率的損失，在工廠看來是件小事，但其所引起的損失金不輕微。例如，實際上四馬力的馬達就可以合用的，卻裝置五馬力的馬達，這是基於技術上安全率所定的所謂設備寬裕，以防偶發事故之發生。

　　經過五年之後，客戶增加，感到有增加生產能力的必要。故對B新投資700,000元，改良設備的主要部分。根據技術室主任的報告：B機械的主要部分有根本上的缺陷，所以希望增加附屬部分，投資700,000元作根本上的改善，使生產能力一躍而為

表10-5　設備平衡分析　　　　　　　　　　　　　　　　　　　　單位：千元

		A	B	C	全部
規劃	購置價格	1,000	1,000	1,000	3,000
	設備能力（個）	10,000	10,000	10,000	10,000
實際	帳面價值	1,000	1,000	1,000	3,000
	生產能力（個）	10,000	6,000	12,000	6,000
	開動率（％）	60	100	50	100
	停閒價值	400	0	500	900
	停閒率		900÷3000=0.3		30
五年後	帳面價值	500	*1200	500	2,200
	生產能力（個）	10,000	15,000	12,000	10,000
	開動率（％）	100	67	83	100
	停閒價值	0	400	85	485
	停閒率		485÷2200=0.22		22

註：*對設備B新投資70,000元，使每月生產能力增為15,000個，比原生產量6,000個，增加150%之生產能力。

月產15,000個。比目前的生產量6,000個，實際增加150%。此一報告就生產額全部來看，稍有出入，因為從表10-5觀察：A的生產能力已可全部發揮，生產線上的全部能力為10,000個，帳面停閒率為22%，帳面停閒價值485,000元，比五年前所計算的停閒率30%、帳面停閒價值900,000元者，改善甚多，值得加以投資。從整個生產線全部來考慮：700,000元的投資，可得4,000個製品的增產量，投資效率相當高。

　　設備問題通常以經營有關因素，作全盤的考慮，從上例看來，它與開動率及評價，均有關係，可見問題相當複雜。設備應與技術及操作具體結合，此項運用影響經營甚大，正如應與銷售結合，才能夠談得上投資效率，利用停閒設備，可以降低單位產品折舊費用的負擔，提高銷售利益。要相對的縮小設備的帳面價值，必須節省使用總資本，提高總資本的週轉率，此兩者自能提高總資本利益率。

問題討論

1. 推行ISO9001之驗證活動，應該由最高經營管理階層帶頭宣示與躬身力行，以為組織之全體員工落實推行ISO9001之觸媒，如此ISO9001方能落實推展？

2. 生產管理活動，起自顧客訂單與生產計畫，迄至出貨交到顧客指定交運場所，一般而言，對於一個完整的生產管理活動，應該如何進行？請說明其有關重點。

3. 採購管理活動之中，對於供應商與協力廠之篩選與評核作業，乃是確保供貨品質（包括：是否適質、適量、適時、適價、適宜包裝……等）的必要措施，請問此一供應商與協力廠之篩選與評核作業重點有哪些？

4. 存貨管理活動之中，一般而言，均會為保持其存貨品質之適宜性與符合性，而要求作到FIFO（先進先出）的庫存管理基本原則，各種不同的倉儲環境之FIFO具體作法宜如何進行？

5. 設備乃為維持穩定之生產效率與品質績效之必要硬體設施，所以有關設備之維護與保養活動在生產管理系統中占有相當的地位，TPM活動體系乃為設備維護保養活動與生產管理活動的一種活性化的管理技術，請就其如何結合應用說明之？

6. 一般衡量設備的價值與貢獻度的指標有哪些？

7. 委外加工的決策因素有哪些面向應予考量？

8. 安全庫存對於一般的超商或便利商店而言，常受到消費者之嗜好的多變性影響，對於餐飲美食類的安全庫存更是不易掌握，以致於平白喪失許多銷售機會，為調節此一困境往往可藉助於POS、QR／ECR等工具進行物暢其流與業界互通有無之策略，已掌握住顧客與服務顧客滿足顧客，請就物流觀點說明其精義與作法有哪些？

9. 請以實際案例介紹雙方物流、三方物流、四方物流之意義為何？

第十一章

Chapter11

利潤規劃、作業控制、
預算及稅賦

- 利潤規劃
- 作業控制
- 預算
- 財務結構
- 稅賦

利潤規劃

一、什麼是利潤規劃？

「利潤規劃」乃是一項工具，包括：策略規劃預算、生產預算、直接材料預算、直接人工預算、製造費用預算、配銷成本預算……等。要如何做好這些預算、有效地控制成本，就得仰賴於利潤規劃這項工具。

預算制度是現代企業經營管理最有效的工具之一，更是利潤規劃不可或缺的重要利器。企業的年度預算，一般區分為兩大類，即營業預算與財務預算。營業預算係企業每年度依營業計畫所編製之預算，其重點在損益表及其附表，而財務預算係企業各項計畫與預計未來現金及財務狀況所編之預算。如何有效地實施預算制度，充分發揮預算功能，的確是目前企業的當務之急。

預算編製前，應做好預算規劃與分析工作，一個健全而完美的企業預算制度，應同時兼顧預算規劃、預算編製、預算執行及預算控制各階段，而欲使各階段均臻完善，則必須同時兼顧企業預算的技術面與人性面，而預算制度正是管理程序的具體表現，經由良好的規劃與編制，有效地執行與控制，確能較易達成企業之利潤目標，完成企業的使命。

二、企業的財務變化

(一) 追蹤企業的財務變化

中小企業的經營，由於規模較小，又受限於人力、財力的限制，因此，在財務管理上，諸如營運資金融通與調度、利潤規劃與控制、現金流量之預測與管理……等，往往無法進行妥善的規劃與管理，也因此造成財務結構不良的後果。尤其對於長期的、全面性的財務預測與規劃，例如，資本預算決策……等，更無法做好事先的規劃工作，以使企業的營運不能在財務穩定與健全的基礎下，獲得快速、高獲利的成長，故對於企業各階段財務變化須要追蹤與注意。

（二）會計的重要性

　　會計為「企業之語言」（the language of business），其主要任務在提供經濟個體之財務資料，以供有關人士決策之參考。由於近年來會計資料之普遍應用，會計學已漸漸成為人人必須具備的知識。不僅會計工作者須對會計有深入的瞭解，期能充分發揮會計之功能；即使非會計人員，若能對會計有所認識，在今日經濟社會中，必能有所助益。

　　另外，財務報表會說話，財務報表裡的數字往往反映企業經營的實況，在商業實務的領域，會計的重要性已不可等閒視之。懂得解讀數字已經成為在工作上或個人投資上不可或缺的專長之一，故研習會計之人士漸漸增多了。

三、企業的財務結構

　　財務結構分析就是去瞭解一家公司的「資產」、「負債」、「股東權益」之間的比重。這三者的關係，決定一家公司承擔風險與積極創造獲利的能力。且能促進投資及資本形成，可提供中小企業有關投資問題之解答與投資資訊，進而擴大服務層面，以協助排除中小企業升級過程中之種種瓶頸與困難，來增加中小企業投資的機會；同時提供投資診斷輔導，評估與診斷中小企業資金需求與運用規劃，藉由投資手段及策略規劃之輔導，協助中小企業改善財務結構。

　　另外，財務融通對於中小企業而言，是經營管理上的重要環節。如果有健全的財務管理制度，在企業經營上會是一大助力。

　　台灣中小企業的財務結構大部分不是相當健全，其主要的關鍵在於有關公司資本結構的管理不良所導致。除了自有資金之運用外，如何適當的舉債，並且善用供應商所提供的應付帳務資金，以組成健全的公司資本結構，健全公司的財務基礎，以回應突發性的財務衝擊，實為企業管理上的一項重要課題。

四、企業創造利潤的活動

　　為了達成自己預計合理利潤額前提下，將如何持續提高各種收入，有效降低各項成本是企業創造的主要活動。

　　長期利潤與短期利潤如何取得平衡，即創業者如何使事業永續經營之下，以「不殺雞取卵」又能使利潤如涓涓不絕之甘霖、雨露潤澤企業，使事業發繁不已。

中小企業在創業之際,必須創造足夠利潤,方足以使企業永續生存。在創造利潤有兩個觀念必須建立:

1.利潤=收入−成本

在「利潤=收入−成本」公式中,它所要強調內容有三點:

(1) 目標利潤:中小企業在創業前必須依據各種經營因素,如使用各種資產應有合理報酬率、本身勞力支出……等,再加以合計,算出合理應有利潤,以爲目標主動努力去創造。

(2) 收入:包括:創業者在事業經營時產生之銷貨收入、服務收入、其他非營業收入。中小企業採取各種經營策略及市場活動,無非是使收入儘量提高。

(3) 成本:中小企業爲了獲取收入爲目的,必須支付之相對各種代價,如售出商品有銷貨成本、使用人力有人工成本、借入資金則有財務成本、使用房子則有租金成本……等。

2.使用資本報酬率

創業者展開創業活動,必然將使用各種不同資本,以促進業績產生,進而創造利潤活動,創業初期資本與業主權益(股本+保留盈餘+公債)大致上是相同的。所以,對於新創事業可以用資本報酬率來評估投資這些資本到底報酬率是多少。最保守報酬率約18%左右,亦即五年回收資本。若太易回收的計畫,可能要更詳細評估,若可行性很高,這種投資計畫大家都會搶著參與的。一般三年回收的投資案就可吸引人。

五、中小企業如何利潤規劃

(一)利潤規劃的必要性

訂定、分析或核准計畫、規劃目標利潤,清楚溝通績效及結果的數字是經營者必要的工作。一般經營者可能會面臨以下幾個問題:

1. 很難回答成本及利潤影響的相關問題。
2. 在收入和費用間,似乎很難監控。
3. 不能瞭解公司財務報表上所透露的經營管理訊息。
4. 對於公司年報,似乎無法看清全貌。

5. 和財務主管爭論，他的說法似乎有理但卻又讓人滿頭霧水。

6. 呈上預算案，卻很難說出何以然。

7. 所建議的好生意，最後核算卻是穩賠不賺。

面對全球的不景氣，加上台灣傳統產業轉型的迫切需求，年度預算的規劃與編製結果，在在都牽動著整個企業未來的策略布局，尤其年度預算該如何控管並達到預期目標，更嚴重影響到企業的競爭力的表現。

（二）利潤規劃的步驟

1. 建立利潤目標：一個年年都有利潤的企業，並不一定具有可投資的價值；相反的，若一個有明確的長遠發展目標、眼下持續虧損的企業，是很有前途的企業。此外，企業經營除了注重營業目標外，更要重視利潤目標，這是以往企業經營所疏忽之處。企業經營往往於設定營業目標並達成營業目標後，卻發現仍處於虧損狀況，主要原因在未訂定利潤目標，詳細擬定銷售計畫，設定利潤目標，才能從產品結構、市場價位需求來創造利潤，公司才會賺錢，員工才會有福利。在計畫經濟的年代，國有企業之所以缺乏活力，主要是因為國有企業缺乏利潤的目標，因此，建立一個明確的利潤目標，是非常重要的第一步。

2. 決定創造利潤所需的銷售量：有了明確的利潤目標，我們當然要來評估究竟要有多少的銷售量，我們才能獲得利潤。

3. 預估達到銷售量所發生的開支：在建立利潤目標和訂定銷售量後，我們必須分析公司的獲利模式能夠創造利潤嗎？現今大環境的競爭日益嚴苛，而且已經快速步入價格由市場決定的機制，因此，企業競爭上必須以成本控制來創造利潤的減法法則。成本的控制已經成為企業成敗很主要的關鍵因素了，控制成本來創造利潤就成為競爭的首要課題。

4. 基於上述2、3項而來的利潤預估：擬定了銷售量和達到銷售所需的成本，當然還要再做一次利潤預估，這樣才能確切掌握實際上的淨利。

5. 預估利潤與目標利潤做比較：這項比較是為了讓實際利潤能夠更接近預估的數字，畢竟，目標和現實有時可能因為不夠謹慎而產生極大的差距。因此，如果能夠設想周全、按部就班，再將預估利潤和目標利潤做比較，從中找出問題再次做修正，這樣預估與實際利潤的差距才不會相差太遠。列出能夠用來改善利潤的可能方案，找出了問題的癥結後，當

然就要想辦法修正改善，所以這項程序是不可或缺的。

6.決定開支如何隨銷售量的變化而變動。

7.決定利潤如何隨銷售量的變化而變動。

8.從利潤觀點來分析可能方案：實施了那麼多個步驟，利潤不外乎是最重視的議題，這是任何企業的最終關心焦點。因此，一切方案都是以能達到理想利潤來做依據。

9.選擇方案並執行規劃：顧名思義，有了周全的一再考量和比較，進而擬定可能方案，最後當然要選擇一項最有利的方案來實行利潤規劃。

（三）利潤規劃必須具真實性

投資者對公司利潤真實性的質疑是影響市場信心和健康發展的重要因素，如果得不到改善，將會導致市場的進一步動盪，從而直接影響消費需求的擴大和經濟的復甦，所以在擬定利潤規劃時，也要考慮真實性，如果太異想天開，結果只是徒勞無功，上述的步驟也只是多餘的，所以利潤規劃的真實性和實用性是非常重要的。

六、利潤檢查表

（一）你賺錢嗎？

收入與費用分析：

1.是否有訂出一段適當的時間，以找出此期間內利潤多少？

2.是否找出會計期內的總收入？

（1）提供財務或勞務後的總銷貨收入有多少？

（2）貨品被退回多少？

（3）給客戶及員工的折扣是多少？

（4）提供財貨或勞務後之淨銷收入有多少？

（5）其他來源的收入有多少？

（6）總收入有多少？

3.是否清楚公司的總費用嗎？如銷貨成本、房租、營業費用、設備費用勞務薪資、運費、保險費、廣告費、促銷費、維護保養費、折舊、稅捐執照費、利息支出、壞帳、專家協助費……等

4.是否清楚公司的流動比率？（流動資產÷流動負債）

5.是否知道公司的速動比率？（流動資產－存貨）÷流動負債）

6.是否知道公司的總負債占資產淨值比率多少？（總負債÷總資產）（比例愈低愈好）

7.是否知道公司賒銷的平均收款日為多久？（應收帳款÷每日賒銷餘額）（愈低愈好）

8.是否知道公司淨銷貨占總資產的比例多少？（淨銷貨÷總資產）（愈高愈好）

9.是否知道公司的營業利潤占淨銷貨比率多少？（營業利潤÷淨銷貨）（愈高愈好）

10.是否知道公司的淨利占總資產比例多少？

11.是否知道公司的淨利占資產淨值比例多少？

（二）利潤足夠性

1.是否將公司目前的利潤與公司目標的利潤作比較 ？

2.是否將公司目前的利潤與前一年至前三年的利潤作個比較？

3.是否將公司目前的利潤與你的同行的其他公司的利潤作個比較？

（三）利潤趨勢

1.是否分析公司的利潤趨勢？

2.公司是否出售多元化產品或提供數項不同的服務？

（1）找出各項產品或服務所產出的利潤有多少？

（2）找出各項產品或服務所負擔的費用有多少？

（3）找出哪項產品或服務最賺錢，哪項最不賺錢？

（4）找出哪項產品或服務銷售最快，哪項最慢？

（四）基本紀錄

1.是否準備日記簿或特別帳簿（如現金收支簿）？

2.是否制定銷售報告或銷售分析資料？

（1）是否依產品別、部門別、會計期間別訂出銷售目標？

（2）是否目標訂得合理？

（3）是否達到預期目標？

（五）訂購與存貨政策

　　1.是否制訂進貨與存貨政策？

　　2.是否對供應商做商品品質、服務、價格與送貨速度方面之紀錄？

　　3.是否分析向數個供應商進貨或少數供應商進貨的利弊得失？

　　4.是否分析向合作社或其他管道進貨之利弊？

　　5.是否瞭解收到訂貨不足的困窘？

　　6.是否發生過存貨不足的困擾？

　　7.是否瞭解每項產品所需最佳訂購量是多少？

　　8.是否享有單項產品大量進貨時折扣優待？

　　9.是否知道訂購成本和庫存成本多少？

　　10.是否對每項存貨均詳細記錄？

（六）其他財務紀錄

　　1.是否準備應付帳款之分類簿？

　　2.是否準備應收帳款之分類簿？

　　3.是否準備有現金收入之分類簿？

　　4.是否準備有現金支出之分類簿？

　　5.是否準備損益表和資產負債表？

　　6.是否訂定預算？

作業控制

一、控制的角色

　　1.協助管理監督，獲取真實資訊。建立與維持一種適當的制度，應為管理或決策部門的重要任務，因此，凡業務之推動在設計與執行之外，應加以嚴密之控制與考核，一方面為補助一般之管理監督，一方面可提供管理當局最適切有效之情報資料。

　　2.維護資源安全，提供有效建議。控制制度的作用，不僅為內部牽制及內

部稽核，而是包括財務或會計之外其他各部門，亦即一個企業的整體控制制度，管理當局當應儘可能使各項紀錄真實可靠，並進而及時獲得詳盡分析及具體有效建議。

3. 注重整體性控制。控制的範圍，除有關財務、會計、人事等政策計畫執行與控制考核外，其他如工作分析、作業研究等都屬於它的職責，即管制職能是注重面的考核，而非局部性的控制。

4. 重視制度設計。報表或其他報告紀錄等只是初步控制工具，須能特別設計使產生控制監督作用，使該部門或每一人其工作雖各自獨立，但仍相互牽制，即爲現代管制制度的基本構想。

二、有效控制系統的特徵

1. 對公司所處環境中之社會、經濟、政治現況，能有相當瞭解，尤以與公司業務直接有關者，能有分析適應的能力。

2. 能充分明白公司發展的歷史政策、計畫、組織及其業務特質，即對公司具有全面的瞭解。

3. 能對公司組織計畫一般業務狀況及有關作業程序，與控制作業之間的基本關係深切瞭解，而能有效推動或執行職務。

4. 對各部門如生產、行銷、財務、人事等的業務狀況或有關資料，隨時檢查評核提出意見。

5. 能對公司內部或外部有關統計資料或會計報表，分析解釋，並能就其可行或有助益者供作決策參考。

6. 能將考察結果，或自己的觀感用清晰的語言及流暢的文筆，予以充分表達。

7. 充分瞭解會計原則與程序，基本的經濟理論，管制法則，能直接單獨從事調查考核。

預算

一、以預算作為「標準」的溝通工具

（一）預算定義

以會計的角度來看，則為：

1.為將來經營之準繩，並用以控制將來營運進行的一種財務計畫。
2.任何未來成本之估計。
3.任何有關人力、物力及其他資源運用之有系統的計畫。

而由多數學者的定義，則分述如下：

Chris Argiris把預算定義為一種由人來控制成本的會計技術。

Harold Bierman Jr.則認為預算有兩種意義：

一為預測，告訴經理人員它在未來將可能處於何種地位；另一為標準，告訴經理人員預定的效率水準是否已維持或達成。

Fremgen認為預算是一廣泛而協調的計畫，以財務條件表達。

Charles T. Horngren認為預算是行動計畫的數量表達。

Glenm A. Welsh則認為企業預算乃是一種涵蓋未來一定期間內所有的營運活動過程之計畫，它是企業最高管理者為整個企業及其各部門，所預先設定之目標、策略及方案之正式表達。

總而言之，預算具下列各點：

1.預算是一種整體的經營計畫。
2.預算是以財務數字表達對未來之預測。
3.未來之預期乃是一特定的計畫。
4.預算之主體為一組織。
5.預算包括一切財務收入及支出。
6.預算表達相當有系統，以便於分析比較。
7.預算須經相關機構審議通過。

8.預算係執行之準則。

9.預算爲一書面文件。

（二）預算作業的籌劃

由預算作業的籌劃之名稱來看，可知涵蓋了三個程序，即目標設計、計畫擬定與預算籌編等。

1.目標設計——預測具體計畫之成本與效益

任何組織體的需求幾近無窮，而能供自由使用之資源卻有限，故組織之各種目標，則需選擇最重要者。此等選擇須比較達成目標之選擇案所需之成本與效益，並決定其優先順位，故在此階段之決策者，對組織體施政計畫或事業計畫所需達成目標與達成手段之選擇，均須於編制計畫過程中顯示。但其主要目標是，應從事目標分析與達成目標之選擇案分析著手。

2.計畫擬定——決定任務別之最佳計畫要素與分配預算

就目標選定之抉擇計畫實施具體業務及時間設計分配之程序，包括抉擇計畫之多年度所需達成產出水準及必要人員、投入分配等等。並就未來之情勢，確實推測各種抉擇案之作業水準，及達成所須之資金，予以明細表示之，故目標設計皆爲抉擇計畫之組合，實際上係作爲檢討業務實施之主要內容。計畫擬定係結合目標設計與預算編籌之任務，因國家政事或企業經營，其目標設計與預算編籌各具不同情勢，由於不同機構、不同時間，多數未做實際之聯繫，其結果，目標設計以產出爲中心，預算編籌則以投入爲重點。

3.預算編籌——按年度別列出預算統計成本

預算編籌係按計畫編制之多年度計畫方案，除各項業務所需資源之評價外，並須列出年度所需負擔之資金總額。

（三）現金流量的預算與籌劃

編制現金預算表應爲公司財務主管或其他指定負責現金管理之主管人員的責任。現金預算，係根據許多計畫及公司所有部門的預算編制而成，財務主管必須與其他部門人員合作。則可分爲：現金收入部分、現金支出部分；所謂現金規劃是在一定期間內現金狀況的預測，現金規劃包括：現金收入預測、現金支付預測兩大部分，由於對可能之現金流入及流出加以計算，規劃期間可能之現金狀況予以進行自我評估，產生現金計畫，若現金短拙，則應預先籌劃合宜

的資金籌集方式；若現金多餘，則可將其作最有效的應用，現金計畫要與銷售計畫、製造計畫、費用計畫及資本支出計畫等建立密切關係。

一般來說，現金規劃的目的如下：

1.顯示業務按預定計畫經營可能之現金狀況。

2.顯示現金剩餘或短拙。

3.顯示舉債之需要，或閒置資金在投資方面的運用。

4.為現金與下列各項目間之協調預作準備：

（1）整體營運資金。

（2）銷貨。

（3）投資。

（4）債務舉借及償還。

5.建立借款的健全基礎。

6.為現金狀況之控制建立健全基礎。

二、使用預算控制

企業財務人員應直接負起現金狀況之責任。實際的現金收支與預期的年度利潤計畫必有差異。這些差異產生之原因可能有：一、現金影響因素之變化；二、突然及意想不到之情況影響經營；三、現金控制之缺乏。

一個優良的現金控制制度是非常重要的，例如，一個意想不到經營上的改變，也許產生嚴重的現金短缺，因此，管理者應將程度降到最低：一、更加努力的收取帳款；二、減少付現費用；三、延遲資本支出；四、拖延待償付的負債；五、降低存貨；六、改變會影響現金之營業時間。

一般現金控制的方法：一、對現金及未來可能之現金狀況做適當的持續之評價；二、保存逐日的現金狀況之資料。

財務結構

一、財務結構分析

分析財務結構分析乃指分析企業財務結構的情形。一個企業在年終編制的財務報表，其資產、負債和業主權益，是表示財務狀況良好與否，從其列示的各項目，可以分別尋求其相互間的關係，分析時，將資產負債表內所列的各項目，選擇重要而互有特殊關係的來分析，例如，固定資產占資產總額比率的多少，固定資產占股東權益總額比率的多少，股東權益占資產總額比率的多少，負債總額占資產總額比率的多少，股東權益占負債總額比率的多少，這些比率分析的結果，都可以具體的瞭解其現象。

財務結構分析，是屬於資產負債表內個別比率的分析，所以又稱為特定比率分析。

1.固定資產與資產總額比率

固定資產與資產總額比率，是表示企業固定資產占資產總額的成數。如果固定資產所占的比率高，則表示經理人員要注重固定資產的管理是否有不妥善的地方，以免造成閒置產能。

2.固定資產與股東權益總額比率

固定資產與股東權益總額比率，又稱為固定資產與資本比率，是表示固定資產來自於自有資金的比率。如果固定資產占股東權益總額的比重大，是表示自有資金供給固定資產的能力已充分被利用；如果固定資產占股東權益總額的成數少，則表示可以作為日常運用的資金充裕。

3.股東權益與資產總額比率

企業的資產總額，其資金來源，一方面是由股東投入，取之於股東；一方面是由於賒帳、短期借款或長期借款，取之於債權人。股東權益與資產總額比率，是表示股東投入資金占資產總額比率的成數。

4.負債總額與資產總額比率

負債總額與資產總額比率，又稱為負債比率，是瞭解負債總額占資產總額的成數，表示企業的投資財力是否良好。依照會計的基本方程式，資產＝負債

＋業主權益，如果負債占資產總額的比例高，則業主權益占資產的比率就低；相反的，如果負債占資產總額的比率低，則業主權益占資產總額的比率就高。前者是表示業主的投資較少，後者是表示業主的投資較多。如果業主投資少，對債權人提供的保障就較弱，這種情形，業主的投資財力當然不好；如果業主投資多，對債權人提供的保障就較強，這種情形，業主的投資財力，就算良好。

二、償債能力分析

償債能力分析乃指分析企業長、短期償債能力情形。提供短期資金給公司的提供者，或者是賒售商品給公司的業者，對公司的短期償債能力，非常重視。如果公司具有良好的短期償債能力，則公司的日常經營就非常靈活。

1.流動比率

流動資產，又稱為運用資產，是指經營業務時，最迅速的資金來源而言；流動負債，是指在最近的未來，必須清償的債務而言。流動資產對流動負債比率，是表示此一企業的償債能力，這個比率，在會計上稱為流動比率，通常又稱為運用資本比率。

2.速動比率

速動比率，是指速變流動資產對流動負債的比率而言。這一比率，是測驗每元的流動負債，有幾元速變流動資產可以抵債。所謂速變流動資產，又稱速動資產，或稱為速變資產，是指現金、銀行存款、應收票據、應收帳款和短期投資的有價證券等，但不包括存貨在內。

3.利息保障倍數

利息保障倍數，乃在於計算企業每期所獲得的盈餘與對外利息費用固定負擔的倍數關係，藉以測驗利息費用獲得當期盈餘保障的大小，故又稱盈餘為利息倍數比。

三、經營能力分析

屬於資產負債表和損益表聯合比率分析，這種分析乃將資產負債表和損益表內相關的各個項目，作某種極有價值的比率分析，用來分析一企業的經營能力，例如，測驗收款的效率，測驗資產及自有資本的使用效率等。

由於這種比率分析，既不屬於資產負債表的財務狀況分析，也不純粹屬於損益表的營業情形分析，所以又稱為補充比率分析。不過，這些項目的分析，對企業的經營，可以提供改進參考、營運決策、以及加強控制等管理功能，雖然屬於補充分析，嚴格來說，比財務狀況和營業情形分析，反而更重要。

1.股東權益週轉率

股東權益週轉比率，是表示股東權益在營業期間週轉的次數，藉以測驗企業的資金運用是否得當。按一般經濟原則，是要運用最小的資金，獲得最大的利益。如果股東權益總額大而銷貨淨額少，就表示以鉅額的資金，經營小小的業務；反之則表示以少數的資金，經營較大的業務，前面一種情形，可以說是資金運用不當，後者可以說是資金運用得適當。

2.應收帳款週轉率

應收帳款週轉比率，又稱為收款比率，是表示應收帳款在營業期間週轉的次數，藉以測驗企業的收款成效，通常企業發生賒售商品的程序是：應收帳款→現金→商品→應收帳款，商品賒售以後，一方是記載貸銷貨收入，一方是記載借應收帳款，這種應收帳款，也許可以收回，也許不能收回，欠帳的期間愈長，則不能收回而發生壞帳的可能性愈大。

3.固定資產週轉率

固定資產週轉率，是表示銷貨與營業設備（工廠設備）增減變化的關係，用以瞭解固定資產的增減，是否隨營業的擴張與否而作比例增減。一般來說，營業逐漸擴大，營業設備也作比例增加，如果營業未曾日益增大，而固定資產增加時，則有呆滯資金的現象。

4.總資產週轉率

總資產週轉率是表示銷貨淨額與資產總額的增減變化關係，瞭解資產總額在營業上的運用情形。如果比率高，是表示每一元資產的投入在營業上帶來較大的收入，因此其使用效率良好；如果比率低，則表示資產在營業上運用不得宜。

四、獲利能力分析

屬於損益表比率分析，是指對企業的營業情形加以分析，分析時，對損益表內所列項目，分別求出其互相間的關係。由於企業的主要收益來源就是銷貨

（營業收入），又由於企業的一切成本和費用，都是用銷貨的收益來支付，所以，獲利能力分析，都是以銷貨淨額為基礎，將銷貨成本、銷貨毛利、營業費用、營業純益、以及本期損益等重要項目，與其作成比率，分別來分析其營業期間的營業情形是否良好。然後再將期末純益與資產總額和股東權益作成比率，藉以瞭解此一企業的獲利能力，因而目前實務上，將其劃分為獲利能力分析。

1.營業毛利率

營業毛利率是表示銷貨淨額在減除營業費用以前，所能獲得銷貨毛利的百分數。

2.營業利益率

營業純益與銷貨淨額比率，是表示銷貨毛利減去營業費用以後，其餘額對於銷貨淨額的百分數。這一比率，可以看出營業純益的成數多少，也就是可以瞭解本業獲利厚薄的情形。

3.稅後淨利率

本期純益（期末純益）與銷貨淨額比率，是表示營業純益加上非營業收益減去非營業費用以後，其餘額對於銷貨淨額的百分數。這一比率的大小，非營業收益和非營業費用對其影響很大，有時候營業純益不高，而非營業收益很大時，本期純益將提高；相反的，如果營業純益很高，而發生的非營業費用很大時，本期純益必然降低。

4.營業費用總額與銷貨淨額比率

企業經營時，常常只顧慮到銷貨的多少，或只顧慮到銷貨毛利的多少，而忽略了營業費用開支的大小，以致影響營業淨利的多寡。營業費用總額與銷貨淨額比率，就是用以分析這種情形的比率。

經營企業要想獲得優厚的營業淨利，對於費用的開支，是不容忽視的。進一步說，要想追求優厚的營業淨利，就必須嚴格控制營業費用，費用開支愈小，獲得的營業淨利愈高。

5.股東權益報酬率

股東權益報酬率目的在衡量股東權益在經營報酬的大小，此比率愈高，表示相對於股東權益報酬較高；反之，比率愈小，表示相對於股東權益報酬較低。

6.資產報酬率

資產報酬率目的在衡量企業總資產在經營報酬的大小，此比率愈大愈佳，表示企業的稅後報酬率愈高。因為分子已扣除了稅負而分母不變，故本項報酬率一定小於稅前總資產報酬率。

稅賦

一、稅賦之分類

稅賦除有直接稅與間接稅，以及國稅與地方稅等多種分類外，尚可按其性質分為所得稅、財產稅、消費稅等類型，其內容如下：

1. 所得稅：所得類之稅目包括：綜合所得稅、營利事業所得稅及土地增值稅。
2. 財產稅：有關財產稅之稅目包括：遺產稅、贈與稅、地價稅、田賦、房屋稅、礦區稅及使用牌照稅。
3. 消費稅：消費性質之稅目包括：關稅、貨物稅、營業稅、娛樂稅及菸酒稅。

二、所得稅

公司所得稅之型態　自然人有所得應納個人所得稅，因此，法人有所得亦應納法人所得稅。故法人所得稅又稱公司所得稅，因我國除公司課徵所得稅外，另對獨資、合夥及合作社之盈餘亦課徵所得稅，故不宜稱公司所得稅，乃改稱營利事業所得稅。

公司所得稅在型態上大致可以分為兩大類。第一種係以法人實在說為立論基礎之獨立課稅論公司所得稅。法人實在說認為法人為單獨之權利義務主體，可擁有財產亦可成訴訟之對象，因此，法人之所得與股東所分配之盈餘，應分別納稅，兩稅之間不應有任何連繫，分別獨立存在。

另一類型之公司所得稅係以法人擬制說為基礎，稱為合併課稅論公司所得

稅。法人擬制說認為法人係法律所虛擬者，法人與股東間有密不可分之關係，因此，公司與股東之所得稅應合而為一。

三、 營業稅

（一）營業稅之意義

　　營業稅係對營業人銷售貨物或勞務行為所課徵之一種銷售稅。按營業稅之課徵有對交易過程中，製造、批發及零售各階段銷售行皆課稅者，稱為多階段銷售稅；有僅對其中某一階段銷售行為課稅，而對其他階段銷售行為不課稅者，稱為單一階段銷售稅。此外，營業之課徵，其標的有就銷售貨物或勞務之毛額，即銷售總額課稅者，謂之毛額型營業稅；亦有僅就銷售中之加值額課稅者，謂之加值型營業稅。

（二）納稅義務人

　　營業稅之納稅義務人如下：

1.銷售貨物或勞務之營業人：所謂營業人則指有下列情形之一者，為營業人：

（1）以營利為目的之公營、私營或公私合營之事業。

（2）非以營利目的之事業、機關、團體、組織，有銷售貨物或勞務者。

（3）外國之事業、機關、團體、組織，在中華民國境內之固定營業場所。

2.進口貨物之收貨人或持有人。

　　課徵毛額型營業稅之範圍，我國現行營業稅係毛額型營業稅及加值型營業稅兩種兼採者，但以加值型營業稅為主，毛額型營業稅為輔。原則上我國係採加值型營業稅之國家，僅對下列幾種課徵加值型營業稅較有困難者，採毛額型營業稅。

（三）課徵毛額型營業稅之範圍

1.金融及保險業：銀行業、保險業、信託投資業、證券業、期貨業、票券業及典當業。但銀行業、保險業及信託投資業經營非專屬其本業之銷

售，如倉庫、保管箱、機器之出租，以及經營不動產等，得選擇按加值型營業稅納稅。惟選定後三年內不得變更。

2. 特種飲食業：包括：夜總會、有娛樂節目之餐飲店、酒家及有女性陪侍之茶室、咖啡廳、酒吧等。

3. 小規模營業人：指規模較小，每月銷售額未達使用統一發票標準之營業人。

個 案 研 討 一　折舊與借款之對應

　　某機械加工製造工廠，其經營狀況、銀行信用等均佳。最近擬借款一百萬元，以擴充設備，因此就借款、設備及其有關銷售、賣價等加以檢討（如表11-1所示）。

表11-1　借款餘額分析

	0	1	2	3	4	5	6	合計
借款餘額	100	100	80	60	40	20	0	0
還款額	—	—	20	20	20	20	20	100
折舊費	—	15.2	12.9	10.9	9.3	7.9	6.7	62.9
利益歸還	—	—	7.1	9.1	10.7	12.1	13.3	37.1
帳面價值	100	84.8	71.9	61	51.7	43.8	37.1	37.1
利　　息	9	10	9	7	5	3	1	44

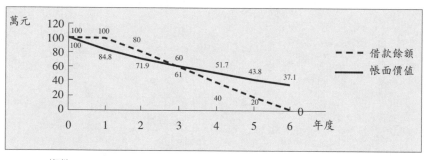

條件：

1.設備投資額100萬元。
2.銀行貸款額100（全賴貸款）。
3.設備完成後一年起分年，每年分五期平均償還。
4.折舊方法以15年計算，定率15.2%。
5.借款利息年利10%。

圖11-1　借款餘額 vs. 帳面價值

　　檢討結果如表11-2所示，該工廠至第六年度終了，資金的剩餘情況，仍能令人差堪滿意。開始之初，常為資金不足而苦惱，其他部門資金亦無餘裕，週轉資金即使用設備借款之應還款項；並將以開支票或賒欠等手段來應付週轉資金。關於此點，直至第三至四年始有改善可能，六年後借款還清，當可漸入佳境。

　　問題是設備資金之收回比率，如何與設備資金之還款期相對應。一般的經營分析，把固定資產的收回，放在折舊費用上面；資本之收回，則以總資本週轉率、利益率來測定。實際上每一資金調度條件（收回率）都受到每期折舊額之影響。本例之借款條件為一年分五期平均攤還，同時借款條件有異於一般之條件，因其全部資金均依賴借款，故借款本息之償還，亦全部依賴設備之收益及其折舊，所幸收益良好，尚能按期攤還。一般來說為了保留損益表上的黑字，緩和還款的逼迫，而以低額折舊及以短期資金流用為手段，可說是過分天真。

表11-2　還款能力分析

年度	0	1	2	3	4	5	6	合計
還款額			20	20	20	20	20	100
利息	9	10	9	7	5	3	1	44
必需資金	9	10	29	27	25	23	21	144
折舊費	0	15.2	12.9	10.9	9.3	7.9	6.7	62.9
支付利息	9	10	9	7	5	3	1	44
利潤	(-) 9	(-) 10.2	7.1	22.1	30.7	32.1	32.3	105.1
完稅	—	—	(-) 2	(-) 11	(-) 15	(-) 16	(-) 16	(-) 60
資金源泉	0	15	27	29	30	27	24	152
餘額	-9	+ 5	-2	+2	+5	+4	+3	+8

個 案 研 討 二　自有設備與租用設備

一、生產或銷售活動之必需設備

　　企業必須使用自有資金或長期借款用以購置屬於自己之設備，只有這樣才能夠提高利益率，對於短期的不安全營業項目，才可以利用減少資金負擔之優點，租用設備使用。租用設備的代表性事例為土地、店舖、事務所、電子計算機等，有時也有租用工廠或機械的。自有設備與租用設備的得失，應就公司本身的條件，具體的檢討，以求適當的結論。須知二者之利害得失，影響企業之經營成績，至大且鉅。

二、資金

　　自購設備當然需要資金，此項資金可從資本金、公積金、借款、公司債等調度而來，必須就設備之利用狀況、收益狀態等來考慮，因為這些型態與費用或利息之負擔有關。他人資金如銀行借款、公司債等，均須負擔利息，公積金等內部保留金額，亦應計算利息，關於此點，容另行詳細檢討。

　　自有設備所投下之資金，以折舊方式攤回，資金之利息費用，亦應以列為設備之成本為原則，不過，在實務上還須與稅法規定及耐用年數以及資金之償還條件一致。至於租用設備則資金上的問題比較簡單，如權利金、保證金等，其利息問題，可視同自有設備，於利用期內攤還。一般言之，租用費用較自有設備之折舊費用稍高，因租出人必須計算設備之利息、折舊、服務費用等必需經費與利潤。計算公式如次：

　　　租用費＝折舊費＋維持費＋資金費用＋平均銷售利益

　　上式不適於土地之租用，因土地並無折舊。如設備需大量而長期之資金，而對於資金之調度償還頗有餘裕，則以自購設備為宜，因自有設備雖有若干費用與利息負擔，但不包括利潤在內，故其產品之平均銷售利益率較高，計算公式如次：

　　　自有設備費用＝折舊費＋維持費＋資金費用

三、設備之利用

　　自有設備可供資金調度擔保之用，尤以在土地不斷增值情形之下，由於地產之增值，進而提高擔保之能力。土地以外的設備如在物價上揚之際，或由於銷售利益之增加，則借款之歸還較屬有利。但因有投機意味，非正常經營所宜採取。

　　當利用設備之際，自有設備與租用設備有基本上的不同，這個問題應從自己所有與他人所有為著眼點來考慮。首先擔保能力就是值得考慮的問題，但為了保全自己的設備，必須修繕，火險也是自己的責任，因此，有無保養及管理能力為自購或租用之決定性因素之一。如設備需大量的、專門的保養，則租金之中實包括保養費用在內，

在此情形之下,自購設備即是非良策。

　　租用設備的最大優點是不需購置資金,且可於必要時解除契約。一般設備須長時間始能收回購置設備之資金,如中途變更營業方針,則變賣設備勢必產生損失。

　　從這一角度來看,租用設備自屬有利,尤以所營事業競爭激烈,難期久遠時,租用設備較為適宜。相反的,自購設備基於成本固定化,在縮小生產時期,固定費用相對的增加,足以使利益計畫難以實現。

四、財務比率之比較

　　自有設備在資產負債表上以「固定資產」表示。另一方面,同樣設備、同一銷售額所使用之租用設備,則不予表示。由於自有設備包括在使用總資本之內,此在財務比率之計算與經營分析方面,便有不同的結果。簡單的事例可從銷售利益率、總資本利益及總資本週轉率來考慮。

　　為了使問題單純化,所以將維持費用及利息等暫不計入,茲舉例如次:

　　假定總資本利益率平均為10%,A為自有設備,使用總資本200,固定資產為100,折舊費為10%,銷售額為200。B為A公司同一營業而租用設備者,總資本之中不列固定資產100,亦不需折舊費10%,但須支付租金20,結果同一銷售得到不同的利益及銷售利益率,總資本週轉率亦不一致。C為B租用設備之對象,C公司之設備及使用總資本各為100,以租金方式取償,按B公司銷售額提10%的租金,並計列10%的折舊費——此與A公司相同,利益為10,但按銷售利益率計算,則高達50%。總資本利益近利息收入,A、B、C公司均為10%。此一現實問題可就企業利潤率來考慮利潤高、還是租金高?二利相較取其大(如表11-3所示)。

表11-3　財務分析表

	A 自有設備	B 租用設備	C 出租者
銷售額	200	200	20
銷售利益	20	10	10
銷售成本	180	190	10
折舊費	10	—	10
租金	—	20	—
其他成本	170	170	—
使用總資本	200	100	100
總資本利益率	10%	10%	10%
銷售利益率	10%	5%	50%
總資本週轉率	1.0次	2.0次	0.2次

註:總資本利益率=銷售利益率×總資本週轉率。

此外，所得稅問題亦應併於考慮，以本例而論，設將B與C合併，則除C之收入與B之租金適相抵銷外，其餘各項由於合併之結果，與A之同項完全相同，其中，B、C之利益各為10，合併後則為20，亦與A之利益相同，但因所得稅為累進稅率之故，合併後之企業，必將負擔較高稅率之稅額，因之，合併後之稅後盈餘顯較合併前為低，換言之，A公司如此照B、C分設兩機構，則其稅後淨所得當可提高。

個案研討三　小型百貨商店的財務預算方法

　　計畫和預算，是零售商追求利潤的一種基本要素，預算對於某一個特定期間內的經營能供給一個全盤性的計畫，這個計畫是基於現有的需要和將來獲利的狀況而作的一個深入、透徹的研究，由預算可以產生一個制度，這個制度乃用以作為商店內的各項結構及業務上的協調，由預算更可以產生數字上的實現與經營的分析，檢討和效果的控制。

　　本個案所探討乃著重於以下的三種預算方法：商品的預算、費用的預算、財務的預算。

一、商品的預算

　　商品的預算又可稱為商品的計畫，通常來說，大多數的小型百貨商店對於銷售問題，大多不會加以預測或預先作一個計畫，縱然有，但大多不太適當。例如，利用去年的銷售數字作為今年度預算的根據，或只依靠個人的判斷，這都是不夠系統化的方法。所謂百貨商店，當然不止出售單一種的貨品，所以為了計畫或預算上的種種目的，商店的銷售額一定要按照各部門的不同商品而作計畫，每種商品及每一部門的銷售數字，就可以作為單位銷售的發展計畫。但是，利用單位銷售作為計畫的，通常不太多。如果要作一種提高商品售價的預算，應該從各部門單位入手，在作提高售價之前，應該依照其他各部門的售價狀況比照全盤的平均狀態來作比較。換言之，不應該偏重於某一種的商品的利潤，以求平穩發展，且負責作預算的計畫者，也應該對銷售的數字、價格策略、購買政策，以及每月每個部門貨品的庫存量，都應以三個月或六個月為一期，作詳細數字的記錄。

二、費用的預算

　　在作利潤評估及計畫的時侯，應該立下一個特定的目標。然後審慎地列出應有的費用預算，使費用的數字，有所控制，以期達到獲利的地步。在做費用預算時，最好參考同業的資料作比較。在美國有一個協會，稱為「零售商協會」，該協會具備一種建議式的費用、帳戶分類制度等資料，可供參考。在美國的小型百貨商店，其銷售額每年在一百萬美元以下的，對費用上的預算，通常也不太積極。

三、財務的預算

　　百貨商店的經理人，首先應該對其商店的財務和會計活動事項，作徹底的瞭解，如此所作的財務計畫才能有助於整間商店的主要活動——銷售。然而，有許多小型商店的經理人，往往沒有考慮到商店的經營邊際利潤，和有效的財務管理與控制，以及

資金的適當運用，有重要的影響。財務預算的方法，通常先利用一個已編制好的資產負債平衡表作為預算的根據，這個報表會反映出在一個預先假定的銷售量，以及其費用與財務的情況下，各項資產的預期分配是如何？瞭解了資產的分配狀況後，才可以作一個更為準確的財務預算；再觀察報表上由於會計事項活動於借貸後所反映出來的現金是否過度短絀，或固定資本方面是否有增添的必要，不過，在事實上，普通以較大的百貨商店才會有增添固定資本的需要而作預算。在今後十年內，由於人口預期的增長，許多百貨商店將會沒有足夠的設備、空間和人力去應付銷售量的增長，如果能預先做適當的財務預算，對於將來的擴張，就無需依賴高利貸款去作長期維持了，在這種情形下，財務預算的首要工作，就是分析投資的報償率。

百貨商店應儘量使用自己的資金，其次，才研究使用外界的資金，做好這個分析，就不會失去預算的控制了。再者，對於手頭上現金的預算，亦應按月或按季預先做好。所謂現金的預算，是包括基於商品銷售的預測，所能獲得的預定收入額、支出額。這種預算，可以有助於避免現金過多因而怠用而發生收益上的損失。同時，又可以確定現金的數額是否足以應付目前及日後環境的需要。

財務預算，亦可以被使用於比率分析方面，如流動資產與流動負債之比、資本額與負債之比、銷售額與平均資產之比，及資本回轉率等等，這些比率，應該參照過去多年的資料而編制。管理商店的較佳辦法是預先將銷售購買、費用與現金的使用等都作一個全盤性的預算計畫，這種預算要同時對資產負債表及損益表作衡量和比較，對於商店的利潤，為什麼會增？為什麼會減？ 能瞭解以後，要應付未來的問題，自然就容易尋求答案了。

問題討論

1. 利潤計畫與營運計畫乃是企業組織的經營管理成功與否的重要Guide-line，所以對於任何依照此計畫延伸發展的行動計畫，諸如：人力資源、生產管理、營業管理、財務管理、資金預算、投資……等計畫，均需予以納入考量評估與確立，請就此觀點說明有哪些重點需加以關注？

2. 企業組織的人力資源發展計畫，請舉一個案例說明應如何與其組織的利潤計畫與營運計畫相結合，以使該組織在其營運規模成長之時，得以適應與維持永續發展的優勢？

3. 企業組織的永續發展，需具有紮實的競爭優勢，請說明企業組織的競爭優勢應該如何予以建構？要考量哪些有關於利潤計畫與營運計畫？

4. 資金預算乃是左右企業組織的利潤計畫與營運計畫成功與否的關鍵，對於一項投資計畫而言，其資金的供給與需求計畫乃是相當重要的，請說明資金的供給與需求計畫的主要項目與具體作法有哪些？

5. 請說明投資營運計畫的利益關係人的關注焦點議題有哪些？

6. 投資購買公開發行公司之股票時，應該注意哪些上市上櫃公司的公開資訊？

7. 投資購買末上市上櫃公司的股票時，應該注意哪些市場資訊與其財務資訊？

8. 對於擬創業者，除了對擬創業之業種與業態應深入瞭解分析之外，是否應該關注政府的獎勵投資措施？而其措施資訊來源有哪些管道可以取得？

9. 租稅措施對於一個創業者或事業經營者，是相當重要的營運與利潤計畫考量項目，請就您所知的租稅措施說明其關鍵點有哪些？

10. 對於資產負債表的財務狀況與損益表的營業情形分析，請就某些經營指標說明其與企業組織的營運績效有何種關係？又如何將不具績效的經營指標進行改進？

第十二章

Chapter12

中小企業電腦科技的應用

- 資訊在中小企業的角色

- 資訊的來源及保存、整理原則

- 管理資訊系統（MIS）的作業單元

- 內部稽核的e化重點

資訊在中小企業的角色

企業需要各項「資訊」來幫助解決問題，而資訊需求可分三類來看： 第一，一般環境；第二，企業資源；第三，消費大眾。

一、一般環境

（一）科技環境

科技爲企業帶來效率、利潤及競爭優勢，所以對於科技資訊應確實掌握，例如，對手採用何種先進科技、是否適合我們、可否創造利潤等。

（二）政治與法律環境

瞭解政府對企業的保護、協助輔導、直接經營、引導與管制及課稅等五大項措施及法律的規定（例如，票據、組織、契約等）以免誤觸法律。

（三）國際環境

若要到國外設廠，則必須瞭解當地人力市場情況、文化背景、政府法律等資訊。

二、企業資源

（一）人力資源

如何以最經濟的方式取得人工？如何施予不同訓練？需要大量勞力或科技人才。

（二）資金市場

企業經營需要資金，則須瞭解該以何種方式獲得資金？政府的金融制度等。

（三）天然資源

如原料、礦物、能源等，使企業產出產品之需要。瞭解石油價格、化學用

品是否生產過剩？

三、消費大衆

（一）行銷市場

　　如何提高行銷效能，瞭解消費者的行爲、市場研究分析、訂定價格、行銷路線等，由生產導向變爲行銷導向。

（二）社會責任

　　企業利潤是來自於企業經營效果及消費大眾所處的社會環境，企業若想長期經營必須關心利潤之外的周圍環境，如員工福利及環保概念等資訊。

資訊的來源及保存、整理原則

一、資訊來源

　　獲得資訊後，需經專家分析做成報告以輔助決策，因此專家是否要某一資訊也須考慮。 而取得資訊的方式有三種：

（一）內部資訊

1. 產品分析：自己擁有一個製造實驗室，便可輕鬆獲得資訊，以方便決策者適時改變產品性質以提高競爭優勢。
2. 公司資源：指部門、組織對某一產品或運作方面的各種意見，因爲對產品認識較深。
3. 連接各方資訊：公司內每個人的意見應連結起來填滿由少數主管的意見所形成的代溝，應建立一非正式的組織，使大家能很輕易溝通的網路。
4. 內部專家意見：專家的看法通常較廣泛且全面化，最能代表公司企業的想法。

(二) 外部資訊

1.找資料庫：商業或科技資料庫、圖書館、諮詢中心等。
2.同業資料：有關於同業的資訊皆可作參考，以知其不足而加強自己避免重蹈覆轍。
3.顧問：可由顧問公司所處理及分析的個案中，可找到許多寶貴的經驗及資料。
4.外部專家：由外部各方面的專家所發表的文章、產品規格內容等，去蒐集資訊。

(三) 研究調查

研究發展部門透過問卷調查或電話訪查，可把重要的資訊挖掘出來，以供參考，而這些資訊都是最真實的資訊而非從旁蒐集的。

二、保存、整理原則

蒐集到資訊後，應判斷是否有價值而予以保存、整理，可參考下列四個原則：

1.資訊的正確性
若企業急需各類資訊，但若其正確性不足，不僅無用，反而會使企業蒙受損失。

2.資訊的成本
資料的蒐集、整理、分析都需成本，若成本太高，造成企業負擔而賠錢，亦是不好的。

3.所需時間
資訊能幫助企業預測未來的事情，若獲得資訊的時間過長，喪失時效性，便毫無用處了。

4. 是否需要
在資訊爆炸的時代裡，不怕資訊不足而是太多而繁雜，如何從浩瀚的資訊中選擇適合、有用的信息才可使企業獲益。

管理資訊系統（MIS）的作業單元

一、資訊的需求

「資訊」（information）是指爲減少一些不確定事物的任何刺激（stimulus），而「需求」則是指存在於個人的任何不確定事物。所謂「資訊需求」即是指個人的內在認知與瞭解的狀態，與外在環境接觸後所產生的不確定，試圖找尋可供判斷此不確定事物的一種功能。廣而言之，即是個人在所處的環境中，基於某種理由，或是爲了要解答一個問題，或是爲了工作上的需要，甚至純粹爲了增廣見聞，而對資訊所產生的一種需要，都可以視爲是一種「資訊需求」。

有了資訊需求，才會產生資訊尋求的行爲，且不論是經由何種管道取得資訊來源後，才會去使用資訊，滿足其資訊需求，而完成一連串的「資訊的需求→尋找→利用→滿足需求」的過程。

二、資訊被引用的目的

資訊的目的就是減少不確定性，運用資訊的觀點，將系統運作看成資訊的流動，再加以解釋和處理。在當今資訊爆炸的社會，資訊的流動和製造無時無刻都在發生，資訊理論能夠提醒任何的個體或組織，唯有運用資訊，才不會陷在無窮盡的資訊洪流中被資訊打垮。

三、資訊需求的例子

智慧地使用資訊與規劃周詳的資訊系統是企業管理者的一大資產，企業高階主管在進行策略規劃與目標設定須要資訊的協助。也許企業今日最迫切的問題在於如何抑制成本，所以即時、相關與可靠的財務資訊在任何企業的管理系統中是不可缺少的。不管是爲了企業本身的目標或是爲滿足外在的立法與評鑑的要求，企業都必須持續不斷地監控與評量其績效。而績效評量與監控須要即時的管理資訊。

企業高階主管到底須要哪些績效評量指標？Rockart教授曾提出關鍵成功

因素（Critical Success Factor, CSF）方法來定義高階主管的資訊需求。要找出正確的CSF必須分析公司的策略與目標，一旦CSF決定後，再設定評量指標，這些指標將來可反映在主管資訊系統（Executive Information Systems, EIS）上。上述定義高階主管資訊需求的過程是費時的，研究參考同產業其他公司的EIS是較快決定高階主管基本資訊需求的方法之一。雖然不同公司各有其CSF與指標，但是某特定產業或多或少都有一些特定的通用指標。根據這些基本高階主管資訊需求，可加快正式定義績效指標的流程。

高階主管有使用EIS的企業在比例上並不多，雖然沒有正式研究數據，國內的狀況應該比國外來得低。還好在國外有幾篇關於醫院高階主管使用EIS的文獻。雖然國內外產業結構不同，但是某些特定通用的指標還是可以參考。

四、資訊流的特性

資訊流係指相互關聯之人員、設備與程序的連續結構，用來蒐集、整理、分析、評核和分配有關的資訊，且能提供行銷決策者重要、適時且正確的資訊，以改善其行銷規劃、執行與控制。資訊流的主要功能在於：傳遞、轉換及儲存資料，以提高作業效率、提昇管理能力、增加競爭能力及掌握顧客需求；而目前發展的重點在於：電子訂貨系統（EOS）、銷售點管理系統（POS）、加值型網路（VAN）及電子資料交換（EDI）。綜上所述，資訊流具有下列四大特性：

（一）系統性

資訊流先決定所需要的行銷資訊，然後產生或蒐集所需資訊，再利用各種統計分析、模式建立及其他數量分析技術來處理這些資訊，而各項資訊作業互相連貫配合，成為一個整體的系統。

（二）連續性

資訊系統的作業是要連續進行的，並不是一種間歇的、斷續的活動。如此才能在需要用到資訊的時候，就可以很快的取得合適的資訊。

（三）管理導向

行銷資訊系統不只是用來幫助我們解決目前所遭遇到的行銷問題，更可以

用來診斷目前的問題。行銷資訊系統可用來偵測行銷環境的改變，分析行銷機會與威脅，規劃行銷策略，並做為執行和控制的基礎。

（四）整體性結構

資訊系統不僅只是電腦與機器設備而已，還必須要加上操作這些機器、提供資訊與處理資訊的人員及種種程序。因此，行銷資訊系統是由人員、設備和程序密切配合而成的一個整體性結構。

五、資訊的功能

資訊流的主要功能說明如下：

1. 傳遞：指資訊網路間資料的移動。
2. 轉換：將資料轉換成可用於決策所須資訊的活動。一般而言，資料轉換發生的情況有兩種：
   （1）基本資料處理作業，包括：資料分類、檢核、比較及簡單的數學方法處理。
   （2）應用統計或數學方法作較為複雜的資訊處理。
3. 儲存：包括：整理彙集、建檔、檢查及檔案保存。

六、選擇MIS種類

MIS 的範圍非常廣泛，無法立即建立，所以需要做成階段性的計畫，將MIS劃分成幾個有意義的子系統以逐步建立。MIS與各資訊系統簡述如下：

1.MIS與電子資料處理（EDP）

EDP處理日常例行之交易資料並產生報表以支援組織活動。MIS則提供資訊以支援組織的決策、規劃與分析，且EDP強調效率，MIS強調效果，EDP提供詳細、未經彙總的資料，提高日常作業效率，MIS是以資訊資源加強競爭優勢。

2.MIS與決策支援系統（DSS）

DSS專門協助人們作決策，利用try and error方式找答案，用來規劃、分析行動方案。

3.MIS與策略資訊系統（SIS）

SIS指利用IT來支援或強化現行的策略，或創造新的策略機會。SIS強調「時間性」與「創造性」，重點不在系統如何運作，而在運用IT獲取競爭優勢，時機和領先成為主要關鍵！

4.MIS與資訊資源管理（IRM）

IRM的觀念，是就整個組織著眼，對資訊資源作整體規劃及控制。強調組織績效。

5.MIS與使用者自建系統（EUC）

EUC即是讓使用者自行設計自己的應用系統。〔運用4GL（好學易用、節省人力時間，但執行所須時間遠超過傳統語言）〕。

6.MIS與辦公室自動化（OA）

以電腦支援知識工作者可獲最大之利益。

7.MIS與電腦整合製造（CIM）

整合了MIS電腦、工程設計的CAD/CAM電腦與彈性製造系統的主電腦，使得各製造程序統合在一個系統下。

8.MIS與專家系統（ES）

ES運用人類知識來解決須專家解決的問題。包含了：知識庫（knowledge base）、推論機（inference engine）、知識擷取系統（knowledge acquisition module）、 解釋及交談介面（explanatory interface）。

七、電腦在企業裡的角色

電腦過去扮演的角色主要在於提昇人類社會的生產力，但是在20世紀末的前十年，電腦的角色有著戲劇性的轉變。尤其是以電腦網路為主的技術，正以驚人的速度發展。影響所及，電腦再也不只是單純的生產工具，透過網路聯結和多媒體的表現方式，電腦即將成為大眾傳播的一個通道。

目前企業之競爭非常激烈，在競爭中誰能掌握最新情報誰就能勝利，所以對資料之蒐集、分析、比較、分類等工作，這些工作若由人工加以處理其速度上已不能適應如此激烈之競爭。而且許多企業界人士都是根據儲存在電腦系統中的資訊來做決策。一個沒辦法去存取電腦系統並有效地找出所需資訊的企業界人士會發現，工作執行起來是多麼困難。您能想像一個股票經紀人不能方便

地取用電腦儲存的股票價格，他能有效地來應付眾多忙碌的客戶嗎？

　　總而言之，電腦在企業中大約可應用於會計、統計方面的薪資計算、成本分析；管理方面的庫存、生產、銷售、物料、資產、財物……等，其尚可應用在預測、分析、調查以及銀行存放款、票據、證券、保險……等方面。

八、網際網路

　　網際網路是於1989年，由Tim Berners-lee在瑞士日內瓦附近的高能物理研究所（CERN）中提出計畫後才發展出來的。其最初目的，是希望能夠讓研究員們方便分享研究成果。這時期的系統當然都是文字模式的。到1990年底，NEXT電腦公司發表了第一個WWW商業軟體。此時的WWW已經具備圖、文、聲音、動畫、視訊等圖文並茂的多媒體模式了。現在Internet上有許許多多的主機提供各式各樣的服務。以下列舉網路上常見的服務供大家參考：

（一）Telnet：終端模擬

　　我們可以將自己的電腦模擬成對方主機的終端機，用來直接操作對方的主機。即使兩端是不一樣的電腦也可以。例如，利用家裡的PC，也可以搖控學校的MINI電腦。

（二）FTP：檔案傳輸

　　FTP公用程式，可以讓我們將遠端電腦的程式資料下載到自己的電腦。也可以將自己電腦的程式或檔案上傳到遠端電腦。

（三）E-mail：電子郵件

　　透過E-mail主機，我們就可以在網路上收發電子郵件，而不必再找筆、找紙、貼郵票、寄信了。而且其速度可是隨寄隨到，比任何郵件服務快上幾千幾萬倍。

（四）News：網路論壇

　　在網路論壇上有形形色色的討論區，我們可以在有興趣的討論區中交換彼此的意見。有任何電腦上的問題，也在這裡可以提出，保證會有很多的專家們給你各式各樣的答案。

（五）IRC：多人聊天

在IRC主機上有來自五湖四海的人，開闢的不同主題聊天室。連上之後，選定聊天室，就可與遠在天邊或近在眼前的人開始聊天了。不過現在已有某些站網，提供了網路電話服務，只要掛上網路電話軟體，再加上全雙工（full-duplex）的聲霸卡、喇叭、麥克風等設備，你就可以在網路上講電話了，而且即使是國際電話，每分鐘電話費也十分合理，便宜。

（六）BBS：電子布告欄

電子布告欄可讓我們發表文章，也可以同時上線聊天呢。有點像News與IRC的綜合體。

（七）ARCHIE：檔案搜尋

在ARCHIE主機上存有各大FTP主機的檔案列表。若我們想要取得某些檔案，卻不知道在哪裡才找得到，這時只要找它幫忙就可以了。

（八）WWW：全球資訊網

就是目前最流行的網際網路應用了，提供圖、文、聲音，有聲有色的資訊文件。簡單的說，網際網路有五個特色：

1. 具有雙向溝通的神奇性：電腦網路在現今的通訊系統中具備個別的點對點通訊、廣播式的一點對多點通訊，甚至雙向式的多點對多點成群通訊，其間收取資訊者在無形中亦扮演了資訊生產者的角色。
2. 無政府主義者的烏托邦：網際網路沒有中央集權的控制者，完全是自治式的管理，依賴彼此的互信互助及互相批評達到制衡的效果。
3. 通信者的快樂園地：除專業知識的相互切磋外，尚有各種討論群。
4. 活潑的資訊檢索系統：網路上之資訊資源便於取閱，有許多自動處理的系統自動蒐集、整理各種資源。
5. 豐沛的資訊發現系統：如使用者的姓名、節點名稱、位址等查詢的系統，以及許多意想不到的收穫。

九、電腦科技的一些潛在問題

（一）電腦安全需求的增加

　　久坐電腦桌前的辦公室一族都有這樣的經驗，工作一段時間以後，常常會感覺脖子、肩膀僵硬、發沉，起身活動一下就好了。肩膀酸痛最常見的原因，是由於不良坐姿引起的。同一姿勢保持太久，使脖子和肩膀周圍的肌肉緊張，時間一久就導致酸痛感。腕關節的病痛是由於長時間使用電腦，手部的神經受到壓迫所致。不同於繁重體力勞動的是，從事電腦操作進行的是一項靜力作業，伴隨著頭、眼、手的細小和頻繁運動，往往持續時間長、工作量大，會使操作者的肌肉、骨骼反覆緊張，引起相應的病症。預防之道：

1. 儘量避免長時間操作電腦。如果你的工作離不開電腦，那麼應每小時休息5～10分鐘，活動一下脖子和手腕。
2. 掌握正確的坐姿和手部姿勢。大腿與腰，大腿與小腿應保持90度彎曲；上臂和前臂彎曲的弧度要保持在70～135度；手腕和前臂呈一條直線，避免工作時手腕緊張。
3. 把電腦螢幕上的文字或圖像放大，既方便觀看，又可以更輕鬆自如地操作滑鼠，減輕手部的疲勞。
4. 不要仰頭注視電腦螢幕。讓顯示屏與視線處於同一高度或比視線略低，以保證血液循環通暢，減少頸部和肩部疲勞。
5. 電腦桌上鍵盤的高度，應當與你保持坐姿時肘部等高或稍低。
6. 最好使用可以調節高低的椅子，椅背和座位應保持90度。
7. 鍵盤應正對著自己，不要令手腕過度彎曲緊繃。
8. 桌面上的用具應儘量靠近鍵盤，以減少手臂的伸展動作和肩膀的壓力。
9. 前臂、手腕和手儘量維持在同一條直線和同一高度。
10. 不要讓手臂懸空。有條件的話，使用手臂支撐架，可以放鬆肩膀的肌肉，使整條手臂肌肉不緊繃。

（二）一些中小企業主不願使用電腦科技

　　隨著電腦等高科技進入人們的工作和生活，由此帶來的相關問題也逐漸顯現。有些中小企業主開始出現的「電腦恐懼症」就是其中之一。研究者提醒這

類企業主，要正確對待電腦，處理好電腦帶來的各種問題，否則高科技和電子技術將會為這些人的身心帶來麻煩。

現在高科技和電子技術發展愈來愈快，人們不隨時緊追就可能落伍，一些人對此問題處理不當，很容易患上「電腦恐懼症」。特別是年齡在35～50歲之間、工作表現良好的中年男士更易與此「病」結緣，而一旦患上「電腦恐懼症」，便意味著他們已經步入了「男性更年期」。

患有「電腦恐懼症」的中小企業主，主要有以下幾點特徵：首先是他們的年齡在40歲左右，因擔心公司裡擅於操作電腦、辦事俐落的年輕人會超過自己，心理總是疑神疑鬼。二是突然變得心情沮喪、心神不寧、經常失眠、易疲倦，感覺再也無法支撐下去，並開始大量吸煙和酗酒。三是生理上開始出現變化，如身體發胖，大量掉髮、肌肉鬆弛、性能力減退等。四是開始光顧健身房，希望能有健美的體形，並一反常態地像年輕人一樣注重穿著打扮。五是經常上酒吧舞廳，喜歡與年輕男人在一起，與年輕女子搞婚外情，最後發展到婚姻破裂，毀掉事業和家庭。

要解決這一個問題，首先要為中小企業主創造一個寬鬆和諧的工作環境。其次他們自身要善於調適，以平常心對待一切。此外，妻子要多體貼、安慰和支持丈夫，幫助他們擺脫不良的心理障礙，愉快地工作和生活。

（三）硬體與軟體的選擇，員工的教育訓練

企業必須對企業內部之所有人員提供訓練，並且必須保存人員擁有之技能及訓練紀錄。目前一般企業，多數會提供員工內外訓練機會，但是能針對受訓紀錄再作進一步分析者並不多見，因為這是項繁瑣作業，由人工查閱計算極易出錯。如果將教育訓練管理導入電腦化，可以隨時查詢員工受訓履歷資料，以及各部門之受訓情況分析，更可完整地呈現每位員工擁有之技能項目，有助於培育人才及人力分配之參考，基於以上考量，將以上管理要項電腦化，開發一套「教育訓練管理系統」輔佐，功能簡單完善，茲將此系統功能介紹如下：

1.基本資料建立

提供公司名稱建立、部門基本資料、員工基本資料、課程基本資料、技能資料等建立以及資料清單或查詢和技能之標準課程資料建立及資料列印。

提供個人技能資料管理，可定義每位員工之多項技能需求，並記錄技能考

核方式，個人技能認定方式除了由系統更新之外，使用者可自行彈性定義。

2.訓練記錄登錄

（1）人員之日常訓練記錄登錄

（2）訓練費用登錄 ：提供人員及部門別訓練統計表， 內容有部門及訓練期間統計上課之次數、人次、總投入訓練時數、訓練費用及各部門上課合格比率。提供「員工教育訓練履歷表」，記錄每一員工到職後之序時上課實績、考核結果及訓練成本。

3.技能管理

提供技能名冊查詢，由各種類型查詢訓練合格名冊及受訓中人員名冊。提供個人技能資料查詢，清楚瞭解人員之培訓計畫與技能之關連性，可線上查詢每位員工所有上課履歷紀錄，分為「技能課程別」 與「非技能課程別」兩種查詢內容。

4.系統支援

個人使用權限及密碼管裡。

十、MIS的會計系統

（一） 銷貨與收款循環

銷貨與收款循環係包括：客戶訂單處理、裝運商品、開立發票、列記應收帳款及銷貨、收到客戶貨款存入銀行、沖銷應收帳款等主要作業程序，其控制要點為：

1.出貨單應連續編號。
2.出貨單應有客戶簽收，會計始能列帳控制。
3.核對發票或出貨單金額與訂單相符才可出貨。
4.應定期與客戶核對應收帳款金額。
5.應明確規範出納與會計的權責。
6.銷貨退回及折讓事項，應經適當核准程序，始得列帳。

（二） 進貨與付款循環

進貨與付款循環係包括：請購、採購、驗收、列記應付帳款、付款等主要

作業程序，其控制要點為：

    1.採購單及驗收單均需預先連續編號。

    2.建立產品及廠商資料。

    3.付款時，會計人員應審核採購單、驗收單、及發票上的品名與數量是否相符。

    4.付款應採固定期間並配合公司資金狀況執行付款。

    5.應取得付款後簽收單。

（三）生產循環

生產循環係包括：原物料領用、生產或加工流程、成本分攤、認列銷售與管理成本等主要作業程序，其控制要點為：

    1.原物料領用及退回程序應依據製令確實控制。

    2.損耗品的控制及追蹤。

    3.分攤基礎的合理性。

    4.訂定在製品及製成品計算標準。

    5.存貨控制、領發料控制。

    6.核對實物帳與會計帳。

（四）薪工循環

薪工循環係包括：錄用員工、核定底薪、評估考勤績效、記錄薪資表、發放薪資等主要作業，其控制要點為：

    1.公司政策及規定的明確化。

    2.考勤獎金計算基礎的透明化。

    3.支付薪資作業程序中，人事與會計作業分工的合理性。

（五）融資循環

融資循環係包括：授權核准、執行、記錄有關金融機構借款、租賃、增資等作業程序，其控制要點為：

1.借款合約應由經營者或董事會核准。

2.遇租賃或股本等事項，應考慮中、長期計畫，並經董事會、股東會核准。

（六）固定資產循環

固定資產之取得、移轉、處置等皆為投資循環之主要作業程序，其控制要點為：

1.固定資產實物管理及編號。

2.會計人員與固定資產管理員定期核對帳項。

3.固定資產之處置應經適當核准。

（七）投資循環

由投資核准到投資盈虧紀錄皆為投資循環主要之作業程序，其控制要點為：

1.轉投資應取得經營者或董事會同意，始得執行。

2.任何投資事項應取得合法文件。

3.轉投資每年損益狀況之分析與入帳。

4.投資之處置應取得經營者或董事會同意。

以上所列為僅為內部控制體系中各個交易循環的主要控制點，中小企業應依企業環境的不同，自行設立適合於公司運作的基本控制要點，其方式可透過訂定各項作業流程，從中找出應予以管制的地方，再依此訂立作業規範及作業相關表單，如此便可完成一套量身訂做，適用於公司的內部控制制度。

內部稽核的e化重點

從e化構面所發展的企業組織，將可提昇服務水準、提高營收、降低成本與取得透明化的內部控制成效，企業組織導入e化必須循序漸進，一定要從簡單的開始，從內部e化開始，再往外部e化。企業組織必須建立一套內部稽核管

理系統，內部稽核的主要精神乃為提供企業組織強化經營能力、財務狀況、以及各種資料的正確性及時性主動性，整體而言內部稽核作業之分析、評估、諮詢、建議與資訊等，均是企業組織的控制環節。

內部稽核的範圍涵蓋檢查與評估企業組織內部控制之充分性、有效性與各功能單位之責任績效與品質，具體而言內部稽核的範圍如下：

1.檢查財務與營運資訊的可靠性與完整性。

2.檢查現有制度，及確保重大政策、計畫、程序之遵行。

3.評估資源之使用價值性與有效性。

4.檢查營運計畫，以確保其結果與既定之目標的符合性。

為達成內部稽核的成效，必須運用適當的工具以為評估營運績效、發掘問題與強化內部控制，這些工具即為資料與資訊的轉換效果上，所以內部稽核可以協助提供及時、正確完整的報告予經營管理階層參考與決策，內部稽核乃是由經營管理階層的思維觀點來考量問題與解決問題，其目的乃為協助經營管理階層提昇與精進經營管理之績效。

個 案 研 討 一　　大陸企業實施內部稽核的重點

一、依據企業組織之功能特性，判明何種循環為稽核重點

例如，百貨零售業之稽核重點則為銷售與收款循環：

1.售價作業稽核。

2.發票開立作業稽核。

3.交付物品作業稽核。

4.客訴處理作業稽核。

5.銷貨折讓作業稽核。

6.銷貨退回作業稽核。

7.銷貨成本分析與管理作業稽核。

8.銷貨利益分析與管理作業稽核。

9.促銷活動作業稽核。

二、瞭解當地生活水準確認稽核內容

1.不能以台灣的生活水準進行評估大陸的價格是否合理。

2.大陸的企業組織有其特殊叢林文化，稽核人員到大陸稽核時宜先有心理建設，
以免不適應，甚至於稽核不下去或回台後辭職等現象發生。

3.遵行合法營運之稽核原則，不宜受到人脈影響或貪小便宜，甚至觸犯當地法
律。

個 案 研 討 二　　行動行銷有哪些魅力？

　　近來，「行動廣告」被提出的頻率大增，它到底具備了哪些優勢？運用後可以獲得什麼樣的效果？

　　馬克吐溫曾說：「叫你傷心的不是你不知道的事實，而是並非如你所知的真相。」從去年的聖誕節到跨年，你一共收到幾封卡片或電子賀卡？又收到幾封手機拜年簡訊文字或圖像呢？透過數字告訴你，中華電信在去年12月24日下午單一小時便創下200萬通簡訊的傳送紀錄，如一通以3元計費，光聖誕節一天就讓通訊業者創造了近新台幣1億元的商機，相對於傳統平面印刷卡片的銷售每況愈下，反應出「行動溝通多元年代」已然到臨的現象。

行動廣告六大階梯效果

　　瑞典經濟學院經由嚴謹的實驗，也已證實行動廣告對於品牌態度、品牌認知與購買意願，的確有正面的影響力，更引用了「六大階梯效果」，來進一步剖析其效益。

　　Step1：接收廣告訊息：由於消費者通常隨身攜帶行動通訊設備，因此行動廣告不僅特別容易接觸消費者，還可精確地鎖定目標族群。

　　Step2：訊息處理：廣告認知（Ad Awareness）常被用來衡量消費者對廣告訊息的處理，其中又以廣告辨識（Ad Recognition）與廣告回憶（Ad Recall）為二大指標。而行動廣告因互動性強，可以提供消費者更多的資訊，發揮更大效用。

　　Step3：溝通效果與品牌定位：因為行動廣告具備個人化、區隔能力與即時性等特性，溝通效果比一般傳統廣告媒介更直接、有力，加上特有的科技感與時尚感，有助於廣告主實現對品牌定位的設定。

　　Step4：目標顧客的行動：由於行動廣告提供消費者快速且便利的連結、又不受時空限制，有助於消費者迅速擬定購買決策。

　　Step5：銷售或市場占有率、品牌資產：透過目標顧客群的購買行動，便可產生實質銷售數字，進而提升公司的市場占有率，甚至進一步形成品牌資產。

　　Step6：迎接獲利：最後，在銷售達成、市場占有率提高，以及品牌資產提升等一連串的實質效果的帶動下，公司終於可以達成獲利。

目標群精準回應率高

　　基於行動行銷的效果日漸顯著，許多大型企業包括：可口可樂、百事可樂、NIKE、Finlandia、英特爾、昇陽電腦（Sun）和麥當勞，在過去1年已陸續展開行動廣告攻勢。如百事可樂推出「百事足賽」，透過行動電話傳遞簡訊玩足球。Jupiter更預測企業主未來花在行動廣告的費用，將由今年的1億美元增至2005年的12億美元。台灣嬌生則在舉辦「我家baby的第一場音樂會」前，針對遠傳願意接收廣告的用戶名單中，依年齡、性別、帳單金額等，篩選出最精準的目標對象群，透過互動簡訊創造8.5%的確認參加率，並利用回覆的通知簡訊，做為參加活動時兌換贈品的依據。

播放頻率勝於到達範圍

　　現今的商業環境處於多元化的資訊爆炸年代，消費者只會對密集播放、焦點集中，並具個人化特色的廣告有反應。

　　麻省理工學院媒體實驗室的尼葛洛龐帝運用類比分析獲得一類似結論：「當魚的身長增加一倍時，重量會增為四倍。」這個結論也可用於廣告界，當你播放廣告的頻率增加一倍時，效果會增加四倍。頻率的效力是非常驚人的，透過許可行銷，頻率會再度重拾效率及效力。目前以各家電信業者的簡訊、帳單夾寄廣告及遠傳電信「258*免費包打聽」為代表，從語音的告知到文字的強化，再到平面帳單廣告的完整說明，運用系列工具達成資訊的完整傳達。

　　如258*每月目前有400萬次以上的通話量，平均每一會員最少溝通5次以上，中、重量使用者每月接觸可達20次以上。此溝通管道因目標明確、封閉單一不受其他訊息干擾，客戶的傳播訊息能夠快速被記憶，消費者也因重複接收，記憶深刻創造廣告的效果。根據遠傳委由模範市調的研究報告指出，同一商品使用258*的知名度比非使用258*的知名度提升20%以上。

　　當你還在猶豫是否使用行動廣告時，你知道嗎？全世界一天就有十億多條的簡訊，英國1個月也有10億則的簡訊量，在台灣1年的簡訊量也超過30億則以上，商機在哪裡？以上的數字可以給你答案。

（資料來源：林義雄，《動腦雜誌》，2003/02/24，第322期，林義雄為行動行銷服務公司執行長）

問題討論

1. 行銷管理稽核中，行銷資訊系統之建立及蒐集，包括：保持正確的價格目錄、更新顧客資訊、顧客交易次數與金額、顧客抱怨處理、銷貨退回、顧客信用額度、交易目標達成狀況……等。此等行銷紀錄之稽核議題重點的基礎為何？

2. 人力資源管理稽核中，訓練成效之針對訓練課程，選樣測試參與學員是否填寫受訓課程適當的評估意見表，此一作法乃在發現訓練成果，請問其價值為何？

3. 當企業進入企業電子化成為電子商務時，風險管理乃成為企業電子化架構之一部分，風險管理應包括：資料產生、資料存取、整合、網路架構均需要考量實體與邏輯的風險，在資料、資訊控制與應用系統三方面建置一個安全的電子商務環境，其理由為何？

4. 電子商務成功之相關系統的可用性、安全性、可靠性與完整性對於企業組織能否導入電子商務乃是十分重要的，其中包括：網路、資料儲存媒體、電腦平台、系統管理軟體與設施，請說明其概念為何？

5. 企業進入企業電子化策略的安控層面應考量：存取重要的應用系統資料應如何管理？哪一項應用系統應先回覆？應用系統變更管制如何進行？財務交易金流要如何建置安控機制？不同資訊平台是否會造成系統開發困難與遲緩？試說明之。

第四篇　經營風險與企業責任

Chapter 13

風險管理、保險及犯罪防範

- 風險管理
- 利用保險來減少風險損失
- 犯罪預防以保護人員與資產
- 員工安全防護

風險管理

一、風險與管理

　　經營企業就如個人的生活一樣，到處充滿著各種風險。在駕車中、旅遊時刻、餐廳用膳、工作等等都有某種程度的風險。為了降低這些風險所帶來的損失，駕車時要小心、遵守法律、採用各種安全措施、搭乘安全可靠的交通工具、保持車況良好，並購買足夠的保險。而商業經營的風險不亞於上面所列舉的風險。它包括各種潛在的損失、損壞及因為採取保護措施而對企業造成的傷害。風險可定義為因面臨不確定性所造成損失的不利事件之可能機率，以及負面事件發生後對企業所產生的額外成本及衝擊的代價。風險管理係指辨認存在的各種風險，並評估行動方案以消除、減少、移轉、或吸收這些風險。至於風險約可分為兩種主要的風險——靜態風險和動態風險，分別敘述如下。

（一）靜態風險

　　靜態風險（Static Risk）指不可預測或不可抗拒的事件或人為上的錯誤、惡行或所致的風險，此風險為任何靜態環境所不可避免者，當面對必然會發生損失，即為靜態風險或純風險，通常對此純風險只有束手無策，不論是否喜歡，它們都必然存在。包括下列幾項：

　　1.財產遭遇火災、風災、地震、水災等天災所致的實質性、直接性損失的風險。

　　2.因本身財產直接性損失或其他直接性損失而導致營運中斷之間損失的風險。

　　3.因本身財產直接性損失或其他直接性損失而導致營運費用增加的間接性損失之風險。

　　4.企業經營過程中，因法律責任或契約行為所致損失的風險。

　　5.因詐欺、犯罪、暴行所致損失的風險。

　　6.因公司重要人員或所有權人死亡或喪失工作能力所致的損失。

　　7.顧客所提嚴重的控訴。

（二）動態風險

動態風險（Dynamic Risk）指由於人類需求改變、機器事務或制度的改進和政治、社會、經濟、科技等環境變遷所引起者，當面對時可能會發生損失，但也可能會獲利，即為動態風險或稱投機風險；依據不同的功能觀點分別說明如下：

1.管理功能上的風險

（1）生產上的風險：生產上的風險起源於生產與製造過程中所遭遇到的風險，例如，生產作業流程設計失當的風險，採購偏差的風險等。

（2）行銷上的風險：行銷風險是指與行銷體系、同業競爭、產品擴展、市場開拓等有關的行銷活動風險，其風險主要有對市場情況不明的投資風險，對未來供給（競爭）與需求（消費者）評估錯誤的風險、產品滯銷的風險、同業競爭的風險等。

（3）財務上的風險：財務上的風險為企業在財務處理活動中所面臨的任何風險；美國中小企業列舉十四項企業常見的財務風險：

‧創業時資本不足。

‧成長或擴充時資本不足。

‧過分依賴負債。

‧不足的財務計畫。

‧不當的現金管理。

‧過分重視銷售量而忽略淨利潤。

‧忽略風險與報酬之間的關係。

‧業主自企業取款太多，動搖財務根基。

‧現金與淨利混淆不清。

‧銀行關係不佳。

‧不當的信用政策。

‧帳簿制度不佳。

‧不適當的處理應付帳款。

‧不良的會計制度。

在多國籍企業中，財務風險更包括：國際匯兌風險、國外稅制和其變動風險、國際性商業執照的風險，因營業中斷或完全終止，

而仍須支付其國外員工之津貼或離職的風險。

（4）人事上的風險：人是企業的一項最重要資源，人事風險包括：員工流動風險、員工工作效率風險、勞資關係良窳的風險等。

2.政治上的風險

（1）國外公司的資產和設備被所在國國有化及沒收、充公。

（2）因革命、內戰、暴動、綁架及謀殺所造成財產與人體的損傷。

（3）國外政府對私人條約的侵犯或干擾。

（4）國外債務匯款支付條例。

（5）法令及稅制上的歧視待遇。

3.創新上的風險

企業由於競爭激烈及產品生命週期更加縮短，致使企業若欲求生存與發展，唯有創新一途。熊彼得（J. Schumpeter）的創新理論（Innovation Theory）指出在動態社會中，企業經營者若欲追求利潤，必須推動創新活動，如下所列：

（1）新產品的開發。

（2）新生產方法的應用。

（3）新市場的開拓。

（4）新的原料供給地的發現。

（5）對生產因素新組合的應用。

對上述技術創新外，並應重視管理上的創新來相互配合，當企業從事於創新時，可能因研究發展經費、人才、資訊、設備、觀念等因素，而使其工作不能達到預期之目標而發生創新的風險。例如，事前對配銷者及消費者調查或測驗錯誤的風險、產品設計錯誤風險、包裝錯誤的風險、使用說明書不當的風險、產業結構改變的風險等。

二、對付風險的方法

在對策方面，風險管理提供決策者因應風險的四大原則：

1. 風險自承（Risk Retention and Reduction）原則：顧名思義，風險自承原則著重於如何將風險全部自我承受吸收，並設法在事故發生前或發生後

有效降低其衝擊力的法則。

2. 風險規避（Risk Avoidance and Hedging）原則：風險規避原則探討避險的策略，即是設法不去承擔風險，而著重於使用何種方式以避開特定風險之打擊

3. 風險分散（Risk sharing and Diversification）原則：風險分散原則研究如何再承擔風險之時分散其衝擊力，將其力道分散到各個地方；要不使其衝力相互抵銷，要不就設法只需要承受局部的衝擊。

4. 風險轉嫁（Risk Transfer）原則：風險轉嫁原則致力於權衡如何支付合理的代價，好將風險（危險）移轉至自身以外的某特定個人或組織，讓風險發生時的衝擊力完全由這一個接受代價的特定單位來承擔。

這些原則當中，以風險自承和風險分散比較容易讓人瞭解，同時這兩者也都具有將風險自我承攬的性質。所不同者在於將風險自我承攬時，前者設法降低風險，後者設法分散風險。至於風險規避和風險轉嫁，其相同的性質為兩者均在推卸風險，所不同者在於前者設法避開風險，包括了不確定性的損失與利益兩者，而讓風險自然的發展，並沒有特定或固定的風險承接對象；後者設法將風險，特別是危險，轉嫁給特定的第三者，讓這特定第三者吸收。不僅如此，後者還必須對特定的第三者支付承受自己風險的代價。

利用保險來減少風險損失

一、企業與保險

（一）企業對保險之運用

企業經營每因意外事故導致財物損毀、人身傷害或賠償責任，而蒙受財務之損失，對於財務之穩定，經營之績效，均有莫大的影響。嚴重者甚至危及未來之成長或生存。惟由於導致損失之危險事故，其發生與否、發生於何時，以及發生所致損失之情況均不確定。企業為增進經營之安全，對其所面臨之此等潛在危險，則必須妥善管理，以對損失事先抑制或事後調節。

　　企業對於危險管理措施之抉擇，首須對損失機率之高低與損失幅度之大小加以評估，亦即核計其最大可能損失（Maximum Probalbe Loss, MPL），分別採取適當之管理措施。

1. 凡損失機率低而損失幅度小之危險，其危險性低，縱有損失亦不致造成財務上之沉重負擔，若採行損失轉嫁措施反需負擔較高成本，故宜利用過去的損失經驗，並衡量企業本身財務負擔能力，在安全限度內，將此類危險予以自留。
2. 至於損失機率高而損失幅度大之危險，因危險性高，無法運用保險或非保險轉嫁；若縱使能轉嫁但代價昂貴，亦不經濟。除設法盡力避免外，應採取損失預防及損失控制措施，俾將損失發生可能性及其影響減至最低。並且同時建立準備金制度，累積損失基金，使此種被迫自留所可能招致之財務負擔得到適當之調節。
3. 損失機率低而損失幅度大，或損失機率高而損失幅度小之危險，前者有招致巨災損失之可能，後者亦可能因損失頻率上升，導致累積過鉅，均將對財務穩定造成衝擊，因此應衡量本身財務負擔能力，並依據其對危險性質評估之結果，安排充分之保險保障。

　　保險係轉嫁危險及調節損失之一種經濟制度，由於其提供之保障既確實且有效，而須付出之管理成本（即保費），又經濟合理，乃近代管理危險之主要工具。但保險種類繁多且頗富技術性，企業於運用時，不僅應密切注意其功能與危險管理計畫相配合，亦應講求整批安排或要保，以期危險保障之提高與管理成本之降低得以兼顧，以提昇管理效益。

（二）保險對企業的功能

1. 保障企業的安全

　　因為保險係基於大數法則之運用，集合眾多同類性質之危險單位，共同分擔少數人遭受損失之一種公平合理之經濟制度。企業有了此種保障，雖遇危險事故之發生而蒙受損失，由於可獲得保險之彌補，遂使企業得以繼續充分發展。

2. 提高企業信用

　　銀行對於信用放款之作業方式，非信用很好之優良客戶，是不輕易放款

的，所以抵押放款較多。因此抵押之房屋或其他財產，如有購買保險的話，向銀行借款較容易且利息較低廉，取得所需之融通資金，便利企業周轉，甚而提高企業之信用。

3.促進企業之發展

保險可使企業經營之危險及其可能發生之結果而蒙受不確定損失轉變為確定的費用。此種確定費用，不但可排除企業計算不確定的要素，並且對直接以保險方法即能承保之危險，毋須由企業積存非常準備金，可以較多資本，作為生產目的之用，進而使企業增加擴展之機會。

4.維持企業之利潤

企業無事先購買任何保險，則易於損失發生時產生了不利，使企業營運失靈，減低利潤。若有了保險，則可藉保險為工具，以維持企業利潤水準，亦可間接地使資本獲得彌補，保障企業之獲利機會不致受到影響。

至於企業採取購買保險之事項（如購買保險種類、投保公司的選擇等），皆須事先經過詳細考慮，再作抉擇。

二、保險管理與規劃

一般而言要談到保險管理與規劃之時，應對保險之類別有所認識（如表13-1所示）。

（一）企業財產風險管理與保險規劃

1.企業火災保險規劃

企業投保火災保險時，應注意下列幾個事項：

（1）火災可能造成的損失

‧自身財產損失：因火災導致自己的房屋、裝修、機器、營業生財、貨物等毀損。

‧賠償他人損失：因火災導致需對第三人或員工負法律賠償責任的損失。

‧預期收入損失：因火災而無法繼續營業或生產，導致營業收入減少的損失。

（2）投保前考慮程序

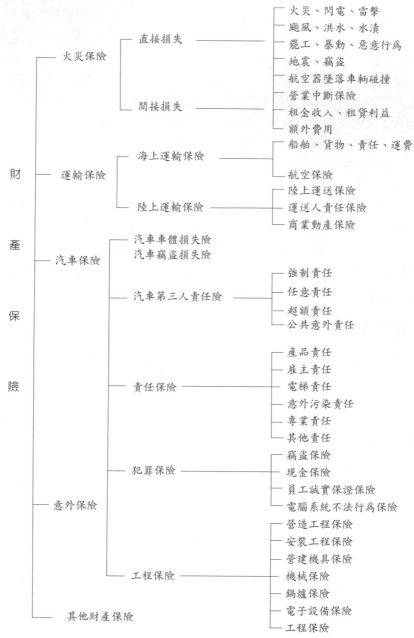

圖13-1　財產保險之類別

· 分析潛在風險：分析及確認企業體所面對的行業性質，以及內在、外在環境狀況的潛在風險，以便採取必要的處理措施。

· 衡量可能損失：衡量上述潛在風險發生的可能性，及萬一發生時可能的損失。

· 擬定可行措施：根據資料衡量，擬定各種可行的處理措施。

· 成本效益分析：就擬定的各種可行處理措施，進行成本效益分析。

· 選定防阻方法：選定損害防阻方法，投保火災保險及其附加險種。

（3）投保時的辦理手續

填妥保險公司的火災保險要保書，其內容包括：

· 被保險人姓名、住所及保險標的物所在地或存放地址。

· 保險標的物及保險金額。

· 建物等級及使用性質，如房屋的構造（如木造、磚造或鋼骨水泥造）、屋頂（如瓦頂或平頂）及層數、使用性質（如辦公室、商店、倉庫或工廠等）。

· 保險期間，可分一年期及長期二種。

· 繳費方式，可分為立即繳付或約定延緩繳付（延緩繳付時間不得超過三十天）。

· 複保險情形，即同一保險標的物重複其他保險公司投保者，請註明保險公司名稱及保險金額。

· 抵押情形，即保險標的物如果向銀行、信用合作社等金融機構抵押，請註明權人名稱。

2.企業應善加利用運輸保險

運輸保險（Transportation Insurance）是指各種財產在運輸過程中，凡是發生與運輸有關的風險事故導致的損害，由保險公司負賠償責任的保險。一般為因應實務上的需要，並且為了區別，已將運輸保險劃分為海上運輸保險、陸上運輸保險及航空運輸保險三部分。

3.企業汽車保險規劃

企業經理人在購買汽車保險時，應儘可能瞭解各項汽車保險的種類及各類附加險，斟酌實際需要購買，對所買險種的承保範圍及不保項目也要有初步的

瞭解。

下面將說明汽車保險的種類及與一般企業有關的附加險種類:

(1) 汽車綜合損失險:企業所有的汽車因為碰撞、傾覆、火災、閃電、爆炸、拋擲物、墜落物或第三者非善意行為所引起的毀損或滅失,保險公司應對企業負賠償責任。

(2) 汽車竊盜損失險:企業所屬汽車因為偷竊、搶奪、強盜所引起的毀損或滅失,保險公司應對企業負賠償責任,但賠償金額應先依約定的折舊折算後,再按約定由企業負擔20%的自負額。

(3) 汽車第三人責任險

　· 傷害責任(對人):企業因所有、使用或管理被保險汽車發生意外事故,導致第三人死亡或受有體傷,依法應負賠償責任而受有賠償請求時,保險公司應對企業負賠償責任。

　· 財物損害責任(對物):企業因所有、使用或管理被保險汽車發生意外事故,導致第三人財物受損,依法應負賠償責任而受有賠償請求時,保險公司應對企業負賠償責任。

(4) 各種附加險

　· 汽車綜合損失險的附加險:a.颱風、地震、海嘯、冰雹、洪水或因雨積水險;b.罷工、暴動、民眾騷擾險。

　· 汽車竊盜損失險的附加險:零件、配件單獨被竊損失險。

　· 汽車第三人責任的附加險:a.醫藥費用;b.酗酒駕車責任險;c.汽車乘客責任險;d.雇主責任險。

企業經理人在投保汽車險時,除了對上述汽車險的種類及各種附加險有所瞭解外,更應於收到保單時核對承保內容是否正確,繳交保費時,確定已收到保險公司所製發的正式收據,以確保保險權益。

4.工程保險的重要

任何工程在營造施工或安裝過程中,都可能發生意外事故,對營造商產生賠償責任或造成財力負擔,因此,工程保險是十分重要的。目前我國已開辦的工程保險有下列六種:

(1) 營造綜合保險:指保單所載的保險標的,在保單所載施工處所,於保險期間營造工程時,因突發而不可預料的意外事故導致毀損或

減失，需修護或重置時，或是對第三人依法應負賠償責任，除保險單載明不保事項外，保險公司對被保險人負有賠償的責任。

(2) 安裝工程綜合保險：指承保的保險標的在保單所載施工處所，於保險期間內安裝工程時，因意外事故直接導致的毀損或減失，或是對第三人依法應負的賠償責任，除保單載明不保項目外，保險公司對被保險人負有賠償的責任。

(3) 營建機具綜合保險：指承保保單所載的營建機具在保單所載處所，於保險期間內，因突發而不可預料的意外事故導致毀損或減失，或是對第三人依法應負的賠償責任，除保單載明不保事項外，保險公司對被保險人負有賠償的責任。

(4) 鍋爐保險：指承保保險標的因保單承保的鍋爐或壓力容器，於正常操作中發生爆炸，或壓潰導致的毀損或減失，或是對第三人依法應負的賠償責任，保險公司對被保險人負有賠償責任。

(5) 機械保險：指承保保險標的物在保單所載處所，於保險期間內，因下列原因發生不可預料的突發事故導致的損失，需修理重置時，保險公司對被保險人負有賠償責任：設計不當；材料、材質或尺度的缺陷；製造、裝配或安裝的缺陷；操作不良，疏忽或怠工；鍋爐缺水；物理性爆炸、電器短路、電弧或因離心作用造成的撕裂；不屬於本保險契約載明為不保事項的其他原因。

(6) 電子設備保險：指承保電子設備本體或外在資料儲存體在保單所載處所，於保險期間內，因突發而不可預料之意外事故，導致的毀損、減失或額外費用，除保單載明不保事項外，保險公司對被保險人負有賠償的責任。

5.其他財產保險之認識

除了前面已提到的財產保險外，下列將介紹目前國內已開辦的其他財產保險：

(1) 竊盜保險：指承保企業所有的財物存放在處所內遭到竊盜時的損失。

(2) 現金保險：指承保企業所有或負責管理的現金，於運送途中或放在金庫、櫃台範圍內，因保險事故導致的毀損或減失。

(3) 電視機保險：指承保被保險電視機因意外事故導致的損失。

(4) 玻璃保險：指承保被保險玻璃因意外事故，或第三人的惡意行為
　　導致的毀損。

(5) 保證保險：指承保企業（如雇主、訂做人等）因員工、承包商、
　　承攬人的不誠實，對履行契約，使企業遭受損失時，保險公司依
　　保險單的約定對企業負賠償責任。

(6) 信用保險：指承保被保險人（即債權人）因其債務人不履行債
　　務，所遭受的金錢損失，由保險公司對被保險人負賠償責任。

6.責任保險

企業或員工可投保下列責任保險，以轉移其對第三人或員工的賠償責任：

(1) 公共意外責任保險。

(2) 雇主意外責任保險。

(3) 電梯意外責任保險。

(4) 高爾夫球員責任保險。

(5) 船舶貨運承攬運送人責任保險。

(6) 產品責任保險。

（二）企業人身風險管理與保險規劃

1.企業中有哪些人需要保險

人是企業最寶貴的資源，企業為避免因員工或業主的人身損失風險，危及
企業經營的安全，可藉由投保保險，彌補因風險事故發生時對企業造成的財務
損失。企業用來管理人身風險所需的保險，分為一般員工、重要幹部及業主等
三方面。

(1) 員工保險：在員工保險範圍，除了政府所辦理的社會保險，提供
　　基本所需保障以外，企業為減輕本身因員工執行職務而遭受風險
　　事故時，應負起的賠償責任，或為維持良好的勞資關係，以提高
　　企業的經營績效，而對於員工發生意外事故時，所願意提供經濟
　　上的補助，都可透過保險予以達成。對於企業為達成上述目的而
　　投保的保險，統稱為員工保險。員工保險的保障內容並非一成不

變的，可由企業依其本身實際的需要，從下列幾種保險加以彈性組合運用。

‧團體壽險：當企業爲員工投保團體壽險後，一旦風險事故發生時，該企業可以將保險金用來支付員工的撫卹金或其他補償金額。

‧團體健康及傷害險：這項保險可補償企業因員工疾病或傷殘所導致的損失，其中可細分爲醫療費用保險及失能所得保險二大類。

（2）重要幹部保險：企業中重要幹部（Key Man）的經驗與才能比企業的財產更來得重要。由於重要幹部所具有的專門技術與經驗，往往是公司利潤產生的主要來源，可視爲企業的一種無形資產，因此無論是爲吸引或挽留該重要幹部繼續爲企業服務，或爲彌補企業因重要幹部無法工作所造成的損失，企業主除可爲重要幹部投保員工保險外，另可爲其購買重要幹部保險。

（3）企業主保險：企業主死亡或失去能力，不僅會使業主本身的家庭收入受到影響，也可能因債務問題或領導人欠缺的問題，使企業無法持續經營，因此爲減經業主因死亡或失能對企業所造成的影響，可透過企業主保險予以解決。

2.企業團體保險規劃

近年來由於勞工意識抬頭，員工福利備受重視，企業主爲照顧員工權益，吸引優秀人才，除改善工作環境，提高薪資獎金，提供休閒及進修機會外，最近更有透過爲員工投保團體保險的方式，來安定員工的生活。

爲配合此一需要，人壽保險業者乃設計了團體壽險、團體傷害保險及團體健康保險等保單，供企業主選擇投保，以解決員工退休、死亡、殘廢、疾病醫療等問題。而政府爲鼓勵工商企業爲員工投保團體保險，特予以一定金額的免稅優待。

所謂團體保險，是指有五人以上員工的企業，經健康檢查或不經健康檢查，而與雇主簽訂的保險契約。保險費可由雇主負擔，亦可由雇主與受僱員工共同負擔；承保對象爲全體受僱員工，或依僱用條件僅爲部分員工提供保障，不予個別選擇，以受僱人的權益爲目的而簽訂的保險，但參加投保員工必須占

全體員工的75%以上。

團體保險與個人保險最大的不同是壽險公司承保時，不以團體中的個人作為接受投保的依據，而是以整個團體為基礎來考慮。換句話說，壽險公司核保的風險選擇，是以團體為單位，凡是團體內合格的個人皆屬於承保對象，不因某一員工的工作地點、性質等風險性高就將該員工排除，但是壽險公司為使風險能均勻分布，並預防個人對保險的逆選擇，通常對參加團體的分子、企業僱用員工的總人數，及企業內實際參加保險人數對僱用員工總人數的最低比率，都有限制。團體保險依商品種類可分為：

（1）團體壽險：依保障範圍來分，有保障企業員工死亡時，撫卹員工遺族的團體定期壽險，及員工退休年齡為滿期，作為員工退休養老金的團體養老保險等。

（2）團體傷害險：以投保團體員工的意外傷害、殘廢為保障範圍。

（3）團體健康險：一般以員工的傷害或疾病醫療為限，亦有擴大範圍至配偶子女等眷屬。

3.企業合夥人權益保險規劃

在合夥企業中，每一合夥人對於合夥企業的行為及債務須負完全的責任，且當合夥人之中有人因故退出，無論其他合夥人意願如何，合夥關係即告終止，此時合夥企業依法必須進行清算或重組。因此，一旦合夥人中有人死亡，企業經營問題隨即產生。

由於合夥企業在法律上具有的特性，使人壽保險及失能所得保險在人身風險管理上的運用更顯得重要。當合夥企業中，有一合夥人死亡或完全失能時，為了維持企業繼續經營的價值，可由其他合夥人收購該合夥人在企業內一切權益。為達此目的，合夥人可以如上述方式預先協議好，共同簽訂買賣協議契約，並由合夥事業出資為合夥人分別投保人壽保險，相互為對方的受益人，一旦合夥人死亡或失能，其他合夥人即以保險金按協議價格向其家屬收購。

總之，合夥企業的風險管理人必須特別留意，因合夥人死亡或失能，可能帶給企業的影響。再者，當合夥人彼此間簽訂買賣協議後，企業風險管理人必須對收購死亡或失能合夥人權益所需的資金預作安排，而這種安排最好方法就是透過保險。

（三）企業責任風險管理與保險規劃

1.責任保險之標的

社會愈進步，經濟愈發展，責任保險愈趨複雜，在快速變遷的社會，一般大眾及機構均可能對第三者造成不同程度的傷害。責任保險的標的（exposures）至少包括下列各項：

(1) 建築物：如商店、百貨公司、旅館、餐廳、辦公室、車站、碼頭、機場等。

(2) 遊樂場所、娛樂場所、公園。

(3) 學校：包括托兒所、幼稚園、補習班。

(4) 產品：包括產品回收。

(5) 營運及管理。

(6) 運輸、交通：包括各修車維護場。

(7) 政府執行公務。

(8) 契約代理及代營業務。

(9) 雇主責任及工業安全責任。

(10) 職業責任：醫療專業人員、建築師、工程師、會計師、律師。

(11) 金融服務責任：銀行證券經紀人保險、理賠經紀人。

(12) 房地產責任：建築公司房地產經紀人。

(13) 董監事、經理等管理責任。

(14) 火災責任：承租建築物因火災事故，對屋主所負的責任；火災發生，對波及第三者建築物或體傷所負的責任。

(15) 環境污染責任。

2.責任保險之特性

責任風險不但無實質形體，且不易評估，又無所不在，企業經理人在分析損失風險時，常會忽略與遺漏，導致一旦事件發生時，對企業造成極大的營運危機。因此，企業經理人應深入瞭解責任保險的特性，以求確實掌握企業可能面對的賠償責任。責任保險的特性，比較重要的如下所列：

(1) 責任保險是以企業主對於第三人，也就是被害人，依法應負的賠償責任為保險標的，所以除了保險契約當事人外，須有被害人的第三人存在，這是保險事故成位的先決條件。企業主與被害人的關係，

是因賠償責任而發生。保險公司與被害人的關係，則是因保險公司參與解決賠償問題，或因企業主請求直接對被害人給付保險賠款而發生關係。

(2) 責任保險的理賠案件，從發生到處理完畢，往往需要經過一段較長的時間，短的可能數個月或二、三年，長的可能達十年以上，這就是所謂的「Long Tail」問題。

(3) 責任保險是以企業主因負擔賠償責任的債務所受的損失，爲補償範圍。企業主的損失是基於被害人的損失而發生。被害人若無損失，則無保險補償可言，所以責任保險在形式上是爲補償企業主的損失爲目的的保險，但實質上是以保險被害人權益爲目的的保險。

(4) 責任保險所保企業主依法應負的賠償責任，應以法令對賠償責任的規定爲依據，所以保險責任的認定，除了以保險契約爲基礎，並應以法令規定爲依據。

(5) 責任保險標的的賠償責任並非實體財物，所以無價值或保險價格可言，其保險金額責任限額是由契約當事人依需要約定，所以不會有超額保險、低額保險的情形。

(6) 責任保險的賠償責任範圍，不以直接損失爲限，也包括間接損失、附帶損失或精神上的損失。

(7) 責任保險風險因素複雜，加上法律問題不易掌握，每一件保單幾乎都是獨特的風險，核保及費率的釐訂較爲複雜，難有客觀的準繩。

(8) 賠償案件除了不易估算損失外，處理時往往受感情、利害、權力及裁判等因素直接或間接影響，而益顯困難。

3.責任保險之種類

企業在生產過程、運輸產品以及產品在市場販賣銷售過程中，面臨著各種潛在的損失風險，如果管理不善或處理不當，萬一發生事故，可能使企業數十年的經營成果毀於一旦。因此，企業經理人以購買保險來轉移風險的需要，日漸殷切，而各種責任保險的發展也應運而生。

責任保險（Liability Insurance），又稱第三人責任保險（Third Party Liability Insurance），即被保險人依法對第三人負有損害賠償責任時，由保險公司負擔補償責任的保險。換言之，也就是被保險人爲了避免自己對第三人的損害賠償責任爲目的，所訂立的保險契約。

我國責任保險市場發展較遲，目前以獨立險種正式舉辦的責任保險有下列幾種：

(1) 公共意外責任保險。
(2) 營繕承包人公共意外責任保險。
(3) 電梯意外責任保險。
(4) 高爾夫球員責任保險。
(5) 產品責任保險。
(6) 飛機場責任保險。
(7) 雇主意外責任保險。
(8) 意外污染責任保險。
(9) 醫師責任保險。
(10) 律師責任保險。
(11) 會計師責任保險。
(12) 綜合責任保險。

責任保險在國內尚屬於繼續開發的新生代險種，未來產險業者會針對不同的企業、不同的風險，不斷研究設計企業需要的各種責任保險。

（四）企業淨利損失保險規劃

淨利損失保險所保障的是，企業因財產毀損減失而影響正常的營運，所遭到的收入減少與費用增加的損失，而非財產本身的損失。由於淨利損失保險在國外也算是一種新開發的險種，並且一直在發展中，我國因經濟發展比歐、美、日等國家要遲，淨利損失保險最近幾年才被陸續開發出來。目前，國內產險業已開辦的淨利損失保險，大概只有營業中斷保險、額外費用保險及租賃價值保險等少數幾種。

實務上，淨利損失保險多以批單方式附加於火災保險單，而不能單獨購買。例如，我國的淨利損失保險，即以批單方式附加於火災保險單，當保險事故發生時，火災保險的賠款可供企業修復、重建或重置所需的財產，而營業中斷保險則提供企業於修復、重建或重置至恢復營業期間的收入損失、費用增加等補償。前者除了可補企業所遭受的直接損失，也因此加強企業重建或重置的能力，加速其恢復營業的速度。而後者可減少企業於等待恢復營業期間，因營業中斷所造成的衝擊，使企業因保險的補償，而有餘力以其他方式繼續營業，

如另外租場地等，以減輕其市場占有率與競爭能力的損失。

以下介紹現行歐美企業所使用的淨利損失保險的主要種類，供企業經理人參考，及產險業未來開發淨利損失保險的方向：

1. 營業中斷保險。
2. 連帶營業中斷保險。
3. 額外費用保險。
4. 利潤及佣金保險。
5. 租金及租賃價值保險。
6. 應收帳款保險。
7. 重要文件保險。
8. 溫度變動損毀保險。
9. 拆除保險。
10. 氣候保險。

企業經理人瞭解淨利損失保險的重要後，於購買保險計畫中應考慮購買適當的淨利損失保險，以配合一般財產保險的運用，使企業從保險獲取最大的保障。

三、保險規劃上應注意的要點

（一）選擇企業所需之保險

係指選擇所需的保險種類和決定適當之保險金額，企業內部人員首先應熟悉現有保險市場上所出售保單種類之性質和承保範圍，至於保險金額之決定，財產保險方面通常係以財產價值或損失之MPL為考慮之憑據。

（二）決定保險需要之程度

此種需求之程度有三個層次：

1. 非買不可的（should have）：此種需求通常係基於法令之強制要求而來（如勞保）和契約的強制規定（如以財產為抵押向銀行借款，銀行定為抵押人投保火險即是）。

2.必須買的（must have）：此種層次之需求動機與第一個層次有所不同。第一層次可說是基於企業外在的強制要求，如無此要求企業可能無需購買。然而第二個層次則不同，這個層次是屬於企業本身之自覺需要，認為應該買的。

3.也許需要買的（may want to have）：此種需求的動機可能基於人情關係而來的，買與不買均無妨。亦即其自覺需求的強度不如第二個層次。

企業內部人員將企業保險需求的程度作如上之區分，有助於購買保險之決策。

（三）選擇良好之保險代理人

招攬保險業務的人可分三種：保險代理人、經紀人和業務員。雖標明是保險代理人，但選擇之對象亦應包括保險經紀人和業務員，端視企業之保險業務接洽的對象而定。以我國情況而言，以業務員為要點。良好的業務員之條件是：

1.有豐富的保險知識，能合理比較保單之優勢。
2.誠實熱心的服務態度。

（四）選擇投保公司

1.保險公司之財務安全性
保險公司財務結構是否健全？此點將會影響對保戶之清償能力，故此點是企業應考慮之第一點。

2.保險公司之售後服務
保險公司理賠服務或其他服務是否良好？此點關係到企業之各項保險權益，故亦為重要考慮之因素。

3.保險公司之信用度
保險是最高誠信行為，如保險人之信用程度太差，保戶的權益必定無法充分保障，故信用程度是評估選擇之重要參考。

4.其他因素
除了上述三點之外，如保險公司業務員本身的素質、專業道德，以及產品保障之優劣，亦為選擇保險公司之其他考量因子。

犯罪預防以保護人員與資產

一、偷竊

此點主要是針對公司員工偷竊方面來闡述。

（一）員工偷竊之定義

員工偷竊之定義係指：「員工於職業活動過程中，在未經許可的情況下（unauthorized），拿取、控制或轉讓工作機構的財物，稱之。」

（二）員工偷竊對企業所造成之影響

雖然其他型式的白領犯罪所造成的傷害可能比員工偷竊要來得嚴重，但員工偷竊行為的發生率，卻是非常頻繁的。有許多員工偷竊的行為並不容易被發現，即使被發現，雇主也不一定會向執法機關報案。然而，企業或雇主被其員工所竊取財物的價值，往往都遠超過於外人偷竊（如消費者的偷竊）或搶劫所造成的損失；此外，員工偷竊所造成的影響可能還會導致員工薪資或福利的減縮、組織中瀰漫不信任的氣氛、甚至導致企業失敗。

（三）導致員工偷竊的原因

要知道如何預防員工偷竊，必須先知道是什麼因素導致員工偷竊？導致員工偷竊的因素可能單純為了自己，也可能是基於類似利他的心態（如將偷竊之物給親友或幫助親友竊取）。另外，近年來也發現員工偷竊之原因，主要是因對於公司或管理者的不滿所造成。

（四）員工輕微的偷竊可預防更大的損失

公司的管理者（雇主）應該如何面對員工偷竊的行為及如何預防呢？有些員工偷竊行為是可被雇主所容忍的，有時甚至受雇主的默許，以作為較低薪資或較差工作環境的一種補償。的確，有證據顯示此類行為有助於員工工作滿意度及生產率的提昇。所以當員工從事一些不是過於嚴重的偷竊行為時，可能可以使他們對機構雇主的一些不滿情緒獲得紓解，進而淡化他們要求加薪或離職的念頭。因此，某種程度的員工偷竊對於雇主而言，不見得是完全沒有利益

的，有時甚至還可以節省一些開支及降低員工的不滿。但如果雇主過於或企圖想要完全消除此種員工輕微偷竊行爲，反而會因此拉遠自己和員工之間的距離或激怒員工而付出更大的代價。但當員工偷竊行爲已明顯影響雇主的獲利情形的話，雇主就須加以注意了。除此之外，以下幾點是可預防內部員工偷竊的方法：

1.平日審愼甄選員工。
2.偷竊者明確公正的處理程序。
3.盡可能帶給員工滿意的工作環境、薪資等獎勵方式等。

二、白領犯罪

(一) 白領犯罪的定義

白領犯罪的定義係指：「由個人或機構所從事之有計畫的詐騙性違法或非倫理行爲，通常是社會上層或受人尊敬之人爲了個人或機構利益，在合法的職業活動過程中違反信託責任或公眾信託的行爲。」白領犯罪不限定爲高層人士的行爲，其他如像企業逃漏稅亦包含其中。

(二) 白領犯罪的特性

白領經濟犯罪與其他傳統犯罪有顯著的差異，其主要之特性如下：

1.複雜性：經濟犯罪所違犯之法令甚廣，包括：刑法、刑事特別法、民法、商法、財稅法及其他有關之經濟法規。違犯方式多爲以合法活動掩飾非法及濫用誠信原則。
2.抽象法：經濟犯罪所侵害之法益除個人財產法益外，尚有「超個人之財產法益」及「非物質法益」或社會法益。因而具有不明顯之不法表徵常誤以爲僅係民事糾紛。故對侵害範圍及損害程度亦難具體舉證。
3.被害人眾多：經濟犯罪之行爲客體非但是個人，尚有社會整體（如逃漏稅）或社會中的某些群體（如公司股票之全體持有者）。此種特徵，在公害犯罪及有關販賣商品之價格品質之詐欺犯罪中，尤其常見。
4.損害性及危險性：此可分爲物質方面及非物質方面。在物質方面，經濟

犯罪雖具有具有不可透視性，但被害金額龐大之事例亦屢有所聞。而在非物質方面，由於經濟犯罪之發生多係犯罪人濫用經濟交易之信任關係，導致社會上人與人間信用程度降低，對經濟發展不利。某類犯罪如仿冒等會引起被侵害之國家對我國採取報復措施，抵制我國產品，內部影響極大。有些經濟犯罪亦有可能對人體生命健康有嚴重之傷害影響。非物質損害及危險性，亦具傳染性（經濟犯的傳染或促發作用）及併發性（經濟犯的蔓延或迂迴作用）兩種不良副作用，故對整然經濟具嚴重影響力。

5.轉嫁性：工商企業以營利為目的，由經濟犯罪所受現實被害面觀察，個人直接受害者較居少數，間接轉嫁社會大眾則占多數。上游廠商因所屬從事人員之侵占行為蒙受損失，因而增加成本，為保持平衡勢必提高銷售價格，轉嫁損害於下游廠商、下游廠商再轉嫁於消費者。

（三）白領犯罪之防治

白領經濟犯罪之形成經常是基於：第一，經濟需求或困境：無論是為維持既有權力、聲望或經濟優勢之需求，或因商業經營陷入困境，急需敗部復活，皆有可能促使白領階層從事犯罪行為；第二，白領犯罪極易合理化：許多白領犯罪認為其行為並非係真正的犯罪，甚至認為許多人皆有類似之行為（如逃漏稅），因而無須有罪惡感，此無形中鼓勵了犯罪；第三，法令制度之缺陷：法令制度過於陳舊、繁瑣、不明確、甚至矛盾，且未即時修訂，致不肖人員有機可乘。因此，欲有效預防與遏止，下列之做法有其必要性：

1.修改欠缺完備且不合時宜之法令：法令不完備或不合乎時宜經常無法有效規範非法行為，甚至造成犯罪之機會，故應對各類法令詳加檢討修訂，以防止曲解，杜絕非法。

2.嚴格執法，並鼓勵遵守規定：例如，對於不合乎環保廢氣排放標準規定之公司、廠商加強行政處罰。相反地，倘合乎規定者可考慮予以減稅，以鼓勵遵守規定。

3.對於嚴重違反刑法相關法規之白領犯罪加重刑罰：白領犯罪之危害性甚高，惟其在接受刑罰處分上一般較傳統犯罪輕，為遏止其發生，應依罪責程度，加重刑罰，甚至酌採監禁刑罰，以減少投機心理。

4.加強政府與民間監督，並運用大眾傳播媒體輿論力量制裁不法行為：由於大眾傳播媒體之報導對於非法企業之聲譽具有強大殺傷力，且對於違法之個人、家庭構成巨大威脅，故在政府與民間之管理監督下，適時透過媒體揭發不法行為，有助於遏止非法情事發生。

三、文件保全

至於中小企業公司內部的商業文件機密，為了預防競爭者及內部管理人員聯合外界人士蓄意之竊取，雇主可藉由保險箱來加以防範，當然企業建立妥適嚴謹的文件管制程序及相關懲處規定，也不失為文件保全的好方法。

員工安全防護

本節所討論的員工安全防護主要係針對勞方如何透過勞基法之法令（特別就職業災害賠償部分來加以闡述），以達到保障其自身的安全；且資方也可以藉此與員工維繫良好的合作關係。企業在營運、生產的過程裡，員工每日身處在危機的工作環境中，因此無法避免因工作之原故，所造成其職業災害。因此，對於職業災害的認定及補償辦法須有所理解。

一、職業災害之定義及如何認定

職業災害的定義，勞基法中並未明文規定，不過行政機構通常是依勞工安全衛生法第二條，及勞工保險被保險人因執行職務而致傷病審查準則來加以認定。

（一）法律依據：勞工安全衛生法第二條

本法所稱勞工，謂受僱從事工作獲致工資者。本法所稱雇主，僱事業主或事業之經營負責人。

本法所稱事業單位，謂本法適用範圍內僱用勞工從事工作之機構。

本法所稱之職業災害，謂勞工就業場所之建築物、設備、原料、化學物品、氣體、蒸氣、粉塵等或作業活動及其他職業上原因引起之勞工疾病、傷

害、殘廢或死亡。

(二) 法律依據：勞工保險被保險人因執行職務而致傷病審查準則

第一條：本準則依勞工保險條例第三十四條第二項規定訂定之。

第二條：被保險人因執行職務而致傷病審查，除法令另有規定外，依本準
則辦理。

第三條：被保險人因執行職務而致傷害者，爲職業傷害。被保險人於勞工
保險職業病種類表規定適用職業範圍從事工作，罹患表列疾病
者，爲職業病。（原二十條改列爲第二項）

第四條：被保險人上下班，於適當時間，以適當交通方法，從日常居、住
處所往返就業場所之應經過途中發生事故而致傷害，視爲職業傷
害。（但因私人行爲或有第十八條規訂情事者，不得視爲職業傷
害）。被保險人爲夜校學生或建教合作班學生，於上、下班直接
往返學校與就業場所之應經途中發生事故而致之傷害，亦同。
（第二項爲新增）

第五條：被保險人於作業前後發生下列事故而致之傷害，視爲職業傷害。

一、於作業開始前，在等候中，因就業場設施或管理之缺陷所發
生之事故。

二、因作業之準備行爲及收拾行爲所發生之事故。

三、於作業終了後，經雇主核准利用就業場所設施，因設施缺陷
所發生之事故。

四、因管理上之必要，或在雇主之指揮監督下，從飯廳或集合地
點赴工作場所途中或自工作現場返回事務所途中，爲接受及
返還作業器具，或受領工資等例行事務時，發生之事故。

第六條：被保險人於作業時間中斷或休息中，因就業場所設施或管理上缺
陷發生事故而致之傷害，視爲職業傷害。

第七條：被保險人於作業時間中，基於生理要求於如廁或飲水時發生事故
而致之傷害，視爲職業傷害。

第八條：被保險人於必要情況下，臨時從事其他工作，該項工作如爲雇主
期待其僱用勞工所應爲之行爲而致之傷害，視爲職業傷害。

第九條：被保險人因公出差由日常活居、住處所或就業場所出發，至公畢

返回日常居、住處所或就業場所期間發生事故而致之傷害，視爲職業傷害。（但因私人行爲，或有第十八條規定事情者，不得視爲職業傷害）

第十條：被保險經雇主指派參加進修訓練、技能檢定、技能競賽、慶典活動、體育活動或其他活動發生事故而致之傷害，視爲職業傷害。

第十一條：被保險人由於（業務）執行職務關係，因（第三人）他人之行爲發生事故而致之傷害，視爲職業傷害。

第十二條：被保險人因執行職務（被）受動物或植物傷害（加害而致之傷害），視爲職業傷害。

第十三條：被保險人於執行職務時，因天然災害直接發生事故導致之傷害，不得視爲職業傷害。但因天然災害間接導致之意外或從事之業務遭受天然災害之危險性較高，不在此限。

第十四條：被保險人利用雇主爲勞務管理所提供之附設設施，因設施之缺陷發生事故而致之傷害，視爲職業傷害。

第十五條：被保險人參加雇主舉辦之康樂活動或其他活動，因雇主管理或提供設施之瑕疵發生事故而致之傷害，視爲職業傷害。

第十六條：被保險人因職業傷害或罹患職務病，經雇主同意直接往返醫療院所診療，或下班後直接前往診療後返回日常居住處所應經途中發生事故而致之傷害，視爲職業傷害。（但因私人行爲或有第十八條規定事情者，不得視爲職業傷害。）

第十七條：被保險人於工作日之用餐時間中或爲加班、值班，如雇主未（提供用膳設施）規定必須於工作場所用餐，而爲必要之外出用餐，於用餐往返應經途中發生事故而致之傷害，視爲職業傷害。（但因私人行爲或有第十八條規定事情者，不得視爲職業傷害。）

第十八條：被保險人於第四條、第九條、第十六條及第十七條規定而有下列情事之一，不得視爲職業傷害：
一、非日常生活所必須之私人行爲。
二、未領有駕駛執照駕車者。
三、受吊扣期間或吊銷駕駛執照處分駕車者。
四、經交叉路口闖紅燈者。

　　　　　　五、闖越鐵路平交道者。

　　　　　　六、酒醉駕車者。

　　　　　　七、行駛高速公路路肩者。

　　　　　　八、逆向行駛單行道或跨越雙黃線行駛者。

第十九條：被保險人因執行職務而罹患中央主管機關依據勞工保險職業病
　　　　　種類表第八類第二項規定核定增列之職業病種類或有害物質致
　　　　　之疾病，為職業病。（新增）

第二十條：被保險人罹患之疾病，經行政院勞工委員會職業疾病鑑定委員
　　　　　會鑑定為執行職務所致者，為職業病。（新增）

第二十一條：被保險人於作業中，（因）於工作當場促發疾病，而該項疾
　　　　　　病之促發與作業有相當因果關係者，視為職業（傷害）。
　　　　　　（原十九條）

第二十二條：被保險人於下班應經途中促發疾病，而該項疾病之促發與作
　　　　　　業有相當因果關係者，視為職業病。（新增）

第二十三條：本準則自發布日施行。（原第二十一條）

二、如何預防職業（災）傷害

1.工作場所之生產器具、相關設施應定期檢驗、維修及保養。

2.定期加強員工操作機器、設施之常識訓練，及正確醫護急救觀念。

3.有效地落實勞工保險預防職業病之健康檢查，減少職業病的發生。

4.避免讓新進員工操作過度危險、繁雜的機器、設施。

5.時時關心勞工的身體狀況及就業場所的安全措施，杜絕及避免（災）傷
　害發生。

個 案 研 討 一　　職業災害補償

一、案例

　　志立到工廠上班擔任操作員工作，目前尚在試用期間，由於對於機器的操作不是非常熟，一不留神就被機器壓傷，恐須休養一段期間，惟老闆告知，因他還在試用期間，所以不能申請公傷病假、勞保給付及職業災害補償。試問，雇主的主張是否正確？

二、解析

　　按勞動契約為「諾成契約」，且為「不要式契約」，不以書面訂立為必要，只要雇主與勞工雙方意思表示合意即已成立。除非是雇主招收技術生，或船舶所有人僱用海員，因勞基法第六十五條規定：「雇主招收技術生時，須與技術生簽訂書面訓練契約壹式參份，訂明訓練項目、訓練期限、膳宿負擔、生活津貼、相關教學、勞工保險、結業證明、契約生效與解除之條件及其他有關雙方權利、義務事項，由當事人分執，並送主管機關備案。前項技術生如為未成年人，其訓練契約，應得法定代理人之允許。」

　　另因勞基法第二條第一款有關勞工之定義，係指受雇主僱用從事工作獲致工資者，試用期間之受雇者即屬之。而勞保係屬強制性社會保險，只要是僱用勞工五人以上之「公民營工廠、礦場、農場、牧場、林場、茶場、交通公用事業、公司、行號、新聞、文化、公益及合作事業」均為強制投保單位，且勞保條例第十一條規定，符合勞保條例第六條之勞工，各投保單位應於其所屬勞工到職之當日，列表通知保險人。如果投保單位不依勞保條例之規定辦理投保手續時，除處以應負擔保險費金額二倍罰鍰外，勞工因此所受之損失，應由投保單位依勞保條例規定之給付標準賠償之，此為勞保條例第七十二條所明定。此外，雇主職災補償責任係規範在勞基法第五十九條，依該條條文之規定：「勞工因遭遇職業災害而致死亡、殘廢、傷害或疾病時，雇主應依左列所規定予以補償。……」（本條文請參閱本個案之附註說明），既然試用期間之受僱者符合「勞工」定義，所以，一旦發生職業災害，雇主就有義務給與補償，從勞基法第五十九條條文觀之，職災補償乃屬強制性規定，雇主如未依規定補償，行政機關得依勞基法第七十九條處以雇主新台幣六千元到六萬元之罰鍰。

三、結論

　　從前述解析可瞭解，勞工於試用期間發生職業災害。除可依規定申請公傷病假外，並可申請勞保各項公傷給付及勞基職災補償，雇主如未依規定辦理，除有行政處

罰外,並須負擔相關之賠償及補償責任。

＊附註說明:勞動基準法第59條:

　　勞工因遭遇職業災害而致死亡、殘廢、傷害或疾病時,雇主應依下列規定予以補償。但如同一事故,依勞工保險條例或其他法令規定,已由雇主支付費用補償者,雇主得予以抵充之:

一、勞工受傷或罹患職業病時,雇主應補償其必需之醫療費用。職業病之種類及其醫療範圍,依勞工保險條例有關之規定。

二、勞工在醫療中不能工作時,雇主應按其原領工資數額予以補償。但醫療期間屆滿二年仍未能痊癒,經指定之醫院診斷,審定為喪失原有工作能力,且不合第三款之殘廢給付標準者,雇主得一次給付四十個月之平均工資後,免除此項工資補償責任。

三、勞工經治療終止後,經指定之醫院診斷,審定其身體遺存殘廢者,雇主應按其平均工資及其殘廢程度,一次給予殘廢補償。殘廢補償標準,依勞工保險條例有關之規定。

四、勞工遭遇職業傷害或罹患職業病而死亡時,雇主除給與五個月平均工資之喪葬費外,並應一次給與其遺屬四十個月平均工資之死亡補償。

　　其遺屬受領死亡補償之順位如下:

　　(一)配偶及子女。

　　(二)父母。

　　(三)祖父母。

　　(四)孫子女。

　　(五)兄弟、姐妹。

個 案 研 討 二　　企業風險探討

　　企業主於經營企業組織之時，對於創立前與經營時，均應對於該企業於所屬的地區／國家／產業的外部環境予以監視量測，瞭解該企業組織政治性、經濟性、文化性、司法性、競爭者投入情形、資源供需情形、利益團體介入情形，以及法規異動狀況等環境裡所可能潛藏的危機與風險因子（如大客戶的變動、組織遭遇質變、營業發生劇變、核心員工離職、天災地變兵禍、環境工安事件、員工虧空舞弊、勒索恐嚇事件）。

　　當然企業組織的內部經營管理方面也應建立嚴謹的內部控制制度與內部稽核制度，針對各作業管理系統（如生產管理、市場行銷、人力資源、研究發展、財務管理、資訊科技、時間管理、道德操守）均應予以審慎建置內部控制制度及內稽制度，以為掌握企業內部的各項風險危機因子，並期能消弭於爆發之前。

　　企業組織於經營運作之時，對於金融資本市場的變化（如資本市場、外匯市場、保險市場、利率水準、政府政策）之因應，採取對策應做靈敏性監視並及時採取因應對策，惟金融資本組織對企業組織的經營管理績效評等則是企業組織經營與管理績效的具體呈現，當然也攸關企業組織之永續經營與發展。

　　以上所述有關企業風險管理之探討彙整如圖13-1所示。

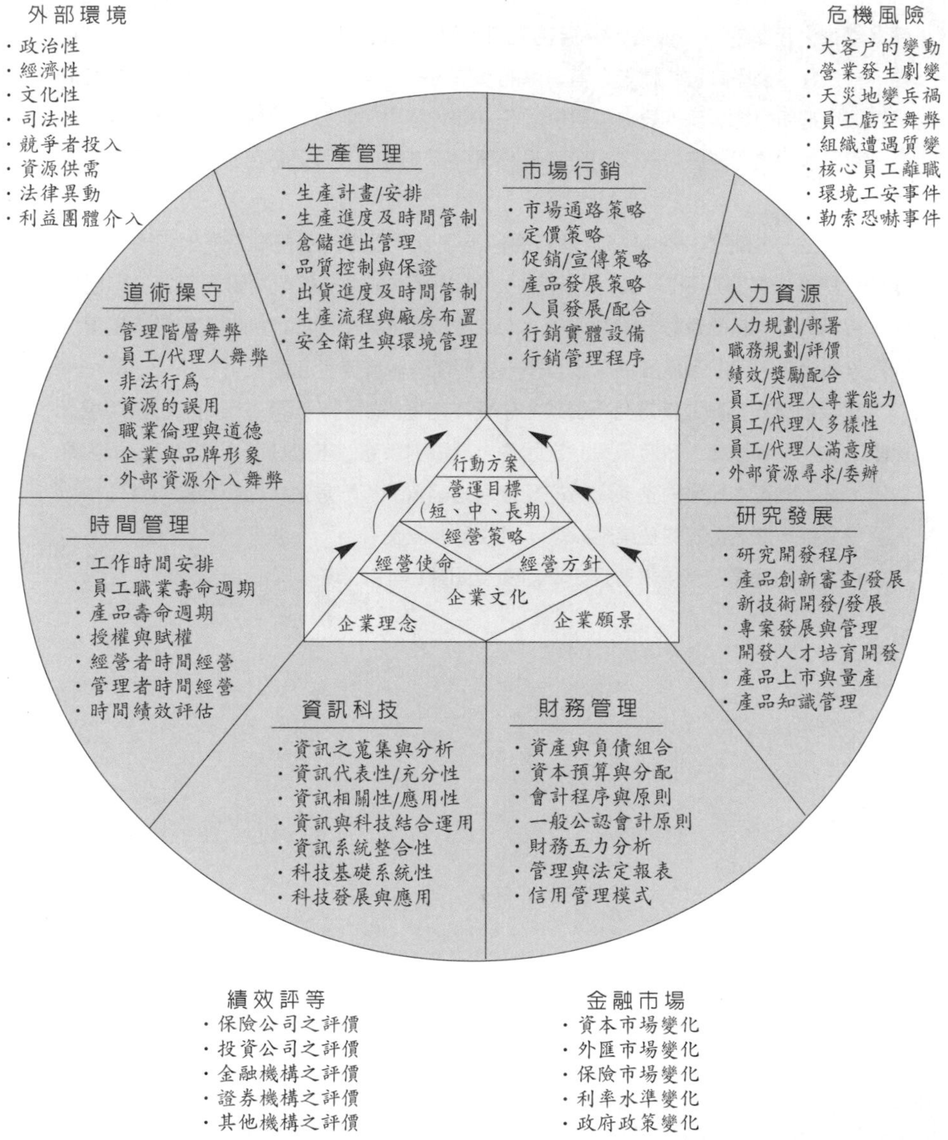

外部環境
・政治性
・經濟性
・文化性
・司法性
・競爭者投入
・資源供需
・法律異動
・利益團體介入

危機風險
・大客戶的變動
・營業發生劇變
・天災地變兵禍
・員工虧空舞弊
・組織遭遇質變
・核心員工離職
・環境工安事件
・勒索恐嚇事件

生產管理
・生產計畫/安排
・生產進度及時間管制
・倉儲進出管理
・品質控制與保證
・出貨進度及時間管制
・生產流程與廠房布置
・安全衛生與環境管理

市場行銷
・市場通路策略
・定價策略
・促銷/宣傳策略
・產品發展策略
・人員發展/配合
・行銷實體設備
・行銷管理程序

道術操守
・管理階層舞弊
・員工/代理人舞弊
・非法行為
・資源的誤用
・職業倫理與道德
・企業與品牌形象
・外部資源介入舞弊

人力資源
・人力規劃/部署
・職務規劃/評價
・績效/獎勵配合
・員工/代理人專業能力
・員工/代理人多樣性
・員工/代理人滿意度
・外部資源尋求/委辦

時間管理
・工作時間安排
・員工職業壽命週期
・產品壽命週期
・授權與賦權
・經營者時間經營
・管理者時間經營
・時間績效評估

研究發展
・研究開發程序
・產品創新審查/發展
・新技術開發/發展
・專案發展與管理
・開發人才培育開發
・產品上市與量產
・產品知識管理

行動方案
營運目標
（短、中、長期）
經營策略
經營使命　　經營方針
企業文化
企業理念　　企業願景

資訊科技
・資訊之蒐集與分析
・資訊代表性/充分性
・資訊相關性/應用性
・資訊與科技結合運用
・資訊系統整合性
・科技基礎系統性
・科技發展與應用

財務管理
・資產與負債組合
・資本預算與分配
・會計程序與原則
・一般公認會計原則
・財務五力分析
・管理與法定報表
・信用管理模式

績效評等
・保險公司之評價
・投資公司之評價
・金融機構之評價
・證券機構之評價
・其他機構之評價

金融市場
・資本市場變化
・外匯市場變化
・保險市場變化
・利率水準變化
・政府政策變化

圖13-1　企業風險表

個 案 研 討 三　如何防止貨款回收太差

1. 開拓新經銷店或新客戶時，必須明確告知付款之條件。

2. 找出經銷店或客戶最適當的收款時間。進而養成「定期收款」的原則，必須引導經銷店與客戶能夠形成習慣，每月月初只要本公司人員一來，就必然要結清貨款。

3. 收款之時，切勿擺出「低姿勢」。例如，不可說：「老闆，對不起！我來收款。不知道您今天方不方便？如果您今天方便的話，請跟我結清貨款。」否則會被吃定，拖延付款。

4. 收款之時，不要講太多話，可運用「壓力式面談」：每問一句話後，盯著看老闆，等他回答，再問下一句。

5. 收款之時，表情要嚴肅，不可笑嘻嘻。

6. 業務人員、外務人員須建立經銷店與客戶的交情，則收款會比較順利。

7. 該給經銷店與客戶的贈品、獎金等，在收款前必須處理完畢，否則會被拒付。

8. 經銷商與客戶對於品質的抱怨，在收款前必須處理完畢，否則會被拒付。

9. 對於收款不順的經銷店與客戶，千萬不可逃避，反之應增加拜訪次數。

10. 起初，儘可能避免在大庭廣眾之下催討。若拖欠太久，則可故意在大庭廣眾之下催討，但應避免催討之聲音不要太大，但要讓旁邊的人聽得到。

11. 對於收款不順的經銷店與客戶可採行：連續幾天晚上去拜訪與他耗（如一起看電視、抽煙、泡茶）直到貨款結清為止。

12. 業務人員、外務人員必須教導新經銷店與新客戶如何賣本公司之產品。

13. 業務人員、外務人員必須教導老經銷店與客戶如何賣本公司之新產品。

14. 業務人員必須在新經銷店第一次進貨後7-14天再度拜訪，若發現銷售狀況不佳，則應再指導他們如何賣本公司之產品，並請老闆多賣我們公司之產品，如此可避免收款不順之機會。

15. 業務人員、外務人員必須瞭解「收款重於一切」的概念，準時收款。

16. 業務人員、外務人員堅持尾數不被折讓：告知他們，被折讓的金額公司會扣我的薪水。

17. 票期拖（延）長時，公司應退回予經銷店與客戶要求更改，使業務外務人員知所警惕。

問題討論

1. 政府之環保政策與法令的制定以及推動的方式，對於企業組織多少會帶來衝擊，企業組織的經營管理階層在制定其永續發展策略之時，應如何看待此層面的影響？又其組織之策略規劃時應作何策略思考？

2. 數位時代的企業組織為因應風險因子所帶來的危機，應該建立一套完整的電腦稽核系統，但是電腦稽核工作要有成效，應該建立制度、訓練人員與編訂電腦稽核手冊，然而制度是否有效運作，最終還是決定於最高主管的肯定與支持，其理由何在？

3. 公司治理換個角度來說，乃是檢視過去的企業組織之內部控制情況，也是強化整套的企業管理機制，以保障企業股東與資本市場的投資大眾，然而公司治理也是一種「借力使力」的運用，運用得當企業組織可以穩健成長，運用不得當則企業組織反易生弊端與醜聞，其原因為何？

4. 企業組織常會因員工的疏忽或故意行為，以致於使公司的營業或技術機密外洩，甚至於發生企業經營的重大風暴，對於此類的風險應該如何控制與防範？

5. 有人說「變化→失敗→偶而成功→再變化」，乃是台灣中小企業歷經多次政治與經濟不景氣風暴，仍能一再轉型與永續發展的成功典範，然而於此數位化、全球化的時代此理仍然適用？

第十四章

Chapter14

企業責任及企業倫理

- 企業責任
- 企業倫理（管理倫理）
- 企業社會責任參與的層次

企業責任

　　在傳統社會中，企業經營者對於所謂的「社會責任與倫理」並無很明確的概念，大多是抱著一種感恩的心，以「取之社會，用之社會」的觀念來做一些公益的事，以回饋社會。近年來企業的社會責任與企業倫理因某些國際大企業接連發生醜聞事件而受重視，但在大多數國家中，社會大眾與企業經理人都認為企業的社會責任與倫理是很重要的，卻並不很重視它。

　　我們都知道，企業所獲得的利潤，並不單來自於企業經營的結果，而且來自於公眾消費及企業所處的環境文化、政治等因素互動的結果。企業如果要長期經營，則必須要關心其周圍環境的問題，同時，一個能擔負社會責任與遵守企業倫理的企業，才能得到各方的支持，創造更多的利潤。企業的社會責任與倫理為何？其演變及各方觀點如何，我們將做簡單的討論，並且將以個案研究的方式來探討，致使本研究更加嚴謹與具實證性。

一、企業社會責任

（一）企業社會責任的意義

　　社會大眾認為企業組織應負擔的社會責任範圍相當的廣泛，從掃除貧窮、控制犯罪到促進政府改善行政效率等等不一。什麼是社會責任呢？簡單的說，就是在法律規定與市場經濟運作之因素外，企業經理人所做含有道德與倫理考慮因素的決定。

（二）企業經理人對社會責任的態度演變

　　企業經理人對社會是否應負社會責任，在最初是抱著否定的態度，近幾年才逐漸接受此觀念。企業經理人對社會責任所持態度的轉變，應可分為三個階段（如表14-1所示）：

1.第一階段

　　在1930年代之前，其所強調的信條是，企業經理人的唯一目標是替企業賺取最大利潤，經濟學家費德曼（Milton Friedman）認為企業的經理人是代表企業股東執行業務，若利用企業資源從事非創造利潤的活動是不合法的。此論點

表14-1　企業經理人對社會責任的態度四階段

	第一階段 最大利潤之管理 （1800至1920年代）	第二階段 受託管理人之管理 （1930至1960年代）	第三階段 個人生活品質之管理 （1960至1999年代）	第四階段 群體生活品質之管理 （2000至2002年代）
基本的觀念	*純粹自我利益。	*自我利益。 *股東利益。	*開明的自我利益。 *股東利益。 *社會利益。	*開明的自我利益。 *股東利益。 *社會利益。 *員工利益。
經濟價值觀	*對我有利者即是對國家有利者。 *最大利潤。 *金錢財富最重要。 *貨物出門，概不退換。 *勞工是可買賣的貨物。 *管理應向公司老闆負責任。	*對組織及管理有利者，即對國家有利。 *合理利潤。 *金錢是重要的，但人也是重要的。 *不欺騙顧客。 *勞工有擁有一些權利。 *管理應向老闆、顧客、員工、供應商、股東負責。	*對社會有利者，即是對公司有利者。 *利潤是必須的，但是人比金錢重要 *顧客第一。 *管理應向老闆、股東及社會負責。	*永續經營對社會有利者，即是對公司有利者。 *專業經理與專業董監事。 *員工入股參與監督及重整。 *行為是否合法性與公平性。 *股東、員工、社會與自我感覺舒適性。
技術價值觀	技術是非常重要。	人與技術同樣重要。	人比技術重要。	人之企業化與技術加值性。
社會價值觀	*員工個人問題必須留在家裡。 *我是一個嚴屬的個人主義者，我可以依個人喜好管理我的公司。 *少數族群是下等的，必須要好好管教。	*我們承認員工除了經濟上的需要外，還有其他的需要。 *我是一個個人主義者，但我承認組織內其他成員的價值。 *少數族群有他們的社會地位，但仍低於我的社會地位。	*員工完全屬於公司的。 *組織內的成員，是我們成功的基礎。 *少數族群也是人，就和你和我一樣。	*公司屬於員工的。 *專業董事與經理人領導組織內的成員，是我們成功的基礎。 *重視所有族群，就和你和我一樣。
政治價值觀	管得最少的政府是最好的政府。	政府是必要的罪惡。	企業與政府必須合作解決社會問題。	企業、員工、自我與政府必須合作解決社會與國際問題。

（續）表14-1　企業經理人對社會責任的態度四階段

	第一階段 最大利潤之管理 （1800至1920年代）	第二階段 受託管理人之管理 （1930至1960年代）	第三階段 個人生活品質之管理 （1960至1999年代）	第四階段 群體生活品質之管理 （2000至2002年代）
環境價 值觀	自然環境控制人的命運。	人類可以控制及改變環境。	為享有高品質的生活，我們必須需保護環境。	為享有永續經營與高品質的生活，我們必須需保護全球環境。
藝術價 值觀	藝術價值？那是什麼？	有藝術價值的，但是我們不需要。	我們必須要維護藝術價值而且我會做我們該做的。	永續經營藝術與世界大同整合。

資料來源：整理自陳光榮著，企業的社會責任與倫理，《經濟情勢暨評論》，1卷4期，1996，頁150-158；柴松林著，企業的社會責任，《彰銀資料期刊》，48卷4期，1992，頁17-210。

曾有一段很長的時間受到企業經理人及法院的支持。例如，在1919年，美國密西根法院宣稱企業機構營運的主要目的是替股東賺取利潤。

2.第二階段

從1930年代至1960年代早期為止，此階段強調企業經理人的責任不只是賺取最大利潤，而且必須要在顧客、員工、供應商、債權人及社區之間的爭議中維持一個公正的平衡點。此階段，企業經理人及學者對企業的社會責任觀念的轉變開始，首先改變的是企業縮短員工的工作時數，及改善工作環境。事實上這早期企業對社會責任的改變，是工會興起的結果，工會促使企業開始思考有關賺取利潤以外的社會責任。1935年美國國會曾修法，允許企業機構以5%的盈餘，捐獻為免稅額度來承認公司的社會責任。在1953年美國最高法院裁定A. P. Smith公司可捐款與普林斯頓大學，而不必受股東的告訴。

3.第三、四階段

1960年代以後，企業經理人除對個人生活品質的要求外，多主張企業組織應該參與解決社會問題與回饋社會，如種族歧視、企業污染、員工與產品安全、城市環境惡化等。表14-1中對於各階段經理人對社會責任所持的態度演變有更深入的解釋，值得我們注意的是，各階段的進程皆合併前一個階段中的重要因素。因此，企業經理人在致力個人生活品質改善的同時，也要領悟企業獲利與眾多的利益關係人（Stakeholder）需求中保持平衡的重要性。

（三）社會責任的範圍

一個企業應負擔多少的社會責任呢？一個企業經理人是否知道什麼是他們的社會責任？誰又能決定企業做何種活動對社會是有益處的呢？這些是很難回答的問題，企業經理人並不能準確的衡量，他們所參與的社會活動所獲得的利益在哪裡？對一般企業而言，政府應照顧社會的需要，當因企業發展而可能造成社會問題時，政府就應該參與解決問題。若企業愈少關心因其行動所引發的社會問題時，政府就會愈加干涉其有關各方面的經濟，甚而可能對企業加以更多的法律限制，但若企業愈關心其社會責任，則其創造利潤的活動力愈相形減低。

基本上來說，企業組織的功能就是創造利潤，而政府應以其所收之稅金解決社會問題。如果企業承擔愈來愈多的社會責任，那企業的功能和政府的功能就沒有多大的差別了，企業也會因而愈強大並累積更多的資源，成為一個無法與其反抗的壟斷組織。

到底一個企業應該負擔多少的社會責任？這是非常難以回答的問題，但對企業而言，應先衡量本身能力和平衡內外利益後，再決定應採取何種的行動。

二、社會責任的分類

不管對企業的社會責任的爭論如何，不可否認的，現今企業愈來愈重視其應負擔的社會責任。社會責任的分類有很多種方法，舉例如下：

（一）依據Modic的分類（1988）

1. 在製造產品上的責任：製造安全、可信賴及高品質的產品。
2. 在行銷活動中的責任：如做誠實的廣告等。
3. 員工的教育訓練的責任：在新技術發展完成時，以對員工的再訓練來代替解僱員工。
4. 環境保護的責任：研發新技術以減少環境污染。
5. 良好的員工關係與福利：讓員工有工作滿足感等。
6. 提供平等僱用的機會：僱用員工時沒有性別歧視或種族歧視。
7. 員工之安全與健康：如提供員工舒適安全的工作環境等。
8. 慈善活動：如贊助教育、藝術、文化活動，或弱勢族群、社區發展計畫等等。

（二）依受益人之不同而分類

1.內部受益人：包括顧客、員工和股東，這些是和企業有立即利害關係的人。

（1）對顧客的責任：提供安全、高品質、良好包裝及性能好的產品，對顧客的抱怨採取立即處理措施，提供完整正確的產品資訊，或誠實不誇大的產品廣告。

（2）對員工的責任：關於企業對員工的責任，法律上有許多相關的規定，如工作時數、最低薪資、工會等等，目的是在保障員工的基本人權，除了法律上保障的權利外，現代企業亦會提供員工其他福利，如退休金、醫療、意外保險等或者是訓練教育補助、生涯發展之協助等，這些都是企業社會責任的延伸。

（3）對股東的責任：企業管理者有責任，將企業資源的利用情形和結果完全公開的和翔實的告知股東。企業股東的基本權利，不是要保證會獲利，而是保證能獲知正確的財務資料，以決定其是否繼續投資。

2.外部受益人：可分為特定外部受益人和一般外部受益人二種。

（1）特定外部受益人：如企業採用平等僱用原則，使得婦女、殘障、少數民族等成為受益人，雖然此原則已有法律上的規定，但是，不管是過去還是現在，歧視女性、殘障、少數民族等弱勢族群者，企業機構一直扮演著主要的角色，所以現代企業應該負起此社會責任，以彌補錯誤。

（2）一般外部受益人：企業參與解決或預防一般社會問題的發生，常被認為是最實際的社會責任，因為這些活動使得一般大眾都受益。例如，保護環境活動、防止水污染、空氣污染，或者捐贈教育機構及贊助文化藝術活動等。

從上述分類可知企業的社會責任範圍廣泛，企業管理人應憑著誠心和決心，衡量企業的能力和平衡內外利益後，再估量應從事何種活動。

三、企業社會責任正反面之觀點

雖然現代企業經理人已經能接受擔負社會責任的觀念，但長久以來，仍各

有不同的觀點意見爭論不已。依據各方的觀點,予以綜合列出多項理由爲企業社會責任的正反面提出辯護:

(一) 贊成——正面理由 (以學者Keith Davis爲代表)

贊成企業應負社會責任的學者以Keith Davis爲代表,如此方能使多元化的社會獲得平衡 (如圖14-1所示),以下就正面理由加以詳述:

社會責任↑ ➔ 社會問題↓ ➔ 社會安定↑ ➔ 企業成長 (生存可能) ↑

圖14-1　企業生存可能的因果關係

1.提昇企業形象

企業積極參與協助解決社會問題,提昇企業的道德形象,例如,921地震後,台塑集團認養30餘所震垮學校之重建;台積電捐出一億五千萬,協助清大成立科技管理學院,甚爲各界所佳評。

2.避免政府干預

企業過度追求利潤極大,不負社會責任時,人們會強烈要求政府管制,干預企業,例如,NIKE於1998年宣布在亞洲工廠僱用童工,及改善工作環境符合美國標準。

3.增加企業生存可能性

企業負起社會責任,可增加社會需要之滿足感。例如,企業協助解決失業問題,人民才有經濟能力消費;企業協助改善社會問題,人民才會滿足現狀減少罷工、暴動等使經濟維持繁榮。

4.完成企業應負的道德義務

例如,中國時報推廣「種樹救水源,送愛到水庫」;花旗銀行爲了幫助喜憨兒協助成立烘培屋及喜憨兒餐廳,完成了花旗「給他魚吃不如教他如何釣魚」的口號,既提昇企業形象亦完成企業應負的道德義務。

(二) 反對——反面理由 (以學者Milton Friedman爲代表)

對企業的社會責任持反面理由的學者以Milton Friedman爲代表,他認爲企業正當經營提供降低成本的產品,服務於社會即已盡社會責任。茲將各方反對企業負社會責任的理由,說明如下:

1.企業應追求利潤極大

企業負社會責任會使該企業競爭力降低，產生不公平，反而成為懲罰該企業，且負起社會責任的企業將犧牲企業利潤，對股東利益造成不公平。

2.增加企業成本、財務負擔

企業負擔社會責任的成本甚高，可能使企業無法成長、增加財務負擔，且亦無法有效解決社會問題，因此，由政府統一來做會更完善。

3.沖淡企業目標

企業家是經營企業的專家，如要求他們亦要負起社會責任會沖淡企業的主要目標，能使企業發生虧損，反而對社會造成不利之影響，例如，失業問題等。

4.給予企業更大的社會權力

企業家若負起社會責任的話，在社會上往往可以達到知名度並且可以促使企業形象提高，但是這樣的結果常常使得企業，往往靠著自己在社會上的名望或是地位，在法律或是經濟面上鑽法律漏洞。例如，企業家會把產品價格抬高或者是往往會不按照相關法令來經營企業，甚至造成更多的社會問題等等。

5.企業缺乏處理社會問題的能力

企業的目標，主要的目的是獲取利潤，當然企業在經營上會為了自身的利益，會不斷地以降低成本為主要的原則，但今天若要企業來做社會責任的工作，不僅無法讓企業做到更完善的境界，故而，社會責任的工作若由政府來統一執行的話，將會對人們有更大的福祉。

四、現代企業應盡的社會責任方法

1.合法經營、誠實納稅、增進公共建設。

2.增加就業機會及人力資源的開發，以增進社會財富。

3.參與社會公益活動、協助弱勢團體之發展。

4.注重環保、避免污染環境造成公害，以善盡環境保護之責。

5.創新開發新產品，並生產低成本、高品質產品。

五、綠色企業

近年來世界各國均倡導環境保護，消費者、政府都要求企業依照環保法律執行生產符合環保法令的製成產品，建立回收系統或是採用天然原料、產品等之企業稱之為「綠色企業」。例如，宏碁電腦在德國拿下「綠色電腦」第一名等。

六、影響中小企業的法律、政治

（一）經貿法規

影響中小企業的經貿法規如表14-2所示。

表14-2　影響中小企業的經貿法規

礦業法規	度量衡法規	進口救濟法規
貿易法規	產業技術法規	著作權相關法規
能源法令	商品檢驗法規	災害防救相關法規
認證法規	地質相關法規	工業行政相關法規
標準法規	專利相關法規	兩岸經貿相關法規
水利法規	商標相關法規	國營事業相關法規
投資法規	光碟相關法規	違反保護智慧財產權
營業秘密法	水資源相關法規	水利及相關法規電子報
	中小企業相關法規	積體電路布局相關法規

（二）分析一國之法律環境方法

分析一國之法律環境可從下列方面進行：

1.民、刑法。

2.工、商法（公司法、保險法、票據法、銀行法與工商登記法）。

3.關稅及稅率結構（營業稅、貨物稅、印花稅）。

4.保護與獎勵措施（關稅、獎勵投資與外銷）。

5.公平競爭（反托拉斯、物價督導、公平交易法）。

6.中小企業扶助（對中小企業財務、技術管理上的協助）。

7.品管、專利及食品藥物管制。

8.環境污染管制（空氣污染防治、水污染防治、廢棄物清理等）。

9.廣告管制（防止不實廣告）。

（三）政治與法律環境的關係

對企業而言，政治與法律環境也逐漸變得複雜而有威脅性。所以必須瞭解政府對企業的保護、協助輔導、直接經營、引導與管制及課稅等五大項措施及法律的規定。政治力對企業之影響決定於：

1.國家法律及行政制度之健全性。

2.執政黨對經濟與社會的主張及認知策略。

3.國家政治的開放與民主程度。

4.政治力量介入企業經營管理程度。

5.行政與技術官僚體系的公職人員的清明程度。

6.法令規章對企業的採行策略是扶持？協助？壓制？

7.國家財政金融及稅務投資規劃與施政方向。

企業倫理（管理倫理）

一、企業倫理的意義

企業倫理又稱為「企業道德」，係指任何企業之經營必須以合法方式營利。倫理是監督個人或二個組織群體的行為的一個標準或規則，簡單的說，就是分辨行為好壞對錯的準則。管理的倫理是一個組織的經理人在執行業務時，做為行為或道德判斷的準則。法律是一個社會倫理形成的結果，但是管理上的倫理，牽涉到更多的個人行為與組織群體的行為，非法律所能涵蓋的。

1.內、外部企業倫理分析

（1）內部企業倫理：係指規範企業業主與員工之間的倫理原則，使勞資關係和諧，利於經營發展。

（2）外部企業倫理：係指規範企業與社會責任間的倫理原則，例如，注

重企業環保與消費者權益等，以公平合法方式經營企業，獲取利
潤，使企業持續發展。

2.企業倫理的重要性

（1）對內：求勞資雙方的和諧。

（2）對外：求企業利潤和社會責任。

二、管理倫理的種類

管理倫理的標準是由許多因素形成的，如社會的一般規範和價值觀，個人
在家庭、宗教、教育和其他組織中所獲得經驗，所以管理倫理和個人倫理是不
盡相同的。

卡羅（Archie B. Carroll）在其文章中提出，在管理倫理判斷上，有三種主
要不同特徵的經理人。

（一）不倫理的經理人

即是只關心公司的收益獲利率，對其他方面的期望完全予以漠視，將法律
視為必須克服的障礙。在做決定時只考慮「我們的行動與決定是否能賺錢」，
而其他事完全不關心。

（二）倫理的經理人

倫理的經理人也希望成功，但他們的行動決定都在倫理的範圍之內，並且
尋求一個公平、公正的方法。

（三）處於倫理與不倫理之間的經理人

有些經理人在做決定時並不考慮到倫理道德的問題，他們認為倫理道德應
是用在生活的其他部分上，而非在商業做生意上。另有部分經理人則在做決定
時，完全未注意到所謂的倫理不倫理或道德不道德的問題，此類的經理人通常
將追求利潤視為目標，以他們的期望任意行為，很少會注意到們的行為是否會
影響他人，除非受到外來的壓力或強烈批評。

三、經理人的倫理原則

每個人的倫理標準不同，而且很難替每種狀況訂下準則。但仍有一些共通

的原則協助經理人在做涉及倫理的決定時爲依據。如美國Lummins引擎公司曾發給員工一份倫理規則，以爲員工遵守的依據，其中包括：

1.遵守各種法律規定：例如，勞基法、消保法、著作權法。
2.誠實：公平並正確的說出事實。
3.公平：公平的對待每一個人。
4.關心：關心公司的行動是否影響到別人，並使影響成爲有益的。
5.鼓勵：尊重他人，即使失去了生意也一樣。

企業社會責任參與的層次

一、 社會義務、回應、責任之意義

企業對社會責任的承諾由低到高大致可分爲三級，分別是社會義務、社會回應及社會責任（如圖14-2所示），其意義分述如下：

圖14-2　社會責任參與的層次（Stephen P. Robbins）

（一）社會義務

社會義務（social obligation）係指滿足一企業的經濟與法律責任之內的目標，如利潤最大化。因此社會義務乃是企業參與社會活動的基石。本質：社會責任與社會回應的基石。例如，企業徵才沒有種族歧視。

（二）社會回應

社會回應（social responsiveness）係指一公司面對社會條件變化的適應力。本質：是一種中、短期的實際手段。例如，921賑災，企業對此事件的捐款。

（三）社會責任

社會責任（social responsibility）係指企業在法律與經濟之外的義務，去追求長期對社會有益的目標。本質：是一種長期的道德目標。例如，新光人壽的清寒獎助學金。

二、社會障礙到社會貢獻之比較（如圖14-3所示）

（一）社會障礙

以一種能逃則逃的心態，以有限度的原則，去履行經濟、法律規範內的責任。

（二）社會義務

以一種遵守規範的心態（不多做、不少做），滿足一企業的經濟與法律責任；此乃企業參與社會活動的基石。

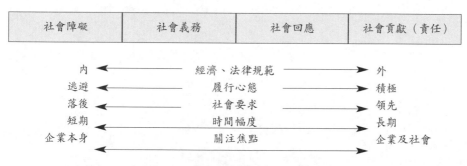

社會障礙	社會義務	社會回應	社會貢獻（責任）

內	← 經濟、法律規範 →	外
逃避	← 履行心態 →	積極
落後	← 社會要求 →	領先
短期	← 時間幅度 →	長期
企業本身	← 關注焦點 →	企業及社會

圖14-3　從社會障礙到社會貢獻之比較

資料來源：張志育著，《管理學》（台北：前程出版，2001年）。

（三）社會回應

一公司對社會條件改變的適應，意指有問題才回應，屬一種被動的心態。

（四）社會貢獻（責任）

一公司對社會條件改變，以一種主動、積極的心態熱心參與。

結論

雖然企業履行社會責任的原因許多是來自於工會、消費者運動，以及環保運動等之壓力，但是企業是否應善盡社會責任的問題已受到肯定。並且人們發現，過去與現今人們所受的種種苦難，導源於人類自私的心態，重視金錢物質的掠取，輕視精神文化之發展，故而現今社會強調倫理的重建。

如同蕭新煌教授所言，遵守企業倫理，才能得到社會的支持，創造更多的利潤，同時也能回饋社會。

企業體不但要先從「利己」的社會責任做起，更要有意從「利己」的責任提昇到「利他」的倫理層次，以塑造一個名實合一的現代企業。

個 案 研 討 一　　汞污泥事件

一、情境

　　國大代表劉銘龍曾公布國內過去所有汞污泥去向追蹤報告，結果發現，數萬公噸的汞污泥去向不明，近10萬噸汞污泥有些未固化即掩埋、有些甚至作為地基，這是一個很頭痛的問題，尤其是位於新莊的正泰公司僅是簡易固化處理後，即掩埋在廠區，甚至有些作為地基，這是非常麻煩的行為，因為隨意處理汞污泥會造成水源、土壤污染，進而影響到附近居民的健康。劉銘龍表示，台塑汞污泥事件發生後，讓台灣形象大損；但以台塑這樣的大型企業都出現處置草率情形，其他中小企業或工廠會如何處理，實在令人擔憂；根據劉銘龍深入查證結果發現：中化公司前鎮廠在70年產生的700公噸汞污泥未經處理就掩埋於廠內，70年以後所產生的汞污泥經脫水固化者約45公噸，未脫水者仍存放於該廠土地中，總計共產5,000公噸汞污泥；苗栗縣的國泰塑膠公司苗栗廠，在73年前將尚未固化的汞污泥5,000公噸放置於該廠膠皮廠地下室，目前國華人壽已經購得該土地，擬在該區開發為竹南工商綜合區……等等，由上述資料可知，台灣製造汞污泥的公司，對於處理汞污泥是毫無章法，根本對於生活在台灣土地上的居民造成嚴重的威脅，這是現今很棘手的環保問題，是每一個人所不能忽視的。

二、問題

　　1.不妥善處理汞污泥的公司，應以何種心態面對汞污泥的污染？
　　2.政府機關應以何種心態面對？
　　3.生活在台灣土地的人民，我們要如何杜絕汞污泥的隨意傾倒？
　　4.不妥善處理汞污泥的公司，對於自己的營運有何影響？

三、建議

（一）認清事實

　　製造汞污泥的公司、政府機關及社會大眾要同時具有以下的領悟及心態，來認清事實，才能徹底挽救台灣的環境及生活品質。從最大宗的台塑汞污泥輸出事件來看，我們憂心台灣將成為破壞環境的全球共犯結構的新中堅分子。以台灣立場而言，本島處於四面環海，因此很重視國際間對我們的看法，而且在台灣欲積極加入國際社會之際，是否能體認到，不只是經濟發展，還有對環境正義的堅持與承諾，才是地球村負責任的一分子，才真正符合國家的利益！另外，汞污泥不加以正確處理及掩埋，是會

影響到附近土質、水源，對於四周居民健康來說，是人民、公司及政府不容忽視的問題。有了這兩點共識及正確的心態，我們才可以繼續付出具體的行動。

（二）付出行動

我們該如何行動以杜絕汞污泥的隨意傾倒呢？首先，大家要知道，早在1970及80年代，台灣一直是西方工業化國家的污染天堂，這是因為寬鬆的環境法規、廉價的勞工與土地環境成本，且在經濟理性的誘因下，許多高污染性的工業，廢五金、拆船等有毒廢棄物的處理，紛紛從美、日或其他國家移轉至台灣，然而，一、二十年後的今天，我們正不斷地在為此付出人命損失與環境的代價。所以，汞污泥想要遠離台灣，就必須修改台灣寬鬆的環境法規，不要認為台灣本島依然是傾倒污染的地方，讓國外民族瞭解我們不是垃圾集中地。進一步，更要讓本地製造汞污泥的工廠，接受如何妥善處理汞污泥的再教育：以我國環保署規定，汞污泥含量不得高於0.02PPM標準、汞污泥必須固化處理、不能將它掩埋於人稠密的地點，最好是運到國外人少地廣的地方……等訊息，都是最基本的知識。還有最重要的一點是人民要具備環保概念，深知天然資源若被破壞，就很難再回復原本的面貌，以另一方面來說，公司不要因為自己的利益，減少處理成本，因而隨意丟棄，造成更多的污染。

（三）代價的衡量

不妥善處理汞污泥的公司，付出的代價，除了讓外國人認為台灣是一個充滿骯髒、無優良生活品質的地方以外，使台灣人民抬不起頭，且身為台灣人民的一分子，不好好處理汞污泥而使國民感染疾病，這是一種對不起自己良心的事情，更是沒有遵守企業倫理的規範，此外，環保人士及民眾也會與這些公司對抗，造成公司無法順利營運，如此多的代價，公司是否應該仔細衡量以正當、合法的手續來處理汞污泥，才是現在所要做的抉擇。

汞污泥只是台灣污染源之一，台灣還有許多可怕的污染源有待大家一同解決，套一句環保署的一句話：「愛物惜福做環保，青山綠水無限好」，希望每一件廢棄物都能再利用回收，使台灣成為一個青山綠水無限好的寶島。

個 案 研 討 二　台灣拜耳的企業倫理──責任照顧

一、前言

　　台灣拜耳以身為中華民國化學工業責任照顧協會的創始會員之一為榮，並積極地參與台灣責任照顧事務的推動。台灣拜耳承諾遵守與拜耳總公司及全世界子公司相同標準的拜耳責任照顧之環保及安全準則。

　　拜耳是跨足於化學與製藥的國際性公司。拜耳的產品滿足了人類在健康、飲食、穿著、居住、交通及資訊的基本的需求。這些產品在全世界各角落不斷地改善人類的生活品質並且他們也是能被安全地處理、運送、使用及廢棄。拜耳承諾要保護天然資源，安全地運作它的工廠設備及減少由它的商業活動對環境所造成的衝擊。

　　廣泛的環保、最大的安全、高品質產品及最佳商業效益均為我們達成公司共同目標的重要指標。這些被運用在拜耳德國總公司的標準指標也同樣被應用在拜耳全世界的子公司。

　　想要在環保及工安這些領域成功，需要公司所有員工的承諾，他們將負責任地應用他們的專業技術，以符合國際責任照顧主動自發的原則。我們提供員工適當的訓練，對於環保及工安相關的行為，每位員工都必須以身作則。

　　（一）在環保及工安中責任照顧代表什麼？

　　責任照顧是由化學工業為化學工業本身所發起的全球性自動自發的活動。也就是說所有員工應依循公司的環保及工安目標並落實革新的解決方案。拜耳對責任照顧所負的責任如下：

1.為了未來子孫的利益藉保護自然資源來落實永續經營的理念。

2.運作一個合適的管理系統，自發性的來訂定、審核及持續發展這些為了改善產品管理、環境保護、工廠安全、危害預防、職業安全及衛生的目標。

3.向所有的員工及社會大眾報告現行的狀況、公司目標及實施結果。

4.與員工、顧客及社會大眾進行對話並積極的回應他們的意見及要求並且將它們列為制定未來公司目標的重要考慮因素。

　　（二）責任照顧對拜耳的意義是什麼？

　　責任照顧的精神已包含在拜耳負責任的專業科技的理念中。它涵蓋了1986年發行的拜耳的環保及安全政策指南及拜耳對產品管理及與社會大眾對話的長遠承諾（如圖14-4所示）。

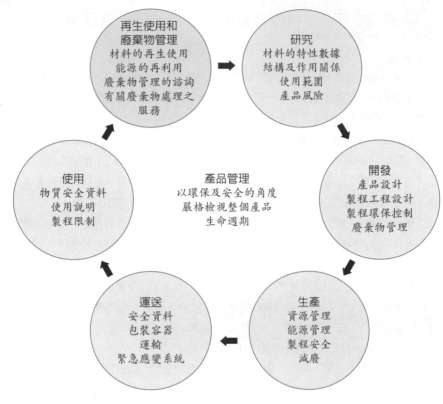

圖14-4 產品管理準則

二、產品管理準則

　　拜耳的專業存在於它所有商業活動的研究與發展、生產技術、品質、服務及經濟
效益。責任照顧是每一位拜耳員工的責任為了人類及環境的福祉貢獻他（她）的專業
技術。

　　1.每位拜耳員工應經常在自己的工作領域中，將健康、安全及環保列入考量。拜
　　　耳的產品在被適當地使用後，應安全地被回收或廢棄，並且確保不會對環境造
　　　成不良的影響。員工必須善於接納新資訊並且小心考量它的影響。

　　2.必須提供運送人及顧客必要的資訊及建議，使他們能安全地運送、儲存、運
　　　作、使用及廢棄我們的產品。

3.拜耳積極的發展及銷售對環保安全的產品,並鼓勵以回收來保護天然資源。

4.若根據科學數據顯示有採取避免危害健康或環境潛在危險的必要,拜耳將會馬上通知顧客及社會大眾並採取適當的措施,包括削減產量。

三、對話準則

1.我們極度重視員工及大眾關切的話題,所以當我們訂定公司目標時,會慎重將其列入考量。

2.定期讓員工及大眾瞭解安全及環保方面的趨勢及拜耳在這方面的發展。

3.責任照顧的目標應經由對話的程序產生,並提供必要討論的機會。

4.責任照顧的目標儘可能應使用量化的指標,才能確認其成效。

四、環保準則

1.所有員工都有責任確保公司的環保目標能達成。

2.環保不只是遵守法律及規定。我們所有員工被要求須主動地執行,以達成環保目標。

3.生產設備必須在能確保能被產品及廢料安全處理之情況下運作。

4.應經常審視產品製程,儘可能改善產品製程來減少原料及能源之使用、廢棄物的排放及產生。

5.廢棄物應能被再使用、再回收或能合乎環保安全地被處置及廢棄。並強調從事製程減廢勝於處置及廢棄最終產生的廢棄物。

五、職業安全準則

1.每位員工應貢獻一己之力來改善安全。

2.所有員工在公司工作都要為安全負責任,並有責任完全遵守規定及指示。

3.職業安全訓練應特別著重於人與技術的界面。

4.化學爆炸及所有可能發生意外的危險應透過適當的措施,予以妥善地監管及控制。

六、工廠安全及危害預防準則

1.工廠安全須持續地改善。每位員工須積極參與提供改善方案及建議。

2.既有的設備必須符合科技進步的需求。

3.技術設備應依安全操作來設計，而製程應以降低潛在危害及風險來選擇。

4.技術設備應小心保養維修。

5.所有技術設備均應具備安全概念，包括定期檢查。

6.除了所需要的安全操作裝置外，須運用技術性措施來確保任何故障皆能被妥善地處理並局限其影響局面。

7.應為所有工廠擬定詳細的災害計畫。這些工廠應加入當地主管機關所同意之安全計畫中。

七、技術轉移安全準則

1.技術被轉移到拜耳子公司是要確保他們能發展及落實與拜耳總公司相同的原則與標準之環保、職業安全及工廠安全措施。

2.第三者的製程技術及技術設備應有徹底的安全測試後才能被使用。

問題討論

1. 當我們追求企業永續經營的同時，我們企業的領導人除了注重維持企業的經營管理績效之外，尚需關注生態保育、人類與自然的調和、企業的社會責任與企業公民……等義務的實踐，請問對於創業者與經理人在此議題上應該抱持何種態度與作法？

2. 企業組織在研究開發新產品、商品、服務與活動之際，對於此等開發的議題是否應該思考其發展可否應用於環保、安全領域？或者是否對環境、安全帶來負面的影響？

3. 數位時代的企業組織在追求企業價值的創新之時，是否要規劃設計一套適宜其事業組織的「觸線」（trip wire）警戒系統？以提醒創業者與經理人要特別小心並持續注意其組織之經營進行過程中的社會責任、企業倫理與公民義務，特別是其抉擇受到限制時。

4. 清潔生產與綠色行銷已成為數位時代企業經營者與管理者的重要決策指標，所以企業組織無論是製造產業或商務產業、休閒產業，均要於其經營管理行為作業之中，注入環境、安全與社會等方面的思維與行動決策因子，請思考這個論點是否適宜一個擬將創業的創業家？抑或等創業已成之時再作考量？

5. 在經濟與科技快速變化的21世紀，創意與創新已是企業組織生存與發展的關鍵，然而企業經營所需的「知識累聚、有效管理與價值化應用速度」，則是企業維持永續經營管理的競爭優勢所在，請問在此競爭優勢關鍵利基之中是否需要思考技術快速商業化之組織的執行力？而在其商業化之際要不要將環境、安全與社會一併納入與如何執行？

第十五章

Chapter 15

企業經營診斷

- 企業診斷
- 企業經營系統觀
- 經營分析的基本概念
- 中小企業自行診斷

企業診斷

企業診斷是企業管理（enterprise management）的方法與技術的運用，1908年哈佛大學（Harvard University）首先創立運用「個案研究」（case research），以實務上的個案之問題，採用「問題方法」（problem methodes），聘請企業界專家為學生諮詢各種企業實際上的問題，是現今企業診斷學的由來。

企業診斷在美國稱為管理顧問或管理諮詢（management consultant），而企業診斷是台灣常見的譯意，另外，在日本則稱為「經營診斷」、「能率指導」。企業診斷的開始就像中醫醫生般，其診斷學術問、切、望、聞等四診後找出病症原因，對症下藥，企業診斷首先問其財務報表，進行經營分析，檢視企業整體企業功能，並考量企業經營所處整體環境之影響，確立問題提出改善對策，以及指導執行。企業診斷係對於經營系統之全部或局部，進行客觀性的分析、評估，並提出改進建議或方案，以供經營者參考改進。

一、企業診斷之意義與目的

（一）企業診斷意義

W. L. Campfield之定義：「乃針對一個經營單位的計畫、作業方法、人員工作等相關的問題做一建設性的分析、評核，並以報告方式提出一系列的改善建議。」

W. Leonard之定義：「乃針對一企業、學術機構、政府機關等全部或部分的組織、計畫、作業、人力、物力之有效的運用，做綜合性與建設性的審查與建議。」

余標勇之定義：「經營診斷專家運用各種管理技術，對於企業整體活動與業務進行徹底的檢討與查核，以書面報告方式，反映企業經營上的弱點與缺點，提供具體的改善建議方案，並指導改善實施，使企業作最有效的經營，達成預期的企業目標。」

馬君梅之定義：「運用各種診斷方法與技術，找出企業經營管理上之弊端

與缺失,並以客觀的之方式,提出具體之改善方案,同時協助進行之,以求改進企業體質,提高經營效率,達成企業預期之目標。」

本書之定義:「分析調查企業經營的實際狀態,發現其性質特點及存在的問題,最後提出合理的改善方案。」

(二) 企業診斷目的

企業經營是在瞬息萬變的競爭環境中生存成長,經營過程中常因為「當局者迷」的因素,發生錯誤而不自覺,甚至做出不正確的評估。所以承辦企業診斷案件得以客觀態度,瞭解狀況判別病徵,探求病理促使企業生理回復。其目的簡言如下:

1.找出經營惡化病症成因,在於指出管理實況的癥候(找出原因對症下藥)。
2.指出管理措施的失當,在於健全整個組織的運作。
3.強化企業體質,提高長期財務收益。
4.瞭解優劣勢,作為決策之參考。
5.重整組織的再生。在於偵測內外環境的變化。
6.分析經營問題的根因。
7.檢討經營策略的方向。
8.提高長期財務的收益(改善體質)。
9.確保整體目標的達成。
10.防範企業危機的發生。

企業經營的最大的目的,在求企業的利潤、永續成長及社會責任;企業診斷在企業經營中的任務,應貢獻其智力、技能合理的扶植企業由衰弱的階段轉變為強盛的境界,從危機的處境找到新機會。

二、診斷前之基本認識與必備條件

(一) 企業診斷之基本認識

進行企業診斷前,診斷者必須要有下列基本認識,有助於診斷過程中之效率與效能的提昇:

1.企業診斷需先瞭解企業的體質與特色

針對與經營有關的主要的所有資源的投入、轉換與產出的活動,從組織型態、產品種類、經營方式、職能區分、財務結構、經營方式、銷售形態、經營者的性格⋯⋯等皆會相互影響。

2.企業診斷需藉助計量性經營分析與非計量性分析

計量性經營分析是依據企業營運所產生之數字資料加以分析(一般指的是財務報表)。藉經營分析提供的資訊找出問題根因,進而提昇組織績效,包括財務分析、銷售力分析、生產力分析等。除這些事後之分析或評核外,還要注重企業經營之計畫、執行等過程之檢查,配合事後績效作一總體性的深入探討,並提出對策。非計量性分析,在診斷的過程也是非常重要的,非計量性分析包括心理的分析、行為科學的分析、環境對應性分析等、管理哲學、組織結構、資訊傳輸與溝通、員工士氣與領導風格等等。

3.企業診斷應避免目的與手段之混淆不清

別人的成功的方法與技術並不一定適合自己的企業,一味的仿傚只會徒增失敗,故需針對本身的問題選擇適當的手段。

4.企業診斷應採整體觀

企業產生的問題常是彼此間相互影響,為避免頭痛醫頭、腳痛醫腳,診斷時整體性觀點就很重要。亦即綜合性經營評價,除了經濟性外,還包括社會性、法律性、倫理性等。企診斷應該採整體觀方不致「鋸箭療傷」。

5.企業診斷應顧及前瞻性(環境的變化)

永續經營是所有企業的目標,故需顧及企業發展的前瞻性與長遠的觀點考量以防患未然。企業診斷需知覺環境變化,因企業營運非一封閉系統,受內部與外部環境影響,應考慮其關聯性。如果發現經營上的缺點,得針對問題點的改善提出建議方案,並進一步指導執行過程。

(二)企業診斷之必備條件

企業診斷所必備之條件包括:

1.企業負責人與高階管理者之大力支持。

2.診斷人員的選擇:外聘或企業內部。

3.診斷人員所持的態度:診斷必須公正客觀、以企業整體為考量依據、注重人際關係、理論與實際並重。

三、企業診斷的分類

企業診斷之範圍，大致可分成兩大類：經營綜合診斷、專門診斷（部門診斷）。

（一）經營綜合診斷

係指對一般性企業整體經營問題之分析與判定，可分為三類，即營運特性診斷、經營管理診斷、企業功能診斷（如表15-1所示）：

1.營運特性診斷：針對各項目之有關財務資料分析研判並深入探究其問題。
2.經營管理診斷與企業功能診斷：針對營運環境、企業組織、經營策略、經營者、管理機能、企業功能等進行診斷。綜合診斷所涉及之分析內涵包括：
   （1）認識企業之外部環境：一般是指企業本身無法控制的因素、狀況、現象、情境，以及偵測與企業營運有關的「利害關係人」互動關係之影響。
   （2）生存與未來之發展：盤點企業的現有與潛在資源多寡與運用決定企業生存。
   （3）分析企業之營運現況：瞭解現況分析問題。

研判推論與解決方案：係針對企業未來的外部環境之變化及企業本身所有

表15-1　經營綜合診斷分類圖

營運特性診斷		經營管理診斷		企業功能診斷	
	收益力診斷		經營環境診斷		行銷診斷
	安定力診斷		經營者診斷		生產診斷
	活動力診斷		經營策略診斷		採購診斷
	成長力診斷		經營計畫診斷		人事診斷
	生產力診斷		經營組織診斷		財務診斷
			經營均衡診斷		R&D診斷
					資訊管理診斷

資料來源：馬君梅編著，《實用企業診斷學》（台北：超越企管顧問有限公司，1995年）。

資源及營運現況進行問題假定，並研擬解方案。

　　其中需注意的，是營運特性診斷分析主要是針對各項目，由相關之財務資料加以分析，並對企業深入瞭解探究，以找出其中問題。經營管理診斷及企業功能診斷是針對營運環境、企業組織、經營策略、經營者、管理機能、企業功能等進行診斷。

(二) 專門診斷（部門診斷）

　　經營綜合診斷所得之資料，可提供專門診斷或部門診斷之依據，進一步更深入探討。

(三) 企業診斷通常採用的方法及分類

1.依資料形態分類

（1）定量分析：係以數字資料（如會計資料、統計資料）從事分析比較，進而加以檢討。

（2）定性分析：係指非數字資料加以分析，從事分析時需發揮洞察力與判斷力，掌握問題的眞象。

2.依資料時間分類

（1）縱的分析：又稱靜態分析，係以一年或一個期間財務報表各項目間之關係分析。

（2）橫的分析：又稱動態分析，係以多年或多個期間財務報表項目變化之分析。

3.依資料來源分類

（1）資產負債表分析：亦稱靜態分析，係依據資產負債表加以分析。

（2）損益表分析：亦稱動態分析，係依據損益表進行分析。

（3）成本分析：依據成本資料直接進行分析。

4.依分析目的分類

（1）信用分析：以瞭解企業信用情況爲目的。

（2）投資分析：以瞭解企業是否可以投資或投資可能結果爲目的。

（3）經營分析：以瞭解企業經營結果爲目的。

5.依分析者立場分類

（1）外部分析：係指企業以外人士根據企業所提供的資料加以分析，主

要為投資人與債權人為投資與放款目的所進行的分析。

(2) 內部分析：係指企業內部人員根據內部資料進行分析。主要的目的
乃在於瞭解經營成果。

四、企業診斷的重點

1. 採取重點與集中原則：即找出需「急診」的重要項目。
2. 顧及問題的互動性：問題項目間相互關係及影響性。
3. 分辨癥候表相與根因：詳細分辨問題間的因果關係。
4. 注意系統化的原則：依據管理機能與企業機能所涵蓋的項目逐項診斷與
細項分析。
5. 重視比較分析原則：瞭解經營的演變之縱斷面與確立企業所處的競爭位
階之橫斷面。將現況與過去比較，稱縱斷面。與同業或競爭者之比較，
就稱為橫斷面。

五、企業經營惡化及病態

(一) 企業經營惡化之原因

企業經營一旦開始惡化，即需探究並提出有效的改善方法，避免持續惡
化。企業經營惡化的主要原因歸納（如**表15-2**所示）：

表15-2 企業經營惡化原因分析

規模不當	銷售不良	生產不實	財務不穩	成本不宜	管理不強
・投入產出關係失調	・未適應景氣之變動	・生產規劃、設計不適當	・資金調動失常	・成本控制失調	・管理迂迴
・經濟不景氣，形成沉重負擔	・商業情報欠靈活	・生產方法、程序不適宜	・銀行關係惡化	・成本抑制措施失當	・監督考核不完備
・流程呈現多重瓶頸	・需求彈性不能適應	・生產設備未能更新	・資金出入失衡	・成本計算不合理	・上下階層觀念未溝通
・執行程序欠靈活	・惡性債權增加	・生產保養不注意	・倒帳呆帳過多	・成本系統不完備	・上階層領導能力欠佳
・員工忙閒調節較困難	・同業競爭激烈	・生產技術不新穎	・投資失敗	・成本結構欠合理	・人事單位管理失當
	・銷售組織不健全		・社會關係疏遠		・員工訓練不妥善

資料來源：馬君梅編著，《實用企業診斷學》（台北：超越企管顧問有限公司，1995年）。

（二）企業經營病態

　　企業經營病態一般可分為四級，即一級緊急處理、二級近期處理、三級中期處理、四級長期處理，診斷之初就必須對企業經營概況作一概括瞭解，是屬何層級（如表15-3所示）。

企業經營系統觀

　　資訊的進步，企業組織機構的活動也更多樣化、複雜化。企業經營乃是運用各種人力、物力及財力資源，經過實體的轉化而生生不息。因此對企業經營的活動需以整體觀念來瞭解。

一、何謂企業

　　廣義的企業乃是為求達成組織本身之特定目的，同時協助滿足他人的欲望，包括士、農、工、商各業之營利活動及非營利之慈善或公益活動。其提供有形的財貨或無形的勞務。賺取利潤以維持組織生存與成長，或是履行社會責任之目的。

　　狹義的企業乃指達到特定利潤目的，從事財貨與勞務之產銷，創造與滿足顧客的需要，所構成的實體，如工商農之「營利事業」。因此，人們日常生活

表15-3　企業病態分級

一級緊急處理	二級近期處理	三級中期處理	四級長期處理
・支票空頭	・連續虧損	・經營決策不定	・企業規模不當
・資金困難	・收益力降低	・規劃不當	・管理程序迂迴
・虧損鉅大	・安全力縮減	・財務基礎脆弱	・計畫與考核不健全
・粉飾敗露	・附加價值降低	・固定成本上升	・高級幕僚能力不足
・工業災害	・產銷不配合	・費用無節制	・主要幹部忠誠度不足
・惡性倒閉	・經營決策不當	・人才缺乏	・研發無重點
・重大不當競爭	・勞資對立	・新產品後繼無力	・社會責任意識不足
・重大違法事件	・情報系統阻塞		・欲提高生產力

資料來源：馬君梅編著，《實用企業診斷學》（台北：超越企管顧問有限公司，1995年）。

需要如食、衣、住、行、育樂，皆得依賴企業之活動而獲得滿足。但企業經營也非「一本萬利」，其存在著各種不確定性及風險性，如天然災害、技術落伍、銷售不暢、成本太高、倒帳風險及員工流動……等問題。企業經營需要土地、資本、勞力、機器設備、原物料及產銷方法等生產要素。經營活動，除包括產、銷、人、發、財外，還需要運用計畫、組織、任用、指導與控制等管理活動，以達到生存與發展之目標。

二、企業的目標

(一) 經濟利潤目標

股東的經濟利潤與員工私人所得目標。追求合理利潤，有利潤方可永續，方可造福員工與人群，此乃現實的問題。

(二) 顧客滿意目標

Drucker認為企業目標是創造顧客。尋找顧客乃依顧客的種類預測需求，而後設計合適之產品加以製造，並以有效的行銷策略與方案達到銷售目標。

(三) 社會責任目標

取之於社會，用之於社會。如環保意識及自力救濟的社會問題，故以履行社會責任更不可忽略。

三、企業經營要素

(一) 企業機能

將自然資源之土地、原料、時間與勞動力、管理能力等生產因素（資源）轉換為顧客滿意與合理利潤。還需要有行銷、生產、研究發展、人事、財務、資訊的機能為產生財貨及勞務之實體活動。

(二) 管理機能

指透過他人力量有效率且有效能的達成組織目標之過程。五項程序活動指：計畫、組織、用人、指導、控制。組織機構各級主管人員運用決策、協調、資源運用的功能達成企業的目標。

（三）利潤

企業經營必須要能創造利潤，才能維持企業的生存與成長，利潤指的是：全部的收益扣除各項成本及費用的正項餘額。

（四）風險

指企業經營狀況及獲利狀況的變數。失敗隨時存在，其發生的原因有：

1.外在的環境因素：如政治、經濟、軍事、天災、稅制等。
2.內部失當措施：如決策錯誤與管理不善。

四、現代企業的特性與角色

（一）特性

1. 規模不斷的擴大。
2. 資本傾向大衆化。
3. 經營趨向於多角化。
4. 國際化。
5. 強調社會責任。
6. 快速決策反應（MIS技術的發展）。

（二）角色

1. 創造利潤，提高國民所得，促進經濟發展。
2. 協助就業，加速社會繁榮。
3. 提供激勵誘因，安定員工家庭生活。

五、系統觀念

根據《韋氏新國際字典》（*Webster's New International Dictionary*）對系統的定義如下：

1.靜態觀：「系統乃指由一群相關或相連的事物集合，所構成的個體或組織體。」
2.動態觀：「系統乃是規律化的交互作用理則或相互依存的事物結合爲一

整體，以達成共同的目標。」

3.企業經營而言：「系統可視為是一群個體基於特定目的之組合，經由彼此間複雜的互動運作，而達成一致的目標。」

（一）系統的特性

1.具有整體性，係由一群個體所構成（若干基本要素部分或環節所組成）。
2.各單位各有特定的功能和目的，且有一致性的方向與目標。
3.互動關係的活動，組成之個體間與系統間有一定的運作規則，互動關係的實際活動。
4.整體運作的功能應大於各個體分別發揮的功能之總和。
5.系統一直在改變，並不一定是循環方式，而是會改變成某種可以維持其結構狀態。

（二）系統的組成

系統的構成，應包括三個主要部分：由環境取得投入（input）、經轉化（transformation），而將產出（output）回饋環境，並維持均衡的關係。

（三）系統的範圍

任何系統的內部均可細分成很多次系統（sub-system），彼此間相互作用，相輔相成，構成此系統的內部環境。系統外界尚存在外部大環境，對於整個系統之運作亦有影響。

（四）系統的控制與回饋

1.控制：檢測器（sensor）測知需要加以控制的狀況，然後比較實際與預期的結果是否有差距，再由負責採取行動的裝置或機構採行必要的修正。
2.回饋：包括檢測、比較與採行修正行動等三步驟。

六、企業經營系統

(一) 企業環境

　　企業系統是外界環境系統的一部分而已，非處於單一狀態，規劃時必須配合外界經濟、政治、社會、科技及競爭方面的環境。企業之營運受到許多人、事、物的影響，包括企業本身可控制與不可控制之因素，均稱為企業環境。企業環境可分四大類：

1.內部環境

　　即存於企業及組織內部的各項影響運作之因素，如企業文化、高階主管價值觀念、公司制度、典範規章、勞資關係及同僚關係等。

2.營運環境

　　乃指與企業經營直接有關之人、事、物等皆屬此範疇。包括消費大眾（顧客與潛在顧客）、上游供應商、資金來源、人力來源、競爭者、潛在競爭者、利益團體以及產業環境等。

3.總體環境

　　即以總體觀之，企業外部的經濟、政治、法律、教育、社會文化、技術、人口統計、國際等環境，總體環境範圍很廣，雖短期間內對企業並不一定會產生直接影響，但以長期而言，對營運環境與企業內部環境皆有深廣的左右力量，現代企業需時時注意認知總體環境的變化，並採取因應措施，才不致無法調適而挫敗。

4.自然環境

　　指自然礦產蘊藏、生態環境、宇宙運轉等，雖無直接影響企業經營，但亦有間接關係。

(二) 企業經營系統

　　系統觀念之企業經營分析將企業分成四大部分：

1.產出：分為有形的財貨產品及無形的服務兩大類。
2.投入：就是投入適當的資源，包括：資金、機器設備、原料、技術方法、人力、資訊、時間、知識。

3.轉化程序：投入企業的資源需要經過適當的處理才能轉換成滿足市場需求的產品與服務。包括：企業機能：產、銷、人、發、財、資等功能性部門，屬企業次系統；管理機能：指計畫、組織、用人、指導、控制等合理之管理程序，增進效率與效能。

4.回饋：企業營運必須隨時掌握績效，所以回饋與控制很重要。

經營分析的基本概念

一、經營分析的意義

(一) 定義

1.狹義的經營分析：係指財務報表的分析，主要乃針對資產負債表、損益表及資金運用表、生產銷售狀況等資料合併加以檢討，作為評鑑企業經營好壞的依據。

2.經常被稱為財務報表分析。主要是檢討財務報表來診斷企業經營的良窳、適應性及優劣之原故

3.基於會計資料以評價企業的收益性與流動性，並透視影響之原因。

總括上述，經營分析係就企業經營所表現出之財務資料或數量性資料加以分析，以判斷經營之成果。

(二) 經營分析的限制

財務報表雖是經營分析之重要依據，但仍有所限制，分別說明如下：

1.其對企業之財務現況及經營成果是重點式表示，但財務上或經營上之真實意義並非全可藉由數字充分顯示，因此無法洞悉企業營運全貌。

2.財務報表所列述之項目均具有互動關係，因此經營良窳與消長變化，便很難明確判定其中真象。

3.財務報表的格式、內涵以及各項名稱，在編製上均受法規制度與一般慣例之約束，若非專業人士，閱讀時不易充分瞭解。

4.企業之組織體制、資本來源及營業性質均未盡相同，如強制採行一般通
　用形式編排的財務報表，則無法周延。

　　財務報表可作為企業內部或與相關人員溝通之書面依據，但各部門人員或
機構人員閱讀的重點不同，因此，相同的報表實無法滿足各種「利益相關人」
之需求。

二、經營分析之基本工具──財務報表

　　經營分析必須依賴有關資訊的協助，財務報表即是最基本的數量資料來
源，缺乏財務報表則經營分析勢必落空。

1.財務報表，即各種財務報告之簡稱。係會計人員根據一般公認之會計原
　則與會計處理程序，將企業特定時間之帳目，予以系統彙整書面表示。
2.財務報表之類別：指的是依會計原則所決定的報表。
（1）資產負債表：指企業某特定時日為止的財務狀況，包括資產、負債
　　　與淨值（或稱業主權利）。資產負債表之編製基本觀念有二：
　　　‧帳戶餘額：資產負債表旨在顯示表列帳戶之餘額，以瞭解財務
　　　　狀況。
　　　‧借貸平衡：以此觀念編製，其計算公式為資產等於負債加淨
　　　　值。借方表示資產總額，應與貸方所表示之負債與淨值的總額
　　　　相等。否則修正至平衡為止。
（2）損益表：係表示企業某一特定期間經營之結果。其主要在說明收入
　　　來源與支出去處，以顯示財產增減變化之經過。損益表編製之觀念
　　　有三：
　　　‧成本與收益配合：係指成本的計算應以收益能力之年限為分擔
　　　　標準，或營業成本及各項費用應與收入同時認列。
　　　‧成本歸屬：各產品的成本應該瞭解實際成本，公平分擔為目
　　　　的。
　　　‧公正客觀：尤其是跨年度的費用與成本，分配的成本需客觀與
　　　　公正，報表才可能合理而正確。
（3）保留盈餘表：將一年的經營盈餘分配，說明資產負債表上之淨值變
　　　化。

（4）現金流量表：其基本用途是提供關於一個期間內，企業現金之來源與運用情形，這資訊為提供關於現金在企業營運、投資與籌資作業的情形。其內容分為三個部分：

· 營運部分：包括提供貨物或服務的一切相關作業，所有收入與支出。

· 投資作業：買進或賣出的長期資產，即對長期資產之取得與處分。

· 財務作業：涉及公司債權或股本之交易，但不含股票股利。

現金流量表的運用為企業管理者的組織外部之各種相關利益團體提供有用的資訊。其功能有：

· 提供以淨現金流動核對其收益一種方便的方式，且是較直接有效的。

· 協助管理者確定公司的股利方針或何時需借款。

· 提供企業投資於設施、設備或擴大營運能力的資訊。

· 可判斷預測企業未來的績效及趨向是否有發展機會或破產危機、股利趨勢等。

3.編製財務報表之基本假定與原則（會計基本理論），編製財務報表的基本假設（基本環境假設）：

（1）企業個體慣例：財務獨立之意。雖然現代企業已朝大型化或關係企業，但企業間之財務應該獨立計算。

（2）永續經營慣例：不論企業何時結束，都應以永續經營為基礎。購買的資產皆要依使用年限平均攤開。

（3）會計期間之假定：會計作業應劃分會計期間，分期結算損益以產生各期之財務報表。可提供政府扣稅之依據以及其他利益相關人參考。

（4）幣值不變假定：可避免混亂與複雜。

4.編製財務報表之基本原則：

（1）收入與費用配合原則：跨年度的費用與收入必須給予適當的劃分，使當期所發生的費用與收入歸當期方屬合理。

（2）收益實現原則：銷售並不表示利益一定可以實現，故財務報表上所列示之利益應是已實現的利益。

(3) 成本原則：所謂成本乃是獲取資源是需要代價的，會計上均以歷史成本作爲入帳及評價之基礎。

(4) 客觀原則：所有的憑證需是公認客觀的。

(5) 穩健原則：費用與損失所有憑證需是合法方可入帳，收入也要有充分的證實才可入帳。

(6) 一貫的原則：會計事務的標準要一致，選擇一種合法標準，共同遵守。

(7) 重要性原則：精確程度並不影響企業經營之正確性，可說是無意義，此時可採重要性原則。

(8) 充分揭露原則：此乃是財務報表的目的，表達事實（如加上附註說明）。採行會計方法、估計之變動、或有負債、重大投資之增減、組織重大變革……。

三、經營分析的基本步驟

(一) 診斷動機與目的

依據企業負責人或高階決策者的意願，或爲瞭解企業現況，或探究組織的病因，或爲平時的保健等。

(二) 診斷人員的編組

企業產生診斷動機後，需審愼選取診斷人員，診斷人員接受委任後，應探明企業負責人的決心與企圖，並請求目標之提示，研訂診斷範圍及權責，確立診斷計畫。

(三) 相關資料的蒐集

1. 公司相關負責的部門：一般企業財務資料儲存於會計部門或財務部門，所以分析人員在經營者的支持下，可以直接請求該部門提供。（注意：要表明分析者的身分及索取資料之用途與目的，並明示所需資料明細項目與規格。）

2. 銀行公會：會員銀行間基於資源共享的目的，設有聯合徵信中心，負責蒐集各個與銀行有貸款往來的廠商財務資料，以供會員銀行參考。此資料也是重要來源之一。

3.公開說明書：財政部為保障投資大眾之投資安全，規定公開發行股票公司必須每季公告財務狀況，以供投資人參考。

（四）資料整理重編與分析

於此階段蒐集各項有關資料，並加以分析。一般會計人員編製的財務報表並不一定符合經營分析人員之需要，故需重新整理與編製適合財務分析之使用。整理後利用各種分析技術分析，即所謂經營分析。

（五）分析結果研判

研判乃根據理論、行業特性與規模差異，同時參考同業之平均標準情形，才能獲得較客觀之結論。報告提出財務狀況經分析與研判完成後，即應撰寫診斷報告書才算完成。

（六）撰寫報告及應注意事項

1.配合分析目的，凸顯相關問題。以利決策者參考。
2.用詞簡明，標題明示重點。
3.資料來源與修正應作詳細註明財務資料的來源，或做什麼樣的調整。
4.強調各數字或比率之涵義。即對數字的背後原因或真象應深入說明，才能發揮建議的功效。

中小企業自行診斷

一、中小企業自行診斷意義

前幾章我們探討許多中小企業的問題，由於中小企業規模較小、財務結構較不健全、生產與行銷較少，同時又占我國企業總數的95%左右，對台灣經濟發展的貢獻卓著。而企業所發生問題多以中小企業的狀況為多，所以中小企業診斷工作日趨重要。如果中小企業能以客觀態度、掌握重點、細心研判，所有問題必能迎刃而解。企業自行診斷的目的係針對財務、生產、銷售、組織、環境等各項經營要項，從各種角度做分析、調整，並依據分析結果，提供企業經

營上做必要的改善，進而促進中小企業經營合理化的目的。

二、中小企業自行診斷準則

(一) 企業的體質檢核

以企業經營的要項進行檢核，包括經營層、經營願景、計畫與方針、員工、勞資關係、生產設施、資本結構、產品或服務、企業社會地位與形象。在0-5分的範圍內，對自己的企業加以評分（如**表15-4**所示）。

(二) 經營成果評核

從最近的結算期間來評估下列各項處於何種程度。簡單的將資產、資本、淨銷售額、營業費用、營業利益等以金額換算計算之。主要可以瞭解企業的收益性、經濟性及生產性，分別敘述如下。

1.經營成果評核（如**表15-5**所示）
2.比率分析

在企業經營分析中比率之應用較廣泛，例如，企業的獲利收益性、經營能力分析、生產力分析、成長力分析。各項比率公式與說明如下：

（1）收益力分析：企業經營以營利為目的，因此追求利潤為最主要的目標，利潤是企業經營成果，也是償債能力強弱的重要因素。

　　·投資報酬率：即表示所投入資金總量（資產總額）之獲利率。公式如下：

$$總資產對營業利益率 = \frac{營業利益\ \boxed{}}{資產總額\ \boxed{}} \times 100 = \boxed{}\ \%$$

　　·營業收入淨益率：表示銷貨一單位金額中之獲利率，原則上愈高愈好。但不能僅以此項比率即判斷獲利能力的高低。例如，銷貨的收入偏低（即資產總額週轉率低），其獲利的金額仍低。

表15-4 企業的體質檢核表

檢核項目	不佳（0-1）	普通（2-3）	良好（4-5）	評分
1.1經營層資格條件（性格、知識、經歷、領導統馭能力）有否問題	缺點多，時常在經營上發生障礙（0分）稍微好一點（1分）	一般普通狀況（3分），稍微差一點（2分）	能保持非常滿意的狀態（5分）稍微差一點（4分）	
1.2對繼承接班人的看法	不加以考慮，亦沒有具體的決定（0分）	有計畫（3分）	不但決定且已實施經營者教育（5分）	
1.3經營層個人間的溝通協調是否良好	有對立時常發生麻煩（0分）	沒有多大問題（3分）	完全沒有問題，且維持非常完美的關係（5分）	
1.4經營層是否為自我發展而努力	不大關心（0分）	時常參加外面講習、研究會等進修活動（2分）	將自有的精進與努力發展視為經營者的任務。且利用所有機會（5分）	
1.5經營層與外部關係（顧客、供應商、同業）是否有問題	有必須改善的地方，但不大關心（0分）	不一定沒有問題但現況大致上令人滿意（2分）	維持良好關係但正努力獲得更佳關係（5分）	
1.6對於科學管理的看法	不太關心（0分）	有些部門正努力於現代化管理但有些部門還未實施（2分）	在經營的全部領域謀求經營管理現代化（5分）	
2.1是否確立經營方針並使全體員工充分瞭解	沒有太明確的經營方針（0分）	有方針但未使全體員工瞭解（2分）	有方法且一有機會就謀求員工徹底瞭解（5分）	
2.2是否在明確的計畫下進行經營活動	沒有明確的擬定經營計畫（0分）	雖擬定計畫但與實際活動未結合（2分）	經營活動全部依經營計畫為中心予以展開（5分）	
2.3從何種觀點來建立組織	不按工作內容加以適當劃分（0分）	考慮工作的圓滿進行，但人的問題上有不合理之處（2分）	基於長期計畫並考慮公司特性或人員來組成（5分）	

一、經營層人員

二、經營願景計畫

（續）表15-4　企業的體質檢核表

檢核項目		不佳（0-1）	普通（2-3）	良好（4-5）	評分
三、員工	3.1人員結構在職種職階方面是否保持均衡	有事務、管理人員太多等不均衡之處（0分）	雖有部分問題但未發生重大障礙（3分）	各部門均保持適當人員（5分）	
	3.2從業人員的年齡結構是否適當	錄用年輕人少以致年齡偏高（0分）	雖不是滿意的狀態但亦沒有重大障礙（3分）	因注意新陳代謝，故人員年齡結構適當	
	3.3個人能力與擔任工作的關係是否合適	因人員不足致不得不使其擔任超出能力以外的工作（1分）	有一部分發生能力不足的現象（2分）	認為充分符合適才適所（5分）	
四、勞資關係	4.1對員工的要求是否正確合理	因員工的要求以不合理居多以經營者的要求為主（0分）	儘可能答應要求（3分）	基於經營計畫、實績資料等，以使兩者皆能諒解為前提努力解決（5分）	
	4.2經營幹部是否努力與從業人員做個人接觸	認為公務上的接觸就夠了（0分）	僅在公司內福利活動時露臉而未做特別的關懷（2分）	除儘量參加公司內的活動外，並留意員工的慶弔活動（5分）	
	4.3員工的工會活動如何	反對員工參加工會（0分）	參加工會活動是不得已，為加以指導以獲得經營者的協調資訊（3分）	經常保持接觸，在互相瞭解的基礎下努力做好協調工作（5分）	
五、生產設備	5.1作業自動化的進行如何	認為人員是最經濟的（0分）	雖知道其重要性但進度不如預期者（2分）	儘可能努力於自動化來增進生產力（5分）	
	5.2是否積極推進設備現代化	無餘力，故維持現狀（0分）	留意不落後於本業界的水準（3分）	配合經營計畫積極發展（5分）	
	5.3工廠的地區條件或面積對現在或將來有否不合適	生產效率、公害等方面極為不合適（0分）	有若干不合適之處（2分）	因按計畫進行無不合適者（5分）	

（續）表15-4　企業的體質檢核表

六、資本結構經營的安定性

6.1固定比率＝ $\dfrac{\text{固定資產 } \boxed{}}{\text{自有資本 } \boxed{}}$ ×100 ＝ $\boxed{}$ ％
（自有資金投入的適當程度）

6.2固定長期適合率＝ $\dfrac{\text{固定資產 } \boxed{}}{\text{自有資本 } \boxed{} ＋固定負債 } \boxed{}}$ ×100 ＝ $\boxed{}$ ％
（固定資產的資產安定性投入到何種程度）

6.3流動比率＝ $\dfrac{\text{流動資產 } \boxed{}}{\text{流動負債 } \boxed{}}$ ×100 ＝ $\boxed{}$ ％
（對短期借款的支付能力）

6.4速動（還現）比率＝ $\dfrac{\text{速動資產 } \boxed{}}{\text{流動負債 } \boxed{}}$ ×100 ＝ $\boxed{}$ ％
（對償還流動負債的現金準備）

6.5負債比率 ＝ $\dfrac{\text{流動負債 } \boxed{} ＋固定負債 } \boxed{}}{\text{自有資本 } \boxed{}}$ ×100＝ $\boxed{}$ ％
（他人資本額的適當程度）

	劣等		普通		良好		評分
	0分	1分	2分	3分	4分	5分	
6.1固定比率	200以上	199-171	170-121	120-81	80-61	60以下	
6.2固定長期適合率	150以上	149-131	130-101	100-71	70-51	50以下	
6.3流動比率	80以下	81-100	101-125	126-150	151-169	170以上	
6.4速動（還現）比率	50以下	51-60	61-75	76-90	91-99	100以上	
6.5負債比率	400以上	399-301	300-226	225-151	150-101	100以下	

（續）表15-4　企業的體質檢核表

檢核項目		不佳（0-1）	普通（2-3）	良好（4-5）	評分
七、產品或服務	7.1所處理的產品對中小企業是否有利者	經常與大企業發生競爭關係，故不利（0分）	有大企業插手感覺不安之處（2分）	明確屬於中小企業領域者且需要上有將來性（5分）	
	7.2為提昇經營績效狀態是否考慮產品結構或程序	為充分考慮以致受景氣變動的影響很大（0分）	加以若干程度的考慮但似嫌不夠（2分）	進行多角化製品分析研究，且就產品結構或服務程序加以長期計畫（5分）	
	7.3是否使製品在品質或設計上具有特色以利競爭	因無特色時常遭遇過分競爭而發生困擾（0分）	部分具有特色但非主要產品或服務（2分）	主要產品或服務屬於市場需求者，目前具有競爭優勢（5分）	
	7.4是否具有銷售的主控性	力量薄弱在各方面不能確立自控性（0分）	對設定價格具有若干程度的主控性，並無不利之處（3分）	主要產品或服務系自己企業的商標品，且以自己公司的銷售系統達成良好的業績（5分）	
八、企業的社會形象與地位	8.1經營者所屬的行業或廣泛的產業界是否有貢獻	不關心，且對業界的及會議甚少參加（0分）	儘量努力（3分）	站在指導立場，為服務出錢出力（5分）	
	8.2從銷售額或企業規模而言，企業處於業界何層級	三流（0分）	普通（3分）	一流的企業（5分）	
	8.3技術水準受一般社會的評價如何	不算是技術優良（0分）	現在不發生技術水準的問題，但新製品的發展上有問題（2分）	在業界是公認高水準者（5分）	
	8.4股東、金融機構的評價如何	名聲不太好（0分）	不好不壞（2分）	被認為相當好（5分）	
	8.5購買者、銷售者、消費者的評價如何	一般來講名聲不大好（0分）	不太出名（2分）	被認為非常好（5分）	
	8.6同業或地區社會的想法如何	有被認為不好的地方（0分）	沒有特別受批評（3分）	受好意或感謝（5分）	

資料來源：本研究整理自李廣仁著，《企業診斷學》（自印，1977年），頁157-164。

表15-5　經營成果評核表

資產	（1）現金、銀行存款及應收票據（貼現票據除外）、約當現金等可以立刻變成現金者	現金資產約	元
	（2）現有原材料、半成品、製成品等庫存	盤存資產約	元
	（3）將以上兩項資產合計稱之流動資產	流動資產約	元
	（4）土地、建築物、設備、機器、工治模具、專利權等	固定資產約	元
資本	（5）應付票據、應付帳款、短期借款、其他	流動負債約	元
	（6）長期借款（一年以上期限之借款）、公司債等	固定負債約	元
	（7）資本、出資、原始投資金額、本期淨利、盈餘公積金等	自有資本約	元
	（8）以上三項合計稱之總資本	總資本約	元
銷售淨額	（9）一年間的產品或服務銷售額、加工收入（如有折讓、佣金應扣除）	淨銷售額	元
	（10）一年間所消費的原物料零件等（僅公司採購部分）	原物料費約	元
	（11）一年間所支付的薪資津貼福利健保費等	用人費	元
	（12）一年間所支付的發包費用、轉包費用	發包加工費約	元
	（13）一年間所支付（10）（11）（12）以外的各項費用折舊、租賃費、稅捐、應付利息、減價費、抵押損失	各項費用約	元
營業費用	（14）一年的商品採購費	商品採購費	元
	（15）製品盤點差額（期初）－（期末）	成品盤差約	元
	（16）商品盤點差額（期初）－（期末）	商品盤差約	元
	（17）半製品盤點差額（期初）－（期末）	半製品差額約	元
	（18）以上合計	營業費用約	元
營業利益	（19）銷售淨額（9）－營業費用（18）	營業利益約	元
生產毛利	（20）淨銷售額（9）－原物料費（10）－發包加工費（12）－商品採購費（14）－商品盤差（16）	生產毛利約	元

資料來源：整理自李廣仁著，《企業診斷學》（自印，1977年）。

$$銷售額對營利利益率 = \frac{營業利益\ \boxed{}}{銷售淨額\ \boxed{}} \times 100 = \boxed{}\ \%$$

（2）經營能力分析：企業經營效率端賴其各項資產運轉效能的優劣。週轉率的高低顯示企業體投入之資產有效使用程度、信用銷貨政策、存貨政策的得失與經營內涵。當資產的的週轉速度愈高則表示其運用效益與管理能力愈佳。銷貨水準的提高可使企業經營績效提昇，但對於應收帳款必須強化債權管理與催收速度；存貨則必須處分不良庫存品，如此整體性的配合才可能達到最適的效益。

・資產週轉率：表示企業所使用的資產總量在一營業時間能做多少營業，週轉的次數愈高愈好。公式如下：

$$資產週轉率 = \frac{銷貨淨額\ \boxed{}}{總資產\ \boxed{}} = \boxed{}\ 次$$

（總資產運用程度）

・固定資產週轉率：表示一營業期間固定資產之利用程度，愈高愈好；週轉率的高低會影響到成本。

$$固定資產週轉率 = \frac{銷售淨額\ \boxed{}}{固定資產\ \boxed{}} = \boxed{}\ 次$$

（固定資產的運用程度）

3.生產力分析

所謂生產力分析是各種生產要素的投入量（input）與所獲得的產出量（output）間的比率，用以衡量企業的生產效能。事實上較好的衡量方式乃以附加價值為中心的生產力分析，但由於附加價值的相關要素資料不足及一般商業的附加價值大致等於邊際貢獻及營業毛利，所以常見的生產力分析指標有：每人平均銷貨收入、每人平均營業毛利、每人平均營業利益。僅就前兩項說明：

$$每人平均銷貨收入 = \frac{銷貨淨額\ \boxed{}}{從業員工人數\ \boxed{}} = \boxed{}\ 萬元$$

$$每人平均營業毛利 = \frac{產值\ \boxed{}}{從業員工人數\ \boxed{}} = \boxed{}\ 萬元$$

4.成長力分析

衡量企業的成長性，一般以生產要素（固定資產、經營資本或員工人數）與經營成果（營業收入、經營利潤或附加價值）之增減率高低，來測定企業成長性的優劣。但除了考慮量的增長外，還要考慮相對比率之高低好壞。例如，隨著企業的規模擴大，但利潤率的成長低於營收率的成長，代表的涵義是營收利潤率並不是成長而是衰退。企業乃是基於永續經營的基本假設下，逐年的業務應呈現成長趨勢，可由企業體成長率之高低測知其經營效率、業務擴展與財務結構等狀況。讀者可以參考表15-6各項評分作為決策的參考。（不同的產業有不同的基準，但由於中小企業的基準資料較難獲取，僅以一般製造業為例說

表15-6　經營成果評分基準表

<table>
<tr><th colspan="2" rowspan="2">項目</th><th colspan="2">劣等</th><th colspan="2">普通</th><th colspan="2">良好</th><th rowspan="2">評分</th></tr>
<tr><th>0分</th><th>1分</th><th>2分</th><th>3分</th><th>4分</th><th>5分</th></tr>
<tr><td rowspan="2">收益性</td><td>1.總資產對營業利益率</td><td>3.0以下</td><td>3.1-5.0</td><td>5.1-14.0</td><td>14.1-23.0</td><td>23.1-24.9</td><td>25以上</td><td></td></tr>
<tr><td>2.銷售額對營利利益率</td><td>1.0以下</td><td>1.1-2.0</td><td>2.1-7.0</td><td>7.1-13.0</td><td>13.0-14.9</td><td>15.0以上</td><td></td></tr>
<tr><td rowspan="2">經營能力</td><td>3.資產週轉率（次）</td><td>1.0以下</td><td>1.1-1.5</td><td>1.6-2.5</td><td>2.6-3.5</td><td>3.6-4.9</td><td>5.0以上</td><td></td></tr>
<tr><td>4.固定資產週轉率（次）</td><td>3.0以下</td><td>3.1-5.0</td><td>5.1-8.5</td><td>8.6-12.0</td><td>12.1-14.6</td><td>15.0以上</td><td></td></tr>
<tr><td rowspan="2">生產力</td><td>5.每人平均銷貨收入（萬元）</td><td>100以下</td><td>101-150</td><td>151-275</td><td>276-400</td><td>401-499</td><td>500以上</td><td></td></tr>
<tr><td>6.每人平均營業毛利（萬元）</td><td>30以下</td><td>31-50</td><td>51-120</td><td>121-160</td><td>161-249</td><td>250以上</td><td></td></tr>
<tr><td rowspan="4">成長力</td><td>近年銷售額趨勢</td><td colspan="2">減少（0分）</td><td colspan="2">不變（3分）</td><td colspan="2">增加（6分）</td><td></td></tr>
<tr><td>近年淨利益趨勢</td><td colspan="2">減少（0分）</td><td colspan="2">不變（5分）</td><td colspan="2">增加（10分）</td><td></td></tr>
<tr><td>近年設備投資趨勢</td><td colspan="2">減少（0分）</td><td colspan="2">不變（1分）</td><td colspan="2">增加（2分）</td><td></td></tr>
<tr><td>近年從業人員趨勢</td><td colspan="2">減少（0分）</td><td colspan="2">不變（1分）</td><td colspan="2">增加（2分）</td><td></td></tr>
</table>

資料來源：整理自李廣仁著，《企業診斷學》（自印，1977年）。

明之）總分爲50分。

（三）企業機能管理水準檢核

參考表15-7的檢核項目表，評分從0-5分的範圍，對自己所處企業加以檢核。企業機能的檢核一般包括生產與作業管理、行銷管理、財務管理、人力資源管理、研究發展管理及一般行政事務管理。

表15-7 企業機能管理水準檢核

檢核項目		評分標準事例			評分
		不夠（0-1分）	普通（2-3分）	良好（4-5分）	
生產與作業管理	1.生產計畫是否經有關部門會議後決定？	經負責人考慮相關事項後決定（0分）	聽取主要工程負責人的意見後決定（3分）	定期召開生產會議並在謀求全公司的協調之下作決定（5分）	
	2.作業進行狀況是否能隨時瞭解掌握？	對製程的進度不關心（0分）	問現場主管就明瞭（2分）	全部製程在一個地方就可清楚（5分）	
	3.作業標準是否被正確擬定並遵守？	視作業人員的高興進行工作（0分）	雖沒有書面規定但由監督者加以注意（2分）	有指導單位且充分舉辦訓練（5分）	
	4.是否努力設法提高作業人員的勞動生產力？	沒有特別考慮（0分）	雖加以檢討但未提高效果（2分）	應用作業測定、工作分析並經常改進（5分）	
	5.企業內規格是否加以整備及活用？	並無書面規定僅遵守過去常規（0分）	形式上有一套但因爲不符現況並未利用（2分）	努力整備規格體系且標準化進行順利（5分）	
	6.是否有調查不良率或客訴賠償損失等要求發生原因？	一發生即警告現場主管（1分）	要求主辦人說明原因及考慮對策（3分）	對不良率或賠償損失要求的原因，有徹底追查的體制並矯正（5分）	
	7.作業流程的布置或空間能否使作業順暢進行？	搬運流程或其他不妥當之處相當多（0分）	對某些製品有不妥當之處（3分）	搬運及物流順暢（5分）	

（續）表15-7　企業機能管理水準檢核

檢核項目		評分標準事例			評分
		不夠（0-1分）	普通（2-3分）	良好（4-5分）	
生產與作業管理	8.資材原物料的管理是否適當？	有浪費之處（0分）	主辦人從庫存量等判斷申請採購（3分）	根據生產計畫按照規定程序加以採購與保管（5分）	
	9.設備與工具類的檢查是否根據標準有計畫的進行？	委任使用人自行檢查（0分）	雖根據標準檢查但未分析結果（2分）	根據規定加以檢查並按既定手續檢討結果（5分）	
	10.對於能源（電、水、瓦斯等）的使用是否有紀錄資料並作有效利用？	僅就使用量加以簡單紀錄（0分）	紀錄成本計算上必要者（2分）	不僅使用合理且廣泛活用於管理上（5分）	
行銷管理	1.是否正確掌握市場情報並反應到生產	認為銷售產品是業務部的主要工作（0分）	業務員日報表紀錄雖然建立但運用並不充分（2分）	訓練業務人員成為情報人員正確掌握是唱訊息（5分）	
	2.產品的改良、新產品的發展是否有組織的進行	並沒有明確的產品方針僅根據過去的慣性進行（0分）	一有必要即予以進行（2分）	經常思考決定主辦人設定檢討的核對表或步驟以謀求制度化（5分）	
	3.是否努力增強銷售技巧	僅鼓勵銷售員而已（0分）	從量與質方面評價銷售力並重視教育訓練（2分）	為加強市場銷路的開拓，導入現代市場研究方法（5分）	
	4.是否依據明確的行銷計畫使業務人員具體瞭解公司方針並採取行動	並無明確的計畫僅以多賣為宗旨而行動（0分）	銷售目標額按標準予以分配（2分）	使業務人員參與行銷計畫擬訂設定目標時一併將達成目標的策略方法加以檢討（5分）	
	5.顧客關係管理是否良好	一切委任主辦人（0分）	顧客資料雖然完整但未充分利用（2分）	把握顧客的實際狀況，對每一顧客能擬定明確方針（5分）	

（續）表15-7　企業機能管理水準檢核

檢核項目		評分標準事例			評分
		不夠（0-1分）	普通（2-3分）	良好（4-5分）	
財務管理	1.盈虧狀況是否每月均掌握	不到決算日不曉得盈虧（0分）	每月作試算表但因未盤點故盈虧是概算（3分）	每月作盤點且把握盈虧（5分）	
	2.生產額盈虧等是否按製品別加以把握	僅曉得全部的銷售額與生產額（0分）	對主要產品加以概略把握（3分）	對大多數製品把握每月的變動	
	3.資金的準備或運用是否適當	偶而檢討資金調度對銀行僅於申請融資時出面（1分）	每月作資金調度表對銀行時常出面（3分）	擬訂年間資金計畫每月作詳細的資金調度以作萬全的資金準備（5分）	
	4.是否編製預算並與實績加以比較檢討	未編製預算（0分）	對特定經費編製預算並加以控制（3分）	實施全面性預算制度並與實績加以充分比較檢討（5分）	
	5.是否實施成本計算與成本管理	不作製品別成本計算，且全體的製造成本報告書亦未作（0分）	作全體的成本計算但未作製品別成本也無成本標準（3分）	作製品別成本計算並將標準與實際加以比較檢討（5分）	
人力資源管理	1.對於人員的進用是否採一定的對策	必要時向職業介紹所申請或與有關係人員接觸	早些擬訂進用計畫並與相關機構接觸	經常將公司簡介寄送有關機關以保持公共關係	
	2.對新進人員或熟練工人是否加以充分訓練	因忙於工作未能認真訓練指導	現場主管就不懂的地方加以教導並對工作較差者予以特別指導	經有計畫的訓練後擔任工作並由現場主管協助其提高技能	
	3.是否嚴格遵守服務規律	有不徹底之處即使有破壞規律的人亦沒有人管	大多數人嚴格遵守規律	從業人員間互相牽制且嚴格遵守規律並造成明朗氣氛	
	4.與一般社會水準比較平均工資是否適當	由於基礎比其他公司低因而不平相當多	需要被迫修改基礎但尚不算高	考慮各種事情並按能力支付充分金額	
	5薪資的決定對各項從業員工是否公平妥當	依經營者及其他特定人員的判斷而作決定	並非由特定人員單方面作決定但直接主管經營者的意見影響很大	評定時儘量請多數人參加以期公正	

（續）表15-7　企業機能管理水準檢核

檢核項目		評分標準事例			評分
		不夠（0-1分）	普通（2-3分）	良好（4-5分）	
人力資源管理	6.加薪基準是否明確且對將來可寄予希望	係屬定期加薪其金額依據經營者的判斷	在加薪時期加以考核後決定金額	訂定薪資表並按定期考績結果予以加薪	
	7.是否關心員工的工作意願並適切的設法以謀求其提高	不平相當多，勉勵亦不足夠，除增加工資外毫無辦法	經營狀況或考慮效率給付等均說明清楚以兹努力改進	時常對士氣狀況進行調查且設生活輔導員以盡最大的努力	
	8.公司內上下同事間是否努力保持和氣	多不太和氣但毫無辦法	一發生問題有關人員會努力商討解決	對意見溝通訴願處理均加以努力亦充分盡力	
	9.是否努力改善工作環境	不完備的地方相當多但尚未加以處理	特別需要在資金許可的範圍限度內加以改善	從生產勞動兩方面予以考慮，如有不妥當的地方，即積極加以排除	
	10.是否對安全衛生規則加以整備並努力遵守	讓每個人自己注意，公司不嚴格要求	雖指定負責人但因不嚴格注意，故有不遵守人	全公司一致努力屢次受表揚	
事務管理	1.辦公場所環境是否舒適	使用現有的桌子或椅子，就場所而言亦不能說良好	雖稍有不妥當之處但對辦公尚無大問題	位置面積照明等，各方面均保持令人滿意的狀態	
	2.事務分擔或每日工作是否明確予以決定	因賦與各種工作，致處理尚容易發生停滯	監督者時常努力防止浪費與不合理的情況發生	備有每日工作計畫表，即使有人缺勤，處理上亦不會發生困難	
	3.為事務能迅速且正確進行努力使其合理化	事務多屬口頭處理，對合理化尚未予以處理	監督者時常予以核對，並於當天立即處理	儘可能努力以達到集中化、機械化、標準化	
	4.生產銷售等各部門管理上必要的表單是否齊全	一切委任現場甚少使用表單	因表單增多已感覺有簡化機械化的必要	使用已登錄的表單手續亦制度化	
	5.文書的整理保管是否適切	因任其各自判斷故有尋找或有不便的地方相當多	防止文書個人化而由負責人保管主要文書	整理保管廢棄依照規定予以合理處理	

資料來源：整理自李廣仁著，《企業診斷學》（自印，1977年）。

三、 中小企業自行診斷步驟與實務

(一) 實施診斷的步驟

實施診斷的步驟分述如下（見圖15-1）：

1. 預備調查：為主要診斷的前置作業，其可以瞭解企業各部門概況，並可發覺問題的重點所在，是進入主診斷程序不可或缺的步驟。一般預備調查經營者可以授權給受診單位，事先準備調查表等各項資料以備諮詢需要，藉以概略的瞭解實際狀況，作為正確之判斷的參考。

2. 診斷小組組成：即診斷人員編組與委任。根據預備調查的結果，企業所面臨的問題特徵及診斷重點即可判定，因此可成立診斷小組。製造業的診斷小組成員組織，包括組長1人及各經營機能如生產、銷售、專業技

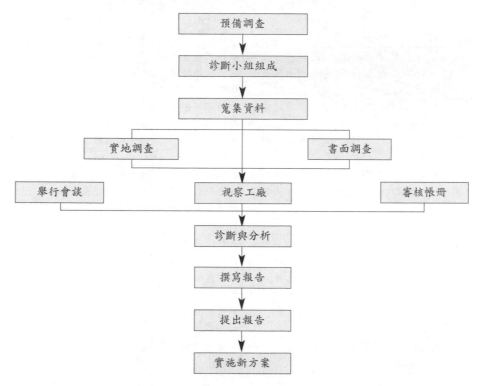

圖 15-1 企業診斷的程序

術、財務等專長2到3人為助理診斷員。其他的診斷可以依實際狀況的需要聘派人員。

3.確定診斷動機與目的：即企業負責人或高階決策者有此意願，或為瞭解企業現況、探究組織病因、平時保健的動機。

4.確立診斷時程：主診斷的時間可依各診斷別訂出標準。通常中小企業的診斷大約7-10日左右。

5.蒐集相關之初級資料：依據診斷的動機與目的蒐集資料，同時也應從事調查、訪問、觀察等研究工作取得初級資料，以瞭解企業實際經營情況。

6.診斷分析與研判：診斷方法首先要對企業經營狀況下判斷並掌握問題重點，且計畫可行方案。從狀況瞭解、病態判定、病因尋求、生理回復至生態促進。

7.撰寫診斷報告書與提出：報告中以解決對策與改善方案最為重要。一般內容需包括實施診斷的年、月、日及診斷報告完成日期、企業全面性的經營狀況、部門診斷的結論及相關細部改善事項、改善實施後的預期效果、診斷人員簽認等事項。

8.改善方案實施：將改善方案付諸實施，發揮診斷效用。

9.成效考核。

（二）企業診斷所需的內部資料

1.一般管理資料

公司沿革與簡介、公司章程、組織系統架構、行政作業制度與細則、人員配置與授權責任劃分、主管人員的資歷、人事管理規章及辦法、員工離職異動情形、獎勵辦法、薪酬與福利制度、管理哲學與經營策略、其他。

2.銷售資料

最近三年（或五年）公司與同業之銷售實績及售價比較表、最近三年（或五年）內外銷數量與金額統計、現有經銷商狀況與本年銷貨數量與金額統計、經銷辦法及業績獎勵措施、最近三年（或五年）銷售費用明細表、最近三年（或五年）銷售值及銷售收入比較表、銷售計畫、其他。

3.生產資料

生產流程圖、現行採用之生產記錄報表、本年各工廠生產能量與生產實績

按月比較表、本年各工廠應有的生產人時數及實際到工人時按月統計、本年各工廠良品與次級品數量按月統計、本年各工廠機器故障與閒置時數按月統計、產品品質管制辦法、主要機器設備名稱、數量及最近數年的利用率、機器保養辦法、原物料採購及管理辦法、各項產品每生產一單位所需要原料之名稱與數量及金額、各項產品每生產一單位所需各項主要機器設備的操作時間、各項產品每生產一單位所需各部門直接與間接人時、本年各工廠原料耗用按月統計、本年生產計畫及排程、其他。

4.財務及會計資料

最近三年（或五年）資產負債表、最近三年（或五年）損益計算表、最近三年（或五年）單位總成本表、最近三年（或五年）各類產品平均售價、單位成本及利潤、最近三年（或五年）廠房及各項機器設備原購置價值及提列折舊的金額、最近三年（或五年）成品、半成品及主要原物料之盤存數量及價值、最近一年每月月底銀行借款（包括股東借款）餘額、最近一年應收帳款、應收票據、應付帳款、應付票據、暫收款、預收款、暫付、預付餘額、最近一年每月分公司與工廠等薪資及管理銷售費用支出額、財務與會計方面各種帳簿名稱與會計科目、各種會計報告名稱與內容（附樣張各一份）、歷年盈餘分配情形、週轉資金之估計、會計制度及財務政策、其他。

（三）企業外部資料

1.銀行存款往來情況與實績。

2.銀行授信往來情況及還本付息紀錄。

3.進出口結匯、押匯、開信用狀等往來情況。

4.報章、雜誌、網路上所刊載有關該企業的資料。

5.有關經濟景氣及行業動向資料。

（四）實際調查、訪問、觀察研究取得初級資料

診斷研究目的乃在蒐集有價值的初級資料，以供整理分析成有用的資訊。企業診斷調查方法包括：

1.直接調查與間接調查：如直接對經營者、員工進行調查、直接至工廠實地觀摩。間接是指透過第三者以瞭解企業內部狀況。

2.問卷調查：係指利用固定的問卷、表格等，請企業有關的人員填寫。

3.訪談調查：係指企業診斷者親赴企業內訪問有關人員，實施面談觀察。

（五）資料蒐集注意事項

1.掌握時效性：企業診斷有其時間限制，事先需取得該企業的合作外，還得擬定計畫，依既定的時程蒐集必要的資料。

2.分析資料的可靠性：即要判斷資料正確性與眞實性，以客觀態度加以判定。

3.遵守保密資料的道德：所蒐集之各項資料皆爲企業機密，診斷者應加以保密，不可外洩以維護職業道德及操守。

四、企業診斷報告書大綱範例

（一）企業診斷報告書大綱

如摘要、診斷日程、問題內容、經營分析、診斷總結、建議事項。

（二）經營診斷報告（生產機能）大綱

如摘要、診斷目的、診斷程序與方法、公司概況（公司簡介、公司組織、主要競爭對手、最近三年度銷售量值、產製過程、最近三年度從業員工人數）、診斷內容及建議、診斷項目及內容、改善建議、結論。

（三）貸款機構信用分析報告大綱

如案由說明、公司簡介（公司背景、股東結構、主要經營者）、管理評估（營運情況、營運分析）、財務分析（財務現況、重大差異分析）、借款情形（銀行往來、其他借款、負債）、市場狀況、資金用途、未來營運主要風險（業務風險、市場風險、財務風險、原料供應風險、法令風險）、綜合意見（公司營運、財務結構、未來營運、償債能力、風險評估、總評）、承做條件。

（四）企業整體經營策略大綱

如企業現況、策略決策者分析、外部環境——機會與威脅、內部環境——優勢與弱勢（企業結構、企業文化、企業資源——行銷／財務／研究發展／製造與服務／人力資源）、策略要素分析（影響未來的關鍵內外部因素、目標與使命）、策略方案的選擇、策略執行、策略評估與控制。

（五）經營管理診斷分析大綱

如現況概述（公司沿革——組織系統／製造流程／生產管理情形／業務概況／產業展望）、選定主題及活動計畫（選定主題／活動計畫及進度表／工作內容／工作期間）、現況分析與改善對策（現況分析——存貨週轉率分析／財務比率分析／存貨積壓分析——訂貨流程、積壓存貨的內容、造成積壓的主因分析——要因分析圖、其他固定資產閒置——固定資產週轉率與閒置資產清單、改善對策、建議事項與說明）、實施成果及檢討（成果比較——改善前後有形成果與無形成果比較）、執行檢討（成功之關鍵／未能達成目標的檢討）、建立標準與進行步驟（主題選定／蒐集資料／擬定行動計畫與組成工作小組／現況分析／改善對策／執行成果與檢討）。

（六）財務診斷分析大綱

如公司概況（公司簡介／公司組織）、營運概況（公司的經營業務範圍／市場與產銷概況）、營業計畫（財務資料，如簡明資產負債表／簡明損益表）、財務狀況及經營結果之檢討與分析（流動性分析／經營結果分析／財務分析／趨勢分析／綜合分析，如財務結構／償債能力／經營能力／獲利能力／現金流量）、市場概況及未來發展性（產業沿革／市場現況／未來展望）。

個 案 研 討 一　　加盟前需評估事宜

一、是否有指定商圈？

1.商圈範圍的界定最好是直接在地圖上標示，而不是籠統的文字。

2.加盟主宜提供每日（月）需要的來客（成交）人數及預計客單價（消費金額）以評估目標商圈。

3.目標商圈是指消費者可能到店裡消費的距離所形成的一個區域。例如，便利商店的商圈範圍約500公尺。

4.要瞭解商圈內是否有足夠的客源？有無競爭店？市場是否已經飽和？

5.調查方法：

（1）觀察你的競爭店，統計其到店人數及分析其客層與我們的商品及客層有無重疊，當然也要評估自我競爭力及利基點。

（2）以「掃街」方式到商圈走一遍，把競爭店和主要建物（如辦公大樓、學校、幼稚園、機關、團體、市場、夜市、攤販聚集地、車站、公園、百貨公司、大賣場、戲院、教堂、廟宇……等）在地圖上標示參考。

（3）參閱政府公布的相關資料以瞭解商圈人口數。

（4）到（2）的人潮集散地走一走，看一看商圈是由什麼人所組成和我們目標客層是否一致。

二、加盟主是否有提供現成店面？

加盟主若提供目前正在營運之店面，宜提供營運相關資料（如最近一年銷貨收入、毛利率、人事薪資、管銷費用……）供加盟者參閱。

三、店面、賣場及立地區域的基本要求？

如面積、面寬、縱深、店高、店格、樓層、停車空間、三角窗、騎樓，有否可架設大型招牌或廣告看板之地點，如商業區、文教區、住宅區、辦公室、市場邊、夜市旁……等。

四、店面外觀及周遭環境？

1.店面前人潮動線是否順暢、機車攤販有無堵塞通道？

2.左右兩邊之店面是否仍在營業？

3.附近有沒有競爭店或攤販？所販售商品有否替代性或重複？

4.附近有無垃圾堆放點……等對店面形象負面影響之情形？

五、是否有重大工程準備興建？

要避免遇上工程施工，平常應多注意報章雜誌的報導，此外應到商圈實地觀察，如發現在精華地段有異常空置店面、知名連鎖店撤出商圈、進行鑽探工程、附近路面在拓寬或居民的抗議行動，那表示會有重大工程要進行。

六、房屋使用區分及是否違建？

1.房屋是否可作商業用途？

2.有無對行業的限制。

3.建物有無違建？

七、租金支出的建議上限

1.租金的高低與營業收入作相對分析。

2.估計有無辦法達成預期的營收？

個案研討二 某精機公司行銷目標診斷案例

一、事件

　　某精機公司2003年預定營業業績目標為4,500萬／月，惟在2004年1月10日管裡審查會議中，行銷部門提報年度營業業績為48,000萬，未達成目標營業業績。

二、診斷經過

1. 總經理要求行銷部門為「業績未達目標自我診斷」專案小組長，招集生管部、製造部、品保部、研發部、採購部與人資部主管與相關業務承辦員進行2003年業績未達目標自我診斷，並限期於2004年1月20日年終幹部經營會報中，提出業績未達目標之要因與對策供與會主管討論。

2. 專案小組長分別於2004年1月12日與1月15日兩天召開「業績未達目標自我診斷」專業小組會議，1月12日首先依據要因分析法及小集體創意思考法由與會組員盡情發揮找出未達業績目標之要因，共計有65項，並責由與會組員帶回部門討論確實要因與可行對策，要求於1月15日再開確認要因與可行對策之審查會議。

3. 1月15日專案小組會議再度召開，仍依據要因分析法及小集體創意思考法由與會組員討論，並依各要因權重找出未達業績目標之要因，共計有32項（詳如圖15-2所示），同時確認此32項要因之可行對策（因涉該公司機密故本書未將此對策列出以饗讀者，於此深深致歉）。

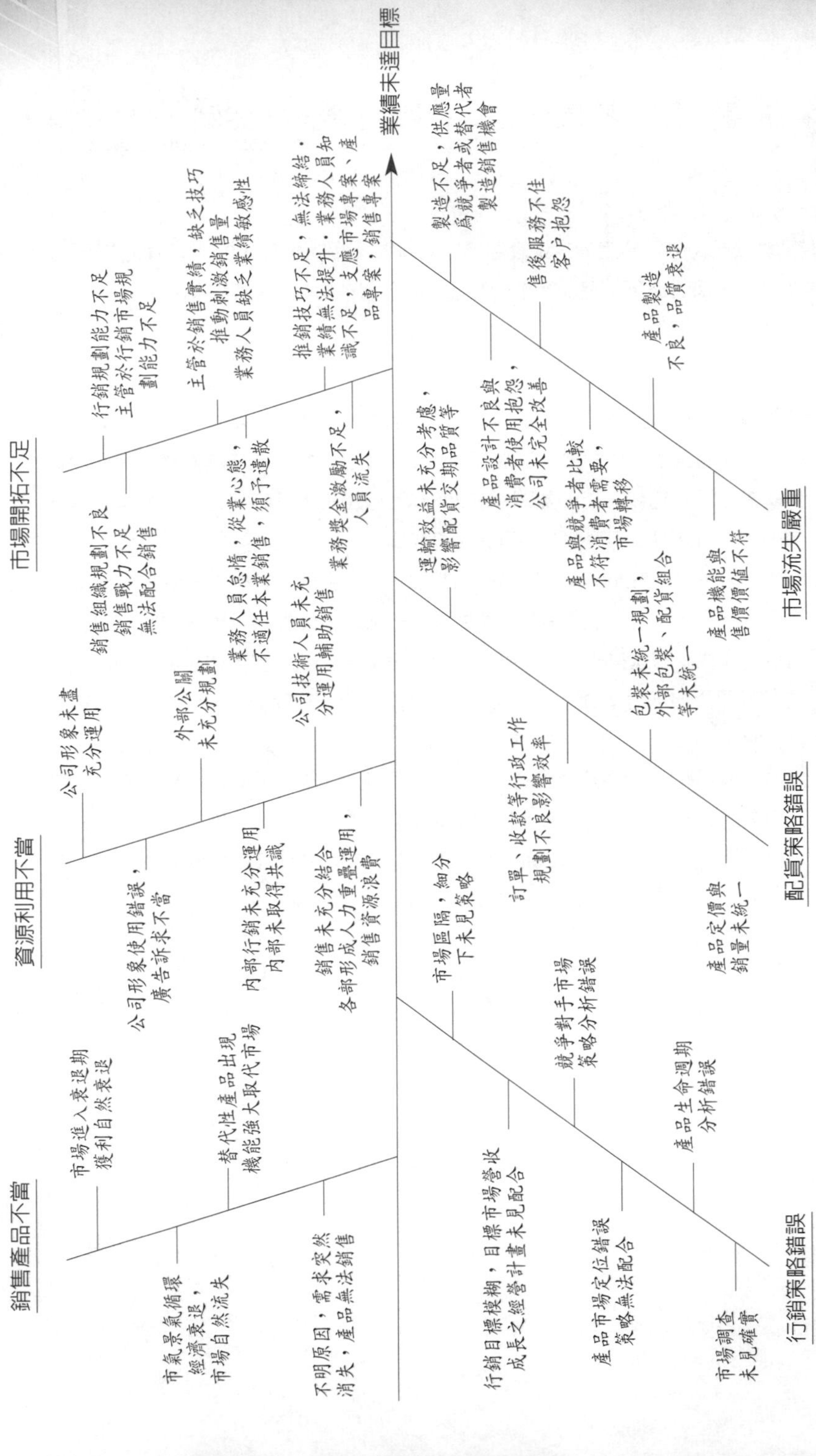

業績未達目標

市場開拓不足
- 行銷規劃能力不足，主營於行銷市場規劃能力不足
- 銷售組織規劃不良，銷售戰法配合無法配合銷售
- 主營於業績，缺乏技巧，推動刺激銷售量，業務人員缺乏業績敏感性
- 業務人員怠惰，從業心態，不適任本業銷售，須予遣散
- 公司技術人員未充分運用輔助銷售
- 業務獎金激勵不足，人員流失

- 推銷技巧不足，業績無法提升，業務人員未知
- 業務無法締結，支應市場專案，品牌專案銷售量
- 製造不良，供應置，烏競爭者或替代商佳機會
- 售後服務不佳，客戶抱怨
- 產品製造，不良，品質表退

資源利用不當
- 公司形象未充分運用
- 公司形象使用錯誤，廣告訴求不當
- 外部公開未充分規劃
- 內部行銷未分運用，內部未取得共識
- 銷售未分結合，各部形成人力重運用，銷售資源浪費

市場流失嚴重
- 運輸效益未充分考慮，影響配貨交期等
- 產品設計不良與消費者使用抱怨，公司未完全改善
- 產品與競爭者比較不符，消費者需求，市場轉移
- 包裝未統一規劃，外部包裝、配貨組合等未統一，產品機能與售價價值不符

銷售產品不當
- 市場進入衰退期，獲利自然衰退
- 市氣景氣循環，經濟衰退，市場自然流失
- 替代性產品大取代市場，機能強大取代市場
- 不明原因，需求突然消失，產品無法銷售

配貨策略錯誤
- 產品定價與銷量未統一
- 訂單、收款等行政工作規劃不良影響效率

行銷策略錯誤
- 市場區隔，細分下未見策略
- 競爭對手市場策略分析錯誤
- 行銷目標模糊，目標市場營收成長之經營計畫未見配合
- 產品市場定位錯誤，策略無法配合銷售
- 產品生命週期分析錯誤
- 市場調查未見確實

圖15-2　行銷要因魚骨圖（以某精機公司為例）

問題討論

1. 在這個資訊爆炸的時代，如何透過經營與管理的方式，將既大量又快的資訊有效的累積轉換成有價值的知識，乃是企業組織必須面對挑戰維持競爭優勢的重要關鍵，試說明在這個資訊爆炸的時代的挑戰有哪些？

2. 以流程管理構築企業的核心網路，將企業的核心流程予以有系統的串聯，及將內部流程的建立、維持與改進過程所累積的成果轉化為知識庫，讓知識促進流程介面流暢運作，以系統導引組織成員不斷地學習成長與持續改進並加值其組織的各項流程。請說明流程管理構築企業的核心網路與企業經營診斷的關係價值，是否具有互為加值各項流程的價值？

3. 企業經營診斷技術的良窳與維持企業的競爭優勢有否相關性？

4. 若是企業經營診斷的實施僅是採取事後資訊的蒐集、分析與建議改進對策之功能，則其經營診斷的實施對於此一快速變化的企業組織是否具有價值？若為求經營診斷具有偵測與預警的價值時應如何應用？

5. 欲進行企業經營診斷之時，企業診斷者應該具有哪些知識、技術、資源？

6. 在這個資訊爆炸的時代，想要發展一套有效的企業經營診斷用之管理資訊系統，應該如何規劃、設計與評估？

7. 試就本身所創立之企業為例，要進行企業經營診斷之時，應該要有哪些資料？進行診斷之時可能遭遇到哪些問題？要如何進行企業經營診斷？

8. 經營分析與企業經營診斷有何關聯性？經營分析中的各項分析方法應該如何配合應用？

9. 請選擇一家上市公司的相關財務資訊與資料，以本書所介紹的經營分析方法分析之。

參考書目

一、書籍

于宗先、王金利（2000），《台灣中小企業的成長》。台北：聯經出版。

于卓民審訂（2001），《企業概論——企業本質與動態觀點》。台北：麥格羅希爾。

三上富三男（1976），《經營診斷學》。東京教學社。

Leon A. Wortman著，中國生產力中心譯（1978），《中小企業經營成功之道》。台北：中國生產力中心。

中華民國管理科學學會編撰（1989），《中小企業品質管理手冊》。中華民國管理科學學會。

中央銀行經濟研究處（1990），《中華民國台灣地區金融統計月報》。中央銀行經濟研究處。

王義雲（1994），《中小企業內部控制》。台北：五南圖書。

江朝峰（1996），《企業保險規劃》。台北：平安出版。

伍忠賢（1997），《創業成眞》。台北：遠流出版。

汪承運編著（1992），《營運預算概念與實踐》。台北：三民書局。

利浦・科特勒著，高登第譯（2000），《科特勒談行銷》。台北：遠流出版。

李永全（2001），《現代財務管理——理論與實務》。新科技書局。

李仁芳、洪子豪（1992），《企業概論》。台北：華泰文化。

李正綱、黃金印（2001），《人力資源管理——新世紀觀點》。台北：前程出版。

李廣仁（1977），《企業診斷學》。自印。

吳美連、林俊毅（2002），《人力資源管理——理論與實務》。台北：智勝文化。

吳偉文等編（1996），《財務管理與財務報表分析——經營策略導向》。李唐文化。

吳開霖編著（1997），《中小企業財務管理實務》。台北：瑞霖企管顧問公司。

吳松齡（2002），《國際標準品質管理之觀念與實務》。台中：滄海書局。

吳松齡（2003），《休閒產業經營管理》。台北：揚智文化。

林傑斌譯（1990），《中小企業實戰錦囊》。台北：遠流出版。

林建煌（2000），《行銷管理》。台北：智勝文化。

林隆義譯（1992），《行銷企劃書》。台北：遠流出版。

季延平編譯（1996），《管理會計》。台北：麥格羅希爾。

孟維德（2001），《白領犯罪——現象、理論與對策》。台北：亞太圖書。

馬君梅編著（1995），《實用企業診斷學》。超越企管顧問有限公司。

容安（1999），《保險學概要》。台北：大華傳真出版社。

徐守德等譯（1996），《現代財務管理》。台北：華泰書局。

郁義鴻、李志能等著（2002），《創業管理》。台北：五南圖書。

高野太門（昭和49年），《增補經營診斷的理論與實際》。中央經濟社。

郭崑謨（1984），《企業管理總系統導向》。台北：華泰文化。

許長田編著（1992），《行銷企劃案實務》。台北：書泉出版社。

許獻嘉、林晉寬（1993），《物料管理》。台北：天一圖書。

許士軍（1995），《新管理典範下的企業倫理》。世界經理文摘。

Gary Dessler著，許是祥譯（1994），《企業管理》。台北：前程出版。

彭建彰（1999），《行銷診斷》。台北：遠流出版。

曾仕強、劉君政（1995），《管理哲學通論》。台北：國立空中大學。

翁景民編譯（2000），《策略行銷管理》。台北：華泰文化。

葉日武（1997），《行銷學——理論與實務》。台北：前程出版。

傅和彥（1999），《生產與作業管理》。台北：前程出版。

D. A. Gray著，張美惠譯（1995），《企業贏家》。台北：創意力文化。

張火燦（1997），《策略性人力資源管理》。台北：揚智文化。

張清滄編著（1992），《薪酬管理實用》。台北：前程出版。

張聖麟（1998），《卓越化生產管理》。台北：華泰文化。

張志育（2001），《管理學》。台北：前程出版。

黃一魯譯（1987），《豐田式生產體系》。台北：中國生產力中心。

黃劍虹譯（1982），《中小企業經營管理原則》。台北：徐氏基金會。

黃俊英（2001），《行銷學世界》。台北：天下遠見出版。

黃英忠等著（2002），《人力資源管理》。台北：華泰文化。

梁榮輝、邱柏松、李元和、邱毅、黃榮吉編著（1999），《中小企業經營策略》。台北：國立空中大學。

陳弘、陳銘、張承、陳華等編著（1999），《企業管理（上）——管理概論篇》。台北：鼎茂圖書出版有限公司。

陳明璋（1989），《創業智慧》。第三波。

經濟部中小企業處（2002），《中小企業白皮書》。經濟部中小企業處。

經濟部中小企業處編印，《中小企業經營管理實務——自我核檢手冊》。經濟部中小企業處。

綠川植樹（2002），《2003年創業流行趨勢》。台北：海鴿文化。

劉常勇（2002），《創業管理的12堂課》。台北：天下文化。

劉原超主編（2003），《創業管理——理論與實務》。台中：滄海書局。

劉世平譯（2000），《創業家精神》。台北：商周出版。

劉明德等譯（1993），《管理學——競爭優勢》。台北：桂冠圖書。

鄭燦堂（1995），《風險管理——理論與實務》。台北：五南圖書。

潘振雄等編著（1999），《管理學——理論與實務》。高立圖書。

鄧家駒（2000），《風險管理》。台北：華泰文化。

鍾明鴻編譯（1993），《資材採購管理實務》。超越企管顧問有限公司。

賴其勛譯（2000），《消費者行為》。台北：麥格羅希爾。

賴士葆編著（1991），《生產、作業管理》。台北：華泰文化。

魏啓林（2001），《策略行銷》。台北：時報文化。

蔡德輝、楊士隆（2001），《犯罪學》。台北：五南圖書。

蕭新煌（1990），《企業倫理的重建》。中華民國管理科學學會。

Marc Allen著，戴曉楓譯（1997），《創業啓示錄——幫助你實現成功立業的夢想》。台北：成智出版社。

簡宣博、黃秀玲、胡宜仁（1996），《保險學》。台北：國立空中大學。

簡文成（2001），《職業災害補償實務》。台北：永然文化。

簡文成、吳錦珠（2001），《企業保險勞資雙贏》。台北：書泉出版社。

顏憶如、張淳智（2000），《物流管理——原理、方法與實例》。台北：前程出版。

蘇雄義（2000），《物流與運籌管理》。台北：華泰文化。

嚴紹明（1999），《財產危險管理概要》。台北：考用出版社。

Megginson & Byrd (2000). *Small Business Management.* McGraw-Hill.

Paul, S. C. Hsu（許士軍）(1990). *Entrepreneurship and the Motivational Effect of Family in Taiwan.*

二、期刊、雜誌、報紙

林玉寬（2003），《經濟日報》──「資誠企業智識園地專欄」，2003/04/08，第六版。

林晉寬（1999），〈創業家素描與創業模式分析：定性研究〉。大葉大學1999年中華民國創新／興 業管理研討會論文集。

林義雄（2003），《動腦雜誌》，2003/02/24，第322期。

林燕翎（2003），《經濟日報》，2003/09/05，第六版。

洪儷容採訪整理（2003），《動腦雜誌》，2003/08/12，第328期。

柴松林（1992），企業的社會責任，《彰銀資料期刊》，48卷4期。

陳光榮（1996），企業的社會責任與倫理，《經濟情勢暨評論》，1卷4期。

《會計研究月刊》，2002年8月號。

Greenberger & Sexton (1998). "An Interactive Model of New Venture Initiation," *Journal of Small Business Management,* Vo. 26, No. 3, July, pp. 1-7.

Martin, M. J. C. (1984). "Managing Technological Innovation and Entrepreneurship, Reston," V. A.: Reston Publishing.

Shalom H. Schwartz (1994). "Are There Universal Aspects in the Structure and Contents of Human Value?" *Journal of Issues,* 50, 4, pp. 19-45.

三、其他

安隆公司年報，2002年。

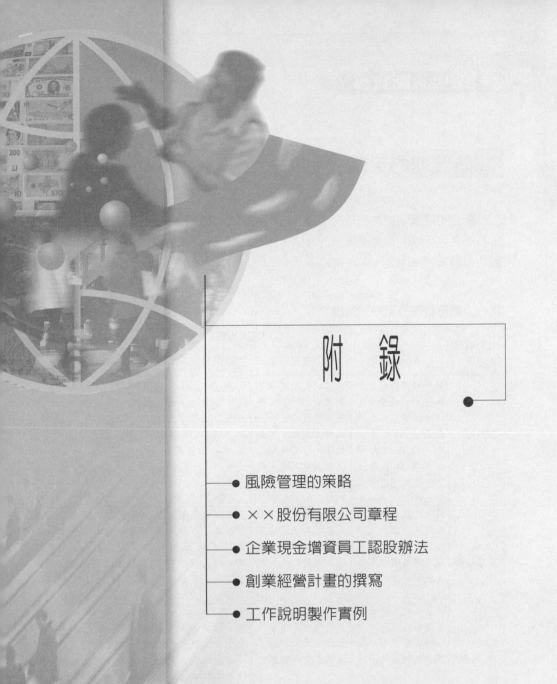

附　錄

風險管理的策略

配合不同風險控制與理財手段，這些原則可以經過不同的管道，分別展現出各形各色不同的風險管理執行方法，這個部分透過特定的管道來實現不同的風險管理策略。由表一中可窺知一二。

表一 風險管理的策略與例舉

風險管理方法	風險管理策略			
	風險自承原則	風險規避原則	風險分散原則	風險轉嫁原則
內部控制	風險的預防與自力救濟，裝設警報、消防與保全系統，改善企業管理制度，設立內部稽核、管理情報系統、危機處理單位等。	相關的做法有以下幾種：躲避、遷徙、移民、放棄、撤資、倒閉、另起爐灶、市場區隔、建立商譽品牌、利用契約法規。	利用產品的多樣化、企業的多角化經營以及遵守「不要把所有的雞蛋放在同一個籃子裡」的原則。	利用契約、法規與時空轉嫁風險。
政府與國際組織	風險揭露，向政府陳請，訴諸公權力與基本人權，將問題演變成國際事件或政治事件。	要求立法保障、赦免或是要求治安單位保護、政治庇護、破產保護、行使免責權或豁免權。	與政府或國際組織等聯名、合作或合資以共同承擔風險，擴大風險事件讓國家或社會共同承擔。	將罪過委之於行政或立法缺失，要求民代伸張正義、國家賠償或是求助社會福利、國際救援。
民間組織與協會	訴諸新聞媒體或是僱請私人律師、會計師、管理顧問公司、保全公司。	僱用外勞、委託合法機構代為保管、管理或是求助慈善機構或公益團體。	參與互助會、工會、同業公會、宗親會、宗教團體或是藉著組織企業間的合作與聯盟，向民間募股合資。	訴諸法律訴訟以轉嫁特定損失或責任，將危險的商品產權或整個企業組織轉讓出售以及設立賠償基金會。
金融市場	從事儲蓄、購買基金、公債、年金、從事各類借貸款業務。	買賣外匯、金融期貨、金融期貨選擇權、外國公債與基金。	股票上市或有價證券、各國貨幣與國際基金之投資組合，個人或企業間的聯合炒作與融資融券。	用契約轉嫁或轉讓，私下交易。

（續）表一　風險管理的策略與例舉

風險管理方法	風險管理策略			
	風險自承原則	風險規避原則	風險分散原則	風險轉嫁原則
實務資產市場	購買房地產、珠寶、古董、藝術品、稀有財貨以及企業的存貨控制。	買賣實物期貨、實物期貨選擇權或是在國外置產、國外投資設廠。	房地產與期貨之投資組合，個人或企業間物資的互相支援、聯手經營、聯合炒作、囤積、哄抬。	用契約轉嫁或轉讓，私下交易。
保險市場	權衡保險自留額、作不足額之投保，投資退休年金、教育基金、生死合險，從事保單貸款等。	利用保險市場規避特定危險，保險公司對某特定保險契約做規避。	重複投保、分散投保、保險公司參與再保險業務、保險商品之聯合訂價、保險公司聯合推出新產品。	利用保險契約與社會保險以轉嫁人壽、產能、健康、意外、失能、失業、退休、養老、責任等危險。

××股份有限公司章程

第一章　總則

第一條　本公司依照公司法股份有限公司之規定組織，定名爲**XX股份有限公司**。

第二條　本公司所營業業務如下：
1. 塗裝烤漆機械及機械製造、加工、買賣。
2. 焚化爐及廢水處理設備製造、加工、買賣。
3. 前各項材料買賣及進出口業務。

第三條　本公司設總公司於××，必要時經董事會之決議依法在國內外設立分公司。

第四條　本公司之公告方法依照公司法第二十八條規定辦理。

第二章　股份

第五條　本公司資本總額定爲新台幣××元整，分爲××股，每股新台幣××萬元整，全額發行。

第六條　本公司股票由董／事三人以上簽名蓋章，依法經主管機關簽章後發行之。

第七條　股東應將眞實姓名及住所報明本公司，並塡具印鑑卡送交本公司存查，印鑑如有遺失須取具保證人，以書面向本公司掛失，並自行登載本公司所在地通行日報公告作廢，方可更換新印鑑。

第八條　本公司記名式股票由股東持有人以背書轉讓之，又其轉讓應將受讓人之本名或名稱，記載於股票，並將受讓人之本名或名稱及住所記載於本公司股東名簿，始得對抗本公司。

第九條　股票如有遺失或毀損時，應由股東以書面向本公司報明原由並登載本公司所在地日報公告，自公告最後之日起一個月，如無第三者提出異議，始准覓取妥保並出具保證書，經本公司審核無誤，方得補給新股票。

第十條　股票因遺失或其他事由，補發換新時，得酌收手續費及應貼印花稅
　　　　費。

第十一條　每屆股東會前三十日內，臨時會前十五天內，或公司決定分派股息
　　　　　及紅利或其他利益之基準日前五日內，停止股票過戶。

第三章　股東會

第十二條　股東會分常會及臨時會二種，常會每年召開一次，於每會計年度終
　　　　　了後六個月內召開，由董事會於二十日前通知各股東召集之，臨時
　　　　　會於必要時依法召集之。

第十三條　股東因故無法出席股東會時，依公司法第一百七十七條規定，出具
　　　　　委託書，委託代理人出席。

第十四條　股東開會時，以董事長為主席，遇董事長缺席時由董事長指定董事
　　　　　一人代理，未指定時由董事互推一人代理之。

第十五條　本公司股東，每持有一股，有一表決權，但公司依法自己持有之股
　　　　　份，無表決權。

第十六條　股東會之決議，除公司法另有規定外，應有代表已發行股份總數過
　　　　　半數之股東出席，以出席股東表決權過半數之同意行之，若同數時
　　　　　取決於主席。

第十七條　股東會之議決事項，應作成議事錄，由主席簽名蓋章，並於會後二
　　　　　十日內，將議事錄分發各股東，議事錄應記載議事經過之要領及其
　　　　　結果，議事錄應與出席股東之簽名簿及代理出席之委託書一併保存
　　　　　本公司。

第四章　董事監察人

第十八條　本公司設董事三人，監察人一人，均由股東會就有行為能力之人中
　　　　　選任之，任期均為三年，連選均得連任。

第十九條　董事缺額達三分之一時，董事會應於三十日內召開股東臨時會補選
　　　　　之。

第二十條　董事監察人任期屆滿而不及改選時，延長其執行職務，至改選董事
　　　　　監察人就任時為止。

第二十一條　董事組織董事會，由三分之二以上董事之出席及出席董事過半數之同意，互選董事長一人，依照法令、章程、股東會及董事會之決議，執行本公司一切事務。

第二十二條　本公司經營方針及其他重要事項，以董事會決議之，董事會除每屆第一次董事會依公司法第二百零三條規定召集外，其餘由董事長召集並任爲主席，董事長不能執行職務時，由董事長指定董事一人代理之，未指定時由董事互推一人代行之。

第二十三條　董事會議，除公司法另有規定外，須有董事過半數之出席，以出席董事過半數之同意行之，董事因故不能出席時，得出具委託書，列舉召集事由之授權範圍，委託其他同事代理出席董事會，但以一人受一人之委託爲限。

第二十四條　董事會之議事，應作成議事錄，由主席簽名蓋章，並於會後二十日內，將議事錄分發各董事，議事錄應記載議事經過之要領及其結果，議事錄應與出席董事之簽名簿及代理出席之委託書一併保存本公司。

第二十五條　監察人單獨依法行使監察權外，並得列席董事會，但不得加入表決。

第五章　經理及職員

第二十六條　本公司得設經理人，其委任、解任及報酬依照公司法第二十九條規定辦理。

第二十七條　本公司得經董事會依章程第二十三條規定議決，聘請顧問或重要職員。

第二十八條　本公司其他職員由總經理任免，報請董事會核備。

第六章　決算

第二十九條　本公司於會計年度終了，應由董事會編造下列各項表冊，於股東常會開會三十日前，交監察人查核後提請股東常會承認：（一）營業報告書；（二）財務報表；（三）盈餘分派或虧損撥補之議案。

第三十條　本公司每年決算後所得純益，除依法扣繳所得稅外，應先彌補已往
　　　　　年度虧損，次就其餘額提存10%為法定盈餘公積，員工分配紅利為
　　　　　0.5%，股東紅利由董事會擬具分派議案，提請股東常會決議分派
　　　　　之。

第七章　附則

第三十一條　本公司組織規程及辦事細則由董事會另訂之。
第三十二條　本章程未定事項，係依照公司法及其他法令規定辦理。
第三十三條　本章程訂立於中華民國八十四年十二月十一日。
　　　　　　第一次修訂於中華民國八十五年二月十四日。
　　　　　　第二次修訂於中華民國八十九年二月九日。

　　　　　　　　　　　　　　　　　　　××股份有限公司
　　　　　　　　　　　　　　　　　　　董事長×××

企業現金增資員工認股辦法

一、為鼓勵員工參與公司經營，以全公司員工所任職務及工作年資為基礎，公平配股為原則，訂定本辦法。

二、係於民國2004年9月30日前在本公司任滿一年以上之在職員工，均具任股資格。

三、本公司2004年現金增資員工配股總額為1,000,000股，每股按票面額新台幣10元認購。

四、應認股權的計算方式如下：

    1.依職位點數與年資點數合併計算。

    2.員工配股之股數為其職位點數及年資點數之和，按每點100股計算之。

    3.年資點數以2004年9月30日為結算日期，每任職滿一年計予一點，不足一年的不計。

    4職務點數的分配標準如表一。

    5.員工對公司核計之配股點數如有異議，於公告後五日內向股務單位查詢。

五、配股員工於領到公司發給認股繳款書後，應於2004年11月20日至11月28日之期限內至指定銀行辦理繳款手續，如其股權已轉讓者，由承接者負責繳款，否則視同棄權，其配股由本公司職工福利委員會按票面額承購之。

六、員工認股繳款期限離職者，取消其認股資格，原配股份由本公司職工福利委員會按票面額承購。

七、本辦法經總經理核准後實施。

表一　職位配股點數對照表

職務	點數
總經理	200
協理、廠長	130
副廠長、經理、業務代表	90
副理	60
課長、專員	40
主任工程師、高級工程師、主任管理員	20
工程師、管理員、技術員、組長、警衛	10
領班、清潔員、司機	5
練習生	2

員工認股通知書

一、依據本公司2004年現金增資員工認股辦法，台端已具認股資格，茲將應得
　　點數及可認股數統計如表二，如有異議，請收到本通知單後五日內請向總
　　務部洽詢。

表二　員工認股應得點數及可認股數

應得點數		每點配股數	可配股總數	備註
年資		100股		
職位				

二、認股手續：辦理步驟及注意事項如下：
　　（一）填寫認股繳款書

　　　　1.認股繳款書（三聯單）已隨本通知單附發，請檢查所記姓名及可
　　　　　認股數有無錯誤。
　　　　2.請翔實填註繳款書各欄之空白部分，尤其「身分證統一編號」、
　　　　　「戶籍地址」、「實認股數」及「實繳股款」，請妥為填寫（認股繳
　　　　　款書每人僅有一份）。填寫要領可參考公布欄所公布之「樣張」。

（二）填寫股東印鑑卡

    1.印鑑卡二張，均隨本通知一併附發（舊股東免發）。請加蓋印鑑，並填註各欄資料。

    2.以蓋印鑑卡的印章，請妥為保存，日後領取股票或行使股東權益，均以此印章為憑。

（三）備身分證影本（正反面）乙份。

（四）將上列認股繳款書、印鑑卡、身分證影本及應繳股款等，於11月20日至11月28日之期間內交公司出納人員，以便集中至銀行辦理繳款認購手續。

（五）當公司向銀行代辦繳款手續完畢後，即可將繳款書第三聯（收據）發還認股人，以憑換取股票。

（六）票發放日期約為2005年初，詳細情形另行公告之。

三、放棄認股者可免填印鑑卡及繳款書，並請原件退還總務部。

四、如將認股權利轉讓他人時，須由轉讓人填具「股權轉讓同意書」一份，簽名蓋章後，連同原發之「認股繳款書」一併交由受讓人，於11月18日前向總務部換領新認股繳款書，以便辦理認股手續。

五、如有不明瞭之處，可向股務課或總務部洽詢。

  此敬

          先生

          小姐

              總務部敬啟

創業經營計畫的撰寫

一、創業經營計畫概要

規劃在任何企業經營中都是一項重要的部分，例如，財務計畫、市場行銷計畫、人力資源計畫、生產計畫等，這些規劃可以是短期的、長期的、策略性或作業性的。所以，任何一項形式的計畫都有其存在的目的與功能，但最重要的是在快速變化的市場環境下，為管理者提供指導準則和管理結構。

1.創業計畫的定義

創業計畫就是由創業者準備的一份書面資料，用以描述新創辦一個新風險企業時所相關的外部及內部要素。創業計畫通常是各項企業機能計畫，例如，市場銷售、財務、製造、人力等計畫的組合。同時，也提出創業經營的前三年內所有短期與長期的決策方針。創業計畫又稱行動計畫或創業路徑地圖，內容主要是要回答創業者內心的疑問，例如，現在的位置？往何處去？如何達到那裡？潛在的投資者？供應商？顧客？這些內容在創業計畫中都要提出說明。

如果創業經營計畫可視為路徑地圖，雖然地圖可能可以清楚的標示方向與各種地形關係，當創業者依照創業路徑地圖行走，露現在眼前的道路可能是崎嶇坎坷甚至有如深溪，如缺乏前人的足跡，創業者就必須自己開出一條路與「摸石過溪」，其中的困難與危險也只有當事人可以清楚。就如現代的完整地圖上所標示通往各地的路線，但有多少人可以知道開路先鋒們的辛勞與危險呢？創業計畫書就是開路先鋒的指引路徑圖，雖然可以事先預測路程的危險但實際的影響就得等到執行以後才能確定。

2.創業計畫的撰寫者

創業計畫的撰寫通常由創業者擬定，擬定的過程可以透過其他專業人士的諮詢服務，例如，律師、會計師、經營顧問、銷售顧問、工程師等，這些專業人士在計畫撰寫過程皆可提供相當有利的協助。這些人員大致來自於中小企業管理協會、顧問公司、大學等，或透過親友的介紹。

二、創業計畫書有哪些要點？

1.創業目的：企業存在的目的。

2.創業目標：企業之短、中、長期的目標。

3.潛在市場：對於現有的市場分析，並看到目前市場上所沒有的生存利基與市場可能方向。

4.檢視自己的優缺點：自己創業條件的優勢與劣勢？如服務、技術、行銷或採購等。

5.訂定經營理念及公司定位：主要是讓員工及股東瞭解，公司在同業間居於何種位置？作為凝聚全體員工向心力的目標。

6.經營策略：為達到公司目標，而訂下的實際策略及行動方案。

7.商業模式專業計畫：內容應包括5W2H（What、Who、When、Where、Why及How to do、How much）。

8.組織人員分工及獎勵制度：將公司組織人員分配好，找到正確的人擺在正確的位置，並在公司營運上軌道後，擬出管理規章。

9.行銷策略：價格、促銷、通路、商品、人員、服務作業程序及實體設備的行銷戰。

10.經營分析：試算損益平衡點，並預估投資報酬率及回收時間。

11.管理團隊之組成與權責界定、訓練與授權、激勵獎賞制度之訂定。

三、創業計畫書撰寫參考

<table>
<tr><td>第一章</td><td>摘要</td><td>第五章</td><td>設計與開發計畫</td></tr>
<tr><td></td><td>A. 事業概念與事業之描述</td><td></td><td>A.發展狀況與工作</td></tr>
<tr><td></td><td>B. 機會與策略</td><td></td><td>B.所遭遇的困難與風險</td></tr>
<tr><td></td><td>C. 競爭優勢</td><td></td><td>C.產品改良與新產品</td></tr>
<tr><td></td><td>D. 經濟狀況、收益性與潛在利益</td><td></td><td>D.成本</td></tr>
<tr><td></td><td>E. 目標市場與計畫</td><td></td><td>E.專利權</td></tr>
<tr><td></td><td>F. 團隊簡介</td><td>第六章</td><td>製造與營運計畫</td></tr>
<tr><td></td><td>G. 所需資源</td><td></td><td>A.營運週期</td></tr>
<tr><td>第二章</td><td>產業、產品或服務介紹</td><td></td><td>B.製造與營運地點的選擇</td></tr>
<tr><td></td><td>A. 產業性質</td><td></td><td>C.設備與製程</td></tr>
<tr><td></td><td>B. 產品或服務</td><td></td><td>D.策略與計畫</td></tr>
<tr><td></td><td>C. 投資規模與成長策略</td><td></td><td>E.法令規章</td></tr>
<tr><td>第三章</td><td>市場研究與分析</td><td>第七章</td><td>管理團隊</td></tr>
<tr><td></td><td>A. 目標顧客</td><td></td><td>A.組織</td></tr>
<tr><td></td><td>B. 市場規模與趨勢</td><td></td><td>B.預定總經理與各部門主管</td></tr>
<tr><td></td><td>C. 競爭與競爭疆界</td><td></td><td>C.預定支付管理階層酬勞</td></tr>
<tr><td></td><td>D. 預測市場占有率與銷售額</td><td></td><td>D.預定股權結構</td></tr>
<tr><td></td><td>E. 未來的市場評價</td><td></td><td>E.預定董事及監察人</td></tr>
<tr><td>第四章</td><td>行銷計畫</td><td></td><td>F.專業顧問的支援與服務</td></tr>
<tr><td></td><td>A. 整體的行銷策略</td><td>第八章</td><td>財務規劃</td></tr>
<tr><td></td><td>B. 定價</td><td></td><td>A.第一年財務計畫（按月區分）</td></tr>
<tr><td></td><td>C. 銷售戰術</td><td></td><td>B.五年財務預測分析與會計報表</td></tr>
<tr><td></td><td>D. 服務與保證政策</td><td></td><td>C.損益平衡分析</td></tr>
<tr><td></td><td>E. 廣告與促銷</td><td></td><td>D.五年股利政策與增資計畫</td></tr>
<tr><td></td><td>F. 通路</td><td></td><td>E.預計五年營業目標</td></tr>
<tr><td></td><td></td><td>第九章</td><td>整體時程規劃表</td></tr>
<tr><td></td><td></td><td></td><td>附錄及資料來源</td></tr>
</table>

工作說明製作實例

一、建議

1. 使用簡明、直接的形式。
2. 運用現在的時態。
3. 每一個句子中應以動詞開頭。
4. 每一個句子應顯示目標，使讀者易於瞭解。一個簡單的動詞表達了目標和工作行動。
5. 一個字都代表重要資訊，應省略多餘的字，考慮為描述完成工作的文字找出可能備用的字。
6. 對工作活動的描述能反應工作的完成性和員工績效的等級。

二、工作說明內容

1. 完成什麼（領域、行為、結果和任務）。
2. 形成什麼產品（工作的目的）。
3. 運用何種工作標準（如品質、數量）。
4. 在什麼情況下完成工作。
5. 工作設計特性。

三、工作說明書（範例）

功能職稱：公司貸款助理　　　部　　門：財務部

功能碼：　　　　　　　　　　事業別：

工作者：　　　　　　　　　　地　　點：總辦公室

　　　　　　　　　　　　　　時　　間：

註：在此說明書中的陳述乃表達工作分類的工作任務和責任關係。

報告：公司會計部門A或AA，或公司會計部門B或BB

幕僚部屬：無

其他內在接觸：在公司銀行部門的不同管理階層間

外在接觸：主要的銀行顧客

摘要

協助商業會計的行政工作，確保銀行獲利的關係

領域

A.信用分析（每週）

B.操作（每週）

C.貸款文件（每週）

D.報告／資訊系統（每週）

E.顧客／內部關係（每週）

F.協助辦公人員（每月）

G.協助各個單位（每月）

H.知識和技能（任何一項在工作中使用的）

I.生理特徵

J.其他特徵

四、工作描述

（一）管理職位描述問卷（Management Position Description Questionnaire）

    1.產品、市場和財務規劃。

    2.與其他組織單位和個人的合作。

    3.企業內部控制。

    4.對產品和服務的責任。

    5.與顧客關係和公共關係。

    6.進階的顧問。

    7.自發的顧問。

    8.財務委員會支持。

    9.幕僚服務。

    10.督導。

    11.複雜和壓力。

    12.進階的財務責任。

    13.較廣的人力資源責任。

（二）主管工作描述問卷

    1.與部屬工作。

    2.規劃部屬工作。

    3.保持生產效率和品質。

    4.維持工作場所的安全和清潔。

    5.維護機器和設備。

    6.編輯紀錄和報告。

五、五大人格特質

    1.外向性：包含兩方面特性：

      （1）自信、主動、多話、喜歡表現。

      （2）喜歡交朋友、愛好參與熱鬧場合、活潑外向。

    2.情緒穩定性：不常有焦慮、沮喪、適應不良的情形。

3.勤勉審慎性：

　（1）成就導向：做事努力、有始有終、追求卓越。

　（2）責任導向：循規蹈矩、謹慎有責任感。

4.親和性：待人友善、容易相處、寬容。

5.對新奇事物的接受度：富想像力、喜歡思考、求新求變。

中小企業管理與診斷實務

作　　者／吳松齡.陳俊碩.楊金源
出　版　者／揚智文化事業股份有限公司
發　行　人／葉忠賢
登　記　證／局版北市業字第 1117 號
地　　址／台北縣深坑鄉北深路三段 260 號 8 樓
電　　話／(02)8662-6826
傳　　真／(02)2664-7633
　E-mail ／service@ycrc.com.tw
印　　刷／鼎易印刷事業股份有限公司
I S B N ／957-818-595-2
初版二刷／2008 年 3 月
定　　價／新台幣 600 元

國家圖書館出版品預行編目資料

中小企業管理與診斷實務 ＝Small and medium
enterprise: administration and
diagnosis / 吳松齡, 陳俊碩, 楊金源著. --
初版. -- 臺北市：揚智文化， 2004[民 93]
　　面；　 公分 --（管理叢書；1）

ISBN　957-818-595-2（平裝）

1.中小企業 － 管理

553.712　　　　　　　　　　　92023069